JN410853

한국인의 에너지, 집단주의

- 현대화를 이끈 '나'와 '우리'의 변증법

피어나

역동적 한국인 총서

4

한국인의 에너지,

집단주의

현대화를 이끈 '나'와 '우리'의 변증법

구자혁 지음

피어나

서문

페미니즘 정치이론가 진 엘슈테인(J. Elshtain, 1981)은 공적인 것과 사적인 것이 의미화되는 성별화된 맥락과 구조를 서구 정치사상사 속에서 추적하는 자신의 책을 다음과 같은 비트겐슈타인의 말을 인용하면서 시작하였다.

> 당신도 알고 있듯이 '확실성(certainty)', '개연성(probability)', '지각(perception)' 등의 개념에 대해 명확히 사고하는 것은 어렵습니다. 하지만 당신 자신과 다른 사람들의 삶에 대해 진정으로 정직하게 사고 혹은 사고를 시도하는 것은 그보다 훨씬 더 어렵습니다. 여기서의 곤란은 그런 것들에 대해 사고하는 일이 그리 **짜릿한**(thrilling) 일이 아닐 뿐 아니라 흔히 내내 고약한(downright nasty) 경험이라는 데 있습니다. 그리고 어떤 것이 고약하다면 그것은 **가장** 중요한 것입니다.*

독자께서 첫 장을 연 이 책이 필자에게 갖는 의미를 위의 진술만큼 잘 대변하는 문장은 없는 듯하다. 지금 선보이는 이 연구는 필자가 학문의 첫 발걸음을 내디뎠을 때의 대단히 모호했던 문제의식이 그 방향을 찾아가려는 오랜 잠복과 배회를 거친 후 다시 모양새 나는 연구로 구체화

* Norman Malcom, *Ludwig Wittgenstein, A Memoir*, p. 39, Elshtain(1981: xi)에서 재인용.

되기 위한 많은 시행착오를 거친 후에 비로소 현재에 도달했다. 지금 회고해보면 이 책의 골자이자 추진력이 되었던 주요한 문제의식이자 갈망은 지금으로부터 약 20년 전인 1990년대 말 필자가 사회학과 석사과정생으로서 처음 학계를 경험하고 당시 지성계에 큰 논란을 일으킨 한 저자의 글을 접하면서 시작된 것 같다. 후자는 지역차별, 지역감정이 심각한 사회적 문제로 부각되고 고 김대중 전 대통령이 정계은퇴를 선언한 후인 1990년대 중반부터 유난히 '학자스럽지 않은', 즉 거칠고 공격적이며 직설적인 정치·사회비평을 말 그대로 '쏟아내던' 전북대학교 강준만 교수의 글이었다. 『김대중 죽이기』(1993), 『전라도죽이기』(1994), 『김영삼 이데올로기』(1994) 등으로 이어진 그의 글들은 서구의 현대성/탈현대성 논쟁에 매몰되어 있던 당시 한국의 비판사회과학계에 참으로 충격적이었던 것으로 기억한다. 위 논쟁의 거창하고 고상한 담론에 비한다면 그것은 한국사회의 비루하고 속된 현실, 민낯에 대한 조금의 승화도 없는 묘사이자 진단이었고, 당시 필자에게 그의 글은 비판사회학이 조명하고 분석해온 민중의 잔혹한 일상보다 더 충격적이고, 무엇보다 이론적으로 더 신선한 것으로 다가왔다.

강준만의 글을 뒤적거리고 있는 필자를 의구심의 눈으로 바라보면서 은근히 핀잔을 주던 당시 박사과정 선배들의 모습은 '강준만표 담론'이 한국 사회과학, 사회비평계에 얼마나 낯설고 또 그 '에토스'와 '세계관'의 측면에서 얼마나 이질적인 것이었는지를 말해준다. 이후 '~죽이기' 등의 아류 글들을 양산하게 한 그의 담론은 당시 가히 '지적 신드롬'이라고 할 만한 영향을 주었지만, 그의 글의 '스타일,' 그리고 그것이 대변하는 시각과 기존 학계의 그것과의 못내 좁힐 수 없는 괴리 때문에 강준만 교수가 한국사회에 끼친 정치적, 지적인 기여는 아직까지도 낮게 평가되고 무시되어왔다고 생각한다. 후대의 학자들이 믿고 주장한 바와는 달리, 말년의 프로이트가 열심히 읽은 것은 니체나 칸트 같은 세련되고 고매한 철학이 아니라 맥두걸, 르봉 등의 경멸스럽고 '고약한' 저작이었다는 사실**은 우리에게 유사한 교훈을 던져주는 것 같다.

어찌되었건 그때 이래 필자는 강준만 교수의 글이 대변하는 정조와 시각이 한국 민중과 보통사람들의 이상주의적 측면의 핵심 논리를 반영하고 있다는 인상을 막연하게나마 내내 간직해왔다. 하지만 예나 지금이나 느리고 둔한 필자는 마음속의 갈망과 의문을 구체화하지 못한 채 관련되어 보이는 연구들을 혼자 남독(濫讀)하고 떠돌다가 그것을 간접적으로나마 다루는 주제로 학위논문을 쓰고 귀국하게 되었다. 이후 2014년 한국학진흥사업단의 한국학총서(역동적 한국인 총서) 프로젝트에 지원할 기회가 생기고 또 다행히 선정되어 다른 연구자와 함께 이 해묵은 문제의식을 다시 추구할 기회를 얻게 되었다. 그리고 이제 그 오래된 문제의식은 필자가 정치·사회이론, 법문화, 정치문화, 집합행동의 사회학을 들락날락하면서 식별하려던 한국 집단주의의 특징적 양상과 고유한 논리를 규명하는 책으로 비로소 태어나게 되었다.

독자께서 이 책에서 기대할 수 있는 바에 관해 먼저 약간의 주의를 드리고자 한다. 이 책의 서론과 2장 방법론, 그리고 결론에서 진술한 것처럼 본 연구는 한국인과 한국사회의 집단주의 양상에 대한 그 자체로 충분히 포괄적이고 완결된 경험연구로 자부할 수는 없다. 또 일반적으로 집단주의라는 주제를 다루는 논문이나 책에서 주요하게 개관하고 참고하는 사회심리학, 문화심리학계의 논의는 대단히 개괄적인 수준에서만 고찰된 후 바로 역사적 분석과 그 이론적 요약으로, 다시 말해 한국 집단주의의 작동논리와 그 동역학에 대한 필자의 정리로 곧바로 나아갔

** Moscovic(1985: 358-59).

다. 학자공동체는 무엇보다 각자 다른 전문영역에 복무하고 있는 다른 연구자의 성과에 대한 상호 존중과 적절한 인용을 통해 비로소 유지되고 활성화된다. 이런 윤리적 규준에 비추어볼 때 필자는 그간 집단주의라는 주제에 대해 충실히 연구하고 논저를 발표하신 많은 연구자들, 그리고 이 책에서 이루어진 일반화를 위해 염치없이 동원되고 또한 반대로 무지의 소치로 마땅히 참조하고 인용했어야 함에도 그렇지 못했던 역사학계 연구자께 이 자리를 빌려 너그러운 양해를 구한다.

아마도 사정이 이렇게 된 데에는 필자가 게으른 탓도 있지만, 기존의 접근이 한국적 집단주의의 양상 중 특히 '고약'하고 또 '가장 중요해' 보이는 측면과 그 핵심을 조명하는 데 그리 효과적이지 못하다는 필자의 판단에서 비롯되기도 했다. 무엇보다 한국사회 현대화 과정의 역동성이 출현하게 된 그 모순적인 정황과 그것을 추진한 행위에 내재한 혼종적 논리는 기존 연구의 차분한 종합보다는 다소 거치나마 직관적이고 사변적인 논리의 연역적 전개로 비로소 그 본질적 양상을 형상화하고 요약할 수 있을 것으로 생각하였다. 이 결정이 옳았는지는 독자의 판단에 맡기겠다.

새로운 사회학적 지식을 갈망하던 젊은 시절부터 유연한 비판감각과 지배적인 지적 분위기에 일침을 가하는 글로 늘 본받고 싶은 모델이었던 김동춘 선생과 이 연구를 통해 수년간 함께할 수 있었던 것은 큰 행운이고 영광이었다. 특히 1990년대 말에 접했던 선생의 연구들은 이 책의 모태가 된 문제의식이 자리 잡아가는 데 막대한 영향을 주었고, 선생이 보여주신 학문적 모범은 필자로 하여금 세상 속의 삶에 대한 의문을 끝내 사회학이라는 학문 속에 머물면서 풀고자 하게 했던 희망으로 작용했다.

그리고 오랜 시간의 잉태를 거쳐 비로소 태어난 이 책을 9년 전에 소천하신 필자의 아버지께 헌정하고자 한다. 사상과 학문이라는 그 게으르고 한가한 추구가 주는 기쁨을 처음 알려주시고 그 길 위에서 필자의 방황과 부진을 늘 감내하고 응원해주신 당신께서는 필자가 불혹을 넘은 나이에 학위를 마치고 돌아오고 나서야 비로소 눈을 감으셨다. 비록 이 책이 그 은혜에 값할 만한 것은 아닐지라도, 간절히 바라고 꿈꾸던 것들이 좌초하고 허물어졌던 당신의 삶이 이제 그 꿈을 이어받은 자식에 의해 이어졌음에 저세상에서나마 위안받으시기를 기원한다.

아베 정부의 경제보복과 '조국전쟁'으로
온 나라가 집합적 격정에 휩싸인 2019년 가을 저녁에
구자혁

차례

I. 서론:
한국사회의 역동성과
한국인의 집단주의

최순실 국정농단사태로 인해 예정보다 이르게 막을 내린 박근혜 정부의 집권기간(2013~2016)은 한국 현대화 전개과정의 동학을 보여주는 집합의식과 집합행동의 사례로서 매우 흥미로운 시기였다. 초월적이고 초연(超然)한 국가를 상징하던 박근혜 대통령의 통치는 수십 년의 세월을 뛰어넘어 구(舊)체제가 복귀하는 것처럼 느껴졌다. 그것은 1970년대 개발독재 군부정권이 그러했던 것처럼 민족과 국민경제의 이름으로, 그리고 전두환 정부 시기(1980~1987)의 '사회정화운동'이 연상되는 사회적, 민족적 '양속(良俗)'의 이름으로 전투적 노동조합과 전국교직원노동조합을 포함하는 여러 자생적 결사체와 사회운동단체들을 전방위적으로 탄압하였고 예전보다 광범해진 비순응적 인사에 대한 '관리'를 시도하였다. 사실 국가와 개인의 이러한 관계 양상은 한국인에게는 꽤 오랜 기간 동안 익숙한 것이었으며 그러한 체제는 비록 논란의 여지가 있지만 최소한 산업화가 성공적(?)이라고 생각한 많은 사람은 어느 정도 수긍하고 수용할 수 있는 것이었다.

하지만 그것은 결국 구체제의 몰락을 앞당기는 마지막 조종(弔鐘), 즉 옛 세계의 특권, 편의, 영광과 전횡이 주는 쾌감에서 아직 벗어나지 못한 권력자와 주변 인사들의 자기도취와 관성, 집단사고(group think)가 빚어낸 희비극으로 마감되었다. 이 사태에 최후의 못을 박은 것은 한국 근현대사에서 드물지 않게 볼 수 있는 거족(擧族)적으로 일어난 시위의 물결이었고 그 이름은 '촛불시위'였다. 이에 참여한 이들의 감정적 핵심은 무엇보다도 박근혜 대통령과 정부가 국가를 사사로이 운용했다는 것에 있었던 것으로 보인다. 다시 말해 촛불시위에서 드러난 국민의 격분과 저항은 박근혜 개인에 대한 뇌물죄 성립 여부나 최순실이 빼돌린 불법 자금의 개인적 전용 여부에 대한 사법적 판단과는 별개로, 이들이 정치권력을 개인의 사적인 도구로 행사했다는 사실에 이끌린 것으로 보인다. 하지만 이 촛불시위의 물결 속에서 표출된 광범한 분노와 개탄에도 불구하고 한국인이 그와 동시에 '행복한' 순간을 만끽하던 것처럼 보인 것은 무슨 까닭일까?

사실 2016년 말에서 2017년까지 이어진 촛불시위는 정치적 행사라기보다는 마치 2002년 한일월드컵 응원전 같은 국민적 행사나 축제에 가까웠다. 당시 많은 이에게 향우회나 동창회 같은 사교모임의 약속 장소를 광화문 앞으로 정하는 것은 별로 어색한 일이 아니었다. 심지어 어떤 가족은 대중음악 콘서트를 관람하러 가거나 야유회 갈 때처럼 행사장 앞자리를 차지하기 위해 가족 구성원 일부가 먼저 가서 자리를 잡고 간식을 준비하는 등 치밀한 '분업'과 즐기기 위한 만반의 준비를 하기도 했다. 만약 촛불시위가 갈등과 충돌, 격렬한 의견 대립, 사회적 분열과 대치를 야기할 수밖에 없는 정치적 행사, 다시 말해 갈등하는 다원성과 차이를 조정하고 해결하기 위한 장이었다면 그런 발상이 생겨날 여지는 조금도 없었을 것이다. 촛불시위를 통해 고조된 참여와 혼융의 시공간 속에서 한국인 개개인은 일상에서 팽배한 타인과의 갈등, 접촉, 연루됨의 꺼림, 공포를 떨쳐버리고 타인과 하나가 되는 확장된 자기(self)의 순간을 체험할 수 있었다. 그것은 분리되고 격리된 자기, 개개인이 아닌, 그리고 일차적으로 속한 가족이나 직장을 벗어나 더 큰 범위의 꿈을 함께 꾸는 '우리'에 속한, 그러한 '우리'를 실연(實演)하는 희열과 행복감을 잠시나마 만끽하는 순간이었다.

촛불시위가 이처럼 거국적인 분노의 순간인 동시에 지락(至樂)의 순간이기도 한 아이러니는 아마도 국정농단 사태가 대단히 '소박한' 본질을 가졌다는 데서 연유하는 것 같다. 국정농단사태가 적나라하게 드러낸 것은 어찌할 수 없는 악마적이고 필연적인 구조이기는커녕 조금의 심오함도 추상화의 여지도 결여된 상층권력의 어처구니없이 유치하고 치졸

한 속내였다.[1] 그것은 거대기업과 상층 핵심 정치엘리트의 공고하고 치밀한 결탁 같은 음모이론적 상상력을 자극하는 어떤 체계적이고 거창한 악(惡)의 수준에 한참 못 미치는 것이었다. 이러한 정황은 매우 단일하고 명쾌하게 '정치권력/국가 대 전체 민중', '부패한 정치 대 전체 시민'의 구도를 성립시켰고, 대다수 국민은 최초의 정권교체(1997) 이래 한국사회에서 가속화한 고도의 정치적 양극화에도 불구하고 정권과 이른바 '친박'으로 불리는 핵심부에 대항하여 '하나'가 될 수 있었다. 비록 그 응집성과 전투성이 식을 줄 모르는 '태극기 시위'나 '박근혜 대통령님 지키기' 같은 군중이 일각을 이루고 있었지만, 전체 국민의 75%에 이르는 한국인은 촛불시위에 직간접적으로 참여함으로써 전체 국민으로서의 일체성, 동질성, 자기동일성이 유지되는 단일한 군중 속으로 들어갈 수 있었다.[2]

한편, 2016년과 2017년은 고위 공무원과 정치인, 즉 이른바 엘리트들이 자국민을 동물에 빗대는 '망언'이 유난히 많은 시기였다. 사실 역사적으로 이런 망언은 대규모 시민이 거리에 나와 정치사회와 엘리트에 대해 책임과 사회적 정의를 요구하고 이에 동반하여 자생적 공론장과 비판적 담론이 활발히 증식하는 정치사회적 국면에서는 빠지지 않고 등

1. 실제 정권장악 이후 박근혜 정부의 리더십과 내적 논리는 2012년 대선 국면에서 많은 정치비평가들이 분석한 것처럼 심오하지도 복합적이지도 않았다. 물론 그렇다고 박근혜 지지와 같은 양태로 드러나는, 그와 유사한 리더십 양식과 체제에 대한 대중적 지지의 양상과 원천에 대한 분석의 중요성(이를테면, 김종욱 외[2010]에 수록된 논술이 조명하는)이 퇴색하는 것은 아니다. 다만 여기서의 포인트는 박근혜 정부의 통치가 설령 나쁜 방향으로라도 정교하고 체계적이었다기보다는 예상보다 훨씬 '허접하고' 자의적이었다는 것이다.

2. 오히려 필자가 정말로 의아한 것은 '대동(大同)'과 '총화(總和)'라는 한국 집단주의 문화의 전통적 원형을 이처럼 완벽하고 드라마틱하게 실현한 2016~17년 촛불시위 군중이 '태극기'라는 국민적 상징을 끝내 자기의 것으로 전유하려 하지 않았다는 사실이다.

장했다. 또 여기서 맹목적인 일단의 무리로 한국인을 묘사하는 데 쓰인 개, 돼지, 설치류, 쥐 등의 지칭은 당시에 흥행한 영화 속의 대사에서 차용하긴 했지만 그리 새로운 것은 아니며, 외국인 특히 서구인의 발언에서는 드물지 않게 등장하던 표현이다.[3] 이들 중 어떤 이는 한국인의 행동방식을 '물고기 떼(school of fish)'의 움직임에 비유하기도 했다.

한국인을 격분하게 만드는 이런 솔직하고 속내를 내비치는 발언은, 합리적이라고 스스로 자부하는 엘리트나 몇몇 외국인이 격분과 동시에 희열을 느끼는 한국의 국민 대중을 내려다보면서 던진 냉소라고 볼 수 있다. 이들은 스스로 일반인과 질적으로 구별되는 보다 나은 의견을 가진 자로 자부하거나, 일체화된 대중으로 행동하는 한국인의 모습에서 느껴지는 낯섦을 문화적 우월감 속에서 이해하려는 경향이 강하다. '친박' 같은 골수 지지자나 일부 해외 한인들(특히 미국)은 촛불시위로 시작된 국민적 일체화 분위기를 매우 못마땅하게 느낀 것으로 보이는데, 이들이 위의 문제가 된 정치인의 발언을 '소신(所信)발언', 즉 시류(時流)와 정세(政勢), 여론이라는 집단적 압력을 감내하는 강한 '개인'의 '심지(心志) 깊음'으로 칭송한 것 또한 유사한 반응이다.

이후 문재인 정부가 들어서고 이전 정부의 실정(失政)과 기존 권력행태, 사회적 관행의 구조적 문제점(기관들의 결탁, 권력독점 양상, 온갖 형태의 '갑질')이 '적폐(積弊)'라는 이름으로 청산의 대상이 되어 수사와 개혁의

3. '레밍(lemming)'이라는 말로 다시 한번 소환된 '들쥐'라는 표현은 전 주한미군합참사령관 위컴(John Adams Wickham, Jr., 1979~83년 재임)이 전두환 정부 성립 당시에 행한 발언(*New York Times*[1980. 8. 8.])으로 널리 알려져 있다. 비록 그 발언이 당시 전두환이 군사쿠데타로 정치권력을 별다른 어려움 없이 장악하는 과정에 대한 개탄과 좌절을 표현하려는 구체적 맥락 속에 있다는 해석도 있지만 외국, 특히 서구의 관찰자들이 한국인을 이렇게 묘사하는 것은 드물기보다는 일반적인 것이 여전히 사실이다.

도마 위에 올랐다. 이에 대해 과거의 여당은 '정치'보복이라는 표현을 앞세워 이제는 민생과 사회통합, 발전을 위해 소모적인 '정쟁(政爭)'을 그만하자고 주장했다. 이렇듯 정치적인 것을 반(反)국가적이며 반(反)전체적인 것으로 의미화하는 주장은 한국 근현대사의 정치담론에서 익숙하고 '일관된' 것이었으며 대부분은 매우 효과적이었기 때문에 다른 상황에서라면 그 의도한 효과를 충분히 거두었을지도 모른다.

지난 3년 동안의 급격한 정치변동과 이에 따른 열띤 논란과 열광을 살펴보면 그것이 대부분 '집단/전체'와 관련된 이러저러한 주장을 담고 있을 뿐만 아니라, 국가, 사회, 민족에 배치되는 것으로 대단히 부정적으로 의미화되는 '정치적인 것'과 관련하여 이들 개인/부분과 전체의 관계에 관한 수사(修辭)가 구축되고 있음을 볼 수 있다. 사실 정당성, 도덕성 문제를 둘러싼 다양한 논란 속에서 우리는 우리의 문제제기나 대응방식이 얼마나 집단주의적인지를 깨닫지 못하거나 숨기려는 경향이 있다. 왜냐하면 집단주의적이라고 인식되고 명명(命名, labeling)되는 순간 우리는, 집단주의라는 말에 대해 우리가 퍼붓는 모든 부정적인 수식들을 떠올리기 때문이다.

자신이 줏대 있고 배운 사람이라고 자부하는 경우가 많은 한국인은 자신의 행위와 발언이 소신에 입각한 것임을 무척 강조하는 경향이 있다. 왜냐하면 그러한 논쟁적 맥락 속에서 이 소신은 파벌, 당파성, 동조, 떼거리주의, 냄비근성, 파시즘적 양상, 사색당파, 지역주의, 집단이기주의 등 모든 지탄받는 현상에 반대되는 빛나는 개인적 성취이자 '저기 저 경멸스러운 무리(한국인 전체일 수도 있는)'와 구별되는 '나'를 정립하는 언어적 자기배려이기 때문이다. 앞서 국민을 레밍이라고 지칭한 정치인과 그 지지자들의 자부심도 그러한데, 그러한 (소)영웅주의적인 태도도 국가와 민족이라는 집단에 헌신하는 것을 정당성의 원천으로 하는 경우가 대부분이라는 점에서 집단주의적이다. 우리가 사회, 민족, 여론, 국민 등 정당화의 수식어(가장 흔하게는 '국민의 뜻')를 붙일 때 우리는 이미 집단주의적 자장 안에 있으며 그것은 정확히 매우 한국적인 집단주의의 표현이다. 이런 맥락에서 한국인의 여러 토착적 심리와 행위양식 중에서 '당연의 세계 낯설게 보기'[4]가 갖는 적실성이 가장 큰 주제가 바로 이 집단주의라고 하겠다.

그에 대해 어떤 평가와 분석을 수행하건, 지난 몇 년간 벌어진 사태의 예상치 못한 전개와 그 속에 과열된 담론적 각축, 그에 따른 사회적 파장을 이제 돌이켜보면 집단과 전체라는 주제가 한국인과 한국사회에 아직도 얼마나 크고 격렬한 반향을 일으키는 것인지를 다시금 실감하게 된다. 사회적 삶과 정치적 대세의 향배에 그것이 야기하는 거대한 도덕적, 감정적 격류에 비한다면 한국사회의 공식적 제도와 사회적 규칙 등은 그저 그 위에 떠서 흔들리는 작은 돛단배에 불과한 것처럼 보일 때가 많다. 과연 한국인에게 이 집단/전체가 가진 힘은 어디에서 오는 것일까, 그리고 그로부터 드러나는 한국적인 특유함은 대체 무엇일까?

한국인에게 집단 혹은 전체만큼 양가적이고 모순적인 정조와 태도, 언행이 드러나는 주제는 그리 많지 않아 보인다. 이는 가열된 공적인 논쟁 상황이 아닌 일상에서도 관찰될 수 있는데, 먼저 대다수의 한국인은 매우 민족주의적이며 자신이 민족주의적임을 조금의 망설임도 없이 내세우고 자랑스러워(하려고 노력)하는 모습이 주요하다. 반면, 일상에서 보는 한국인은 소속 집단에 대한 자기 정체화, 동일시(self-identification)에 충실한 방식으로 삶을 영위한다. 그런데 이러한 동일시가 전체 수준에서의 집단, 대표적으로 '민족'만을 절대선으로 간주하고 그 외의 집단을

4. 정수복(2007).

도덕적으로 터부시하고 의심스럽게 바라보는 경향과 병치된다는 데에 한국적 집단주의의 복합성과 그 일의적이지 않은 결과가 존재한다. 요컨대 한국인은 자신과 소속집단의 문제와 이익에 골몰하면서도 자기가 속한 집단을 가장 큰 전체와의 관련 속에 위치시켜서 자기와 자신의 집단을 함께 정당화하고 타자가 속한 집단은 전체에 반(反)하는 것으로 단죄하려는 경향이 강하다. 이 더 큰 전체는 전형적으로 '민족'이나 '국가', '사회'와 같은 가장 넓은 범위의 정치공동체 수준이지만, 일반적으로 개별 상황에서는 문제가 되는 집단보다 더 큰 범위면 족하다(이를테면, 핵가족에 대비된 확대가족, 가족에 대비된 회사, 마을에 대비된 지역, 부서에 대비되는 회사, 특정 직업집단에 대비된 전체 사회, 국민경제의 부과와 주장).

이러한 기본논리에서 대부분의 한국인은 민족/국민 이하의 사회집단과 관련한 집단주의는 극도로 부정적으로 간주하고 조망하지만 민족, 사회 등은 최소한 이상의 차원에서는 매우 긍정적인 항목으로 들어가서 아예 집단이 아닌 것으로 취급한다. 다시 말해 '집단주의'라는 명칭은 국가, 사회, 민족이 아닌 그보다 작은 집단에 대해 적용되는 '나쁜 말'이다. 비록 지금은 덜하지만, 자기와는 관계없는 집단적 이해관계 주장이나 집단행동을 모두 집단이기주의적인 분파적이고 파벌적인 것으로, 더 일상적인 말로는 '밥그릇 싸움'으로 쉽게 폄하하고 그에 대한 '국가주의적' 비판에 쉽게 동조하는 것도 현대 한국인에게서 볼 수 있는 자연스러운 모습이다. 반면 '민족'과 '사회'라는 이름을 걸고 행동하면 그 주체가 아무리 개개 한국인이나 부분 사회집단에 불과하더라도 집단주의라는 경멸적 혐의로부터 면책(免責)될 뿐 아니라 어떤 도덕적, 사회적 비판으로도 자유로울 수 있는 것처럼 간주하고 행동하는 것도 일반적이다.

여기서 놓치지 말아야 할 아이러니는 집단(이기)주의에 대한 이런 비판이 또 다른 집단인 민족과 사회라는 정당성과 권위에 의거하여 군림한다는 사실이다. 아마도 집단(이기)주의에서 좀 더 문제되는 요소는 '집단'이 아니라 숨어 있는 '(이기)'가 분명하다. 한국인에게 민족, 사회, 국가의 이름으로 등장하는 '전체'는 절대적인 신처럼 보이며 한국 집단주의의 정수(精髓) 또한 여기에 있는 것처럼 보인다.

하지만 사태는 그리 간단하지 않다. 그처럼 높은 수준의 '민족주의'적이고 '사회'주의적인 도덕(주의)적 상호 공방(攻防)에도 불구하고 한국인은 결코 '전체'주의적인 사람으로만 등장하지는 않는다. 집단주의의 일반적 양태와는 꽤나 동떨어진 한국인의 또 다른 특징적인 모습은 자기희생을 얌전히 수용하지 않고 '나'의 소중함을 당당히 주장하는 '전투성'이다. 이를테면 어떤 사안이 '자기문제'에 연관되면 민족, 사회, 국가 등 그 어떤 전체라 할지라도 그 권위에 괘념치 않고 비판하며 대드는 일이 비일비재한 것이 또한 한국사회이다. 이를 반영하듯 한국인은 일본인에 비해 그러할 뿐 아니라 아시아 전체 국가 중에서도 가장 개인주의적인 민족으로 스스로를 생각하며 또 외국의 관찰자도 대체로 그렇게 보고 있다.[5] 이런 '나'들이 집단화되고 자기 주장을 하는 경우, 내가 그 당사자일 때에는 결코 집단이기주의, '떼거리주의', '나'주의로 불리지 않는다. 많은 한국인이 자신의 정체성에 혼란을 느끼는 이유는, 이들이 자신의 '동족'을 바라볼 때 '왜 그리도 몰려다니는 것을 좋아하나' 하는 의문이 반대로 '왜 이토록 뭉치지 못하고 분열을 거듭하는가' 하는 개탄과 함께 동시에 일어나기 때문이다.

본 연구는 근대적 개인으로서 한국사회의 현대화를 담당한 현대 한국인의 출현, 그리고 한국사회에 특유한 집단주의적 양상, 이 양자 간

5. Alford(1999: 116), Brandt(1987), Burgeson(2002).

의 관련을 이론적, 역사적으로 식별하고 가지런히 정리하려는 시도이다. 한국의 현대화가 야기하는 가장 큰 질문은 다음과 같다. 서구문명의 유산과 세례 없이 현대화에 매우 늦게 나선 한 사회가 역시 전근대사회의 유사한 집단주의적 유산만을 갖고 출발한 다른 비서구사회의 신생독립국과는 달리 산업화와 민주화라는 두 현대화의 따라잡기(catching-up)를 어떻게 해냈는가 하는 것이다. 한국은 제2차 세계대전이 끝난 후에 출발한 '후후발(後後發) 현대화(late-late modernization)', 즉 3차 현대화의 물결에 속하는 나라이면서도, 반세기 만에 국민경제규모 세계 11위, 그리고 민주적인 경쟁적 선거를 통한 평화적 정권교체의 반복, 이 양자 모두에서 성공한 것으로 평가되는 상당히 경이로운 사례이다. 그렇다면 이토록 놀라운 성취가 가능한 요인은 과연 무엇일까? 그것은 총화(總和)와 일사불란을 향한 집단주의였을까 아니면 경쟁적인 개인주의였을까? 만약 그것이 한국인 특유의 집단주의라면, 그것은 과연 우리에게 낯설고 외래적인 현대성, 현대화의 진행 속에서 어떤 역할을 수행한 것일까?

앞에서 살펴본 집단과 관련된 복합적인 양상은 한국인의 자기정체성, 그리고 한국적 현대화의 경과를 평가하는 공적 담론의 상황에서도 역시 반복된다. 우리는 한국인의 특징적인 저력을, 최소한 한국의 급속하고 압축적인 현대화의 역동성(dynamism)과 그 '성공'의 원인을 집단적 열광과 결사 혹은 더 자주 쓰이는 말로 '궐기(蹶起)'의 힘에서 찾는 데 익숙하고 이는 신문의 칼럼, 대중적 논평과 같은 비학술적인 담론에서 특히 그러하다. 하지만 기묘하게도 학술적인 담론과 비판적 사회분석의 영역에 들어오면 이 집단주의는 ① 대부분 비난의 대상이 되거나, ② 정작 찬탄의 대상이 되는 집단화의 측면은 집단주의의 정의와 분석 대상에서 배제되는 경향이 있다.

사회과학에서 한국인과 한국사회의 집단주의로 진단되는 일반적인 양상은 이 두 경향의 결합을 보여준다. 여기서 집단주의는 흔히 '가족(이기)주의', '집단이기주의', '연고(緣故)주의'라는 이름으로 분석되고 이에 그 연구대상이 한정되는 것이 대부분인데(이 책의 2장 3절 (1) 참조), 이러한 접근이 앞에서 언급한 것처럼 부분집단적인 것을 부정적으로 의미화하는 더 큰 흐름에 조응하는 것임은 두말할 나위가 없다. 학술적 접근의 이러한 결여를 보완하듯, 위의 거족적 궐기나 열광의 모습은 민족주의의 일환으로 접근하거나 속류 심리학, 경영학, 문화론 등에 의해 '신바람', '신명' 같은 대단히 느슨하고 어설픈, 즉 '개념' 수준에도 미치지 못하는 '용어'로 묘사하는 것이 충분한 것처럼 통용된다.

여기서 보듯 집단/전체라는 것은 한국사회의 현대화를 설명할 때 최소한 한국인에게는 가장 앞에 놓이는 키워드이면서도, 그것이 이론적이고 개념적으로 정확히 무엇이고, 한국사회의 현대화와 관련하여 구체적으로 어떤 역할과 기능을 해왔는지에 대해서는, 일종의 공모(共謀) 상황처럼 일제히 얼버무리며 자족(自足)하고 있는 것이 현재의 상태이다. 하지만 현대화와 집단주의의 관계는 단선인과론적으로 설정할 수 있는 것이 아닐뿐더러, 오히려 양자가 정면으로 배치되는 관계로 보는 것이 학계에서는 더 일반적이다. 이 때문에 한국사회의 현대화가, 서구에서 작용한 현대성의 보편적인 요소인 경쟁적인 개인주의가 아닌 총화와 일사불란을 향한 집단주의에 의해 가능했다고 주장하는 것은 상당히 의외의 이론적 도전을 넘어 넌센스에 가깝다고 할 수 있다(이 책 3장 서두 참조).

이 문제를 적절하게 규명하려면 먼저 집단화, 집단주의의 한국적 방식을 예비적으로라도 좀 더 정밀하게 규정해야 하며, 이는 앞에서 살펴본 한국 집단주의 내의 상호 모순적인 논리와 양상의 병립(竝立)이라는 실상(實狀) 자체로부터 출발할 때에만 달성할 수 있다. 이것은 한국사회의 현대화와 한국인의 집단주의 간의 관련을 이론적으로 포착하려는 어떤 시도도 우회하거나 회피해서는 안 되는 출발지점이라 하겠다(이에 대한 본격적인 논구는 2장에서 이루어진다).

한국인의 집단화는 특유의 유동적이고 상호 각축적인 양상을 띠고 있을 뿐 아니라 이 양상에 집단(주의)적인 평가의 모습도 내재해 있다는 것이 특징적이다. 다시 말해 한국사회의 집단주의는 그것이 작동하는 양상뿐 아니라 그에 대한 한국인과 한국사회의 자기이해(self-understanding) 또한 그처럼 모순되고 복합적이라는 것, 즉 그 지각(perception)의 방식 자체가 그 현실의 일부라는 문제 상황 속에 놓여 있다. 요컨대 위의 얼버무리는 상태는 집단주의가 한국이 현대화하는 과정 속에서 수행한 역할(만약 있었다면)이 정확히 무엇인지를 파악하는 데 가장 큰 어려움인 동시에 그것 자체가 집단/전체에 대한 한국적인 태도를 보여주는 한국집단주의의 주요 모습이다. 이렇듯 앞뒤가 서로 물고 물리는 문제 상황은 집단/전체와 관련된 한국사회의 공적 담론을 과도하게 격렬하게 하고 정치화하는 주요 맥락 중 하나이지만, 그것은 동시에 한국인의 집단주의적 사고와 행동에서 무엇이 결정적이고 또한 한국인이 자신의 집단주의적 성향을 바라볼 때 무엇이 맹점인지에 관해 실마리를 제공한다.

한국인의 집단(주의)의 핵심 면모는 자기를 그리고 자기가 속한 집단을 보편적이며 전체를 대변하는 것으로 표상하려 하고 이를 대단히 정치화한(politicized) 방식으로 주장하려는 추동에서 발견할 수 있다. 이 추동 속에서 한국인이 타인의 집단화를 비판할 때는 자신이 놓인 집단주의적 맥락을, 그리고 타인의 개인주의를 비판할 때에는 자신의 부분 집단적 맥락을 송두리째 잊어버린 채 비판하는 경우가 잦다. 그리고 이러한 수행적 양상·과정에서 한국인은 고도의 '당파화(partisanization)', 즉 집단주의적 정치화(politicization)에 도달하게 된다.[6]

이를테면 한곳으로 쏠리는 대중의 일원으로 행동하는 한국인의 모습이 민족과 사회(혹은 때때로 인류적 보편성)와 같은 명분과 관련이 불분명할 때, 이는 '아무 생각 없는 무리'(시쳇말로는 '개념 없는' 사람들)로 주로 그 흐름의 국외자(局外者)들 — 그것이 대단한 엘리트가 아닌 보통의 한국인일 때에도 — 에 의해 경멸되곤 하며, 이때 그 대중에 속한 개개인은 앞서 나왔던 쥐, 개, 돼지와 별다르지 않은 명칭으로 불린다. 이를 보여주듯 현대 한국어에는 타인을 경멸스러운 집단으로 지칭하는 용어가 오래전부터 발달했는데 예를 들면 '~치', '~족(族)', '~빠', '~남(男)', '~녀(女)', '~충(蟲)' 등의 접미사를 활용하는 말들이 그러하다.[7]

이로써 집단/전체와 관련하여 등장하는 항상(恒常)적인 양상은, 집단 간 상호비판과 공방, 그리고 각 당사자가 달성하고자 하는 도덕적 자기 정당화가 매우 격렬할 뿐 아니라 이 모두 집단/전체에 참조(referring)하여 제기된다는 것인데, 이 격렬함과 항상적 참조에 한국 집단주의의 핵심이 있는 것으로 사료된다. 이로부터 한국인의 집단주의에 특유한, 집단 그리고 전체와 관련된 매우 복합적이고 양가적인 정조와 지향이 출

6. 김일철(2003: 14-17)은 한국사회의 동역학의 중심적인 측면을 집단화된 원한과 음모, 그리고 정치화로 요약하였다.

7. 이러한 '집합적 경멸어'의 발전은 1990년대 말 정보화의 확산과 더불어 더 급격하게 진전되었는데, 그 이전에 쓰이던 말들이 교회치, 장사치나 명품족, 오렌지족처럼 '치'와 '족'을 활용하였다면, 그 이후에는 노빠, 일빠, 꽉벌남, 김치녀, 된장녀, 한남충, 맘충, 틀니충처럼 '빠', '남', '녀', '충' 등의 접미사를 활용하고 있다. 이는 다양한 사회적 분할선에 입각한 무차별적인 '모멸투쟁'(김찬호, 2014)이 증식하고 가속화하는 양상을 보여주는데, 최근에 '꼰대'라는 말이 특유의 경멸적인 함의를 가지며 확산되는 것 또한 한국사회의 이러한 기본 사회적 동학을 반영한다. 이 말이 기성 산업화/민주화 세대의 위선과 권위주의를 부각하는 비판적 함의를 갖기는 하지만 그에는 긍정적 측면만 있는 것은 아니다.

현하며, 다양한 수준과 영역에서 집단과 전체가 수행하는 상이한 정당화의 기능과 논리가 발전한다. 이 때문에 전체라는 명분에 근거해 비판받는 것 또한 그 자체 집단주의이며, 독립된 개인이라는 명분에 근거한 비판 또한 여전히 집단주의의 자장(磁場) 속에 있다는 등의 역설이 한국 집단주의에서 발견된다. 한국인의 이러한 집단주의적 기본 추동은 때로는 거족적 궐기나 전체(주의)적 총화로 귀결되기도 하지만, 더 일상적이고 빈번하게는 강고하고 폐쇄적인 부분집단의 결성과 타 집단에 대한 배척과 경멸로, 그리고 이마저도 대단히 유동적이고 가변적인 적나라한 이합집산의 대중적 흐름으로 현상한다. 이 모든 것이 어떤 수준에서든 '집단/전체'라는 '타자(他者)'를 참조하여 주요하게 이루어지는 것으로 보이며, 이러한 동역학(dynamics)의 양상이 한국 집단주의 특유의 폭발적인 구심력(求心力)과 원심력(遠心力)을 동시에 일어나도록 하는 것으로 생각된다.

본 연구는 국가, 민족, 사회, 문명, 진보, 민중, 시민 등 여러 이름으로 등장하는 집단주의가 집단이기주의, 연고주의, 지역주의, 파벌주의처럼 한국인의 고질적인 문제점으로 지적되는 개탄스러운 현상과 공유하는 어떤 사회적, 문화적 '문법'을 규명하고자 한다. 이러한 접근은 한국적 집단주의 내에 병존하는 반대 방향의 두 힘, 즉 구심력과 동시에 원심력의 과도한 분출, 이 둘이 모두 한국 집단주의의 고유성을 '동시에' 특징짓는다는 것, 더 정확히는 이 둘이 '동근원(同根源)적'이라는 가정에 터하고 있다. 이를 위해 본 연구는, 상반된 지향을 보이는 위의 두 힘을 그중 어느 하나로 환원하여 파악하기보다는 그에 공통되게 흐르는 논리, 즉 양자의 바탕이 되고 있는 공통 논리를 포착하고 그것이 형성된 역사적 맥락과 사회적 메커니즘을 규명하고자 한다. 그리고 이 공통 논리는, 그처럼 권위(權威)로 군림하는 집단/전체에의 의존과 활용, 이와 관련하여 일어나는 가열찬 정치화와 당파화, 그리고 이로써 구축되는 사회적 테두리인 다양한 집단 속에서 개인적 야심과 이득을 도모하는 한국인과 한국사회의 특유한 지향과 열망, 추동으로 요약할 수 있다.

한국인의 집단주의와 한국적 현대화가 어떤 관련이 있는지 규명하려는 본 연구는 이상과 같은 기본인식과 문제의식에서 출발한다. 그리고 이로부터 산업화와 민주화라는 현대화의 양대 역동성에 궁극적으로 기여한 한국적 전통과 현대화의 유산, 그 특징적 양상과 상호 관련을 탐구하고 이 모든 것의 집단주의적 함의(implications)를 나름 정리하고 지도(地圖)를 제시할 것이다. 하지만 여기서 중심 줄거리는 한국인이 가진 어떤 다소 불변적인 속성, 이를테면 집단주의적인 국민성(國民性, national character), 민족성(民族性, ethnic character) 같은 '집단정신'의 독자적이고 자기논리적인 전개는 아니다. 오히려 그것은 어떻게 한반도의 인민이 살아온 전통과 유산이 이들에게 특유한 역사적인 체험의 궤적과 만나 한국 집단주의에 고유한 주요 논리를 형성하고 전개되는 것에 관한 이야기이다.

이러한 방법적 입장은 한국인의 특징적 행위양식을, 이들에게 전수된 유산의 순정화(純正化)된 논리뿐 아니라 한국사회와 한국인이 경과한 격변, 열망, 상처, 그리고 그로 인해 등장한 역동성 속에서 또한 파악하려 하고 그런 관점에서 최대한 정확하게 기술하는 것을 목표로 잡게 한다. 다시 말해 한국인이 어떤 사람인가는 역사의 각 국면과 상황 속에서 그들이 부여잡은 특유의 욕구와 희망, 당시 사로잡은 감정과 지향, 문제해결의 습속(習俗) 등을 통해 파악해야 한다는 것이다. 바로 이런 것으로부터 우리는 한국적 현대성의 형성과 한국적 현대화의 전개에서 주요한 추진력이 무엇인지를 추적할 수 있다. 이때 우리는 비로소 전체를 강조하는 민족(주의), 국가주의와 같은 공식화된 담론의 수면 밑에, 그리고 개인적 상승의 열망과 분주한 경쟁의 '민낯' 뒤에 도저하게 흐르고 약동(躍動)한 에너지가 무엇이었는지를 발견할 수 있다.

한국인은 흔히 희망과 기다림의 민족이라 불린다.[8] 그렇다면 무엇이 우리를 그토록 분주하게 하고 숱한 좌절과 어려움에도 불구하고 꿈을 추구하고 다시 일어나고 견디게 했을까? 본 연구는 이를 가능케 한 한 민족, 한국인이 보유한 에너지의 실체를 포착하고 이에 국민성, 민족성 같은 개념보다 더 정교한 이론적 언어를 부여하려는 시도이다. 현대화를 향해 달려가는 한국인과 한국사회가 보유한 에너지의 강력함은 이들을 집단화, 전체화, 집단적 역능화(力能化, collective empowerment)의 방향으로 이끌던 한국 집단주의 특유의 논리와 구조에서 나왔다고 할 수 있다. 그러한 에너지의 분출과 지향점은 한국적 전통에 특유한 집단주의적 논리가 그것이 경과해야 했던 현대화의 구조적 정황과 만나면서 출현한 것이다. 그럼으로써 한국사회의 개인과 전체, 나와 집단 사이에 존재하는 이해관계의 불일치와 갈등은 잠정적이고 인위적으로나마 해소·봉합되고 이 폭발력은 집합적인 추진력으로 채널링된 것으로 생각된다. 그리고 이 에너지는 분파적이고 개별화된, 이를테면 가족이기주의나 집단이기주의적인 추구와 그리 동떨어진 것은 아니었다.

본 연구가 출발하는 또 다른 가정은, 한국사회의 개인과 집단, 개인과 전체의 고유한 관계양상, 그리고 양자의 대립, 갈등, 모순을 처리하는 한국적인 방식을 규명하는 열쇠가 한국인 특유의 '우리' 의식, '우리' 행동, '우리' 양상에서 발견할 수 있다는 것이다. 1990년대 중반 한국인의 사회적인 성격의 핵심을 '가(家)' 의식으로 요약하고 그 사회적 결과를 '가'들의 다양한 방식의 분기, 분출로 이론화한 최봉영은 근래 우리말 연구

8. 김용운(1985: 166-67).

결과 매우 흥미로운 주장을 제기하였다. 그에 따르면 중국인, 일본인, 서구인과는 달리 한국인은 자기와 남, 자기와 집단 간의 불가피한 모순과 갈등을 '우리'의 형성과 '우리'의 실천을 통해 해소하고 해결하는 지혜가 있고 한국어의 '나'와 '우리'에는 그러한 노력과 통찰이 올곧이 배어 있다는 것이다.[9] 비록 이것이 언어적 분석에 머문 데다 일종의 국수주의적 경사(傾斜)가 염려되지만, 위의 익숙한 말들이 가진 '개념적' 잠재성을 곰곰이 생각해본다면 한국인의 집단주의에 내재한 많은 모순적 양상이 발원하는 핵심 원천이 무엇인지 실마리를 얻게 된다.

이 책에서 주장하는 바는, 한국인은 집단을 향한, 집단을 위한 열망과 집단에 의탁하는 나름의 방식으로 근대적 개인으로 전환되었고 역동적 인간으로서 현대화를 수행하였다는 것이다. 이 집단의 이름이 바로 다름 아닌 '우리'였다. 한국적 집단주의의 핵심은 한국인의 사회적 삶에서 발호하는 역동적이자 다면적인 집단화 그리고 그와 병존하고 그에 관통하는 개별화의 모습에 있다고 생각한다. 한국적 전통과 현대 한국사회에 공히 내재한 이러한 모습을 응축해서 보여주는 것이 바로 '우리'라는 한국적인 사회적 기대(social expectation)의 형상과 논리다. 그리고 그것의 핵심은 바로 한국말 '우리'에서 단적으로 드러나는 나와 타자, 나와 집단, 나와 전체의 변증법적 관계이며 상호작용이다.

한국적 '우리'의 핵심적 특성은, 개인적 자아(personal/individual self)의 영역과 집단, 국가, 민족의 영역을 분리하여 전자에 내재한 열망을 후자에 복속시킨다기보다는 오히려 전자와 후자를 융합하는 데 있는 것으로 보인다. 요컨대 한국적 나와 우리가 상호작용하는 변증법의 요체는 개인적 성취를 상상된 소속집단의 이득과 상승, 열망 속에서 이상화, 성

9. 최봉영(2012).

화시키는 그리고 그 반대 방향의 작용 또한 합리화하는 특유의 방식에 있는 것 같다.[10] 여기서 '상상되었다'는 말은 그것이 반드시 거짓이나 환상이라는 것을 의미하지는 않는다. 아니, 오히려 그것이 환상에 가까울수록 더더욱 매력과 흡인력이 있는 것인지도 모른다.

이 책은 한국 문화와 사회에 특유한 집단화, 집단적 순응과 참여 압력의 주요 논리와 양상의 중심에 있는 동시에 그 원형으로 작용하는 바로 그 '우리'의 유형을 3장에서 제시하고, 이들 유형화한 '우리'의 약동(躍動)을 4장과 5장에서 역사적으로 추적할 것이다. 이를 통해 본 연구는, 이들 '우리'의 유형이 파란 많은 한국 현대사의 굴곡을 경과하면서 어떤 구조적 정황과 문화적 변전을 겪으면서 서구와는 다른, 현대화의 진전에 유기적으로 결부된 문화적 상응물(counterpart)로 발전했으며, 마침내 산업화와 민주화를 견인·추동하는 동력이 되었는지를 보여주고자 한다. 이러한 작업은 한국의 산업화, 민주화에 대한 기존의 정치경제학적 설명이 충분히 드러내지 못한 한국적 역동성과 활력의 차원에 천착(穿鑿)하게 하는데, 그 차원의 이름이 바로 여러 유형의 한국적인 '우리'와 그 활동 공간이다.

이러한 전체적인 얼개 속에서 이 책 2장은 본 연구의 출발점을 이론적이고 학술적으로 정위하기 위한 작업을 수행한다. 그것은 왜 '우리'라는 개념이 한국인의 행위양식에서 중심적이고 또 결정적인 이론적 출발점인지 좀 더 상세하게 논의한다. 나아가 집단주의의 개념 정의, 집단화의 유형 양상과 관련된 이론적 문제와 기존 연구를 개관하여 본 연구의 이론적이고 방법적인 기초를 제시한다. 특히 2장에서는 집단주의에 대한 정의와 해석의 문제가, '현대성(現代性, modernity)'이라는 심대하고 일반

10. 이 과정의 본질은 2장 2절 (2)에서 다시 자세히 보지만 몰개인화라기보다는 탈개성화의 과정에 가까운 것(최상진, 2011: 123)이다.

적인 사회변동 과정의 산물인 동시에 그 핵심으로 알려진 서구 근대적 개인주의와의 관련 속에서 논의된 후, '집단주의'라는 말의 맥락과 양태를 구성하는 의미론적, 현상적 하위유형으로서의 세 가지 특징적 요소를 조명할 것이다.

3장은 한국 집단주의의 형성에 영향을 미친 한국 전통사회의 정치경제적, 사회문화적 요소를 현대화 과정 일반뿐 아니라 한국적 현대화의 독특한 양상, 추동력과의 관련 속에서 요약한다. 본 장은 성리학적 유교 이념의 철저한 사회화로 특징지어지는 조선사회의 이념적 역동성과 그 사회조직적 양상에 대한 일련의 논의를 통해, 서구와의 조우, 자생적 현대화의 좌절, 본격적인 현대화의 기동(起動) 등 이후 각각의 역사적 국면에서 작용하면서 한국인의 열망을 조형한 한국적 '우리'의 원형적 요소를 전근대 조선사회에 내재한 전통적 문법으로 포착하여 식별하려고 시도한다. 이는 일종의 '논리-유형론'적 작업으로, 그다음 장인 4장과 5장에서 전개할 일종의 '발전사(發展史)'적 작업, 즉 현대화와 한국적 집단주의 간의 역사적 관련 양상에 대한 본격적인 분석을 준비한다.

4장과 5장은 본 연구의 주요 분석대상인 1880년부터 1980년까지 한 세기 동안의 변화와 발전을 상당히 포괄적인 시좌(視座)와 추상적인 수준에서 역사적으로 개관하고 분석한다. 이 작업의 전체적 요체는 위 시기를 한국적인 '나'와 '우리'의 변증법적 상호작용, 즉 여러 상이한 수준과 영역에서 양자가 보여주는 복합적이고 모순적인 교직(交織)의 전개, 그리고 이후 양자의 현대적 상호관계 양상이 형성되는 과정으로 고찰하는 데 있다.

먼저 4장은 강요된 개항에 따라 어느 날 현대화, 현대의 입구에 끌려 나오듯이 던져진 조선인의 상황과 그에 대한 조선인의 대응, 그리고 그들이 추구한 바가 좌절되면서 개인, 사회, 집단, 민족에 대해 어떠한 특징적인 태도가 형성되었는지를 요약한다. 이어 한일합방(1910) 이후 일제의 식민지화가 정치경제적, 사회문화적으로 어떤 본질과 결과를 갖는 것이었고, 특히 그것이 조선의 본래적 전통과 만나 조선 인민의 집단화, 집단적 정체성에, 나아가 이후 한국적 '우리'의 주요 유형의 형성에 어떻게 작용했는지를 분석·요약한다. 1910년부터 1945년까지 식민지 시기의 가히 결정적인 체험과 사회체제, 행위 양식, 그리고 그에 대한 조선인 개인/집단의 심리적 반작용(reaction)은 해방 후 신생 남한과 북한 사회의 제도적이고 문화적인 얼개로 작용하여 이들의 노력을 제약하고 형태지우며 그 질곡으로 작용한다.

5장은 일제강점기의 타율적 현대화에서 벗어나 자신의 운명을 추구하는 한국인, 즉 남한의 국민이 겪은 혼란과 고난을 요약하면서 이후 본격적으로 현대화를 추진하는 한국적 '우리'의 양상과 그 주도 집단이 어떻게 사회적으로 자리 잡아 가는지를 개관한다. 이어 산업화와 민주화라는 두 현대화의 과정을 이끈 한국적 '우리'의 유형과 그 다차원적인 모습을 종합적으로 제시하고, 이로써 두 현대화 과정에서 유사하게 작용한 집단화의 동력과 논리를 요약한다. 이 절에서 제시하는 유형적 양상은 한국사회의 작동원리, 상당히 안정된 한국인 행위양식의 규칙과 문법으로 이후 1980년대와 1990년대, 나아가 2000년대의 양상에도 지속적이고 심원한 영향을 미치고 있는 것으로 진단된다.

6장은 결론으로 3장에서 5장까지 살펴본 한국 집단주의, 한국적 '우리'와 '나'의 동학과 작동 양상을 총괄적으로 정리한다. 그 내적 동학을 구성하는 핵심 패턴과 요소, 그리고 정치, 경제, 사회, 문화적 결과에 대한 평가는 한국적 현대화, 한국적 현대성에 대한 전체적인 평가의 성격을 띨 수밖에 없다. 본 장은 한국 집단주의의 모순적인 내적 논리를 한국 현대성의 복합적 요소와 추동력, 그 빛과 그늘이라는 측면에서 조망하면서 그것이 남긴 유산 중 우리 사회의 미래에 유의미하고 지속적인 자원으로 작용할 수 있는 정신적 요소(하지만 결코 관념적이지는 않은)를 마지막으로 강조하면서 끝을 맺는다.

이 책의 일차적 주제는 한국적 민족주의나 연고주의, 가족주의 등을 분석하고 해부하는 것은 아니다. 그럼에도 다소 피상적이나마 이와 관련된 일정한 부분을 고찰함으로써 조명하고자 하는 바는, 민족이나 전체, 그리고 '사회'라는 이름으로 등장하는 '집단'과 우리가 경멸하는 집단'주의'는 기실 동근원적이고 상동논리적(homological)이라는 점이다. 민족/사회 등의 고매한 이름과 명분으로 구성되는 집단화의 '비상(非常)'적 성화(聖化)의 상황은 개, 돼지, 이기주의, 가족주의, 연고주의 등의 이름으로 부정적인 표제 아래 구성되는 집단화의 '일상(日常)'적 상황(동시에 타자의 집단화에 대한 그러한 평가)과 결코 무관하지 않다. 후자는 그것을 비판하는 사람들이 스스로 생각하고 싶은 만큼 전자와 많이 다르지 않으며, 최소한 그러한 격렬한 비판과 단죄가 표방하는 만큼 전혀 다르지는 않다. 그런 예의 '부정적 집단주의'에 대한 격렬한 비판자 또한 그들의 공언된 '적'과 유사하게 집단에 의존하고 집단의 역학(많은 측면에서 고유하게 한국적인) 속에서 발언하고 행동한다는 점에서 비판을 수행하는 '우리'와 '우리'의 바깥에 놓인 '저들의' '우리'는 서로 많이 다르지 않다. 그리고 양자에 공통적으로 작용하는 것이 바로 한국적 '우리'의 모순적이고 양가적인 논리이다.

이 책은 한 세기 동안 현대화의 격변을 겪어나가면서 한국인이 수립하려 했고 수립한 '우리'의 논리와 양상, 다시 말해 나와 가족, 나와 집단(a group), 결사(a society), 조직(an organization), 전체사회(the society), 민족(a nation) 간의 분리와 갈등을 넘어 해소·극복하고자 하는 한국인의 노력, 그 신묘한 해결책, 때로는 달성할 수 없는 것을 이루려는 안간힘과 환상에 집착하는 모습을 유형화하고 요약하며 그 성립과 변용/진화의 과정을 추적, 기술하고자 한다. 이 작업은 '우리' 속에서 약동하는 '나', 그리고 반대로 '나' 속에서 복화술(複話術)을 하는 '우리'의 모습을 식별하는 일이며, 이 과정에서 한국인에게 '나'와 '남'의 경계가 어떻게 성립하고 사라지며 또 새로이 수립하고 변화하는지가 드러나게 될 것이다. 그것은 한국인에게 특유한 '나'와 '우리'의 문법이 정착하고 한국 집단주의의 주요 모습, 특유한 논리가 뚜렷해지는 과정으로, 이는 한국적 개인주의가 성립한 역사인 동시에 우리에게 특징적인 현대성이 만들어진 역사이기도 하다.

II. 집단주의 이론과 한국인의 '우리':
이론적 배경, 시각, 연구방법

한국사회는 참으로 알기 힘든 사회[11]이고 많은 외국인 관찰자에게 한국인은 수수께끼 같은 존재이다. 한국사회를 이해하기 힘든 까닭은 현대화가 이미 상당히 진행되었는데도 여전히 서구사회와는 매우 다른 모습을 보이기 때문이다. 1960년대부터 본격적으로 진행된 산업화와 그 이후에 발생한 1997년의 외환위기는 시장과 개인, 기업이라는 세 가지 키워드로 세계를 균질화하려는 야심만만한 서구적 현대성의 지구화 프로그램을 한국사회에 강제하고 기존의 삶과 사회적 관행, 제도적 얼개를 전체적으로 '재구조화(restructuration)'하였다. 하지만 그 결과로 야기된 사회적·집단적 삶의 침식, 특히 가족해체가 급속하게 진행되었는데도 우리는 여전히 수많은 집단의 이름으로, 매일매일의 활동과 노력을 자신이 속한, 자신이 속한다고 생각하는, 속하기를 원하는 집단에 비추어 수행하고 경주하며 살아가고 있다.

한국인이 또한 수수께끼인 이유는 한국경제가 세계 11위 규모로 성장했는데도 그 역동성, 나쁘게 말하면 그 '각박함'과 경쟁, 노력의 치열함이 여전하다는 데에 있다. 다른 나라 사람에게 한국인은 부러움의 대상일 때도 있지만 다른 한편으로는 이해할 수 없을 만큼 서로에게 가혹하고 무례하며 분주하고 경쟁적인 사람으로 비친다. 이를테면 우리가 '못 사는 나라'라는 선입견으로 은근히 내려다보는 아프리카 국가에서 온 유학생은 한국인이 '사소한 일에 목숨 걸고' 죽을 둥 살 둥 삶을 영위한다고 의아하게 생각한다. 우리는 평소 '사람 사는 세상이 다 그렇지' 하고 생각하며 별 문제의식 없이 살아간다. 하지만 해외여행을 잠깐이라도 다녀온 사람이라면, 특히 서구 선진사회를 접하고 외신(外信)을 접해 본 사람이라면 '한국사회는 왜 이토록 부조리하고 비합리적이며, 한국

11. 김일철(2003).

사람은 왜 이토록 서구인과 다른가' 하는 의문을 갖는다.

한국적 행위양식과 역동성에는 개인이나 집단, 어느 한쪽으로 완전히 귀속시킬 수 없는 묘한 동학이 자리 잡고 있다. 차라리 그것은 개인과 집단이 상호작용하는 상호관계 방식의 특이성이고 그에서 연원하는 역동성이라고 요약하는 것이 더 적절할 것이다. 이 책은 그러한 상호작용의 장소로서 한국인과 한국사회에 특징적인 다양한 방식의 '우리'의식, '우리' 행동의 모습, 그리고 그것들이 작용하여 우리 개개인이 '우리화(化)'하고 사회적 힘을 이루어 빠르고 격렬한 사회변동을 감내하고 추진·추구해온, 다시 말해 현대화를 달성해온 과정을 규명하고자 한다.

이 과정을 본격적으로 살펴보기 전에 본 장은 먼저 한국인의 특징적 행위양식을 규명할 때 왜 '우리'가 중심적이고 또 결정적인 개념인지, 그리고 이 '우리'는 한국적인 '나'와 어떤 관계에 있는지 논구한다. 그리고 그다음에 집단주의에 대한 기존의 국내외 연구와 시각이 어떠한 이론적 맥락에서 여기에 주목할 수 없었는지 규명하고 한국적 '우리'라는 현상이 갖는 이론적인 위상을 정립한다. 이러한 예비적 논의는 집단주의의 한국적 양상과 관련하여 기존 논의에 특징적인 문제점에 대한 개관으로 이어져, 이를 극복하기 위해 이 책이 채택한 기본적인 관점과 시각을 명확히 하는 데 기여할 것이다. 마지막으로 이러한 일련의 논의에 기초하여 본 연구의 접근상의 특징적인 초점, 그것이 갖는 이론적 함의, 그리고 구체적인 연구방법을 요약·제시할 것이다.

1. '우리', 집단주의의 한국적 모습, 그리고 그 속의 '나'

한국인은 단일민족, 단일혈통을 계승한 집단으로 한 '동포(同胞)'임을 자부한다. 구한말 개항기에 조선을 방문한 외국인의 눈에 비친 대부분 흰옷을 입은 조선인의 모습은 매우 신기한 것이었다.[12] 그것은 같은 색의 머리칼과 눈동자를 한 '동양인'에 대한 놀라움과 신비감에 '획일주의'의 혐의가 또 하나 추가되는 것이었다. 하지만 우리 자신뿐 아니라 외국인의 눈에도 한국인은 놀랄 만큼 개인주의적이고 경쟁심이 강한 사람으로 비쳐진다. 그래서인지 외국인, 특히 서구인은 일본인보다 한국인이 더 말이 잘 통하고 대화하기 편하다고도 전해진다.[13] 사실 한국인은 '우리'라고 말하면서 많은 경우 '나'로 행동한다.[14]

이처럼 일견 모순되는 양상, 즉 한 개인이 이를 한꺼번에 보여주는 것도 드물지 않은 한국인 특유의 '개인주의적'인 모습(그 정의의 범위를 넓게 잡는다면)과 개별화된 행위양식은 여전히 서구적 개인의 모습과는 거리가 먼 것이다. 그것은 통상적으로 '서구적' 개인주의를 의미하는 엄밀한 의미의 개인주의라기보다는 자기가 속하지 않은 혹은 자기를 존중하고 수용하지 않는 집단과 전체에 대해 격렬히 반발하는 일종의 '자기(自己)주의'로 부르는 것이 더 적절할 것이다. 근래 한국 출판시장에서 '자존감(自尊感)'과 관련된 책들이 폭발적으로 인기를 끌며 베스트셀러가 되어 왔다. 이를 두고 혹자는 한국사회에서 자존감 같은 '개인의 문제'

12. 잭 런던(London, 1995[1882])은 강을 건너는 흰색의 무리로 조선인을 회고하였다. 하지만 전근대 한국인의 의복이 흰색이기만 하다는 것은 지나친 일반화이고 다른 전근대 사회가 그러했던 것처럼 수많은 의례와 신분적 차별의 필요에 따라 다양한 색의 의복을 착용하기도 했다(김인호, 2003).

13. 이부영(1997: 65).

14. Alford(1999: 99).

가 얼마나 억눌려왔는지 보여주는 현상이라고 진단하였는데 이는 문제의 절반만 본 것이다. 오히려 이 현상은 현대 한국인이 얼마나 '자기' 문제에 골몰해왔고 더더욱 그렇게 되어가고 있는지 여실히 보여준다. 그리고 이러한 현상은 뒤에서 보듯 반드시 최근의 일만은 아니며, 오늘날 지적 장에서 당대에 일어난 모든 불행의 원천으로 지목되는 '글로벌 신자유주의' 때문만도 아닌 것으로 생각된다.

그래서인지 한국인은 파당과 파벌을 잘 만들기로도 유명하다. 한국생활을 오래 한 외국인은 "한국인은 편 가르기를 참 좋아한다"는 말을 심심치 않게 하는데, 이는 단지 현대 한국인만 그러한 것은 아니다. 주지하다시피 조선시대의 당쟁과 사색당파는 당시의 고유한 정치사회적 맥락을 고려하여 최대한 편견 없이 평가하더라도 그 격렬함과 분파성은 유별났다. 대한제국 시기 잠시 활약한 독립협회는 국가 상실이라는 엄중한 국면 속에서도 깊은 분열에 직면했고,[15] 3.1운동의 희생 이후 어렵게 수립된 상해임시정부는 수립에 뒤이어 곧바로 지역 출신별로 이합집산하여 점증하는 분파적 갈등에 시달려야 했다.

이러한 고도의 경쟁과 분파주의적(factionalism) 성향, 그리고 개인적 이익을 적나라하게 추구하는 모습은 유교적인 사회, 집단주의 사회라는 한국인과 한국사회에 대한 관성적이고 스테레오타이프(stereotype)적인 묘사에 고개를 갸우뚱하게 한다. 물론 한국인이 보여주는 양면적이고 양가적인 양상을 유교적인 것이 무엇이고 집단주의적인 것이 무엇인가에 대한 더 복합적이고 섬세한 정의와 해석을 통해 여전히 일관되고 논리정합적인 모습으로 그려낼 여지는 상당 부분 존재한다. 하지만 그럼에도 분명한 것은 그러한 양상이 이른바 유교문화에 대해 서구가 가진 일

15. Henderson(1968: 127).

반적인 인상, 즉 획일주의와 전체주의 그리고 전체에 대한 순응성으로서의 집단주의의 모습과는 꽤나 동떨어졌다는 사실이다.

왜 이런 상반된 모습이 드러날까? 이러한 모습을 집단주의나 집합주의(collectivism)와 같은 어떤 단일 원리로 뭉뚱그리는 것이 적절한 일일까? 이러한 질문은 한국인에게 있어서 개인과 집단 각각이 갖는 의미, 그리고 이 둘의 관계를 파악하는 문제가 결코 단순하지 않다는 점을 일깨워준다. 그것은 순정(純正)한 멸사봉공(滅私奉公)의 모습도 아니고 민족과 국가가 늘 행위의 잣대가 되는 모습도 아니다. 하지만 그럼에도 개인이 온전히 자기로서 존재하는 것을 내버려두지 않고 간섭하고 강제하며 '지적질'하고 상관하는 것도 한국사회에서의 삶이 겪는 스트레스의 주요 부분임은 많은 사람이 공감할 바이다.

한국적 심리학의 정립에 심혈을 기울여온 연구자들은 한국적 특성·문화의 핵심으로 바로 '집단적 자아(collective ego)', 즉 '우리' 문화를 지목하는데, 한국인에게 이 집단적 자아, 즉 '우리성(性)'은 한국인의 심리적·사회문화적 특성의 근저에 있는 것으로 간주된다.[16] 이를 반영하듯 한국인은 대명사 '나'를 별로 사용하지 않으며 주로 '우리'라는 표현을 사용한다. 내 남편은 나의 남편이 아니라 우리 남편이다. 만약 내가 내 남편이라고 말한다면 청자(聽者)는 '자기만 남편 있나?' 하고 불쾌할 수도 있는 것이 한국적 정서이다. 이렇듯 한국인은 최소한 말 속에서는 나를 행위의 중심으로 삼지 않고 우리라는 관점에서 행동하며 자신이 집단 속에 얼마나 잘 어울리는지를 고민한다.[17]

이렇듯 '우리'로 표출되는 이러한 집단적 자아, 집단주의적 자기표상(collectivist self-representation)은 바로 '우리'가 한국문화의 이념을 반영

16. 최상진(2011: 116).
17. Alford(1999: 63).

하는 일종의 '이념(理念)적인 자아'로 작용하고 있음을 보여준다. 이 '이념적인'이라는 수식어가 시사하는 바는, 그것이 실제보다는 이상·규범으로서 더 두드러진다는 것이고, 우리가 집단주의라는 현상을 한 사회의 주요 행위양식의 요소로 지목하려면, 그것이 사회적 제도, 관행, 체계 등과 어떤 유기적 관계와 연결양상이 있는지 고려하는 것 이상을 해야 한다는 것이다. 다시 말해 우리는 한 행위양식이 일종의 이념으로서 갖는 자기논리와 자율성의 동학까지 포함해서 위의 양상을 전체적으로 고려해야 그것이 어떤 의미가 있는지 적절히 평가할 수 있다.

사실 한국인은 일상적인 의식의 차원에서 개인주의와 집단주의, 나와 우리의 복합적 상쇄와 겹침을, 자기표상 혹은 정체성과 실제 자기 간의 격차를 의식하지 못한 채 살아온 것 같다. 이를테면 정치사상가 최정운은 한국인의 개인화, 개별화(individuation)가 우리의 '의지와 상관없이' 강요된 것으로 진단한다. 그것은 조선이라는 견고한 체제가 조선후기의 혼돈, 국가·사회제도의 퇴락 상황에서 균열된 후, 개항 이래 현대화가 더욱 급속히, 그리고 상대적으로 더 타율적으로 진행된 경과로 빚어진 것인데, 그것이 강요된 것인 만큼 한국인의 개인화 과정은 전혀 의식하지 못하는 와중에 이루어졌다는 것이다.[18] 한국 사람이 대부분 자신이 얼마나 개인주의적인지 깨닫지 못하고 살아가는 것처럼 보이는 것은 바로 이 때문으로 사료된다. 어쨌든 이러한 양상은 한국인의 개별성/집단성이 일차적으로는 집단의 이념적이고 전통적인 장악력과, 개별화와 각자도생(各自圖生)이라는 실제 삶의 긴박성, 이 양자 간의 복합적이고 모순적인 '칵테일'임을 암시한다. 먼저 전자의 측면을 보자.

한국적 집단주의의 이념적인, 즉 이상적이고 규범적인 측면은 보통의

18. 최정운(2013: 171).

한국인이 영위하는 사회적 삶의 여러 양상을 통해 간략히 예시될 수 있다. 한국사회에서 사회적 삶이 부과하는 규범적 압력 중 먼저 눈에 띄는 측면은 그에 어떤 도덕적 위계체계(moral hierarchical system)가 묵시적으로 내재한다는 점이다. 한국말에서 최근에는 자주 쓰이지 않는 표현 중에 "너 요새 독립운동 하냐?" 하는 힐난의 표현이 있다. 이는 한 사람이 이런저런 경조사(慶弔事)나 여타 가까운 이들의 모임에서 볼 수 없을 때, '얼굴을 내밀어' 자신이 여전히 '우리'의 테두리에 있음을 보여주지 않을 때 흔히 듣는 질타이다. 여기서 보게 되는 집합적 압력은 어떤 공식적인 의무 수행이나 직능(職能)의 완수를 등한시할 때에만 듣게 되는, 명시적이며 다소간 확정된 것과는 다른 종류의 것이다.

우리가 어떤 집단이나 무리에 속해서 그 성원임이 다소 명백할 때 우리는 "요새 왜 너 잘 안 보이냐?" 하거나 "왜 자주 안 나오냐?" 하는 말을 듣게 된다. 이 표현은 타인에 대한 가벼운 질책 혹은 원망으로 상당히 자주 쓰이는데, 이 말을 듣는 이는 명시적인 요구인지도 애매한 그 요구의 합리적 근거 여부를 따지기 이전에 본능적으로 죄책감에 '찔려' 하게 된다(그리고 이것이 그러한 말이 노리는 효과이다). 여기서 보듯 개개인은 공시적 현전(共時的 現前, compresence)의 상태, 즉 물리적으로 보이는, 곁에 함께 있는 모습을 늘 유지해야 하며 그러지 못하면 가벼울지라도 원망이나 질책의 대상으로 전락하게 된다.

한편 "너 독립운동 하냐?" 하는 짧은 말을 좀 더 면밀히 뜯어보면, 여기에는 한국인과 한국사회의 집단주의가 작동하는 모습이 고스란히 담겨 있다. 다시 말해 한국인이 개인이 아닌 집단으로 혹은 특정한 관계 속에 있는 개인으로 살아간다고 할 때 구체적으로 무엇이 문제가 되는지를 잘 보여준다. 여기서 일차적으로 드러나는 것은, 자기의 고유한 생각, 가치부여, 이해관계에의 몰두, 그리고 그것이 드러나지 않게 하는 데 실패하는 것, 이 모든 것에 대한 반감이다. 또 여기에는 그러한 개인적 추구가 독립운동을 하는 수준의 일이 아닌 한, 타자나 집단/전체, 즉 우리에 대한 배려와 의무를 수행하지 않는, 순전히 자기만 관련이 있는 개인행위는 도덕적으로 용납되지 않는다는 윤리적 판단이 매우 당연한 것으로 전제되고 있다.

흥미롭게도 여기에는 역으로, 독립운동 같은 국가와 민족의 일이라면 그 외의 것, 예를 들면 개인적 도덕성의 고수, 가족 부양, 특정 사회집단의 존엄성, 자율성 등을 방기하더라도 비난에서 면제될 수 있다는 것 또한 함축되어 있다. 다시 말해 여기에는 자기(自己)를 넘어선, 자기보다 큰 충실의 의무를 요구할 수 있는 의미 있는 집합적 단위와 그 단위 간의 위계(화된 체계)에 대한 어떤 합의 역시 표현되고 있다(물론 그럼에도 그 정도의 일이 아닌 한 이른바 '관계 윤리적' 행위를 수행할 의무는 면책될 수 없다는 사회적 압력이 그 표현에서 여전히 더 일차적이기는 하다).

요컨대 여기서 볼 수 있는 것은 집단의 이름으로 욕망과 주장을 정당화하고 장려하거나 반대로 억제하거나 금기시하는 어떤 구조적 양상이다. 다시 말해 '집단/전체'로서의 호명과 명분은 한 주체가 수행하는 특정한 욕망과 욕구의 추구에 도덕적 윤리적 권위를 제공함으로써 개별적이고 사적인 욕망조차 그를 통해 성화(聖化)되거나 최소한 수용할 수 있는 것으로 만들고 있다. 이러한 권위의 작용과 그에 따른 정당화의 기제, 사회적으로 형성·정립된 것으로 가정할 수 있는 이 기제가 바로 한국적 집단주의를 사회학적·사회이론적으로 정의하고 분석, 평가할 때의 요체이다.

하지만 그렇다고 이 점이 한국인이 충심(衷心)으로 공공성을 추구·선호한다거나 그를 위해 개인적이고 사적인 이익을 기꺼이 내줄 용의가 있다는 사실을 의미하지는 않는다. 오히려 사적인 이익이 전면에 절대 드러나지 않고 우리의 이름으로 잘 포장된 형태로 제시되어야 하며, 자신의 행동을 '우리', 즉 '나' 이상(以上)의 어떤 것, 즉 가족이 될 수도 있고 민족이 될 수도 있는 집단과 전체의 이름으로 정당화해야 하는 압력이 한국인의 사회적 상호작용에서 매우 강하다는 것을 의미할 뿐이다. 이 문제를 객관적이고 외재(外在)적인 사회에 직면한 나, 즉 개개인의 행위 전략이라는 측면에서 조망하면 이 점은 더 명확해진다.

한국적인 사회생활, 즉 타인과의 상호작용은 상대방과의 사회적 거리(social distance)에 대한 정밀한 측정과 그에 의거한 내부/외부의 섬세한 구별이 매우 중요하다. 그러한 측정은 상대방이 외부인과 내부인 가운데 어느 쪽으로 분류할 수 있는지 결정하고, 그에 따라 상대방을 구별/차별하며, 현재와 미래의 예견할 수 있는 이해관계에서 잘 대접할 필요가 있는지, 그도 아니면 앞으로 다시는 마주칠 일이, 즉 '볼일이 있는지'에 따라 상대방을 어떻게 대할지 결정하는 것으로 이어진다. 이런 섬세한 계산 속에는 상대방의 나이, 출신지, 출신학교, 현재 소속, 사회적 지위 등 개인 프로필의 모든 항목이 입력(input)되며, 그에 상응하여 차별적인 일련의 '대접 코스'가 체계화되고 서열화된다.[19]

이처럼 고도로 계산된 분류와 네트워킹을 통해 구축되고 확대되는 생태계 속에서 개인은 자신이 상대방이 생각하는 내부자 범주에 속하는 것으로 지각하지 않으면 아무리 작은 일도 성사하기 쉽지 않고 사소한 결연(結緣)도 쉽지 않음을 체험하게 된다.[20] 이에 상응하듯 한국인이 사회에 진입하면서 맨 처음에 익혀야 할 것은 내부와 외부의 다름, 양자에

19. "한국인은 '우리', 즉 유사 대가족으로서 우리의 테두리 밖에서는 '누구에게도 복종할 필요가 없고 누구도 신경 쓸 필요가 없다'는 식으로 행동한다"(Alford, 1999: 117).
20. Alford(1999: 116-118).

서 각각 차별적으로 작동하는 논리에 대한 인식, 특히 내부자, 즉 '우리'로서 행동한다는 것이 어떠한 것인가에 대한 '감(感)'이다. 이는 다른 측면에서는 우리에 속하고 우리로서 행동하는 와중에 나를 위한 것을 획득하고 확보하는 방법의 습득이기도 하다.[21]

이러한 특징적 면모가 보여주는 바는, 한국적 집단주의가 어떤 확정된 대상과 목표를 가진 것에 대한 헌신으로 정의된다는 의미에서의 일종의 실체적 집단주의라기보다는 상대적으로 그러한 흉내, 외관, 강박, 자기연출(self-presentation)이 핵심인 집단주의라는 것이다. 물론 이 세상의 그리고 역사적으로 어떤 사회도 개인에게 이러한 집단주의적 요구를 부과하지 않는 경우는 없었고, 이는 사회학자 고프먼(E. Goffman)의 고전적인 '자기연출이론'[22]을 낳은 개인주의적인 미국사회에서도 마찬가지이다. 하지만 한국의 양상에는 모든 인간사회에 보편적인 그러한 집단주의의 차원에서는 이해할 수 없는, 그리고 단순히 양적인 정도의 차이로 환원되지 않는 질적으로 차별적인 논리와 구조를 암시하는 무언가가 있다. 오히려 그 정도의 상대적 차이는 질적인 차이와 상이한 원천을 암시하며 이는 그로써 구조화되는 사회적 결과를 갖고 있다.

나와 집단, 나와 전체가 가진 이런 모순적이고 복합적인 관계 속에서 한국인과 한국사회에 특징적인 '공공적인 것(the public)'의 양상이 등장

21. 최봉영(1994a: 154)에 따르면 한국사회에서 '우리'가 되는 것은 사람이 되는 것과 같은 의미이다. 현재는 별로 안 그런 것처럼 보이지만, 1980, 90년대에도 여전히 '진리'처럼 운위되던 "군대 갔다 와야 사람 된다"는 말은, 성년 초기 남성의 경우 상술한 '기본적 사회화'차라리 '우리화'라고 부르는 것이 더 정확할, 한국사회의 실제적 작동에 대한 충분한 적응과 편입이 군복무와 내무반 생활을 통해 훈련됨을 강조하는 표현이다. 당연히 이 훈련은 또 다른 군대인 회사나 여타 조직에서의 '사회생활'에 필수적이다. 그것은 "군이라는 집단 속에서 '나'로서의 주장을 죽이고 철저하게 '우리'가 되는 것을 의미"(같은 곳)한다.

22. Goffman(1959).

한다. 한국적 행위양식에서 두드러지는 것은, 사회의 여러 수준에서 어떤 집합적인 것(전체 사회까지는 아닐지라도), 즉 '우리'가 그대로 공공적인 것으로 등치·지각되는 경우가 많다는 점이다. 우리에게 공공성(公共性, publicity)이라는 직관적으로 명료하지 못한 번역어는 일상소통에서 매우 불분명한 어의만을 전달한다. 그리고 그것은 그저 개인행동과 이기주의에 반대되는 어떤 개념으로 치부될 때가 많다. 다시 말해, 민족과 국가를 명시적이고 직접적으로 지칭할 때를 제외한다면, 공적인 것과 공공성은 대부분 그 자체로 정의되기보다는 가장 자명하게는 '이기적이지 않은 것'으로, 다시 말해 '나'와 대립되는 '우리'와 관련된 어떤 것으로 정의된다.

공공성에 대한 이러한 지각과 정의 속에서 '우리'와 '우리 의식'은 사실상 고유하면서도 본래의 공공적인 것과는 자주 일치하지 않으며 오히려 후자를 그 속으로 빨아들이는 경향이 있다. 따라서 '우리'의 이러한 작동은 공/사의 구분을, 불가능하게 하지는 않더라도 대단히 불투명하게 하여 공식 사회규범, 제도적 목표를 교란시킨다. 우리의 생활 곳곳에 유동적으로 형성되어 자리 잡은 여러 수준, 차원, 영역 속의 '우리'가 그처럼 공공성과 유사한 권위와 무게로 사회통제를 일상적으로 시도하는 것이 한국적인 사회적 삶의 주요 모습이다.

한국인에게 집단이 갖는 권위와 그를 통한 정당화가 실현되는 관계윤리적, 집단윤리적 행위의 방식과 논리는 이처럼 현실 속의 '우리'가 한국어의 '우리'라는 말을 경유하면서 만들어지고 유지되는 가운데 관철된다. 이런 의미에서 한국인의 '우리' 의식, '우리'적 행위원리는 한국 집단주의의 모태이자 수레라고 말할 수 있다. 한국인의 다름, 그들 특유의 집단주의를 규정하는 중심 키워드로 한국말의 '우리', 한국인의 우리 '의식', 한국인의 우리 '현상'을 면밀히 검토해야 하는 이유가 다시 여기에 있다.

이처럼 '유사(類似) 공공성'으로 작동하는 한국인의 '우리'를 다른 사회의 양상, 이를테면 거칠게나마 독일과 일본 같은 사회의 그것과 비교할 때 두드러지는 것은 그것이 견고하게 안정적으로 축조한 체계, 즉 '저기 저편에 잘 자리 잡고 작동하는' 체계, 그리고 그러한 체계 속에서 다소 비인격적인 복무를 지칭하는 정도가 훨씬 덜하다는 점이다. 다시 말해 '나'와 '우리'의 확고한 구분, 나의 시간/공간과 우리의 시간/공간을 구분하여 저기 저 너머에 견고하게 존재하는 '우리'와 공공성이 상정된다기보다는 나에게 정체성과 휴식, 이익과 삶의 의미를 제공하는 여러 '우리'의 다양한 차원과 그 유동적 육화(肉化)의 양태가 두드러진다는 것이다.

단지 개개인을 넘어선 '대아(大我)적인 것'으로 규정된 '우리'가 개개인에 대해 가진 그 권위가 높은 데 비해, 전 사회적 차원에서 본다면 그 실체가 그렇듯, 이를테면 일본이나 독일과 같은 사회에 비한다면 상대적으로 유동적이기 때문에 그러한 '우리'와 '대아'의 육화나 현현(顯現)으로 간주되고 또 그렇게 자임하는 유동적인 '여론(輿論)'에 대한 눈치 보기와 동조의 강박이 매우 심하다는 것 또한 한국 집단주의의 특징적인 면이다.

요컨대 한국 집단주의는 자신은 '타자(他者)'가 아님을, 우세한 '우리'에 대해 '나'는 '남'이 아님을, 즉 '우리'의 밖에 있는 존재가 아님을 필사적으로 증명해야 하는 사회생활의 규범적 압박과 전략적 필요성, 그리고 그에 대한 동조를 거부했을 때 맞닥뜨릴, 늘 검증되고 확인되지는 않는 결과에 대한 고도의 '공포'를 그 주요 구성요소로 갖고 있다. 대부분의 우리는 행위하기 한참 전에 그러한 결과를 면밀하게 계산하고 예측하기보다는 위의 전략적 행동을 당연한 사회적 규칙으로 전제하고 따르거나 그에 따르지 않는 것에 대한 설명되지 않는 반감과 공포감 때문에 자동적으로 그에 동조한다. 이 점은 단적으로, 어디에서든 집단에 필사적으로 소속하려 애쓰고 자신의 삶의 모습을 이 소속으로 정당화·의미화하는 데 익숙하고 또 필사적인 한국인의 모습에서 확인할 수 있다.[23]

이처럼 과대화된 눈치보기나 정당성의 게임이 한국적 사회생활에서 한국 집단주의의 다채롭고 완강한 모습의 파노라마를 연출한다. 그리고 이 파노라마 속에 바로 자기이익을 추구하고 내면성이 호흡하는 공간을 모색하는 한국인이 벌이는 숨 가쁘고 항상적인 줄타기로서의 '나'와 '우리'의 변증법이 존재한다. 이 변증법의 한 극에, '우리'를 대변하는 것으로 '프레임(frame)'되고 정당화된 '나'의 요구와 주장, 가치, 기획을 남에게 부과하고 따르기를 강요하는 데 어떤 주저함이 없는, 즉 서구에서 대중화된 심리용어인 '경계관념(boundary consciousness)'이 없는 한국적인 '나'의 공격적인 모습이 등장하기도 한다. 다시 말해 '다른' 것, 즉 상술한 것같이 가상화되어 형성되고 부과되는 '우리'를 충실히 따르고 있는 '나'의 눈에 거슬리는 것을 결코 두고 보지 않는 성향이 대두하는 것이다.

한국사회는 만약 내 아이를 학원에 안 보내면, "'우리' 아이에게 나쁜 영향을 준다"며 "왜 당신 아이를 학원에 안 보내느냐"고 따지는 전화를 같은 동네 주민이지만 생면부지의 학부형에게 받을 수도 있는 곳이다. 여기서 '나'는 '우리'의 이름으로 복화술을 하면서 나에게 이익이 될 무언가를 위해 혹은 단지 자신의 삶의 방식과 가치의 실현, 그리고 타인에 대한 권력 감정의 향유를 위해 그러한 '우리'에 대한 순응과 복종을 요구하며, 자신이 '우리'로서 간주하는 것들 속에서 '나'의 이익을 도모하고 '덕 보기를' 기대하는 것이다. 이처럼 '사소한' 상황에 대응하는, 그보

23. 앨퍼드에 따르면, 한국의 개인들은 단지 출세를 위한 것 이전에 세상의 '그물'에서 바깥으로 쫓겨나지 않기 위해 관계망을 짠다(Alford, 1999: 117). 최봉영(1994a: 155)도 참조.

다 더 사회적이고 거시적인, 이를테면 정치경제적 수준에서의 '상응물'을 발견하는 것이 어려울 것 같지는 않다.

'나'와 '우리'의 이러한 한국적 변증법의 다채로운 양상 속에서 우리는, 한사코 그러한 '나'의 분출을 숨기면서도 이를 억제하거나 안전하게 격리(隔離)하는 데 어려움을 겪는 한국인의 모습을 보게 된다. 현대 한국인에게 '나'가 오롯이 허용되는 공간은 그리 많지 않은데, 한국인은 집단과 사회, 즉 '우리'의 시선과 압박에서 그나마 벗어날 관계와 공간으로 대체로 향토적인 '끈끈한' 관계를 추구한다. 하지만 이 공간은 대부분 사회적 공리주의와 기능주의의 틈바구니에서 기껏해야 윤활유와 안정제, 위안으로 작용할 뿐 위의 '우리'의 지배에 도전하는 공간이라고 보기는 힘들다.[24]

이렇듯 때로는, 아니 자주 변덕과 비정함, 불합리함, 속물적 계산의 온상이기도 한 '인정(仁情)'의 끈끈한 세계에서 찾을 수 없는 자신의 존재, '나'의 공간을 찾아 한국인은 '어머니'로 가상화된 자연과 향토성(鄕土性)에 귀의하기도 한다. 상당한 시청률을 기록하며 화제가 된 「나는 자연인이다」와 유사 리얼리티 TV 프로그램의 성황은 이러한 출구(出口)와 그에 내재한 미학(美學)의 일면을 보여준다. 그 미학적 핵심은 바로 '사회', 즉 위선적이고 억압적인 '우리'가 만들어내는 강호(江湖)와 같은 사회세계로부터 탈출, 그리고 어머니 같은 자연에 귀의(歸依)함으로써만 열리는 원초적인 '나'의 공간과 안식처에 대한 열망에 있다.[25]

---

24. 본 연구가 '향토적/연고적 우리'로서 정식화하는 이런 양상의 양가적인 면에 대한 좀 더 상세한 진술은 뒤의 5장 3절 (3)을 참조할 것.
25. 이러한 탈(脫)사회, 탈집단주의의 양상에서 성별에 따른 차별적 양상에 유념해야 한다. 사실 위에서 묘사된 상황은 현실세계에서 패배하고 좌절한 한국 남성성의 세계와 그에 특유한 환멸에서 두드러지는 것이다. 이러한 한국 남성성의 모습이 놓인 발달심리학적 상황과 그것이 한국 현대화의 양상에 대해 갖는 관련성의 시론적 정

하지만 그럼에도 한국인과 한국사회의 '우리'는 단지 '나'의 위선적이고 허위적인 복화술로만 귀착시킬 수 없으며 그 사회적 효과 또한 그런 이유로 양가적이고 복합적이다. 한국인의 '우리' 의식에 특징적인 또 다른 측면은 허물없는 '우리', 담장 없이 오가는 '우리', 즉 그 말의 어원이 된 '울타리'의 의미와 깊은 관련이 있다. 그것은 나와 너, 네 것과 내 것을 구분하지 않고 한 '울타리', 즉 한 '우리(pen)' 내에 있는 '우리(we)'를 유지하려는 감정과 의식인데, 이것은 한국 집단주의의 양상에서 결코 작지 않은 부분이며 거칠게나마 평등주의적이고 공동체주의적인 추동의 원천이다.

한국인의 모습 중에 두드러지는 일면은 자기 이해관계를 고도로 의식하면서도 사교생활을 유난히 좋아하고 무슨 일을 하더라도 남과 같이 어울려서 하려 한다는 점이다.[26] 또 한국인은 친교에서 '허물없음'을 무척 높이 평가하는데, 이는 가까운 사이지만 여전히 예절을 중시하는 중국인의 모습과는 대조된다.[27] 유사한 집단주의라도 일본의 집단주의문화가 사적인 것에 대한 고도의 격리와 존중을 배경으로 한다는 점에서 이는 동아시아문명 내에서도 차별적인 면모다. 이것으로 볼 때 한국인은 이른바 '거리두기의 부담(burden of distance)'을 싫어하고 '접촉 공포(fear of being touched)'[28]가 대단히 적은 민족이라고 할 수 있다. 한국인의 개별화가 경쟁의 긴박함에 따라 상호 '거리두기'를 실천해야 했다는 의미에서 현대화와 더불어 심화되고 '강요'된 것이라는 앞서 소개한 진단[29]은 이 지점에서 다시 한번 적절하게 느껴진다.

식화는 구자혁·김은영(2016, 특히 제4장)에서 볼 수 있다.

26. 정수복(1996: 47-49).
27. 최봉영(2012: 53).
28. Canetti(1978[1960]: 9-10).
29. 최정운(2013: 171).

한국인은 이처럼 허물없음을 윤리적으로 바람직한 것으로 선호하고 생면부지의 사람이라도 마치 가족의 성원인 양 형, 누나, 언니, 이모로 불러 급속히 '우리'의 경계 내로 끌어들이려는, 아니면 최소한 그러한 관계를 '의제(擬制)'라도 해야 직성이 풀리는 모습이 매우 특징적이다. 이 때문에 한국 집단주의에는, 공적인 관계와 공간을 사적인 것처럼 만들어 그렇게 구축한 '집단적으로 사적인' 테두리 내에서 서로 거리낌 없이 함께 즐기고 무언가를 도모하려는 열망(자신이 받는 이해의 침해가 심각하지 않다면)이 탑재된다. 이러한 열망이 공간적으로 실현된 예로 무엇보다 전통적인 '공중'목욕탕을 필두로 PC방, 노래방, 찜질방 같은 사적 향유, 향락의 집합적이며 공적 공간인 '○○방'의 번성을 들 수 있다. 이처럼 남들의 시선에 고스란히 놓인 공간을 사교와 행락 장소로 사용하는 데 거리낌이 없는, 오히려 그 시선과 공존과 밀집을 즐기는 것처럼 보이는 모습은 단지 도시화의 급속한 진전이나 높은 인구밀도, 수도권 과밀과 같은 정치경제학적, 인구학적 요인에 전적으로 귀인(歸因)될 수 있을 것 같지는 않다.[30]

현대 한국인은 평소에는 사사화(私事化)되고 개별화되었지만 그럼에도 지극히 '집합적인' 방식으로 비정치적이고 사적인 문제들, 즉 문화적, 경제적, 사교(sociability)적 관심과 이해관계를 추구하는 데 골몰하고 전념하는 것으로 보인다. 하지만 이들은 그런 와중에도 그저 서구적 의미의 '사적인(private)' 존재로만 삶을 영위하지는 않는다. 이들은 서로서로가 늘 '눈에 보이는(visible)' '공적' 존재[31]로 살아갈 것을 요구하고 부과하며

30. 개항기의 외국 관찰자 잭 런던(London, 1995[1882])은 "조선인은 구경을 좋아하고 기웃거리기를 좋아한다"고 특징지었다.

31. 여기서 '공적(public)'이라는 개념에 내포된 상이한 두 가지 의미를 섬세히 구별할 필요가 있다. 정치사상가 와인트로브에 따르면, 사적인 것과 공적인 것의 의미론적 대립체계는 다음의 주요하지만 동일하지는 않은 두 가지 요소로 구성된다.

동일한 열망과 가치를 가지고 같은 목표를 추구하는 대중, 공중으로 존재하기를 원한다. 이른바 '쏠림'현상으로 귀결되기도 하는 이러한 집단주의적 에너지와 열망은 일상적인 상황에서는 소비행태에서 발견할 수 있다. 무엇보다 다른 사회에 비해 유난히 강력한 것으로 평가되는 한국 소비자의 유행타기, '명품선호' 등의 성향은 소비자심리학과 경영학 분야에서 자주 주목받아왔으며 근래에는 이러한 특성에서 긍정적인 측면 또한 많이 부각되고 있다.[32]

한국적 역동성을 구성하는 이러한 쏠림과 유행, 그리고 전일화(全一化)와 획일화(劃一化)를 향한 집중과 활력은 목전(目前)의 과제와 대세에 벌떼같이 달려들어 참여하고 협력하여 단기적인 과제를 성취해내는 한국인의 역동성을 대변하는 동시에 대중, 공중으로서의 그 특징적 존재양상을 보여준다. 하지만 이러한 특성은 제도화의 과제, 즉 분화된 업무와 직능과 기능, 그리고 다양하게 얽혀 있고 갈등하는 이해관계, 가치들을 참을성 있게 변별하고 체계적으로 상호 조정하면서 긴 호흡으로 달성해야 하는 제도적 과제를 지리멸렬하게 만드는 '용두사미(龍頭蛇尾)'의 패

---

① 감추고, 물러나 있는(withdrawn) 것 대(對) 열리고 드러난, 그리고 접근 가능한(accessible) 것, ② 개별적이거나 개인에게만 관계된, 혹은 개인들의 한 집합체(a collectivity)의 이해관계에만 영향을 미치는 것 대(對) 집합적인(collective) 것(Weintraub, 1997: 4-5). 본문의 위 문장에서 '공적 존재'의 의미는 ②보다는 ①의 의미에 해당하며 한국인에게서 집합체에 대한 ②항 관련 강박은 매우 강력하지만 일상적인 차원에서 더 자주 체감되는 한국 집단주의의 모습은 바로 이렇듯 늘 보이고 접촉할 수 있는 존재가 되라는 압력이다.

32. 이를테면 경향신문특별취재팀(2006), 성영신(2013)을 볼 것. 많은 연구에서 이런 유형에 속하는 집단주의의 한국적 모습을 어느 곳에나 존재하는 군중, 혹은 소비대중, 문화대중 등의 개념으로 매우 보편적인 것으로 탈색하여 접근하는데, 이에는 앞서 언급한 바로 그 '생각 있는 합리적 개인'의 시각에서 사태를 보려는 집단화에 대한 경멸적인 시각이 어느 정도 내포되었다고 할 수 있다. 앞서 보았듯 이 또한 집단과 집단화에 대한 독특한 방식의 집단주의적인 평가일 수 있다. 한편 위의 여러 대중 유형과 관련된 기존 이론화의 개관은 본 장의 2절 (2)를 참조할 것.

턴을 반복하게끔 하기도 한다. 따라서 한국 집단주의에 내재된 군중적 역동성은 '우리(나라)는 안 돼', '한국인은 안 돼'와 같은 체념과 자기한탄(self-loathing)의 원천이기도 한데, 이러한 반응은 장기적으로 다소 변형되고 증감의 폭을 가지지만 어느 정도 일관되고 지속적으로 등장하며 어떤 때는 한국인 정체성의 일부처럼 보이기도 한다.

한국인의 역동성이 역설적으로 동반하는 이러한 집합적이며 전체적(혹은 정치적) 불모(不毛)성, 흔히 '냄비근성'으로 부정적으로 냉소되는 특징적 양상은 사회심리학의 이론적 도구 가운데 특히 '집합적 효능감(collective efficacy)'의 문제와 밀접하다. 한국인 전체와 관련된 이 효능감의 문제에 대해 한국인이 보이는 양가적인 모습은, 군중, 일체화된 대중으로서 전체 한국인의 집단적 자신감과 효능감이 대단히 높고 역동적인 반면, 한 사회와 국가로서 한국과 남한사회에 대한 신뢰감과 효능감은 대단히 낮고 결여되어 있다는 것으로 정리할 수 있다. 이렇듯 복합적인 경험적 상황은 한 집합체의 단위 내에서 집합적 효능감을 형성하고 실현하는 문제가 단순히 믿음과 '기분' 이상의 다면적인 심리적, 구조적 문제 지점과 결합되어 있음을 시사한다.[33]

집단주의적 공중과 대중으로서 한국인은 그 결과가 어떠하든 결코 '전체사회'로부터 자신을 닫고 살아갈 수 없는 존재일 뿐만 아니라 특히 정치는 이들에게 아무리 높은 반(反)정치와 정치냉소주의의 감정, 그리고 사사화된(privatized) 생활양식이 팽배하더라도 결코 그로부터 눈을 뗄 수 없고 귀를 닫을 수 없는 소재이다. 왜냐하면 냉담한 것과는 세계에서 가장 거리가 먼 국민인 한국인에게[34] 전체사회의 동향(動向)으로부

33. 이와 관련하여 집합적 효능감의 전통적인 개념화가 갖는 이론적 문제점에 관한 토론은 Koo(2011: chapter 2) 참조.

34. Henderson(1968: 521).

터 뒤떨어지지 않는 것은 삶의 절대명령과도 같은 것이기 때문이다. 그리고 이때 정치와 그것을 보도하는 뉴스프로그램은 전체사회와 관련된 가장 흥미진진한 '실황 쇼'이자 '드라마'이다. 이렇듯 전체사회 수준의 '공적인 것'에 늘 촉각을 세우는 한국 집단주의가 자기비하의식과 상술한 집합적 효능감의 상실 상태를 극복할 계기를 만날 때, 그것은 잃어버린(것으로 생각할 수 있으나 예전에도 이상으로 더 존재한) '대동(大同)'적 공동체의 혼융을 향한 열망으로 분출하고 소용돌이친다.

이러한 열망의 매개체로 등장하는 것 대부분이 바로 한국인의 이념적, 이상적 '우리'로서 도전받을 가능성이 가장 적은 '사회'/'민족(국민)'인데, 이들은 한국적인 '나'와 '우리'의 변증법 속에서 집단/전체에 의한 '나'의 정당화의 최정점에 놓인다. 허물없고 평등하며 균질하여 '하나가 된 우리', 그 거대한 집합적 동일화(collective identification)가 의심되지 않는 '우리'의 순간을 열망하는 한국인은 이러한 이상적 '우리'가 조성되고 팽배해지는 특정한 계기가 주어질 때 성화된 존재로서의 자기정체성(self-identity)을 향한 열망을 폭발적으로 분출한다. 국채보상운동, 3.1독립운동, 광주학생운동, 4.19혁명, 새마을운동, 1987년 민주화 항쟁, 그리고 2000년대의 촛불시위 등이 바로 그러한 분출의 순간을 보여주는 역사적 실례다.[35] 이들 전 사회적 운동의 폭발적인 발흥과 급속한 전국적 확산, 일사불란하고 신속한 결집은 한국인의 분열성과 수동성, 비응집성에 익숙해진 타국의 관찰자뿐 아니라 한국인 자신들마저 놀라게 했고, 그것은 한국 근현대사에서 드물거나 예외적이라기보다는 오히려 주기적(periodical)이라 할 수 있는 것이다.

이들 사건의 특징적인 면모가 바로 함께 어울리는 흥과 수많은 익명의

35. 이 중 특히 광주학생운동이 갖는 상술한 면모에 관해서는 류시현(2011)을 볼 것.

'동포'로 확장된 인정(人情)과 공감, 그리고 일종의 대동적 공동체 속에서 향유되고 공유되는 확대된 '우리' 의식인데, 이 의식과 그 집합적 효능감의 강렬한 분출은 대부분 일시적이고 단명한 것이다. 전체 사회 수준에서 작동하는 집합적 효능감이 이런 식으로만 응집될 수 있다는 것은 안타까운 일이지만 한국인과 한국 대중의 이러한 역동성은 일종의 인민주의(populism)적인 감정의 폭발적인 확산과 전일화를 낳는 힘으로 한국 근현대사에서 사회변동의 강력한 추진력이 되어왔다.

한국 집단주의의 이런 특징적 동학은 위 수준의 '우리'를 성립하는 명분과 상황(대부분 엄중한 위기의 상황)의 견인이 있을 때에는 한국적 '우리'를 '이상주의와 열광주의'[36]로 일체화하는 반면, 그런 상황이 아닐 때에는 개인적 이익과 권력의 향배에 따라 좌우되고 이합집산하는 파벌주의, 집단이기주의의 양상을 두드러지게 한다. 여기서 양 방향의 운동 모두에 공통된 것, 즉 이런 일종의 진자운동(oscillation)을 낳는 힘은 (도덕적) 권위에 매우 민감한 모습, 더 정확히는 권위가 가진 윤리적 아우라(aura)에 집착하고 그것을 전유하여 자신과 집단을 포장하고 정당화하려는 한국 집단주의에 특유한 노력이라고 할 수 있다. 이런 압력 속에서 외면적으로라도 공적 행위로 결집하는 데 매우 열성적인 모습이 첫 번째 진행방향이라면, 파벌적이고 사적인 이익 추구를 공적 명분으로 포장하거나 상대편을 명분 없는 이기주의와 분파주의로 공격하는 모습이 두 번째 진행방향이다. 후자에서 자주 등장하는 '집단이기주의'라는 부정적 호명에 수반되는 강한 비판적 논조는 바로 한국 집단주의의 강한 도덕화 효과가 낳는 이중적이고 역설적인 정서적 반응이다.

요약하면 한국인의 '우리' 의식, 집단주의는 다기하게 분화된 형태

36. 한국정신문화연구원(1997b).

로 '우리'의 여러 수준과 차원을 들락날락하지만 여전히 '나'를 실현하고 승인(承認)하려면 '우리'가 필요하고 그것을 통해야 한다는 일관되고 지속적인 '의식'이다. 물론 "어떤 인간사회 속의 삶이 타인, 소속, 참조집단(reference group) 없이 가능한가" 하는 질문은 사회학적으로 매우 정당하며 이 지점에서 매우 적실하다. 서구사회사상의 역사 또한 대표적으로 헤겔(G. F. Hegel)의 인정(認定)이론부터 미드(G. H. Mead), 쿨리(Cooley)의 사회적 자아이론, 라캉(J. Lacan)의 정신분석이론, 그리고 최근 독일 철학자 악셀 호네트(Axel Honneth)에 이르기까지 '사회적 승인(Anerkennung)'의 변증법에 관한 관찰과 통찰로 충만하다. 인간으로서 사회를 구성하고 어떤 식으로든 사회 속에 있는 한 우리는 '사회적 시선'에 '아첨'하거나 최소한 그에 복종하고 만족시키려는 압력을 상시적으로 받고 있다. 하지만 서로 다른 사회에 속한 사람들이 자신이 가진 인생의 의미와 원하는 바를 실현할 때 어디에서나 타인과 집단의 소속에 의존하고 결정된다고 말하는 것이 이들이 서로 동일한 정도로 혹은 동일한 방식으로 그렇게 한다는 것을 의미하는 것은 아니다. 한국적 '나'와 '우리'의 변증법을 통해 한국 집단주의의 고유성을 준별하려는 이 연구는, '인간(적) 조건(human condition)'으로서의 집단화, 타인 의존, 무리의 구성이라는 집단주의의 사회(학)적 보편성과 한국적 특수성이 엇갈리는 바로 그러한 교차로 위에 놓여 있다.

2. 집단주의 이론과 집단화 차원

인간은 하나의 종(種)으로서 많은 생물학적 취약성을 갖고 태어나 이를 보완하기 위해 '집단'이라는 '기술'을 발전시켰다. 정치사상가 세빈(Sabine)은 미디어 이론가 매클루언(M. McLuhan)의 표현을 빌려, 인간은 '조직'(근대적 의미의 조직보다 광의의)을 자신의 연장, 외연(外延, extension)의 도구로 사용함으로써 다른 종(種)에 대한 우위를 확립해왔다고 말한다.[37] 인류가 무리를 지어 생활을 영위하는 것은 늘 있어온 일이다. 따라서 그 성원들이 집단정체성(collective identity)과 집단적 지향(collective orientation)을 갖지 않은, 최소한 그와 유사한 의식이 수반되는 무리로서 삶을 영위하지 않고 그로써 사회가 구성되지 않았던 경우는 역사적으로 존재하지 않는다.

이처럼 '집단화' 현상은 인간적 삶의 보편적 상수(constant)이며 지속적이고 유구한 요소로 그에 대한 연구는 바로 인류가 만든 다양한 사회적 삶의 형태를 유형화하는 것과 같다. 이런 맥락에서 이념형적 서구인이 개인주의적이라고 말하는 것이 곧바로 그들이 영위하고 이끌어가는 삶이 아무런 집단화나 집단주의의 틀 없이 성립할 수 있었다거나 또 그렇게 진행되고 있음을 의미하지는 않는다. 집단심리학(group psychology)과 집합적 정체성(collective identity) 연구와 같은 학문분과가 존재하는 이유는 바로 이런 집합적 존재인 인간의 보편적이고 영속적인 속성과 존재 양상 때문이며 따라서 이들은 서구학문에서 먼저 정립되었다. 가

37. Sabine(1973[1937]: 25-28). 사실 위의 진술은 세빈 사후 이 책 개정판을 담당한 그의 제자인 솔슨(T. Thorson)이 집필한 것으로 짐작되는데, 여기서 당해 책의 주제인 정치사상(political theory)과 정치제도 또한 그러한 외연의 일종으로 간주된다.

장 일반적으로 말한다면, 어느 사회든 일정 수준의 사회적 응집(social cohesion)의 제도적, 조직적, 문화적 장치와 요소들, 즉 집단주의와 집단화의 양식을 발전시킴으로써 사회의 파편화와 개별화의 경향을 억제하려고 시도하며 그 결과는 상이한 정도로 성공하거나 실패한다.[38]

그렇다면 이러한 일반적 상황에도 불구하고 무엇이 동아시아인과 한국인을 유달리 집단주의적인 존재로 특징화하는 것일까? 집단주의라는 개념은 구체적으로 무엇을 의미하고 지칭하며 이 개념적 도구는 어떻게 적용해야 적절할까? 우리가 이에 대한 명확한 답을 얻으려면 그것을 '개인주의'라는 대립개념과 관련하여 살펴보아야 한다. 다시 말해 집단, 집합주의, 집단주의 등의 개념에 대한 이해는 곧바로 개인, 개별화, 개인주의에 대한 개념적인 이해와 동시에 역사적인 이해를 요구하게 된다.

(1) 집단주의, 서구 근대적 개인주의의 거울상

일반적으로 '개인주의'는 대부분 서구 근대적 개인주의(Western modern individualism)를 지칭한다. 그것은 서구의 고대(antiquity), 즉 그리스 로마 시대의 개인주의, 개인성에 대한 사고방식과도 구분되는 독특한 관념으로 현대성, 현대화의 다기한 흐름이 어느 정도 수렴적으로 발전해가면서 '일괴암적(monolithic)'인 실체를 형성해온 관념이자 역사적 실체이다. 그런 이유로 서구의 근대적 개인주의는 내적으로 단일하지 않은 의미군, 즉 여러 규범적 주장의 일종의 합성물(compound)로 간주할 수 있다.[39] 그 주요한 이념적 구성물 중 첫 번째는 인간의 존엄성(human

38. Riesman(1964[1954]: 26-27).
39. Lukes(1973). 이런 맥락에서 서구의 근대적 개인주의의 기원은 논자에 따라 다양하게 식별되어 이를 모두 열거한다면 다음과 같다. 원시기독교를 포함한 유대

dignity), 즉 개개 인간존재가 최고(supreme) 존재로서 가진 그 자체로서의 가치이며 존엄함의 관념이다. 두 번째 요소는 자율성(autonomy) 또는 자기정향(self-direction)의 관념이고, 세 번째 요소는 타인의 방해를 받지 않는 동시에 개인이 원하는 것은 무엇이든 선택할 수 있는, 공적 공간과 구분되는 프라이버시(privacy) 혹은 사적인 존재 공간이 존재하고 존재해야 한다는 관념이다. 네 번째 요소는 자기발전(self-development)과 자기계발(self-cultivation)의 관념이다.[40]

가장 특기할 만한 마지막 다섯 번째 요소는 '추상적 개인(abstract individual)'의 관념으로, 이는 개인을 사념(conceive)하는 특정한 방식이다. 이에 따르면 개인은 추상적으로 주어진 존재(a given being), 다시 말해 그 자체로 욕구와 필요, 선호, 이해관계, 목적, 의도 등을 가지는 존재이다.[41] 여기서 사회와 국가, 혹은 모든 다른 사회적 규칙과 절차, 제도는 이 개인들이 이미 갖춘 속성을 가지고 만나서 형성하는 관계에서 출현하는 것으로, 이 관계를 조정하고 위의 속성이 요구하는 목표를 성취하기 위한 도구이며 단지 수단으로만 사고된다. 이러한 추상적 개인의 관념에서 나오는 사고(思考)가 바로 인간과 사회를 이해하기 위해 근대 서구가 발전시켜온 전통적인 시각인 '방법론적 개인주의(methodological individualism)'이다.[42] 이들 위에서 서구적인 그리고 동시에 근대적인 지식체계가 인간과 사회를 바라보는 기본 개념인 개인(the individual),

---

기독교적 전통, 그리스로마 전통, 이탈리아 르네상스, 개신교(특히 칼뱅주의), 자본주의, 17세기 영국에서의'소유적 시장 사회', 근대적 자연법이론, 낭만주의, 맨더빌(L. Manderville) 등의 영국 고전경제학, 공리주의(utilitarianism), 영성주의(spiritualism) 등이다(위의 책, 40-41).

40. Lukes(1973: 45-67). 그에 대한 섬세한 이해가 필요한 네 번째 요소는 뒤의 본 절의 (2)에서 좀 더 자세히 다룰 것이다.

41. Lukes(1973: 73)

42. 하마구치 에슌(1982: 26).

(시민)사회([civil] society), 법률(law) 혹은 제도(institution), 국가(the state) 등이 축조되었다. 따라서 이들 개념에는 이와 같은 이상과 지향을 지닌 '개인'과 그렇게 개개인을 이해하는 개인주의가 전제되어 있다.

여기서 보듯 사회(the society)와 개인 등의 개념뿐만 아니라 나아가 개인과 사회의 그런 방식의 대립구도 자체 또한 특정한 역사적, 의미론적 맥락 속에 있는 것임을 알 수 있다. 이들은 대표적으로 홉스(T. Hobbes), 로크(J. Locke) 등 17세기 서유럽 정치사상가들이 주조했던 홀로 있는 인간의 이른바 '자연상태'에 대한 허구적(fictional) 상상, 그리고 정치체(polity)와 권리의 이론에 반영되어 있고, 또 어떤 의미에서는 이들 이론이 대변하는 당대에 부상하던 지배적 관념으로부터 출현한 것이다.[43] 이 점에 유념하지 않으면 위 개념들이 가진 이론적 '도구'로서의 성격은 간과되고 그 자체로 실체화되는데, 이는 개별화와 집단화라는 인간적 삶의 동시적 양상이 역사 속에서 전개된 실제적 변이와 맥락의 탐구를 제약하게 된다.

이처럼 대단히 특유한 역사성(historicity)의 산물인 개인주의의 전제와 시각은, 서유럽 사회의 전체적인 상호 수렴, 서유럽 바깥 사회와의 차별성에 대한 강조, 그리고 후자에 대한 전자의 물질적·정신적 지배의 확장·심화와 더불어 그 보편화와 이념형적 단순화가 진행된다. 그에 따라 서유럽과 북미에서 대체로 실현된 것으로 요약할 수 있는 사회문화적 양상·행위양식, 차라리 '현대성'이라고 총칭할 만한 모든 것이 그 내적인 차별성과 실제 양상의 모순성과 복합성에도 불구하고 개인주의라는 총화개념으로 뭉뚱그려지게 되고, 개인주의는 이런 방식으로 서구사회의

43. 인간과 그 세계에 대한 이들의 이론이 출현 당시 서구의 전통 속에서조차 얼마나 낯선 것이었는지는 세이빈의 서구정치사상에 대한 탁월한 통사적 고찰(Sabine, 1973[1937]: 23, 24, 27장)에서 적절히 조명되고 있다.

자기표상(self-representation), 문화적 공통분모(consensus), 문화적 이상(ideal)으로 자리 잡게 된다.

더욱 문제가 되는 것은 이런 정착 과정의 이면에서 그와 병행하여 개인주의의 이념형적 양상과 배치되는 현상, 사회, 민족 그리고 나아가 서구사회 내부의 비주류와 하층사회집단을 모두 '집단주의'라는 역(逆) 총괄개념(counter-umbrella concept)으로 요약하는 과정이 동시에 진행되었다는 점이다. 특히 사회내적인 차원에서는 서구사회의 신흥 지배계급인 부르주아/자본가 계급이 자신을 개인(주의)적 합리성을 대변하는 것으로 표상하고, 이들의 이해관계와 가치관을 위협하는 노동계급과 도시하층민을 집단주의적인, 더 자주는 '몰(沒)개인적인' 군중으로 표상하는 과정이 진행되었다. 이것이 바로 '개인주의 대 집단주의'라는 단순이분법의 분류 방식(그리고 그와 유사한 합리주의 대 비합리주의의 대비)이 출현한 지점이다. 이는 서구사회와 비서구사회의 구체적 현실 면면이 사회학적 관점에서 서로 그렇게 단선적으로 배치되지 않았는데도 일어난 과정이다.

이러한 역사적 과정을 반추한다면 집단주의라는 개념과 현상은, 적극적(positively)이고 일차적으로 정의(definition)를 부여받은 '서구 근대적 개인주의'의 타자(他者)로서, 이런 의미에서 역사적으로나 지적으로나 '소극적으로(negatively)' 정의되고 관념되어온 것으로 결론 내릴 수 있다. 다시 말해 '집단주의' 개념은 그 자신의 자율적 기원과 논리를 갖는다기보다는 서구 근대 개인주의의 '잔여개념(residual concept)' 혹은 그에 포괄되지 않고 남는 모든 것의 '종합선물적 개념(catch-all-package concept)'이자 일종의 '거울이미지(mirror-image)'로 형성되고 사고되었던 것이다. 일본의 사회학자이자 사회인류학자인 나카네 지에(中根千枝) 교수는 '다테사회(縱社會)'라는 개념으로 일본사회의 미시적, 토착적 구조를 규명한 것으로 유명한데, 이러한 문제 상황을 다음과 같이 표현하였다.

개인주의 대 집단주의라는 설정은 양자가 대치된다기보다는 어디까지나 전자가 우선 설정되어 있고 후자는 그것과 다른 양상의 설명으로 사용하는 것에 불과하며 집단주의의 내용 분석 및 개념은 명확하지 않다.[44]

이처럼 편포(遍布)되고 제한하는 역사적, 이론적 효과 속에서 출현한 개인주의 대 집단주의라는 대립적 분류법은 비서구사회의 내적 양상에 대한 과도한 일반화와 단순화를 낳을 뿐 아니라 동시에 서구사회의 그것에 대해서도 역시 유사한 작용을 가했다고 할 수 있다. 동아시아와 한국의 집단주의에 대한 단선적이고 통체화된 모델이 역으로 서구적 개인주의와 자유주의의 역사적 형성과 경과에 대해서도 역시 그러한 모델이 채택되게끔 유도한 것이다. 이런 모델의 논리적 결론을 따라가다 보면 서구사회의 개인은 마치 아무런 집합적이며 사회적 정체성도 무리지음도 없이 살아가고, 그 외 지역 사람은 모두 항상 집단에 포박되어 살아가는 것처럼 생각되기까지 한다.

집단주의의 개념은 이런 이분법적 모델화 속에서 사실상 개인주의의 모든 문화적 이상의 정반대인 어떤 것으로 구성될 수밖에 없고 그러한 '부정적 총체화'의 산물로서의 성격을 탈피할 수 없다. '집단주의'라는 명명이 비서구사회에 대해 일종의 유사전체주의(totalitarianism)적 이미지, 그리고 불변하는 문화적 원형에 의한 결정론(determinism)과 결부된 것은 그 자연스러운 부산물이다. 이 때문에 집단주의 연구는 집단주의적 행위양식과 집단화 현상이 등장하는 사회적 수준(level), 집합체 유형(type)의 차별성과 다양성에 대한 고려 없이 전체로서의 한 사회 전체, 총체를 집단주의적인 것으로 총칭하면서 이루어지는 경우가 적지 않다.

44. 나카네 지에(1978: 21).

특히나 동아시아 사회와 한국사회의 집단주의적 행위양식을 논할 때에 많은 연구는 서로 다른 행위양식, 이를테면 가족주의, 연고주의, 민족주의, 대중주의 등을 집단주의라는 한 명칭 아래 모두 집어넣고 각자가 지닌 차별적인 논리와 사회적 함의, 결과에 주의를 기울이지 않는 경우가 잦다.

정치·도덕적으로 고약한 것일 뿐 아니라 이론적으로도 불모인 이러한 단순이분법에서 벗어나 집단주의를 한 사회의 고유한 역사적·사회적 맥락에서 출발하여 적극적으로 정의하려고 시도할 때 그것의 다양하고 상호 차별적인 내적 차원이 비로소 정당한 조명을 받게 된다. 그리고 그 차원은 주요하게는 '관계적 자기', '집합적 기능주의', 그리고 '일반화된 타인들, 대중적 추세를 의식하는 자기'로서 유형화할 수 있다.

(2) 집단주의의 세 하위차원: 관계적 자기, 집합적 기능주의, 그리고 일반화한 타자 속의 자기

집단주의는 먼저 크게 두 가지 하위유형으로 나눌 수 있다. 첫 번째는 바로 집단과 일체감을 느끼고 자신의 목표나 이익보다는 집단의 목표나 이익을 앞세우는 좁고 엄격한 의미의 '집단주의'이고, 두 번째는 자신의 목표나 이익보다는 집단 구성원 간의 조화로운 관계를 앞세우는 집단주의, 즉 '관계주의(relationalism)'로 더 정확히 개념화할 수 있는 것이 있다. 최근의 여러 연구는 동아시아 사회에서 전자보다 후자의 특성이 강한 것으로 보고하고 있다.[45] 이러한 관계주의, 관계적 자기(relational self)를 이론화하려는 시도는 서구적 시각이 부과한 총체화된 집단주의의 '낙

45. 정영태(2015: 274-5).

인'에서 자신을 벗어나게 할 독자적인 대안이론을 일찍부터 모색한 일본 학계에서 특히 두드러졌다.

하마구치 에슌과 다른 공동연구자의 작업[46]은 동아시아를 총칭하여 '집단주의'로 지칭하는 것에 대한 대안으로 서구적 개인주의가 아닌 것으로서의 '일본적 집단주의'의 실질적 내포를 이론화하는 개념을 제시하였다. 그 핵심을 보면 일본적 집단주의는 서구학계에서 이를 묘사하듯 '집단에 대한 개인의 전면적 몰입도, 자신이 속한 조직과 통괄자에 대한 변함없는 충성', '멸사봉공', '일본인 피에 흐르는 신비적인 집단적 충성심' 등[47]으로 연상되는 일종의 전체주의, 집단 우선주의, 집단 지상주의와는 다르다는 것이다. 이들에 따르면 일본적 집단주의는 최소한 "동기 면에서 집단 우선주의가 작용한다고 볼 수 없"으며,[48] 여기서 핵심은 집단에 대한 헌신이나 희생이라기보다는 "개체가 살아남으려면 무리와 함께 가지 않으면 살아남지 못하니까 무리 속의 개체를 소중히 한다는 '무리사상'"이다. 다시 말해 여기서 문제는 "집단 대 개체가 아니라 독자적으로 판단해서 역시 자신의 이익을 지키려면 집단의 이익을 동시에 추구하지 않으면 안 된다고 생각하는 사람"에 의한 집단적 자립(自立)주의이며 자신이 소중하기 때문에 모두 협력하려는 기분에서 출발하는 행위양식이라는 것이다. 이에 따라 "[일본적인] '연대적 자율성'의 소유자는 당사자가 속하는 상위시스템(조직체)과의 관계에 있어서 자기표출을 '전략적으로 제한'하고 있음에 지나지 않는" 것으로 이해된다.[49]

집단주의를 추동하는 동기가 대단히 개인적인 것으로, 일본적 집단주

46. 하마구치·쿠몬(1982: 편저).
47. 하마구치(1982: 27-28).
48. 하마구치(1982: 3).
49. 하마구치(1982: 31)(삽입어와 강조는 필자).

의에서 드러나는 집단에 대한 헌신이 사실상 도구적, 전략적 집단주의로 이해될 수 있다는 이러한 주장은 개인주의 대 집단주의라는 이분법적 사고 자체에 대해 회의적인 시선을 보낸다. 심지어 동아시아의 개인이 집단의 포로가 아니라 반대로 집단이 개인의 포로라는 주장까지도 제기되는데,[50] 이는 집단주의를 개인이 집단의 포로가 되는 어떤 것으로 상상하는 서구적 개인주의의 시각에 대한 반어(反語)적이면서도 통렬한 반박을 표현한다. 이들은 일본적 집단주의에 대한 적절한 용어로 '간인(間人)주의' 또는 '아이다가라(間柄)주의'[51]라는 개념을 제안하는데, 이 개념은 개인주의 대 집단주의의 이분법적 이론화가 내포한 몇몇 문제적 가정을 효과적으로 드러낸다는 점에서 주목할 가치가 있다.

한편 일본 연구자의 이러한 주장은 '문화'를 전면적이고 기능적인 사회화를 수행하는 총체적 실체로서보다는 일종의 '도구상자(toolbox)'로 볼 것을 주창하며 문화사회학(cultural sociology)의 현대적 전환을 주도한 사회학자 스위들러(Ann Swidler)의 고전적 입론[52]을 연상시킨다. 양자의 공통점은 사회규범/문화와 인간행위 간의 관계가 단지 '사회화(socialization)'라는 총괄적인(사실상 '얼버무린다'고 할 수 있는) 개념만으로는 설명되지 않으며, 어느 사회, 문화에서도 행위자에게는 문화적, 정신적 유산을 전면적 헌신의 대상이 아닌 전략적으로 활용하는 도구적 유용성의 대상으로 취급할 여지가 존재한다는 통찰이다. '개인'과 '집단'을 대치해서 개인 우선의 '개인주의'와 집단 우선의 '집단주의'를 대비하는 접근 자체가 구미인(歐美人)의 문화적 가치를 개인주의와 등치시키는 사

50. 하마구치(1982: 20-21). 그에 의하면, 일본적 집단주의에서 드러나는 "조직에 대한 성원의 열렬한 태도도 자기를 희생해서까지 하는 헌신이 아니라, 어디까지나 그것이 자신의 이해에 직결된다고 하는 판단에서 나온 것"(같은 글, 27)이다.
51. 하마구치(1982: 24-29), 쿠몬(1982).
52. Swidler(1986).

고에 뿌리를 내린 것이며, 서구의 전통적인 방법론적 개인주의가 일본인을 포함한 동아시아 사람의 집단 특성을 해명하는 데 부적당할 뿐 아니라 처음부터 구미인의 분석에도 적당하지 않았다는 하마구치의 단언[53]은 이런 맥락에서 깊이 새길 가치가 있다.

요컨대 이들 논의는 집단주의를 전체주의와 별 차이 없는 어떤 것으로 정의하려는 그간의 신화적인 인식을 타파하려는 것으로, 서구주의적 시각에 편재한 방법론적 개인주의, '서구적 개인의 신화'에 대해 적절하게 논박하고 있다. 하지만 그렇다고 집단주의가 단지 전략적이고 도구적으로만 존재한다고 단언하는 것은 지나치다. 다시 말해 동아시아의 사회문화적 양상에 대해 사실상 집단 지상주의를 의미하는 '집단주의' 명칭을 붙이는 것이 과도할지라도 하나의 '이상(理想)'으로서 개개인의 행위 선택과 일상생활 영위를 빈번히 심도 깊게 규정하는 현실로서의 '멸사봉공'의 지향은 엄밀히 존재하며, 그것은 단지 이념적이고 이상적 환영만은 아니다. 그렇기 때문에 개인주의와 집단주의라는 이분법은 전적으로 신화와 이데올로기만은 아니며, 그 이전에 이 '신화'라는 말을 '환상' 혹은 '비현실'과 동의어로 이해해서는 안 된다. 여기서 우리의 논점은 그러한 이분법이 인간 삶의 구체적인 전개 양상에 대한 효과적이며 동시에 정당한 정리와 평가를 수행하기에는 많은 제한성이 따르는 도구라는 것이고, 이 이분법이 본질적으로 서구의 근대적 개인주의의 거울 이미지 속에서 구축된 것임에 유의해야 한다는 것이다.

위에서 본 바처럼 서로 강화하고 공고화되는 개인주의 대 집단주의의 이분법은 서구인의 자기인식에서 '개인(주의)의 신화'를 만드는 것만큼이나 비서구인의 자기인식에서 '집단(주의)의 신화'를 수립하고 또 당연한 공

53. 하마구치(1982: 34).

리(公理)처럼 전제하게 한다. 이 두 대비되는 신화의 양상을 잠시 살펴봄으로써 우리는 개인주의 대 집단주의 대비의 현실성이 어디에 있을 수 있는지를 좀 더 분명하게 볼 수 있다. 서구학계에서 정통한 동아시아와 일본 연구자로 알려진 라이샤워(Edwin O. Reischauer)의 언급을 보자.

> 일본인은 구미인보다 집단으로 행동하는 경우가 많다. 적어도 일본인은 그 자신을 그 같은 존재로 간주하고 있다. 구미인이라면 형식적이라도 개인의 독립을 보여주려고 하지만, 대부분의 일본인은 집단의 규범에 따르는 것에 대단히 만족하고 있다. (중략) 우리 구미인은 예로부터 얽매이지 않는 독립적 개인이 신이나 법, 사회 앞에 자립하는 것을 이상으로 삼아왔다. 그런 만큼 실제 이상으로 자신을 자유롭고 독립적 개인이라고 간주하는 경향이 있다. 한편 일본인은 구미인과는 반대로 자신들을 실제 이상으로 집단의 포로로 생각하는 경향이 강하다.[54]

이 차별적 면모의 이론적 의의를 어떻게 정립하든지 간에 서구의 근대적 개인주의가 상정하는 '개인'의 존재방식, 그 인지, 평가 방식이 타문화에서는 매우 낯선 것으로 다가온다는 점은 변하지 않는 사실이다. 지금까지 논의한 일본 필자들 또한 간인주의, 아이다가라주의로 요약되는 일본적 '집단주의'에서 도저히 이해할 수 없는 것이 바로 '개인이 무리와 독립되어 존재한다는 서구적 사상'[55]이라고 말한다. 이러한 차이는 사실 사회와 개인의 상호작용, 상호배치, 정위(定位)에 대해 상당히 심도 깊은 이해의 차이를 반영한다. "개인이 그 자체로 개인으로 존재해도 역시 사회에 참여하는 것이라고 보는 서구적 개인주의"와는 전혀 다른, 즉

54. 라이샤워(1979), 『더 재패니즈』, 문예춘추사(일역판), 하마구치(1982: 20)에서 재인용.

55. 하마구치(1982: 26).

"철저한 개인으로 있는 것이 바로 '사회'에 참여하는 것이라는 역설적 인간의 존재형태가 아무래도 이해되지 않는" 일본인[56]이라는 언급은 다시 한번 이 점을 확증한다. 여기서 함의되는 집단주의의 매우 특징적인 정의(定義)적 면모는 일종의 '참여주의'라고 명명할 만한 것으로 사회로부터 자신을 격리하여 고독한 자기 자신으로 퇴행한 개인에 대한 철저한 불신과 저평가이다.[57]

여기서 보듯 서구 '개인의 신화' 가운데 주요 요소 중 하나는 '개인'에 철저함으로써 혁신과 사회발전에 기여한 개인을 찬양하고, 이 찬양으로 다시 강화되는 그러한 '개인행동'이 사회적으로 가치 있다는 믿음이다. 이렇듯 단지 개체로서의 인간(individual)이 아니라 '개인(a person)'으로서의 자유, 즉 고유한 개성을 지닌 유일무이한 한 인간으로서 주장하고 누리고 향유하고 서로 인정하는 자유에 대한 천부적 권리와 그 사회 가치에 대한 믿음이 서구의 역사성에는 면면히 존재한다. 사실 서구적 개인의 가장 결정적인 구성 요소는 바로 이 개인적 자유(personal freedom)와 개별화된 이해관계(individualized interests)의 관념[58]이며, 근대사회에 대한 그들의 상상은 바로 이를 통해 구축되었다. 이는 단지 철학이나 문화처럼 손에 잡히지 않고 학문적 담론에만 한정되는 그런 관념적인 것만은 아니다. 그것은 수많은 제도와 실천, 여론의 향배, 논평, 공중의 성향 등을 거쳐 어느 정도 항상적으로 유지되고 구축되고 건설되어온 서구문명·사회의 지속적인 요소였다.

바로 이런 이유로 동아시아사회에서 집단주의가 전략적이고 도구적으로만 존재한다는 주장에 동의하기는 어렵다. 매일매일의 사회적 삶은, 우

56. 니시오(1969), 『유럽의 개인주의』, 강담사, 하마구치(1982: 30)에서 재인용.
57. 이는 뒤의 3장 2절에서 조선 유교의 이념적 요소로 다시 한번 논의되는 면모이다.
58. Hirschman(1977).

리가 모든 교차로 지점에서 신호등 작동의 타당성을 일일이 판단하면서 교통신호에 복종하지 않듯, 많은 일상적 상황에서 사회규범에 자동적으로 습관적으로 부응하면서 영위된다. 집단주의는 설령 그것이 전략적인 관점에서 수용되고 실천될지라도, 하나의 '이상'으로 계속 군림하는 현실인 '멸사봉공'과 같은 슬로건에서 보듯 상호주관적인(inter-subjective) 현실과 요구, 사회규범으로서 그 존재를 여전히 웅변하고 있다.

무엇보다 집단을 참조하지 않고는 자존감과 자긍심(self-esteem)이 자리 잡을 수 없고, 집단 속에 있을 때 그리고 집단 속의 개체로 자리를 잡을 때 비로소 '존재론적 안전(ontological security)"[59]을 느낄 수 있는, 혹은 그래야 비로소 '충실히 자리 잡은 삶'으로 간주하는 관행과 사회적 의식과 상식이 바로 '집단주의적'인 것이 아니고 무엇이겠는가? 다시 말해 집단적 규범이 가하는 압력 작용의 차별적 정도라는 의미에서의 집단주의적 사고와 문화는 엄연히 존재한다. 바로 이런 맥락에서, 개개인이 자신의 이익을 결코 추구하지 않는 완벽한 집단주의, '사회'주의, '공동체'주의 사회를 경험적으로 확인할 수 없을지라도 여전히 집단주의적 '사회'에 대해 말하고 토론할 수 있는 것이다.

여기서 집단주의의 주요 성분으로 일단 '관계윤리'와 그와는 어느 정도 구분되는 '(집합적) 기능주의(collective functionalism)'를 식별할 수 있다. 이 두 요소가 비록 '멸사봉공', '사회유기체론'의 전일화된 이미지에 완전히 부합하지는 않는, 실제로는 이상적 규범에 더 가까운 것일지라도 이들이 개인 '자율성'의 요구라는 서구 근대적 개인주의의 현실적 양상, 규범적 이상과는 매우 배치된다는 것 또한 분명한 사실이다. 먼저 관계윤리에 관해서는 비교문화심리학(cross-cultural psychology)의 주

59. 이는 사회학자 앤서니 기든스(Giddens, 1990)가 소개한 개념이다.

도적 연구자인 카기치바시(Kagitcibasi)가 개인주의 문화의 '분리된 자기(separated self)'와 집단주의 문화의 '관계적 자기(relational self)'의 구분을 제안하였다.[60] 그에 따르면 관계적 자기는 타인 및 집단과 불명확하고 유동적인 경계를 설정하여 개인과 집단 사이의 연계성과 상호의존성을 지나치게 강조하고 추구한다. 자기 독립성, 자기 분리, 프라이버시의 윤리가 자기와의 관계, 자기 생활, 개인성의 독자적 추구에 강조점을 둔다면, 관계윤리는 타자와 조화로운 관계, 타자에게 어떤 의미가 있는 존재인가 하는 점이 일차적 가치를 갖는 윤리다. 비교문화심리학의 범형(範型)적 문제틀을 제시한 호프스테더(Hofstede)와 트리아니디스(Trianidis) 또한 개인주의의 구성요소 가운데 '자율성'에 대립되는 것으로 개념화된 '관계윤리'를 개인주의 대 집단주의 대당(對當)의 가장 핵심적인 면으로 보았다.[61]

이러한 관계적 자기의 개념은 앞서 룩스가 서구 근대적 개인주의의 주요 성분으로 열거한 것 중 특히 네 번째 요소인 '자기발전', '자기계발'이라는 낭만주의적 자기 개념(romanticist conception of self),[62] 자기됨의 이상(selfhood-ideal)과 극명하게 대비된다. '개성주의(personalism)'[63]라고 더 정확히 명명할 수 있는 이 윤리적 이상에서 주목할 만한 것은 여기서 '개발'해야 할 것으로 강조하는 것이 바로 한 인간의 질적인(양적인 것

60. Kagitcibasi(1997).

61. Hofstede(1980, 1983), Trianadis(1989, 1995).

62. Lukes(1973). 낭만주의의 지성사적 발전과 특징적 면모에 대한 일반적 개관은 Berlin(1999[1965])을 참조할 것.

63. 이 개념은 장윤식(2001)이 동일한 영어개념으로 주창하는 '인격주의(personal-ism)'와는 상당히 다른 것을 내포한다. 이는 '나'를 하나의 전인적인 인격체로 표상하고 또 남들도 자신을 그렇게 대하기를 바라는 한국인의 특징적인 태도를 지칭하는데, 그 핵심 논리와 이론적 위상은 개인주의/집단주의 대당과는 다른 차원에서 분석할 때에만 적절하게 이해하고 재구성할 수 있을 것으로 생각된다.

과 대비되는) 고유성(uniqueness)과 개별성(individuality)이라는 점이다. 이로써 강조되는 가장 핵심적인 취지는 인간에게 가장 중요하고 선차적인 관계는 바로 자기 자신과의 관계이며 그에 대한 고려, 즉 개별적 삶의 구축과 유지가 다른 모든 것들, 특히 타자와 외부세계에 대한 도덕적이고 기능적 의무에 비해 더 큰 가치가 있다는 것이다.

이런 강조점은 "'개인'에 철저한 것이 아니라 어디까지나 '집단' 내의 쓸모 있는 성원이고자" 지향[64]하는 일본적 '간인주의'에 내재한 핵심과 뚜렷하게 대비된다. 이렇듯 '쓸모'에 주목하는 집합적 기능주의의 차원은 관계윤리가 더 큰 집단적 수준으로 확대된 결과인 듯 보이면서도 약간 상이한 원리를 대변한다. 이러한 원리의 관점에서 본 집단주의 사회, 집단주의적 행위윤리의 특징적인 면은 한 개인이 사회의 '쓸모 있는' 성원이 되는 것이 바로 자신의 인생을 유의미하고 윤택하게 하는 주요 방편이고 그래야만 타인에게 대접을 받고 또 그런 것으로 믿어지는 양태로, 그것을 선(善)으로 권장하는 윤리를 자연스럽게 받아들인다는 점이다.

여기서 유의할 점은 이 집단적 기능주의가 단순히 전근대적이며 비서구문화의 유제(遺制)로만 간주할 수 없다는 것이다. 그 이유는 조직과 법인, 대규모 매개기관(mediary institutions)의 발전이라는 현대성과 현대화의 상수(常數)적 요소로 인해, 현대화된 사회는 이러한 종류의 기능주의를 부추기는 경향이 있기 때문이다. 다만 우리는 대부분 개인주의적이고 분화된(differentiated) 사회라는 서구사회의 자기표상을 그대로 근대사회에 보편적인 것으로 수용하고 전제한 나머지 이 단순한 사회학적 진실을 간과하는 경향이 있다.

현대화된 서구사회와 비서구사회의 사회문화적 대비점을 만들어내는

64. 하마구치(1982: 30, 강조는 필자).

근원은 오히려, 개인에 대한 서구문명의 독특한 이상과 요구를 제도화하고 체계화한 법률, 권리의 체계, 즉 법의 지배(rule of law)라는 이념과 자유주의적 습속에서 더 찾을 수 있다. 다시 말해 서구적 개인주의의 중요한 구성 성분은, 개인의 자유와 그 자유로운 개인이 서로에게 부과하기로 계약한(더 정확히는 그런 과정을 거쳐 성립된 것으로 '의제[擬制]'되고 전제, 시행되는) 법률을 중심에 놓는 자유주의적인 인간관이며 사회관이다. 이것이 바로 개인에게 사회(학)적 기능주의가 무제한적으로 부과하는 것을 상당한 정도로 억제하는 서구사회의 주요 장치 중 하나이다.[65]

집합적 기능주의라는 새로운 유형에 대한 논의가 주는 또 다른 교훈은 집단화, 집단주의의 양상을 집단주의적 (사회)규범과 집단주의적 이상, 열망과 같은 동기적 차원, 그리고 실제로 행위를 통해 드러나는 집단주의적 행위지향과 양상 등으로 세분화하여 다층적이고 다면적으로 접근해야 한다는 것이다. 이는 단지 개인의 자율성 윤리 대 관계윤리의 절대적인 이분법에 의거한 일차원적 설문조사로 충분히 포착할 수 있는 것은 아니다. 우리는 이러한 인식에 따라 집단주의의 또 다른 부가적인 차원에 주목하게 된다.

집합적 기능주의나 관계적 자기와는 구분되는 집단주의의 또 다른 차원은 대만과 중국의 저자들이 제기하였다. 대표적으로 대만의 용궈슈(áng guó shūy, 楊國樞)는 '자기(self)'에 대한 더욱 세분화된 모델을 제시하기 위해 먼저 개인지향성(individual orientation) 대 사회지향성(social orientation)의 대비를 거칠게나마 서구/비서구를 위한 대비로 설정하고, 후자를 다시 '관계지향성(relationship orientation)', '권위주의적 지향성(authoritarian orientation)', '집단지향성(group orientation)', '(일반적인)불특

65. 자유주의의 원리적 핵심을 '분리의 기술(art of separation)'로 논증하고 있는 정치철학자 왈저의 논의(Walzer, 1984)는 바로 이 점을 잘 조명하고 있다.

정 타인 지향성(generalized other, non-specific others orientation)'으로 하위 유형화하였다. 여기서 가장 주목할 만한 부분은 바로 마지막의 '일반화되고 불특정화된 타인 지향성'인데 이는 "다수의 불특정 타인의 의견에 민감하게 반응하고 동조하며 사회적 규범에 깊은 관심을 갖고 체면과 명성을 중시하는 태도"로 정의된다.[66] 이는 현대 한국인에게도 낯설지 않은 모습, 즉 전체 여론과 도덕 감정의 향배(向背)에 예민하게 반응하며 전일화된 대중으로 쉽게 쏠리고 몰리는 모습에 상응하는 것이기도 하다.

여기서 짚고 넘어갈 흥미로운 측면은 지금까지 살펴본 서로 다른 이론적 접근이 등장하는 국가적 배경과 이 부분이 비교사회-문화연구에 대해 갖는 함의이다. 중국 저자들이 '일반화된 타자에 예민한 집단주의'의 차원을 발굴하고, 일본 저자들이 집단주의 속에서 '관계로서 간인주의' 차원을 강조한 것은 단순한 우연이 아니다. 그것은 두 사회의 차이, 즉 대인적, 대면적, 공동체적(communal) 집단주의가 가장 중심적인 일본사회의 특성, 그리고 이에 반해 고도로 '개인주의적'[67]인 동시에 전(全) 사회적 추세에 촉각을 곤두세우는 '대중주의'적인 모습인 중국사회의 특성이 각각 이론적으로 투영된 것이다. 다시 말해 일본 저자에게는 즉자(卽自)적 집단에 대한 자신의 관계와 헌신이 일차적이고 중심적인 관계적 자기가 집단주의의 가장 핵심적인 차원인 반면, 중국 저자에게는 이 관계적 자기의 성분뿐 아니라 일반화된 타자와의 관계라는 차원이 매우 중요하고 결정적인 것으로 비쳐지고 있다.

66. 정영태(2015: 310-11).

67. 또 다른 논자인 사회인류학자 페이(Fei)는 중국인에게 특징적인 개인주의를 서구적 개인주의와 구분하여 '자아주의(自我主義, egoism)'라고 부른다(Fei, S. T., *Rural China*(in Chinese), Shanghai, Observer, 1948, 정영태[2015: 307]에서 재인용).

일반화된 타자에의 예민함이라는 집단주의의 차원은 인간 집단화의 양상에 대한 심리학, 사회학 연구에서 다소 주변적인 분야, 즉 조직화되지도 않고 특정 공동체에 소속되지도 않은 이른바 '군중(群衆)', '대중(大衆)', '공중(公衆)'으로 인간 존재를 유형화하고 연구하는 작업과 관련된다.[68] 이 세 가지 존재형태는 한 개인이 일반화되고 불특정화된 타자, 타인을 의식하고 그에 영향 받아 행동하는 상이한 사회적 기제를 각각 대변한다.

집합행동(collective behavior)을 연구하는 사회학자 아귀레(Benigno Aguirre)는 인간의 (아마도 군중적) 무리를 크게 두 유형, 즉 '밀집된 군집(compact gatherings)'과 '확산적인(분산된) 집합체(diffuse collectivities)'로 나눌 수 있다고 보았으며 양자의 구분은 '군중(crowd)'과 '공중(public)'의 고전적인 구분에 정확히 상응한다.[69] 여기서 군중은 특정한 시간과 공간 속에 모여서 상호작용하며 그 상호작용의 정도나 종류가 상당히 다양할 수 있음에도 어쨌거나 특정한 시공간에 모여서 거기서 일어나는 사태에 대한 체험을 공유하는 사람들로 정의된다. 이처럼 엄밀한 의미에서 군중이 물리적으로 인접하고 면 대 면 상호작용하는 혹은 그와 등가(等價)적인 환경에 놓여 있는 사람들만을 지칭하는 데 비해, 공중은 매스미디어가 형성한, 즉 신문, 라디오, TV, 책 등의 청중(聽衆)과 독자(讀者), 나아가 인터넷 기반 서비스로 연결된 수많은 사람이 그 예다.

68. 이하의 내용은 김은영·구자혁·최윤영(2014)의 제12장에 제시된 내용 일부를 요약한 것이다.

69. Aguirre(2007: 537). 공중과 군중의 차이에 대한 존재론적일 뿐 아니라 규범적인 정식화는 프로이트의 군중심리학(Freud, 1921)에서 이미 예견되었지만, 이에 대한 고전적인 정식화는 미국사회학의 창시자 중 하나인 파크(Park, 1972[1904])에서 제시되었다. 그리고 이는 20세기 전반 이래 집합행위와 집합행동의 심리학적, 사회학적 이론화에 공통적인 이론적 전제로 작용하였다.

따라서 공중은 일차적으로 매스미디어가 제공하는 '매개된 상호작용(mediated interaction)'으로 통합되고 집단의식을 갖는 무리에 대한 일반적 총칭인데, '팬(fan)'과 '세대(generations)'는 특히 그에 따라 결정적으로 규정되는 사회적 범주이다.

여기서 설명한 것처럼 공중은 군중처럼 어떤 한 장소에 모여서 하나의 사건을 직접 물리적으로 체험하면서 결합하지는 않는다. 공중은 하나의 청중(audience)으로서 미디어를 통해 특정한 체험을 함께 겪으며 특정 사안에 대한 관심사를 공유하는데, 특히 현재 일어나는 사건을 함께 관찰하고 유사하게 반응한다는 의식 속에서 서로 결합되어 있다. 따라서 공중에게 가장 중요한 것은 지금 일어나는 사건을 함께 보고 있는 하나의 무리에 자신이 속한다는 의식과 감각이다. 이는 동시대성(contemporariness) 혹은 '시사성(時事性[l'actualité], 즉 당대의 관심사와의 관련성)'의 의식[70]으로, 이것이 바로 서로 떨어져 있는 개개인으로 하여금 서로 연결되어 있고 하나의 무리를 구성한다는 생각을 하게 한다. 이런 이유로 현대의 공중, 대중에게 뉴스와 정보는 업데이트되고 최신의 내용이 아니면 소용이 없는데, 왜냐하면 그것은 정보를 입수하는 목적이 주요하게는 수많은 타인이 참여하는 현실의 흐름에서 뒤처지지 않기 위해서이기 때문이다.[71]

공중은 비록 직접 시공간을 공유하지도 않고 물리적으로 서로 분리되어 있지만 서로서로가 하나의 집합체를 구성한다고 느끼며 다양한 매개 방식으로 서로 연결될 수도 있는 사람들의 무리라는 의미에서 분산화되어 형성된 가상적 집합체(diffusely formed virtual collectivity)이다. '대중(mass)' 또한 동일하게 매스커뮤니케이션 미디어의 수용자이자 소비

70. Tarde(1989[1901]: 18).
71. 김은영·구자혁·최윤영(2014: 196).

자로 전제되어 공중과 사실상 동일한 대상을 지칭한다. 하지만 그것은 비인격화되고 조직화되어 있으면서도 균질화, 원자화된 상태에 놓여 있는 현대인의 좀 더 일반적인 상태를 지칭하며 그 사회적 함의를 좀 더 명시한 개념이다.

근대사회에서도 군중은 드물지 않지만, 공중과 대중이라는 인간무리의 존재양상은 명백히 현대성, 현대화의 산물이다. 이러한 유형론에서 가장 중요한 점은 근대사회에서 군중과는 대비되는 이러한 공중의 집단화 양태가 흔히 생각하는 것보다 훨씬 일반적이라는 것이다. 근대사회에서 핵심적인 사회적 과정 중의 하나를 '매개화(mediazation)'[72]로 지목한다면, 이를 수행하는 두 기제인 '법인(corporations)'과 (매스)커뮤니케이션(mass communication)[73]은 집단화의 두 형상, 즉 '조직인'과 '공중'을 구조적으로 산출한다고 할 수 있다. 그 무엇보다도 베네딕트 앤더슨(Benedict Anderson)이 주장한 바처럼, 국민, 민족이라는 근대사회의 보편적인 정치공동체 단위가 바로 근대적 매스커뮤니케이션의 등장으로 비로소 존재하게 된 '가상화된 공중'의 형성에 근거하고 있다.[74]

군중과 공중(대중)의 이러한 구별이 갖는 의의는 비서구사회의 집단주의를 바라보는 시각과 관련하여서도 음미될 수 있다. 단적으로 말하면, 엄밀한 의미에서 '군중'으로서의 집합적 행위자(actor)는 집단주의 문화나 행위양식의 연구대상이 아니다. 왜냐하면 군중을 연구대상으로 하

72. Thompson(1995).

73. 사회학자 크레이그 칼훈(Calhoun, 1992)은 이 두 매개기제의 발전을 현대성의 전개에서 대단히 특징적인 양상으로 강조했는데, 전자가 법인으로 대변되는 여러 매개기관(intermediaries), 사회조직(social organization)의 발전(근대국가도 그 하위유형인)이라면, 후자는 대규모의 간접적(indirect) 커뮤니케이션을 위한 기술적 하부구조의 발달을 대변한다.

74. Anderson(1983).

는 군중심리학(crowd psychology)은 그 행태주의적(behaviorist) 문제틀로 인해, 어느 사회, 문화에서도 변하지 않는 군중의 행동양식, 이른바 '폭도(mob)'의 행위양식과 그것을 낳는 매우 비상(非常)적인 상황을 기본적으로 전제하기 때문이다. 군중심리학이 전형적으로 상정하는 이러한 과정에서 개별적이고 자율적인 이해관계, 의견과 가치, 도덕성의 담지자로서 '개인'은 '몰개인화(deindividuation)'되며, 이 과정은 균질화된 단순 집합체라는 의미에서 '대중(mass)'이 등장하고 모든 개인이 사회적 규범과 도덕으로부터 자유로운(morality-free) 야수적 마인드(savage mind)로 일체화하는 과정이다.[75]

이러한 군중심리학은 한국을 포함한 비서구사회의 사람들뿐만 아니라 서구사회에서 주변화된 인구층이나 불법화되고 불온시되는 집합행동에 가해지는 집단주의적 '낙인'에 대해서도 동일한 결론을 내린다.[76] 하지만 그런 시각에 근거한 분석이 제시하는 바와는 달리 집단주의적 행위와 문화 속에서 발생하는 것은 군중으로서 초자아(super-ego)에 복종함으로써 일어나는 어떤 초(超)전체주의적인 헌신이나 몰개인화 같은 과정은 아니다. 최상진이 한국인의 심리학을 정초하면서 제시한 바처럼, 여기서 발생하는 것은 몰개인화라기보다는 '탈개성화(depersonalization)'라고 부를 수 있는 사회적 과정이다. 양자의 차이는 후자의 경우 개개인의 특성과 개별 자아는 '상실'되는 것이 아니라 집단적 수면(垂面), 차원

75. 군중심리학의 여러 이론적 한계지점에 관한 토론은 Koo(2011: chapter 2) 참조.

76. 이러한 지성사의 개관으로는 McPhail(1991) 참조. 군중심리학은 기원적으로 19세기 말 대중의 정치적 발호에 대한 공포를 대변하는데, 20세기의 파시즘에 대한 해명을 통해 저변을 확대해온 이러한 군중심리학 이론(Moscovici, 1985)의 주요한 가정과 문제틀은 앞서 논의했듯이 비서구사회를 집단주의적으로 특징화하는 연구에 깊이 투영되어 있다.

에서 '재구축'[77]되고 이로써 집단적 행위자(collective agent)로 전환되는 것으로 이해된다는 데 있다. 이 과정에서 물론 개인적 정체성(personal identity 혹은 self-identity)은 약화되지만 그렇다고 이 과정이 단순한 대체나 제거를 의미하지는 않는다. 그러한 정체성과 개별적 자기(individual self)는 집단적 목표에 흡수, 병합, 변용, 승화된다는 점에서 개인적 정체성의 가치가 집합적 형식 속에 융화되는 과정이다.

요컨대 군중심리학의 기본적 문제틀과 시각이 역설적으로 내포한(그리고 가정한) 개인주의와 이성으로서 서구문명의 자기표상과 자기이해는 이렇듯 비서구사회뿐만 아니라 국내적으로 피지배층과 반체제 세력을 '집단주의적' 광인의 무리로 총체화하고 단순화하는 편향을 노정하는 것이었다.[78] 따라서 비서구사회, 동아시아사회, 그리고 마지막으로 한국사회가 보이는 집단주의의 서구적 개인주의와의 차별성은 몰개인화로서보다는 탈개성화의 과정으로 접근해야 하며, 이러한 출발점에서 각 사회적, 문화적 단위에 특유한 경험적, 의미론적 상황·맥락에 의거하여 형성되는 집단적 주체성(collective subjectivity)의 고유한 논리와 형태를 준별하는 작업이 이루어져야 할 것이다.

77. 최상진(2011: 123).
78. 따라서 대중, 공중, 군중 등의 개념은 근대사회의 발전과 더불어 더욱 확대되고 심화된 집단화의 현상, 이른바 '대중의 반란'(Ortega y Gasset, 1982[1930])을 어떻게 진단하고 평가할지와 관련된 규범적이고 도덕적인 판단의 변화를 반영한다. '대중' 개념과 '매스커뮤니케이션' 개념의 제한성(심지어 무용성)에 대한 명쾌한 해설은 톰슨(Thompson, 1995: 제1장) 참조.

3. 집단주의의 한국적 양상 연구

앞서 인용한 호프스테더 이래 비교문화심리학의 분야에서 진행해온 연구는 개인주의/집단주의라는 서구/비서구의 거울상 이분법을 보편적인 인간 분류로 수립하려는 심리학적 보편주의의 야심이 실제 경험적인 다양성과 복잡성의 현실을 다소 단선적으로 재단한 결과라는 인상을 지울 수 없다. 개인주의/집단주의라는 단순 대당에서 나올 수 있는 가장 단순하고 일반적인 결론은 서구문명의 수혜자이자 현대화를 먼저 성취한 선진사회에서 개인주의는 두드러지고 집단주의는 약하다는 것이며, 그렇지 않은 사회에서는 집단주의가 강하다는 것이다. 하지만 이후 경험적 연구가 진행되면서 드러났듯, 이러한 이분법은 그 대상인 서구와 비서구의 여러 사회를 이분적 범주 속에 경험적으로 산뜻하게 집어넣지 못하였다.[79] 이러한 경험분석상의 문제는 사실 인간 삶의 이해에는 그보다 더 세밀하고 예민한 문제틀, 즉 인간 삶에 내재한 '변증법적(그 말의 정확한 의미에서)' 동학과 역리(逆理)를 적절히 포괄하고 진단할 수 있는 문제틀과 접근이 필요함을 시사한다. 그리고 이런 문제적 양상과 이론적 요청은 국내 사회과학의 집단주의 이해에도 역시 해당하는 것이다.

(1) 국내 연구의 개관과 평가

한국학계에서 '집단주의' 개념은 1990년대 이전까지는 주로 반공주의 관점에서 구소련이나 북한의 '사회주의' 체제를 묘사하거나 반일감정의 차원에서 일본의 집단주의적 조직문화를 설명하는 데 주로 사용하면서

79. 이에 관해서는 정영태(2015)를 참조할 것.

그 부정적인 측면이 강조되었다.[80] 사회과학, 특히 사회학에서도 한국사회와 한국인의 행위양식을 설명하는 용어로 집단주의를 사용하는데 대부분 '집단이기주의'나 국가주의적 동원에 순응하고 적극적으로 참여하는 '전체주의'에 해당하는 것을 지칭하거나 가족주의의 확대적인 양태, 즉 연고주의를 지칭하는 경우가 대부분이다.

한편 한국인의 사회적 성격에 대한 일반 이론들을 보면 한국사회를 집단주의적 사회로 특징짓는 것이 자명한 것으로 전제하여 집단주의를 정의한 사례도 드물 뿐만 아니라 독립적인 구성요소로 제시하지 않을 때도 많다. 이를테면 김경동은 '집합주의(collectivism)'를 독자적 성분으로 제시하지만,[81] 이규태는 '집단의식'[82]으로, 최재석은 '공동체 지향의식'[83]으로 제시하였다. 다른 한편 송호근, 정수복 등은 집단주의를 연고주의, 가족주의, 권위주의와 같은 행위양식들 속에서 '암시'하지만 독자적 행위양식의 요소로는 제시하지 않는다.[84] 기존 연구의 일반적인 상황은 다른 지면에서 이미 소개한 집단주의 현상의 하위 구성유형에 대한 다음의 정리[85]를 이용하여 좀 더 간명하게 고찰할 수 있다.

① 관계지향적 자기규정, 특히 가족이나 친족, 여타 혈연, 지연, 학연에 기반한 원초적이고 유사가족적 귀속집단 속의 존재로 자기(self)를 일차적으로 정의하고 또 그에 의거하여 행위하는 양식

80. 정영태(2015: 275).
81. Kim Kyong-Dong, "The Social Impact of Industrialization and the Task for the Future(1979)", "Social Change and Societal Development in Korea since 1945(1985)"(정수복, 2007: 98-99에서 재인용).
82. 이규태(1983a).
83. 최재석(1976).
84. 송호근(2003: 137-145), 정수복(2007: 140-141).
85. 김동춘 외(근간: 제4장 집단주의 항목).

② 내집단과 외집단의 강한 구별과 양자에 대한 높은 차별의식

③ 집단 내 동질화, 균질화의 압력과 그를 통한 유사(類似) 공동체 형성

④ 주로 양적으로 척도화된 단일차원의 위계서열적 관계의 형성과 부과 (사회적 일원화의 양상)

⑤ 사회적 동조(social conformism) 메커니즘의 팽배와 지배력

한국인의 사회적 성격과 고유한 심리적 구조의 집단주의적 양상을 다루는 많은 연구는 고도로 이념형화된 서구 개인주의 모델과 대비를 염두에 두면서 주로 ①에 기반하여 ②와 ③의 양상을 추론하는 방향으로 이행하는 경향을 보인다.[86] 다시 말해 관계윤리적 특성을 핵심으로 여타 집단주의적 현상이 그의 단순 확장된 양상으로 간주되는데, 때때로 '조직인'으로서 양상이 그런 추론적 확장에 포섭된다. 조직인으로서의 양상은 그와는 별도로, 일제 말기 전시 동원체제하의 일본 군대와 사회동원조직 체계를 모델링한 한국의 학교, 군대, 회사, 공장의 특성에 주목하여 ④의 양상을 한국적 전체화, 이른바 '일상적 파시즘'의 기원으로 제시하는 연구도 있다.[87] 그러면서도 그와 대비하여 여전히 조직인이 관계적 인간에 대해 열위에 있다는, 이를테면 가족의 일원으로서 개인적 정체성이 우세하다는 일본사회와 비교된 상대적 특성을 강조하는 연구도 있다.[88] 다른 한편 이러한 '전체주의적' 진단과는 뉘앙스를 약간 달리

86. 이를테면 조긍호(2007), 최상진 외(1999), 최재석(1976[1965]) 등 여러 학문적 분석과 비평이 그러하며, 좀 더 통합적인 이론화인 최봉영(1994a, 1994b) 또한 그러한 이론적 전략에서 크게 벗어나지 않는 것으로 생각된다.

87. 임지현 외(2000), 장문석·이상록 편(2006). 유사한 접근으로 김진균·정근식 편(2003).

88. 일례로 이시재(1997)의 비교사회 논의를 볼 것.

하는 송호근의 평가를 보면 위의 특성을 평등주의적 사고방식의 일환으로 취급하기도 한다.[89]

요약하면, 지금까지 한국 집단주의에 대한 접근은 그것을 ① (가족)관계 윤리와 그것의 사회적 확장으로 간주하거나(비교문화심리학, 최재석), ② 집단이기주의, 연고주의라는 대상으로 한정하여 분석하거나(사회학), ③ 전체주의적/국가주의적 기율화로 보려는 시각과 접근에 과도하게 그리고 일원론적으로 입각한 경우(정치학, 사회학, 역사학)가 주요하다. 이러한 접근 속에서 한국 근현대사에서 드물지 않은 대규모 거족적, 혁명적 군중의 분출은 이론적으로 일관되게 포섭할 수 없어서 결과적으로 예외적이고 돌발적인 현상으로 분류되는데, 이는 기존 연구가 아무리 이들 사건을 높이 평가하고 상찬할지라도 여전히 그러하다.

요컨대 기존 연구는 한국 집단주의를 구성하는 여러 측면, 즉 관계인/연고인, 조직인, 군중/대중의 세 측면 중 앞의 두 가지만 편포(遍布)되게 강조해왔으며, 특히나 한국 집단주의와 매스커뮤니케이션 미디어의 관련성은 상대적으로 매우 빈약하게 연구되어왔다. 이러한 경향은 조직인, 연고주의적 인간으로서의 집단주의적 한국인이, 앞서 언급한 개인주의/집단주의 이분법 문제틀과 근대화 이론의 영향 아래 오랫동안 지속적인 관심을 받아왔고 경험연구의 대상으로 나름 잘 발굴된 것에 비한다면 매우 두드러지는 결여이다.

여기서 보듯 기존 연구의 공통적인 문제점은 집단주의의 내적으로 상이하고 차별적인 차원과 복합성에 대한 예민함이 결여되어 있다는 것인데, 이는 한국인의 집단주의가 대단히 모순적인 구성체라는 기본적 사실, 그리고 이를 단지 기술적이 아닌 이론적으로 포섭·해결해야 할 필요

89. 송호근(2003, 2006).

성에 대해 심각한 주의를 기울이지 않기 때문으로 보인다. 따라서 그것은 고도의 사사화(私事化), 개별화, 분파주의와 동시에 강한 전체화, '사회'화, '공공'화라는 양극단의 모습을 한 한국인의 집단주의적 양상에 대해 단선적이고 일관되지 않은 기술을 제공해왔다. 이는 단적으로 한국인이 매우 전체주의적이라는 진단과 한국인이 너무도 가족주의적이라서 아무것도 꿰뚫을 수 없을 만큼 강력한 사사화의 기제로서 집단주의가 복무하고 있다는 서로 양립할 수 없는 두 주장이 동시에 제기되고 있는 데서 알 수 있다.

물론 여러 종류의 양면성과 모순적 속성이 병립하는 것은 비단 현대 한국인만 그러한 것은 아니며, 이에 대한 상반되는 지적들이 존재하는 것은 그 자체로 부정적인 것은 아니다. 다만 여기서 문제는 바로 그런 양면성과 모순적 속성이 병립하는 근거가 되는 심리적·사회적 동학의 구조와 논리, 즉 개개 사회마다 다르게 드러나는 양면성의 구성 항목과 그들 사이의 모순적 관계 작용의 구조를 식별하고 그에 대해 일관된 이론화를 달성하는 일로 나아가려 하지 않는다는 데 있다. 이 문제는 이를테면 비교사회적 측면에서 일본사회, 일본인과 한국인, 한국사회 간의 차별적인 면모를 설명할 수 있는 이론적 명제가 결여되어 있다는 것으로도 이어진다. 역사적으로 성리학적 질서를 더 철저하게 구현하려 한 유산을 가진 한국사회의 외면적이고 일상적인 전투성과 파편화된 모습은 관계윤리, 유교적 집단주의를 역시 내면화했음에도 더 높은 공순(恭順)과 조화의 모습을 선보이는 일본사회와 일본인과는 상당히 대비되는데, 기존 연구는 이처럼 높은 역사적 중요성을 내포한 문제에 대해 속시원한 해답을 제공하지 못하고 있다.

결론적으로 기존의 집단주의 연구의 지배적인 시각과 접근은 여러 제약과 결여를 안고 있다. 이는 일차적으로는 그것이 종래 서구의 자문화중심주의적인(ethnocentric) 제한성에 깊이 침윤된 개인주의/집단주의의 단순 이분법적 문제틀, 그리고 집단주의의 가장 토대적이고 원형적인 형상을 주로 그리고 때로는 배타적으로 '관계적 자기', '관계윤리적' 행동양식으로 설정하는 데서 충분히 탈피하지 못했다는 이유에서 그러하다.

이런 상황이 문제가 되는 이유는 관계주의적 양상, 관계윤리적 행위양식에 대한 배타적 집중이 서구 심리학의 방법론적 개인주의를 극복하기보다는 오히려 그로부터 충분히 탈피하지 못하여 그 거울상, 직접적 대립상에 머물러 있기 때문이다. 이를테면 동아시아 특유의 집단주의를 적절히 정의하려 한 정영태의 근래 연구는 동아시아사회가 집단의 목표나 이익을 앞세우는 엄격한 의미의 집단주의보다는 관계주의의 특성이 강한데 대부분의 국내 연구자가 반대로 파악하여 오해와 혼란을 초래한다고 말한다.[90] 하지만 이런 주장은 여전히 기성학계에 이미 정립된 구도로부터 비판적 거리를 충분히 확보하지 못한, 즉 서구학계의 집단주의 정의와 '그들'의 논쟁구도에서 출발하고 그에 지나치게 의존하여 결과적으로는 그에 고유한 제약성을 탈피하지 못한 그리 참신하지 않은 '대안'으로 보인다.

필자가 보기에 한국 근현대사의 역동성을 낳은 것은 군중과 대중으로서의 한국인의 집단적 상황과 존재양식이다. 이는 설령 그들 처지의 개선과 극복이 실제로는 일차적으로 개인적인 차원에서 해결을 도모하는 현상으로 드러났어도 그러하다고 생각된다. 개인에게 영향을 미치는, 개인 속의 또 다른 자기 차원으로 존재하는 일반화된 타자의 문제는 단지 개개인의 도덕이나 윤리 지침과는 차원과 수준이 다른 문제 영역, 즉 자기 밖의 상황에 대응하면서 집합적으로 주조되는 대중적 양상

90. 정영태(2015: 274).

이 고착화되어 형성된 행위양식의 차원에 속한다.

관계적 자기에 대한 편중된 초점은 이렇듯 핵심적인 군중과 대중으로서의 사회적 추구와 압력을 애초에 문제설정에서부터 배제한다. 그것은 개인의 행위선택을 이해할 때 어떤 가치나 합리성과 같은, 개별화된 존재로서 개인이 소지하는 속성에만 주의를 기울이는 경향이 있다. 그 결과 사회적 삶의 차원을 다른 방향에서 대변하는 일반화된 타자 지향성의 문제가 이론적으로 배제되고, 그것이 갖는 경험적 함의, 특히 한국인과 한국사회의 집단주의 양상에 대해 갖는 함의를 놓치게 된다. 이 점이 바로 본 연구가 기존의 많은 집단주의 연구가 출발하는 개인주의/집단주의의 비교문화심리학 논의를 이론적 출발점으로 삼지 않고 이들 연구에 통상적인 상세한 문헌 분석 또한 수행하지 않는 이유이다.

비록 사회학과 심리학에서 집단주의를 취급하는 기존 방식이 어느 정도 이론적, 경험적으로 견실한 결과를 거두었다 할지라도 이러한 기본 문제는 여전히 남는다. 이들은 관계적 윤리나 공동체적 외피에만 초점을 둔 나머지 대중의 집단화와 그에 상응하는 양상과 논리를 간과하는 경향이 있다. 그 때문에 특히나 '학벌(學閥)'과 같은 한국 집단주의에 매우 전형적인 현상[91]에 대해 제공할 것이 많지 않은데, 이 현상이 중요한 이유는 그것이 분파적, 파벌 집단으로 개개 한국인이 결집하고 추구하는 양상을 규정하는 한국적인 사회적 맥락과 그 '불굴의' 기본논리를 극명히 드러내기 때문이다.[92]

그나마 이루어진 집단주의 연구가 한국적 삶의 일차적인 실상과 체험

91. 김상봉(2012).

92. 학벌이 전형적으로 드러내는 벌열 형성의 이러한 한국적인 사회적 동력에 대한 경험적 묘사와 이론적 정리는 뒤의 4장 3절 (2), 5장 3절 (1)의 역사적 분석에서 제시하였다.

적 현실에 뿌리박고 출발하지 않는 경우가 빈번하다는 것은 단지 집단주의만이 아니라 한국인의 사회적 삶, 행위양식 일반의 연구에서 드물지 않게 볼 수 있는 문제이다. 기존 연구와 그에 지배적인 이론적 시각에서 가장 문제가 되는 요소는 무엇보다 이들이 한국적 역동성을 낳은 집단주의적 사고와 행위를 조명하기에 지나치게 제한적이라는 것이다. 그것은 한국적 현대화 과정의 고유성, 그 속에서의 체험과 행위양식의 원리, 그리고 무엇보다 한국사회의 사회적·정치적 삶에 활력을 불어넣고 그 열망과 갈등을 만들어내는 역동성의 구조를 조명할 수 없는 집단주의의 정의와 이론화에 만족하고 있다. 그것은 한국 집단주의를, '나'의 열망이 결집되는 한국적인 사회적 맥락과 그 역사적 경과 속에서 집합적 대처를 통해 주조된 것으로서 조명하지 못하고 있다.

이처럼 한국사회의 역사성 속에서 한국인의 '나'와 그 대중적 전화가 경과한 맥락과 자기논리를 반영하지 못하는 이론적 고답성(高踏性)은 특히 국내 연구에서 두드러진 경향 중 하나로 앞서 소개한 또 다른 시각, 즉 조직을 통한 전체주의적 집단주의/집단화를 강조하는 시각에서 잘 드러난다. 여기서 한국적 집단화 속에서 약동하는 대중과 수많은 '나'의 열망은 단지 무지몽매한 공순성(恭順性)이나 물질적 욕망의 미망(迷妄)에 준하는 어떤 것으로 치부되면서, 대중적 존재인 한국인의 행위방식을 이론화하는 문제는 허위적으로 그리고 도덕주의 일변도로 해소되는 경향이 있다. 이는 3장에서 다룰 한국문화에서 지속적인 부분인 공동체의 절대화/성화(聖化), 그리고 역설적으로 그와 결합한 서구 계몽주의의 개인주의적 규범(사회적 해방을 금과옥조의 하나로 주장하는)을 무비판적으로 적용한 결과로 생각된다. 그 자신이 집단주의와 도덕주의(도덕은 대부분 '사회'의 함수이다)의 고유한 한국적 결합이라는 점에서 이것은 대단히 아이러니한 태도와 지향이라 할 수 있다. 이처럼 전통적인 방식으로 전통의 작용과 의의를 전면적으로 부정하는 태도는 상술한 문제적인 측면과 동시에 그 자체가 문제의 집단주의적 원천임을 보여준다.[93]

이런 배경에서 본 연구는 1999년 이래 서양사학자 임지현 교수가 개시한 이른바 '대중독재논쟁' 속의 몇몇 논점과 취지를 재삼 강조하고 진지하게 음미해야 한다고 생각한다. 이 논쟁에서 핵심적인 기여로 필자가 주목하는 부분은 그것이 남한 사회 현대화의 두 축인 산업화와 민주화 과정에서 엘리트의 주도성, 이들의 원인자, 결정자적 역할에 대한 기존 가정에 도전했다는 점이다. 뒤의 5장 2절 (2)에서 더 자세히 논의하겠지만 이 가정은 한국사회의 현대화 과정에 대한 지도자주의적이며 엘리트주의적인 설명, 즉 지도그룹과 선도자(vanguard)의 조직적 응집성이나 합리성 그리고 반대로 이들의 억압성과 강권적 권력 또한 현대화의 향배와 진전에서 중심적이고 결정적인 변수로 설정하는 것을 골자로 한다. 임 교수의 도전이 가진 의의는 그러한 가정에 연동되는, 인민/민중을 수동적이고 일방적으로 동원되는 존재이며 지배계급의 억압과 탄압에 끌려다닌 희생양으로 묘사하는 역사학과 사회과학을 포함한 한국의 지적 장과 공론에 팽배한 거의 '공리(公理)적인' 방식을 비판하고 '대중'을 설명 변수로 격상시키는 전환을 제시했다는 데 있다.[94] 이러한 합리적 핵심과 기여는 그 논쟁에서 제출된 '인기 없는 주장'이 야기한 도

93. 이는 뒤의 역사적 분석에서 '첨단/보편의 우리'라는 한국 집단주의의 전통적 하위유형으로 다시 보게 될 터인데, 이런 지향은 집합적 도덕에의 고착이 어떻게 현대화 과정에서 작동하는 전통의 작용에 대한 편포된 이해로 역설적으로 이어지는지를 보여주는 좋은 실례이다.

94. 이 점은 많은 이가 지적하듯 굳이 '대중독재'라는 형용모순적인 개념을 유지해야 하는가 하는 근본적인 개념 문제를 이 주장이 안고 있다는 점을 시인할지라도 여전히 그러하다. 이 대중독재론자 그룹의 주요 주장과 경험적 연구성과, 관련 논쟁은 임지현(1999), 임지현 외(2000), 임지현·김용우 엮음(2004, 2007), 장문석·이상록 엮음(2006) 등에서 볼 수 있다.

덕적 혐오감과 분개에도 불구하고 부인해서는 안 되며 그에 지속적으로 발전적 소화 노력을 투여할 가치가 있는 것으로 생각한다.[95] 요컨대 '대중독재' 논쟁에서 우리는 독재가 아닌 대중을 건져내야 한다.

물론 대중행동의 이론은 문화적 주형틀(cultural framework)이나 의례(ritual), 사회적 네트워크 등의 연구와 비교하면 좀 더 비일상적이고 돌발적인 '사건'을 소재로 정식화되며, 그에 따라 경험적 포착과 이론적 정교화가 수월하지는 않다. 하지만 한국사회의 발전 동학에서 집단주의의 역할과 위치를 적절히 식별하려면 대중으로서 한국인의 행동방식이 그 정의와 행위메커니즘의 이론화에 유기적으로 결합되어 있는 이론적 시각, 다시 말해 일종의 유사 '대중' '운동'으로서 한국 집단주의를 고찰하는 집단주의의 이론에서 출발해야 한다. 왜냐하면 한국사회의 현대화는 무엇보다도 전 국민적 '따라잡기'와 개인으로든 집단으로든 그리고 민족으로든 '자기(自己) 세우기', 그리고 그를 위한 '우리'의 구축과 주장, 향상(向上)의 열망에 지배된 대중 운동의 과정이기 때문이다. 자기 세우기인 동시에 '우리 세우기'이기도 한 그러한 대중 운동 속에서 바로 '나'와 집단, '나'와 '우리'의 변증법으로서 한국 집단주의의 역동성이 발휘되어온 것으로 필자는 생각한다. 뒤의 역사적 분석에서 보게 되듯, 한국사회에서 파벌의 구축과 이를 통한 자기 수립, 그리고 타 집단·타인과의 관계설정, 갈등의 많은 주요 양상은 바로 이와 같은 대중으로서 받는 압력과 추구되는 열망과 분리될 수 없는 것이었다.

95. 대중독재론자의 주장이 극도로 외면 받고 동시에 첨예한 논란의 대상이 된 이유는 바로 이들의 주장이 한국사회에서 일반 인민대중도 군부독재가 행한 산업화체제의 억압성에 책임이 있다는, 다시 말하면 상식적으로 그 행위에 '주도적'이었다고 말하기는 여전히 어렵겠지만 최소한 그들이 군부독재의 행위에 일종의 '공범(共犯)' 역할을 했다는 함의를 내포하기 때문이다.

(2) 본 연구의 대상, 성격, 방법

지금까지의 고찰이 함의하는 바는 한국적 집단주의에 대한 적절한 기술과 분석은 한국적 '우리'의 실제 작동양상에 대한 면밀하고 예민한 고찰 없이는 이루어질 수 없으며, 특히 한국 집단주의와 현대화의 관련을 규명하는 작업은 한국적 '우리'와 한국적 '나'의 변증법, 양자의 혼융과 갈등의 과정을 살펴보는 일이 필요하다는 것이다. 따라서 한국 집단주의뿐만 아니라 어느 사회의 집단주의든 그에 대한 연구는 그것 자체의 독자적 양상뿐 아니라 나/개별자의 이해관계, 거취 공간, 그 열망적 추동이라는 뒷면을 함께 고찰할 때 비로소 그 완전한 모습을 이해할 수 있다.

여기서 먼저 '집단주의'라는 용어와 관련된 문제를 짚고 넘어가자. 역사적으로 '집단'이라는 추상적 개념은 19세기 말 개항 이전에는 존재하지 않은 것으로 보인다. 그 용어의 기원을 살펴보면, 원래 한국말에 '집단' 혹은 '집단주의'라는 말은 존재하지 않았고 다만 'group', 'collectivity'와 같은 영어와 그에 상응하는 다른 서구어를 '집단(集團)'으로 번역한 일본 메이지유신 시기 학자들의 역어(譯語)가 당시 조선사회에 도입되어 오늘날까지 통용되어온 것이 아닌가 짐작한다. 다시 말해 동아시아 문화에서 '무리'와 관련하여 통용되는 추상어가 존재하지 않거나 활용되지 않았기 때문에 '집단'이라는 말을 새로이 주조한 것으로 보인다.[96]

여기서 이 '집단주의'에 상응하는 서구어 개념을 'groupism'과 'collectivism' 중 어느 쪽으로 하는 것이 더 적절한지 살펴보자. 앞서 보았

96. 이와 관련된 정황에 대한 소개는 이노우에 타다시(1982) 참조.

듯이 기존의 비교문화심리학은 개인주의/집단주의 이분법을 개념화할 때 'individualism'에 대비되는 'collectivism'이라는 용어를 사실상 만장일치로 채택하였다. 반면 비서구사회의 집단주의 현상을 지칭하는 적절한 용어를 먼저 고민한 일본 학자들은 집단주의에 상응하는 개념으로 'groupism'을 채택하였다.[97] 이러한 고민과 연동하여 역어(譯語)상으로도 선택의 여지가 있는데, '집단주의'가 적당한지 아니면 '집합주의'가 적당한지의 문제가 있다.

영어 'group'은 일상 상황에서나 많은 사회과학 문헌에서 기본적으로 소그룹(small group)을 지칭할 뿐으로 좀 더 큰 규모이거나 다양한 수준의 집단화 현상(collective phenomena)까지 포괄하는 개념으로는 쓰이지 않는다. 하지만 한국어에서 '집합(集合)'이라는 용어가 성원들 사이에 아무런 감정적 연계나 서로의 관심과 배려 또는 상호의존성이 전혀 없이 단지 특정한 조건에서 우연히(randomly) 같은 속성을 지니게 된 개체의 모임에 상응하는 어떤 것을 주로 지칭하는 데 반해, '집단(集團)'은 성원들 사이의 애착이나 관심, 배려 같은 정서적 연계도 내포하는 용어이다. 나아가 '집합주의' 그리고 'collectivism'은 집단(주의)적 행위 양식의 특정한 면, 즉 일체화되고 균질화된 군중, 대중으로서 행동하는 무리, 그러한 집합 '행동(collective *behavior*)'과 밀착된 어의(語義)적 요소가 강하다는 단점이 있다.[98] 또 집합주의나 collectivism은 앞서 국내의 초기 용법에서 보았듯 사회주의나 파시즘하의 사회체제, 즉 일반적으로 자유주의적 자본주의에 반대되는 전체주의 사회를 지칭하는 것으로 사용된

97. 하마구치·쿠몬 편저(1982).

98. 조긍호(2007: 22). 이러한 정의(定義)적 문제가 가진 함의는 앞의 본 장의 2절 (2)에서 다룬 관계적 인간, 조직인, 군중-대중 등의 유형적 차이와 그 집합 행위적 속성에 관한 논의를 상기한다면 더 잘 포착할 수 있다.

역사적 맥락 또한 추가적인 제한성으로 작용한다.

본 연구는 모든 사회에서 보편적으로 생각하는 어떤 '사회적인 것'에 대한 동조와 순응을 부과하고 압박하는 양식으로 집단주의를 보고 분석한다. 이것은 사회적 삶의 얼개와 체계, 즉 공동체, 집단, 조직, 제도를 구성하는 항상(恒常)적 압력과 같은 어떤 것으로 집단주의를 개념화하는 것이며 그러한 한에서 그것은 행위양식의 원리이자 논리로 이론화될 수 있다. 이런 이유로 본 연구는 현대화가 상당히 진전된 (후기)산업사회인 미국사회의 '동조 양식(mode of conformity)'을 'groupism'이라는 용어로 포착하고 이론화했던 사회학자 리스먼(D. Riesman)[99]을 따라 '집합주의', 'collectivism'보다 그 어의적 외연과 내포가 훨씬 풍부하고 구체적인 '집단주의' 그리고 'groupism'이라는 용어로 본 연구의 대상을 정의하기로 한다.

이와 같이 정의한 집단주의를 규명하기 위한 방법에서 본 연구의 특징적인 면은 그것이 한국적 '우리'에 관한 유형론(typology)을 구축하고 활용한다는 점이다.[100] 본 연구는 기존에 마련된 집단주의의 정의나 이론적으로 좁게 선별된 집단주의적 양상에 선험적으로 의존하는 대신 한국인의 '우리' '의식'의 현상학(現象學)적 다양성과 그 합성과정의 탐색·유형화에서 출발하여 한국적 현대화를 추동한 한국 집단주의의 논리와 그 역사적 형성을 탐구하는 다소 귀납적인 방식을 채택한다. 이러한 연구절차는 근대적 권리, 의무, 직능(職能) 관념만으로는 간취되지 않는,

99. Riesman(1989[1950]), (1964[1954]).

100. 이 유형론적 연구방법은 자연주의적 사회과학 조류의 단선적이고 일원론적인 인과분석 모델에 대항하여 고전사회학자 막스 베버(M. Weber)가 사회·문화 세계의 다양성과 복합적 작동을 이해하기 위해 적절히 활용한 방법으로 알려져 있다. 현대 사회과학에서는 근대국가 발전에 대한 폿지의 연구(Poggi, 1978)가 이 방법을 활용한 인상적인 학문적 성과로 알려져 있다.

우리에게 일상적으로 부과되는 사회적 압력, 우리의 도덕적 충동, 타인에 대한 의무·배려의 내적 압박, 타인에 대한 우리의 분노, 타자의 반응에 대한 해석, 타인과 나의 연관성에 대한 사고 등을 이해하고 명시화하는 데 더 적합하고 예민한 접근으로 기대된다. 무엇보다도 이것은 우리 사회에 특유하게 팽배한 것으로 체험되는 이들 '동조성의 양식', 하지만 전근대건 근대건 서구건 동아시아건 어느 사회에서건 존재하기 마련인 동조성의 모습이 아니라 한국사회와 한국인의 역사적 궤적, 사회적 삶에 특징적인 동조성의 양식과 그 추동력, 집단화의 발전을 보여주는 '집단주의(groupism)' 양상을 보여주기에 건전한 출발점이 될 것이다.

한국적 집단주의의 핵심인 '우리'의 작동양상을 분석하기 어려운 것은 그것의 수준과 차원이 사회생활의 영역과 집단화의 수준에 따라 각양각색이기 때문이다. '우리 행동', '우리 의식'이 형성되는 장소이자 중심논리이며 추동력이라고 할 수 있는 이러한 한국적 '우리'의 분화와 변용은 삶의 영역(spheres), 의도되는 효용(utility), 그리고 결연(結緣, association)의 수준에 따라 다양하게 일어날 수 있다. 그것은 가족, 친족, 친구, 직장, 기관, 지역, 협회, 동호회, 국가, 민족 등 수많은 집단화의 모습 속에서 그리고 그들이 겹치고 갈등적 잠재성을 가진 곳에서 변형을 겪으면서 사회생활 게임의 룰과 그 작용을 더욱 복잡하게 하는 것이다.

하지만 이 유동성과 극도로 넓은 변이(variations)와 복잡성이 지속적이고 끈질기게 생활의 곳곳에 침투하며 증식하는 한국적 집단주의와 한국적 '우리'의 본질적 양상을 이해할 수 없게 하는 것은 아니다. 이 '여러' '우리' 속에 공통되기도 하고 겹치기도 하는 집단화의 드라이브가 작동할 때마다 참조되고 원용(援用)되고 동원되어, 결국 여러 삶의 영역과 다른 수준의 사회적 집단적 삶에 걸쳐 자연스럽고 적절하며 이상적인 삶의 모습으로 구체적 양상을 조형하는 몇몇 유형적 요소를 식별하는 것이 불가능하지는 않다. 한국적 '우리'의 다양한 변이와 각각에서 중첩되어 실현되는 논리들 중 주요한 것을 경험적 현실의 다양성과 관련하여 가능한 한 충분히 포괄적이고 이론적으로 감당할 수 있을 정도의 수로 수합·요약·유형화하는 것이 본 연구의 일차적 목표이다.

이 책에서 시도하는 유형론적 작업의 방법론적 의의는 다른 측면에서도 발견할 수 있다. 그것은 '시민(市民, citizen)', '국민(國民, nation)', '인민(人民, people)', '민중(民衆, pleb)' 등 외래적인 개념들이 한국 근현대사에서 실제로 작동해왔고 작동하는 집단화와 집합성(collectivity)의 의식을 반영하기에 매우 이질적이고 성긴(coarse) 개념일 수 있다는 것이다. 이들 개념은 한국인의 '우리' 의식과 그 의미론적 도덕적 압력, 사회적 조직화로 전화하는 구체적 과정, 즉 동기화와 헌신(commitment)에서 드러나는 감정적 추진력(drive)과 행위 의미적 형상을 잡아내기에 무력하거나 지나치게 형식적인 개념에 머무르는 경우가 많다.

다른 한편 여기서 '우리' 의식을 탐구하는 것은 전통사상에 대한 어의(語義)적 분석이나 사회학의 집단행동연구에서 주로 이루어지는 방식의 '집합적 정체성(collective identity)', '사회적 정체성(social identity)', '계급의식', '집단의식(group consciousness)' 등의 연구와 같은 것도 아니다. 그보다는 한국 근현대사와 일상생활의 진행과 더불어 우세하던 '우리'에 대한 한국적 표상과 실천의 주요 유형을 그 어의적 차원에서나 사회적 작동과 효과 면에서 명료화하는 것이 본 연구의 일차적 목표이다. 따라서 그것은 단지 '우리' '의식'의 사상적·이념적 식별만이 아니라 '우리' 의식의 실천이 어떻게 나타나고 있는지, 그리고 그것이 한국사회의 문화와 제도의 수많은 결 속에 어떻게 존재하고 작동해왔는지를 기술한다.

전체적으로 본 연구는 한국 근현대사의 다층적 경과와 그 주요 사건들, 사회문화적 풍속 등에서 발견되는 집단주의, '우리' 의식을 몇 개의 담론(談論)적 집락(集落, clusters)으로 유형화하고 각각의 담론적·감정적 핵(核, nucleus)에서 식별해낼 수 있는 행위양식과 추진력의 기제, 그리고 그 사회적 결과(효과)를 추적하고 나아가 그 핵과 행위양식 간의 상호결합과 배척의 관계를 주요한 역사적 국면의 전개와 작용 속에서 요약하였다. 이러한 탐구에서 정치경제학을 포함한 다른 접근이 꾸준히 식별해낸 많은 결정력 높은 사실들, 즉 물질적, 제도적, 사회계층적 기제의 영향에 관한 통찰은 계속 고려해야 하나 본 연구는 한국 현대화를 수행한 행위자(agency)의 집단화 논리라는 새로운 사회문화적 차원을 발굴하고 이를 규정한 구조적 정황을 요약하는 것이 중심 목표이다.

요컨대 본 연구는 한국적 현대화와 현대성의 고유한 전개과정과 그에 특유한 행위양식, 이상적 열망, 토착적 정서로서의 한국 집단주의의 발달과의 관련을 분석하는 어느 정도의 지식사회학적, 문화사회학적, 역사사회학적 분석으로 규정할 수 있다. 하지만 이들 한국적 '우리' 유형을 확정하는 작업은 실제 역사적 인과성 순서와는 반대로 현재 양상 속에서 일단 우리 의식의 유형을 색출하고 이것의 형성을 시간상 앞으로 돌아가서 추적하는 순서를 채택할 수밖에 없으며, 앞의 본 장의 (1)은 바로 그러한 예비적 작업의 성격을 띤다. 이런 이유로 본 연구는 현재 시각에서 과거를 재단하는 '현재주의(presentism)'적 편향[101]을 어느 정도 감수할 수밖에 없지만, 이 책의 역사적 분석 부분은 그런 사정에도 불구하고 역사적 순서에 따라 진행하였다.

이러한 과제를 수행할 때 직면하는 가장 큰 방법적이며 이론적인 문제는 한국 집단주의와 한국적 '우리' 양상이 다른 행위양식과 의식/양태

101. 역사기술과 사회과학적 분석에서 이 '현재주의'가 가진 문제점과 양상은 기술사가(技術史家)인 윌리엄스(Rosalind Williams, 2004)의 논의와 고전사회학자 엘리아스(Elias, 1983)의 논의를 참조할 것.

상으로 상당히 중첩되는 것일 뿐 아니라 이들이 역사적 현실 속에서 맺어온 상호 인과적 관련 또한 방대하게 걸쳐 있다는 사실이다. 따라서 그것을 정확히 기술하려면 그 자체로 방대한 범위의 2차 문헌과 1차 자료를 섭렵해야 한다.

본 연구는 일차적으로 2차 문헌을 정리하고 섭렵하여 다음 3장에서 '우리' 의식의 주요한 원형적(proto-typical) 면모를 조선사회의 사회문화적 편제, 내적 동학으로부터 추출하고, 이의 본격적인 형성과 진화, 변용을 낳은 역사적 맥락과 정황은 4장부터 5장까지 역사적 분석을 통해 정리한다. 또 그 관련성이 명확해 보이는 1차 자료, 특히 수기(手記), 일기, 사건 보고서 등의 질적 자료는 적절한 예시(例示)를 위해 보완적으로 참조, 제시한다. 그리고 대규모 사회조사 자료를 본격적으로 이용할 수 있는 시기인 1950~60년대 이후에 관해서는 국가와 여러 기관에서 수행한 통계자료, 인구, 사회조사의 관련 결과의 정돈과 정리가 논의를 뒷받침할 것이다.

III. 현대화의 맞이: 한국적 '우리'의 전통과 사회적 의의

앞의 서론에서 한국인이 '우리'를 통해 나와 남의 거리와 차이를 극복하려고 노력하거나 혹은 그러기를 기대하는 경향이 있다는 매우 일반적인 가정이 최봉영의 논의로 제시되었다. 이 '우리'를 통해 사회적 삶의 타자성과 파편화를 극복하는 것이 윤리적 요청이나 동원의 구호, 이데올로기적 호명(呼名)을 위한 수사 이상으로 실제 현실에서 얼마나 효과적이고 호소력이 있는지는 경험적으로 확인할 문제이다. 또 우리가 어떤 실체를 인정한다는 것은 그것에 현실성을 부여함으로써 일정 정도의 정당성을 불가피하게 제공하는 일로 귀결되기도 한다.

사회적 삶에 대한 학문적 규명에 내포된 이런 정치적, 도덕적 파장에도 불구하고 본 연구는, 그렇게 주장하고 가정하는 '극복'과 '지양'이 바람직하지 않음을 미리 재단하고 이들 주장이 지닌 허위성을 검증하고 폭로하는 일로 나아가기보다는 이상과 열망, 사회규범으로서 존재하는 그러한 행위지향과 제도적, 문화적 습속의 존재와 효과성을 먼저 적극적으로 확인하고자 한다. 왜냐하면 우리 자신을 구성하는 지향은 그것이 부정적이건 후진적이건 간에 그 존재를 인정하고 실체를 이론적으로 구성하는 것이 중요하고 또 선결적이라고 생각하기 때문이다. 따라서 그러한 구호나 요청의 규범적 정당성을 평가하고 향후 바람직한 실천적 지향을 도출하는 일은 그 이후의 일로 미루어도 그리 늦지 않을 것이다.

본 연구는 그러한 극복과 지양이 '이루어질 것이라는' 혹은 '마땅히 그로써 사회적 노력을 지향하고 경주해야 한다는' 사고와 습속이 그 자체로서 규명할 가치가 충분한 문제영역이며, 그것이 오히려 한국인의 개인적, 사회적 삶에서 많은 모순과 다기한 양상을 가지런하게 이해할 수 있는 열쇠가 될 것이라는 기대에서 출발한다. 본 장은 그러한 극복과 지양, 그리고 집단을 향한 열망과 집착, 그에 밀접히 연결된 목표와 대상을 향한 집단(주의)적 추구 양상의 원천으로 간주할 수 있는 한국사회의 전통적인 사회문화적 유산과 그에 내재한 동학을 구성하는 특유한 구조적 문법과 논리를 탐색하고 요약한다.

여기서 요약하는 집단주의와 집단화의 양상은 4장부터 살펴볼 개항에서 산업화 시기(1880~1980)에 걸쳐 형성되고 정착되는 한국적 '우리'의 여러 차원, 주요 유형의 원형적 모습, 맹아로서 위치지을 수 있다. 하지만 본 장의 분석과 요약은 한국적 전통의 전체 모습과 성분에 대한 남김 없는(exhaustive) 고찰이라기보다는 그러한 원형과 맹아가 이후 한국적 현대화의 추진·추동과 갖는 관련성에 주목하여 이루어진, 그런 제한된 목적하에서 수행한 매우 선별적인(selective) 작업임을 미리 밝혀둔다. 여기서 잠시 이런 작업에서 미리 해명되어야 할 문제 상황을 먼저 짚고 넘어갈 필요가 있다.

2장의 논의에서 어느 정도 시사했듯이 비서구사회의 집단주의에 대한 기존의 학술 연구는 다른 문제점에 앞서 일반적으로 집단주의를 부정적이며 비정상적이거나 자연스럽지 못한 것으로 설정하고 논의를 진행하는 경향이 있다. 심지어 유교문명이나 동아시아의 '고유성'이라는 이름으로 그것을 방어할 때조차도 대부분 그러하다. 이것은 사회적 삶에 대한 서구의 방법론적 개인주의가 학문세계의 보편적 통화로 그대로 사용되어왔기 때문이다. 다만 앞서 살펴본 일본학계는 인류의 삶에서 관계적 인간의 불가피성과 중심성에 기초하여 논의를 진행했는데, 그것이 비록 완전한 해결책은 아니더라도 서구의 방법론적 개인주의에 정면으로 도전한 자신감이 인상적인 중요한 시도였다.

현대성과 현대화에 대한 서구중심주의적 이해는 바로 그러한 방법론적 개인주의의 고착과 뗄 수 없는 부분이다. 현대화 과정에 대한 개인주의적 이해로 등장하는 이러한 시각에서 집단주의는 최소한 부정적이지는 않을지라도 근대사회의 실재와는 조응하지 않고 궁극적으로는 사멸

할 것으로 사고되는 경향이 있다. 이것은 권위, 종교, 가족 등과 같은, 전통(傳統, tradition)이라 뭉뚱그려 부르는 것의 주요한 구성요소인 유구(悠久)한 인간적 제도에 대해 근대사회과학이 보이는 전형적인 태도와도 유사하다. 이러한 기본적인 시각은 자신의 전통과 체험적 현실을 후진적인 것으로 보도록 유도되었던 국내 사회과학의 집단주의 이해에도 깊은 영향을 미치는 것이었다.[102]

개인주의와 근대적 인간, 그리고 현대화가 서로 긴밀히 결부되어 자동적으로 상호 인과 관계에 놓인 것으로 상정된 이유는 단지 최초이자 유일하게 자생적인 서구의 현대화가 개인주의를 통해 진행되었다는 역사적 사실 때문만은 아니다. 그것은 전근대사회에서는 대부분 집단주의적인 사회적 삶의 방식이 공통적이라는 다소 보편적인 상황에 대한 인식이, 정지된 사회 속에서 일종의 '부품'으로 작동하는 집단주의적 인간에게서 근대적 의미의 역동적일 가능성을 발견하기는 힘들다는 논리적 기대와 결합했기 때문이다. 현대성과 현대화를 이해할 때 중심에 놓여 있는 서구적 근대 개인주의가 보여주는 진실은 바로 서유럽의 역사에서만 나타난 개인주의와 시장이라는 독특한 발전이 인류의 모든 전근대사회에 공통적인 집단주의, 즉 변화를 향한 사회적 역동성과 혁신을 향한 개인적 이니셔티브를 억제하는 그 집단주의의 의례와 규범, 제약을 뚫고 나올 수 있었다는 사실이다.

그렇다면 한국 현대화 과정에서 근대적인 역동적 인간, '변화 지향적 인

102. 본 연구의 원래 초고에는 개인적·사회적 역동성으로서의 현대화 과정 일반과 집단주의 특히 동아시아사회의 유교적 집단주의와의 관련성에 대한 기존 연구를 비판적으로 고찰하는 절이 3장의 1절로 배치되어 있었으나 최종적으로 빠지게 되었다. 이 문제를 현 지면에서 충분히 해명하고 넘어가야 마땅하다고 느낄 수도 있는 독자를 위해 빠진 부분은 이후 별개의 논술로 좀 더 명료하게 선보일 예정임을 알려드린다.

성(mobile personality)'[103]은 어떻게 출현하였을까? 특히 장구한 비서구문화라는, 그래서 정체(停滯)라는 관성(慣性)에 지배되어온 전근대 전통사회, 나름 일관된 통일 국가가 작용한 긴 역사를 가진 한 사회와 문명 속에서 어떻게 변화를 수용하는 것을 넘어 그토록 열렬히 추구하는 인성이 발달했을까? '아직도' 개인주의가 아니라면, 어떤 집단주의가 그것을, 혹은 집단주의의 어떤 특정한 작용방식이 그것을 가능하게 했을까?

우리는 이런 질문이 내포한 중차대한 함의들 때문에라도 더더욱, 변화를 지향할 생각이 없었지만 그럼에도 이후 변화를 향한 역동성의 원천이 된 전통사회의 유산, 즉 조선사회의 사상과 사회조직이 함의하는 역동적 '우리'의 문법에서부터 우리의 고찰을 시작한다. 이러한 고찰은 기존 연구와는 달리 조선의 사회질서와 조선인의 에토스 속에서 단지 가족주의적 질서나 단선적으로 이해된 집단주의, 즉 전체에의 복종과 조화 같은 공순성의 태도와는 다른 것을 부각시키는 작업이 될 것이다. 더불어 그럼에도 개항과 현대화의 기동과 관련하여 전근대 한국사회가 부딪힐 수밖에 없던 난항과 문제점, 그리고 그 잠재적 역동성의 핵심에 놓인 구심력과 원심력의 요소들을 본 장의 말미에서 요약·제시할 것이다.

우리가 반만년이라고 자부하는 한민족 역사의 길이도 가늠하기 힘들 정도로 장대한 것이지만, 조선왕조의 존속 또한 대한제국 시기까지 합쳐서 무려 518년(1392~1910)에 이르는 이례적으로 장구(長久)한 것이었다.

103. Lerner(1966[1958]), Inkeles and Smith(1974). 이들에 따르면 이 변화지향적 인성은 현대성, 현대화의 개인심리적 요건(psychological, individual modernity)이다. 이런 인성을 가능케 한 한국인의 좋은 삶의 목표와 특유한 꿈꾸기 방식에 관해서는 졸고(2018)를 참조할 것. 이 글은 본 연구를 마무리하는 중에 쓰여져서 서로 중복되는 진술과 인용이 일부 존재한다. 한국적 주체성의 구성요소 전체에 대한 필자의 견해를 보고자 하는 독자는 위의 글에서 보다 간명하게 제시된 요약적 유형을 참조하는 것이 좀 더 수월할 것이다.

이 하나의 정치공동체가 보여준 놀라운 지속성과 안정성은 전근대사회에 대한 편견 없는 연구자에게는 자주 경외의 대상이지만 현대화를 절대 목표로 내면화한 현대 한국인에게는 오랜 정체(停滯)와 고정성, 후진성의 끈질기고 고질적인 관성으로 간주되는 경우가 많다(그리고 이는 일제 식민지 지배가 의도적으로 주입한 사고방식이기도 하다). 이후의 여러 연구에서도 개항 이전 조선 사람은 개방적이거나 역동적이지 않은 것으로 묘사된다.[104]

그렇다면 한국 현대화 과정에서, 아니 개항기와 일제강점기부터 여실히 등장한 교육열, 상승을 향한 한국인의 노력과 근면함, 고도의 금욕주의, 경제개발과 선진화를 향한 집단적 노력의 줄기찬 경주는 어디에서 온 것일까? 어떻게 그처럼 오랫동안 변화에 무관심하던 사람들이 그토록 변화를 숭배하고 세계사적 시간에 뒤떨어질까 봐 전전긍긍하는 개인과 집단으로 급속히 변할 수 있었을까? 그렇게 변할 수 있는 사상적, 심리적 원천은 무엇이며 변화를 향한 노력이 취한 형식은 무엇을 제공하였을까? 이 질문에 대한 답을 조선의 성리학적 질서와 그 주역들이 가졌던 기본적 특징으로부터 출발하여 하나하나 찾아보자. 그리고 이러한 고찰에는 성리학적 질서를 체화한 조선 사회체제의 이념적이고 이상적인 측면에 대해 특별히 주목할 것이 요구된다.

104. 송재룡(2013), 박천홍(2008), 신복룡(2002).

1. 한국 집단주의의 원형적 형상: 조선 유교질서의 이념적 요소와 역동성

중세체제를 완성했던 동아시아 대부분의 국가에서 유학은 국가경영의 철학이라는 특징 때문에 정치적으로 중시되고 유일한 중심이념의 역할을 하였다. 하지만 현대 한국을 유교와 성리학적 질서의 종주국(宗主國)이라 자칭하게 할 만큼 유교화가 철저했던 한국의 중세, 조선은 유사한 유산을 보유한 일본과 중국에 비해서도 그 면모가 유별났다. 단적으로 일본이 도입한 유학은 강령적 충성윤리의 이데올로기 수준에 머물렀고, 중국은 유학을 가장 전폭적으로 받아들인 시기에도 일반 서민 사이에는 도교, 불교, 기타 교학이 널리 퍼져 있었다.[105]

상술하면, 한국의 조선시대에 상응하는 일본 에도(江戶, 1603~1868)시대의 유교화는 지배층의 절대적인 힘(무력)의 우위와 치밀한 사회 관리하에서 실제로는 유학이 충분히 이념화되지 않은 상태에서 상대적으로 주로 통치의 수단으로 강령화·단순화되는 양상이었다. 유학은 정치와 생활의 이념으로 장려되었음에도 지배층(부시[武士])의 입장을 우선하면서 왜곡한 것이 주요했다.[106] 요컨대 유교적인 "인정(仁政)의 이데올로기는 조선도 일본도 확실히 기능하였지만, 조선은 통치 원리 그 자체인 데 비해, 일본은 통치수단이었다는 측면이 강"했다.[107]

중국도 성리학을 통한 교설상의 종교화는 사회구조 속에 어느 정도 반영되지만, 기존 사회구조는 그러한 성리학적 교설로부터 상당한 자율

105. 김창현(2002). 필자는 한국과 일본의 전근대사회를 비교하고 그 비교적 면모가 양국의 현대화에 대해 갖는 의의를 정식화하는 기본 시각과 접근에서 이 책으로부터 많은 도움을 얻었다.

106. 김창현(2002: 55, 65, 81).

107. 조경달(2012: 32).

성을 가지고 존속하였다. 이 점이 다시 교설상의 영향을 미쳐 성리학 이전으로 돌아가는 반작용이 출현하고 기존 성리학은 새로운 가지를 쳐갔으며, 불교와 도교도 약화되었지만 꾸준히 유교와 공존하였다.[108] 그런 연유로 중국은 유교 유산의 영향이 매우 낮게 평가되고, 심지어 현대의 논자들은 그 유산이 후한(後漢)시대(75~220) 이후 끊겼다는 주장마저 제기하였다.[109] 결론적으로 유학을, 특히 성리학을 사회적으로 전면화, 종교화하고 상하를 불문하고 전 국민에게 일반화한 조선사회는 동아시아에서도 상당히 이례적이었다.

이렇게 진행된 조선 유교화의 전형적인 담지자인 사대부는 왕을 '도와' 인민에 대한 문치(文治)를 이룩하기 위해 인문 교양을 쌓은 관리와 그 후보 집단, 즉 문사(文士)계급인 '사류(士類)'였다. 조선왕조 초기에 개혁 이념을 철저히 실현하려 한 이들 신진사대부는 성리학이야말로 도학(道學)이요 정학(正學)이라 하였고 그 기초 위에서 정치개혁을 전개하였다.[110] 이들은 자신의 신원(身元)을 유교의 핵심 교리에서 도출하는 집단으로, 궁극적으로 그들의 신원을 사회 전체의 신원으로 정립하는 것이 목표였으며, 그들의 물질적 이익도 그 관념의 틀을 두고 추구되었다.[111] 이후 한국사회의 사회문화적 동학에 결정적이고 심원한 영향을 미친 것은 바로, 이처럼 중국과 일본의 사례와 비교할 때 두드러지는 조선 사류계급의 '진심으로 믿는 자(true believer)'[112]로서 심리적, 사회적 특질이다.

고려시대 이래 발전한 문관과 무관의 구분, 품계 서열 확립, 전국에 걸

108. 조혜인(1995: 246-7).
109. 장홍지에(2004: 17, 제2장).
110. 이창걸(1995: 43).
111. 조혜인(1995: 239).
112. Hoffer(1951).

친 중앙집권적인 기구들은 '양반관료제'로 특징지어지는 조선의 독특한 왕조체제가 그 '국가성(國家性, stateness)'을 제고하는 데 기여한 전통으로 작용하였다.[113] 하지만 조선사회 내에 단순한 관료집단 이상의 범사회적 문사계급이 창출된 데에는 과거제도의 도입이 결정적이었다.[114] 과거제도는 후천적으로 획득하는 유교적 소양을 측정하는 제도로 그로서 최종 선발되는 관료집단의 몇 배에 달하는 준비, 후보 집단을 창출하는데, 이들에게 유교는 단순히 지배의 이념, 즉 자신의 특권과 기득권을 정당화하는 이데올로기만은 아니었다. 아무리 위선적이고 허위적일지라도 그것은 행위의 도덕적 질과 일탈을 판정하고 가늠하는 기준점으로서의 '신념(conviction)'으로, 찰스 테일러가 말하는 '도덕적 정체성(moral identity)'[115] 또는 도덕적 이상의 성격을 띤다. 그것은 그 이념을 부과하는 계층조차도 늘 얽매일 수밖에 없는 일종의 '지배적 관념', 다시 말해 피지배층을 지배할 때조차 자신도 그 적용에서 예외일 수 없는 관념이다.[116] 현대 사회학 용어로 이를 긍정적으로 조명한다면, 그것은 지배층과 피지배층이 공유하는 '사회통제의 규범(social norms)'에 상응한다.

여기서 유의할 점은 유교와 유학이 그처럼 매우 다양한 지류(支流)와 오랜 시간에 걸쳐 등장한 변형태[117] 속에서도 본래 국가주의적(statist) 이념이 아니었다는 것이다. 이는 유교의 도입이 동아시아, 동남아시아 사회에 전근대사회로서는 상대적으로 높은 정도의 관료화와 국가성의 제

113. 이창걸(1995). 다른 이들(Cumings, 1997; Henderson, 1968)은 조선의 체제를 '과두적 관료제(oligarchic bureaucracy)'로 정의하기도 한다.
114. 조혜인(1995: 240).
115. Taylor(1989).
116. 조혜인(1995: 238).
117. 유학은 그 지성사가 조선왕조 창립 이전에 이미 1,000년을 넘었으니 당연히 수많은 지류와 다양한 해석이 존재한다.

고를 야기했고 또한 그 도입의 일차적 정치적 목적이 그러했음에도 여전히 그러하다. 공자 시대의 원시유교 이래 오랫동안 유교는 종교라기보다는 주로 인간관계, 특히 정치적 인간관계에 대한 지침의 역할만을 수행하였고, 성리학이 되기 이전 유교는 '경세(經世)'가 중심인, 그것만이 관심인 일종의 정치철학이었다.[118] 유교는 "권위주의적 전체주의 내지 집단주의에 대해서는 선진시대 이래로 그 어떤 학파보다 비판적이었고… 전체주의적 혹은 집단주의적 권위주의에 의해 결코 환영받지 못했[으며]… 늘 낭만적인 개인주의와 현실적인 전체주의 사이의 어중간한 곳에 자리 잡아왔"던 사상이고 삶의 스타일이었다.[119] 따라서 유교사상의 핵심은 사실 단선적으로 이해된 '집단주의'나 '권위주의' 등과 같은 현대적인 용어로는 잘 잡히지 않는 것으로 그것을 자체의 독자 논리를 가진 내면적이고 사회적인 태도와 관계로 이해할 때 그 사회적 함의를 정확히 포착할 수 있다.

여기서 주목할 것은 유교가 두 개의 대치전선, 즉 자기격리적이고 사사화된 유토피아를 지향하는 도가(道家)의 전통뿐 아니라 권력지향적이고 지배지향적인 '패도(覇道)', 무력(武力)의 정치에 대해서도 반발하는 입장이라는 점이다. 그것은 "한쪽으로는 인륜적 질서를 초탈 내지 해체하는 노장(老莊)적 개인주의라는 극단을 비판하고, 다른 한쪽으로는 오로지 자신의 생존과 타자의 지배만을 노리는 법가(法家)적 전제(專制)주의라는 극단을 비판하는 가운데" 성장하였다.[120] 특히 후자의 측면은 유학의 내부 지류들 중 왕도주의(王道主義)를 강조하는 맹자사상의 분파가

118. 조혜인(1995), 최진덕(2000).
119. 최진덕(1997: 54).
120. 같은 곳.

성리학을 통해 정통화되면서 더욱 진전되었다.[121] 신유학(新儒學)인 성리학(性理學)은 유교사상의 이런 반(反)국가적 성격을 극적으로 한층 강화하고 종교성까지 부여함으로써 스스로를 현대 사회학 용어로 '시민종교(civil religion)'[122]와 유사한 어떤 것으로 체계화하였다.

사실 위의 두 개의 대치전선 중 앞의 것, 즉 도가 전통에 대립되는 유교의 특징적 태도는 '현세적 참여주의'[123]로 개념화할 수 있으며 좀 더 상세히 볼 필요가 있다. 물론 조선 사대부 문화 속에는 참여를 지향하는 태도와는 상반되는 몇몇 주요한 양상, 이를테면 당시 그들의 유토피아를 형상화한 「몽유도원도(夢遊桃園圖)」나 국문과 한문으로 씌인 다양한 설화에서 드러나는 소박한 이상향과 도교적인 낙원에 대한 동경과 찬미를 발견할 수 있다.[124] 비(非)참여와 격리를 이상화하는 안빈낙도(安貧樂道) 이념의 표현인 이러한 모습은 그럼에도 유교의 다른 요소와의 관련 속에서 해석해야 하는데 이때 그것은 단순히 현세적인 삶에서의 탈출이나 사사화된 도락의 추구와는 좀 다른 것으로 드러난다.

유교의 중심적인 면모를 '좋은 삶', 즉 윤리적인 삶과 그 사회적 실현을 위한 이상이라는 측면에서 조망할 때, 그 좋은 삶이 표방하는 목적인 '수신(修身)'이 갖는 의미는 대단히 각별하다. 유교적 수신은 '거경궁리(居敬窮理)'의 수양으로 달성되는데, 이 방법은 본래 불교의 좌선을 통한 해탈 추구라는 수행방식을 본떠 유학이 신유학, 즉 성리학으로 전환

121. 최진덕(2000), 김형효(2000), 김석근(2000). 사실 주희에 의한 맹자적 지류의 정통화 상황을 제외한다면 장기적인 시각에서 볼 때 법가와 유가는 기본적인 대립 구도에도 불구하고 그렇게 서로 절대적으로 대립하는 이념으로서만 존재하지는 않았다.

122. Bellah(1975).

123. 이 표현은 거칠게나마 'this-worldly engagementism'이라는 영어 개념으로 정식화할 수도 있다.

124. 서신혜(2010).

되고 체계화되면서 도입한 것이다. 하지만 사물의 이치를 캐는 성리학적 수양은 그것이 아무리 엄숙하고 경건주의적인 외관을 가졌더라도 불교처럼 자신과 세계를 초탈하는 것이 아닌 자신과 세계를 바로잡는다는, 즉 경세의 의무에 궁극적으로 지향된 것이었다.[125]

어린 시절부터 유학 경전을 암송하면서 내면화하고 체화한 사대부는 이 경세의 의무와 그에 지향된 유자(儒者) 특유의 정체성, 사류의 신원으로부터 한시도 자유로울 수 없었고, 설령 권력에서 완전히 이탈해 아웃사이더로 살아가거나 은둔생활을 즐길 때라도 유자로서의 책임감을 놓을 수 없었다. 바로 이로부터 본명을 숨긴 소설이나 시 등을 통해서라도 농민의 어려운 생활을 걱정하고 지배권력에 대한 비판적인 시선을 유지하는 유자에 특유한 자기정체성의 도덕적 핵심이 출현한다.[126] 이 때문에 이들은 세상의 중심에서 떠나 있고 아무도 보고 있지 않을 때조차도 자신에게 속한 것의 절대적 소유, 즉 사유화(私有化)의 테두리 내에서 마음껏 사적인 쾌락과 유희에 심취하기보다는 여전히 청렴한 생활과 학문 수양, 그리고 가장 자연스러운 도덕과 심기를 유지하고 도야하는 모범을 유지하려고 노력하였다. 이는 최소한 이념과 지향의 측면에서는 절대적이었고, 그런 이유로 그들이 꿈꾼 이상향은 화려하고 으리으리한 어떤 것이 아닌 소박하고 초라한 금욕주의적 기조를 유지했다.

여기서 상술한 유교적 수양이 겨냥하는 자기 자신의 도덕적 완성이 집단주의적 계기뿐 아니라 그와 동시에 개인(주의)적 계기, 심지어는 반(反)가족주의적인 계기마저도 내포한다는 점에 주목할 필요가 있다. '이상적 완성주의'라고 부를 만한 이러한 도덕적 추구에서 나와 세상의 유의미한 관계는 나름의 사회적 합리성, 즉 하늘과 자연의 도리(道理)에 바탕

125. 조혜인(1995: 243).
126. 김창현(2002: 73-4, 76).

을 둔 것으로 사념되는 올바른 도덕적·윤리적 순정성의 탁마(琢磨)에 의존한다. 따라서 어린 시절부터 서당에 가서 학문을 배우고 익히는 것은 세속적 세계와 관련하여(많은 경우 그에 대항하여) 더 옳은 것을 추구하는 이상주의적 지향과 연동될 수밖에 없다.

이와 유사하게 그에 내포된 반가족주의적 계기 또한 선비로서 세상, 즉 '나라'나 현대적 의미의 '사회'라는 더 큰 전체에 대한 도리, 다시 말하면 '의리(義理)'를 놓는 인생은 가치가 없다는 믿음에서 볼 수 있다. 유교는 그것이 고도의 가족주의적인 모습으로 드러날 때조차도 그 핵심은 적나라하고 실용적이며 원초적인 혈육애를 추구한다기보다는 최소한 원리와 이상, 이념의 차원에서는 세상이 '마땅히 그래야만 하는' 당위적인 모습을 추구하는 데 있다. 부모 공경, 형제 우애에 바탕한 윤리질서에 대한 헌신은 바로 그러한 모습의 정수(精髓)로서 추구되고 그에 이념적으로 동기화된 것으로 볼 수 있다.

이런 맥락을 고려할 때에만 우리는 똑같은 책을 만 번 이상 되풀이하여 읽는 매일매일의 일상을 영위하면서도 결코 자신의 삶이 가지는 의의와 의미에 대한 회의(懷疑)가 없던 조선사회의 이들 '독서인(讀書人)'의 생활과 자세(단지 명문 문벌의 성원에만 해당하는 것이 아닌)를 이해할 수 있다.[127] 상상하기도 쉽지 않은 이런 이상주의적 나르시시즘(narcissism)은 어릴 때부터 반복되어 내면화된 유교적 수행을 통해 자리 잡은 독서인으로서의 자신의 삶이 가진 세계내적 맥락과 의의에 대한 고도

127. 정민(2004)이 소개하는 조선시대 선비 김득신(金得臣, 1604~1684)은 자신의 『독수기(讀數記)』에 유학의 주요 경전 중 오직 만 번 이상 읽은 것만을 기록하였는데, 그것이 총 36편이나 되었고, 그중 「백이전(伯夷傳)」은 무려 11만 3천 번이나 읽었다고 한다(같은 책, 51-56). 그리고 여기서 '읽는다'는 것은 눈으로만 읽는, 근대적인 침묵의 독서가 아닌 소리 내어 읽는 낭독(朗讀)을 의미한다는 점에서 경이를 넘어 경악을 자아낸다.

의 확신을 고려하지 않는다면 결코 납득할 수 없다. 이런 '심리적 우주(psychological cosmos)'가 바로 일제강점에 직면하여 많은 조선인을 비분강개와 자결로 이끌던 바로 그 '의리'의 원천이었다.

한편 유자(儒者), 사류(士類)의 정체성에 내포된 이러한 참여주의와 이상주의의 심리적, 사회적 압력은 상민(常民)과 일반 백성에게도 다른 형태로 재생되는 것이었다. 유교에서 가장 바람직한 삶으로 표방하는 학문도야(陶冶)를 통한 인격수양, 거경궁리를 통한 정신적 도야는 원칙상 모든 사람이 추구하여야 하는 생의 목표이다. 이러한 목표에서 최소한의 물질적 욕구 충족은 정신도야 이전에 우선 생존해야 하는 만큼(만) 필요한 것으로, 그 이상의 '과도한' 물질추구는 인격수양에 해가 되기 때문에 제한되는데 이것이 바로 청빈(淸貧)의 이념이다.[128] 이러한 청빈을 지향하는 사류를 지원하는 것에 머무르는 물질적 생산을 상정하는 유교적 경제규범과 사회윤리에는 근대자본주의적인 잉여생산과 확대생산에 대한 원리적 저항이 자연스럽게 내재하지만 동시에 생산을 향한 심리적, 도덕적 에너지 또한 잠재해 있었다. 조선 성리학은 물질적 요구를 억압한 만큼 검소한 생활자세와 근면 또한 강조하였는데 그것이 학문도야든 농사든 열심히 '일'할 것을 강조하고 그러한 근검한 생활 자세를 당연한 가치로 사람들에게 내면화시켰다. 이같이 축적되고 잠재된 '위치에너지'[129]가 그 방향을 바꾸어 생산과 후생(厚生), 실리(實利) 등의 목표로 정향(定向)되었을 때 이후 한국의 현대화를 이끈 대중적 추진력의 주요한 정신적, 이념적 요소로 작용했을 것이라는 추정은 충분한 개연성이 있다.

다른 한편, 유교에 내재한 참여주의는 대단히 현세주의이고 세속화된

128. 조혜인(1995: 250-51).
129. 조혜인(1995: 253).

지향을 핵심으로 하지만, 그러면서도 공동체적 이상이나 공동체적 사회의 실현이라는 반(反)세속화, 특히 집단의 성화(聖化)와 집단을 통한 자기 성화의 계기 또한 그에 못지않게 주요한 성분으로 간직하고 있다. 이는 앞서 2장 2절 (2)에서 '일반화된 타자와의 관련을 염두에 둔 집단주의'로 분류한 것과 깊은 관련이 있는데 규범으로서의 '사회적(societal)' 집단주의라고 정의할 수 있다. 그것은 '좋은 삶'은 사회 속에서, 남과 함께, 집단 속에서 실현된다는 신념으로, 정의상 타자를 완전히 배제한 독점적이고 격리된 공간과 그 자유를 의미하는 서구 개인주의의 '사적인 것(the private)'을 지향하는 것과는 극적으로 대비되는 태도이자 사고방식이다.

서구적 전통의 시각에서 볼 때 대단히 반(反)사적인 신념, 이념인 이러한 지향은 단지 식자나 지적, 문화적 엘리트라 불리는 계층에만, 그리고 나아가 이 시대에만 특유한 것은 아니다. 뒤의 5장 4절에서 다시 보겠지만, 이로부터 몇백 년을 훌쩍 경과한 뒤에 훨씬 다른 삶을 영위할 것으로 짐작되는 1980년대 한국의 생산직 노동자에게도 이런 태도의 골자와 편린은 의연하게 남아 있다. 현세적 참여주의와 깊이 관련된 이러한 요소는 정치적 삶에 대한 특징적인 태도와 정치문화로도 이어진다.

앞서 언급했듯이 하나의 사상은 신념, 지배관념의 성격뿐 아니라 이데올로기적 성격을 띠며 동아시아 제국(諸國)의 지배계급이 유학을 다투어 도입한 이유는 후자의 측면이 강하게 작용했다고 볼 수 있다. 그것을 이데올로기로 만드는 핵심은 요순우탕(堯舜禹湯)을 중심으로 하는 고대 성군(聖君)의 신화로서 이것은 언제나 현재 군주를 칭송하는 일에 거듭 사용되어왔다.[130] 하지만 유학의 기본 이념은 단지 왕에 대한 찬미나 정

130. 김창현(2002: 26).

치권력 추구에 대한 정당화 이상의 것을 항상 노정하였다.

유학의 이념은 상술한 바처럼 기본적으로 정치적인 것을 지향(즉, '경세')하는 것이 핵심인데, 그 중심에는 '왕도(王道)정치'의 이념과 지배층의 선정(善政)이라는 기본책무를 두고 왕과 사대부가 견제하고 협력하면서 권력투쟁을 벌이는 것이 놓여 있다.[131] 조선이라는 새로운 사회의 건축가(architect)이자 건국공신 정도전(1342~1398)은 실제 정치에서 왕은 상징적인 존재로 머물러야 한다고 생각했다. 조선의 지배체제를 보면 왕권은 신권(臣權)의 제도적 견제, 그리고 양반사대부의 토지귀족으로서의 사회경제적 토대, 유교적 이상적인 질서가 부과하는 사회규범적 차원, 이 모든 것에서 유래하는 무수한 제약하에 놓여 있었다. 사대부는 관직에 있으면 공식절차로 그렇지 않으면 상소를 올려 임금에게 문제점을 지적하고 이견을 개진하였으며, 심지어 성균관 학생들도 집단행동으로 임금과 대신을 압박하였다. 또 사관(史官)은 임금의 일거수일투족을 기록하였는데 임금 자신도 내용을 볼 수 없었다.[132] 이처럼 조선의 임금은 다양한 신권의 견제장치로 둘러싸여 있기 때문에 뜻대로 할 수 있는 일이 생각만큼 많지 않았다.

왕권과 신권의 내재적 긴장관계가 주조(主調)인 이러한 체제는 서양정치사상의 용어로 매우 강한 반(反)'전제주의(despotism)'를 기조로 갖는(이념)귀족들의 집합적 통제와 견제의 체제라고 말할 수 있다. 이것이 바로 원시유학의 여러 사상적 변형태 중 가장 이념(주의)적이고 윤리 지향

131. 김창현(2002: 107).

132. 김창현(2002: 66), 이창걸(1995: 50). 정원이 200명을 넘지 않은 성균관 유생의 규모는 근대사회인 선진 서구사회 대학생의 인구비중이나 이보다 훨씬 많은 수였던 1970, 80년대 한국의 대학생 수에 비할 바 아니다. 하지만 성균관의 정치개입 '전통'과 1970, 80년대 학생운동의 전통 간의 상응 관계를 떠올리게 되는 것은 어쩔 수 없다. 최봉영(1994b)과 헨더슨(Henderson, 1968: 317-8) 또한 이에 주목하였다.

적인 계보인 맹자와 주희로 이어지는 성리학적 정통주의를 철저히 실현하려는 조선 왕도정치의 모습이다. 이것은 전제적 색채를 짙게 띤 전통 중국 정치체제뿐 아니라 일본 에도시대 봉건제 무사계급의 집단지배체제와도 확연히 대비되는 것이다.

이런 이유로 조선의 유학은 하나의 단순한 지배이데올로기 이전에 일차적으로 경세의 정치철학과 사회윤리의 종합적 이념·문화체계로 작동하였고, 조선 사대부는 극히 일부를 제외한다면 모두 유학자로서 국가경영의 이념을 보유하고 원칙적으로 정치에 참여하고 싶어하며 그것을 의무로 지향하였다.[133] 그리고 이렇듯 강한 '정치주의'는 절대왕정과 왕권에 대한 신봉과 충의, 국가주의와 동일시할 수 있는 것은 아니었다. 단순한 국가주의와 구별되는 내적 논리와 구조를 가진 이 지향은 수련과 학습으로 연마한 이상과 이념의 세계내적 실현을 국가와 정치권력이라는 일극에의 접근과 사용에 의해 달성하고 동시에 자신의 삶 또한 실현하려는 것으로 요약할 수 있다.

여기서 다시 한번 상기할 것은 이러한 지향에서 단순히 권력 자체를 지향하는 것, 즉 패도에의 몰입은 최소한 외면적 규범과 이상으로서는 배척되었다는 점이다. 이러한 이념적 맥락에서 유학의 성인인 요순(堯舜) 마저도 만고의 죄인으로 간주할 수 있는 자세, 성인의 성스러움보다 정의의 가치가 앞선다는 인식, 그리고 유학이념을 파괴한 무리가 여전히 유학이념을 빙자하여 권력을 정당화하는 불합리한 현실을 비판하는 모습은 결코 드문 것이 아니었다.[134] 이는 모두 유학이념 안에서 유학 이데

133. 김창현(2002: 64-65, 152). 이러한 전통은 근대화하는 주변부 사회의 '인텔리겐치아(intelligentsia)' 현상 이전의 것으로, 그 현상의 한 사례로 분류하더라도 여전히 이질적이다. 이런 지식인의 유형과 인텔리겐치아 등 다른 유형과의 차이에 관해서는 5장 2절의 (1) 참조.

134. 김창현(2002: 72-3).

올로기를 비판하는 '정면대결'의 성격을 띠는 것으로 이것이 바로 조선 성리학이 가졌던 이념적 역동성이다.

이러한 '이상적' 측면이 단순히 이념적 잠재성에만 머무른 것은 아니었다는 점을 주목해야 한다. 양반 수가 자연증가와 탈법으로 증가하고 양반 계층의 규모 또한 관료집단과 그 잠재적 후보군인 유력가문의 집합을 훨씬 상회하게 된 조선후기 상황에서, 몰락한 수많은 양반과 유생(儒生), 유자 들을 지탱하던 이상은 바로 이것이었다. 다음 제4장에서 보게 될 조선후기와 개항기의 민란 속에서 향반(鄕班), 잔반(殘班) 등이 주도적인 역할을 할 수 있었던 까닭은 이들이 그러한 이상을 갖고 향촌사회에서 구축한 위신과 권위적인(authoritative) 지위 덕분이다. 이들 상당수는 근로인민의 억압적 일상과 원망(願望)에 공명하면서 후자의 정치적 저항과 문제제기의 대변자로 행동하였다.

이처럼 '선비'로 대변되는 이상적 인간상, 이상적 개인은 패도의 차원에 속하는 '권력(權力)'이 아닌 '권위(權威)'를 추구하는 인간의 모습이며 이것은 한국인의 대중 의식에서 독특한 울림과 호소력이 있다. 그것은 세계의 보편적 질서와 합리성을 추구하고, 자신을 둘러싼 전체와 관련된 도덕적 자아(moral self)를 확보하려는 모습으로 흡사 윤리적 '사회'주의라고 할 만한 것을 체화한 인간을 대변한다. 이러한 원형은 이후에 민족, 사회, 도리, 의리와 같은 집단(주의)적 대의명분의 담지자, 주창자로 반복하여 등장하는데, 이러한 특징적 면모는 '사회적(societal) 권위주의'라는 개념으로 요약할 수 있다.

이러한 전통적 양상이 한국 집단주의의 이후 향배와 관련하여 갖는 중요한 구조적 함의는 다음과 같다. 그것은 권력을 정당화하고 뒷받침하는 담론적이며 문화적 차원이 현세적이고 실용적인 성격이 강하며, 그에 따라 사회적 조직화와 정치공동체 구축으로 전용되는 사회적 권위가 그 정당화의 기반에서 초월적 성격이 약하다는 점이다. 그러한 구조가 불러오는 결과는 이중적인데 권위가 비판에 고도로 취약해짐과 동시에 그에 대해 과대화된 역할이 부여되는 역설적 양상이다. 이로부터 바로, 유학 이념을 철저하게 실현한 정치적·사회적 질서가 가진 정치(혹은 국가)권력으로서의 취약성과 동시에 그것이 불러오는 정치생활의 역동성과 불안정성이 출현하게 된다. 여기서 도덕적 권위는 정치의 주요 무기로 정치적 삶의 중심 주제로 등장하여 세속화된 현실에 대항한 재성화(再聖化)와 반세속화(反世俗化) 운동의 주기적 출현을 위한 상시적 원천으로 작용한다.

한편 이러한 역동성과 분리할 수 없고 어느 정도는 그 불가피한 산물인 유교 이상의 또 다른 결과물이 바로 이념주의적 특성이다. 앞서 언급했다시피 조선의 정치엘리트는 현실적 이익 다툼과 세력 도모를 하는 존재이기 이전에 그 자신이 학문의 도야와 인격 수양, 경세를 자신의 직분으로 수행하는 '사류'의 일원, 즉 자신의 군주와 민중을 '예(禮)'로 표현하는 엄격한 생활방식으로 인도해야 하는 '양치기'이다. 여기서 왕은 왕도주의를 주창한 맹자의 가르침에 따라 패권을 추구하기 이전에 백성을 예로 양육해야 하는 일종의 어버이 사제로 자리매김한다.[135] 이처럼 '사람됨'의 기본원리와 예의준칙에 입각하여 정치적인 삶까지도 윤리적으로 합리화하려 하였으며 이와 같은 사회공동체 개념에 입각한 윤리적 통제를 전면화하려던 지향은 조광조(趙光祖, 1482~1519)가 주창한 '지치주의(至治主義)'와 그 실천에서 순수형을 발견할 수 있다.

이로부터 등장하는 이상과 이념을 현실에 적용하는 방식은 이념적으로 모순이 없는 정연한 논리를 바탕으로 이루어지는 비판과 반비판을

135. 조혜인(1995: 246).

통해 이상을 현실화해야 한다는 것이다.[136] 이것이 바로 조선시대의 토론문화요 논증과 주장의 문화인 동시에 같은 맥락에서 설득의 근거가 제시되는 규칙이었다. 여기서 이러한 '담화절차'가 반드시 더 이성적인, 특히나 '근대적인' 의미에서 '이성적인' 것은 아니라는 점에 유의해야 한다. 근대 이성의 요체는 단순히 논리의 정합성과 자기완결성에 있다기보다는 경험적 측면의 사고 내 과정으로의 통합, 즉 자기 외부의 대상이 가진 내재적 논리를 인식한다는 의미에서의 합리적(合理的) 판단에 있기 때문이다.[137]

조선의 공론장을 비롯해 현대 한국사회에 이르기까지 자주 운위되는 명분과 공리공론, 이상주의의 정치문화는 이러한 논증과 이념 문화의 산물로 그것은 불가피하게 순정화(純正化), 순결화(純潔化), 정통성(正統性) 관련 논란에 지배되기 마련이다. 이러한 성향과 태도를 정통주의적 이념주의(orthodoxical ideologism) 혹은 이념적 권위주의라고 부를 수 있는데, 그것은 조선이라는 국가 정치체의 내적 작동뿐 아니라 그 대외적 대응능력 또한 내내 무력하게 만든 질곡으로 작용하였다는 점에서 심각한 문제였다.

유학은 본래 타 종교를 배척하지 않지만 성리학의 정통화 이후 다른 종교적, 이념적 전통을 사악한 것으로 규정하여 배척하고 공존하지 않으려는 자세, 즉 중세 기독교와 이슬람주의에서 볼 수 있는 정통주의적 요소를 점차 확연히 강화하였다. 이러한 정통주의를 내세운 성리학은 다른 경향을 이단으로 철저하게 억압하거나 '사문난적(斯文亂賊)'으로 몰아 처형하였는데, 일례로 율곡 이이가 젊었을 때 불교에 대해 보인 호기

136. 김창현(2002).

137. 이런 의미에서 그 중세적 개념과 대비되는 이성의 근대적 개념의 본질은 존재론적이라기보다는 인식론적이며, 실체적이라기보다는 방법론적인 데에 있다.

심을 두고 정적들은 계속해서 '사교(邪教)에 몸을 더럽힌 자'로 문제 삼았다. 또 중국에서 양명학과 고증학이 나타난 이후에는 그러한 '이단'이 섞인 중국 유학에 대한 우월감을 구축하면서 자신을 '소중화(小中華)'로 표상하였으며, 이는 성균관 문묘의 성현 계보가 중국 송대(宋代) 주자에게서 끊기고 그 적통이 조선 성리학자로 이어졌다는 자부심으로도 이어졌다.[138]

현대 한국사회에서도 이러한 정통주의는 특히 지적 장과 종교의 영역에서 아직도 그 모습을 볼 수 있다. 그 변형태인 '원전(原典)주의',[139] '순혈(純血)주의'는 이후에 보게 될 우리 의식의 유형 중 '앞서 나가는, 보편과 미래를 실행하는 우리'와 '윤리적 권위로서의 우리'에 에너지를 공급하는 경우가 빈번한데, 아이러니하게도 그것은 '분파와 파벌로서의 우리'로의 이합집산을 위한 명분으로 드물지 않게 활용되었다. 다음에서 우리는 이제 전통사회의 유산에서 보다 실제적이고 사회적인 측면을 고찰한다.

138. 조혜인(1995: 248-49).

139. 1980년대 한국 대학사회에서 혁명주의 학습을 경험한 사람이라면 당시 비판적 사회과학과 지적 장에서 마르크스와 레닌의 '원전'이 모든 담론과 토론에서 얼마나 막대한 권위가 있었고 '훈고학적 독해'의 대상이었는지를 기억할 것이다.

2. 조선사회의 사회동학과 한국적 '우리'의 원형적 유형들

(1) 관념/이익 단일체의 기본 동학과 사회적 얼개

최봉영은 '나'와 '우리'의 연계적 성격을 한국인 특유의 사고방식으로 정식화하고 이를 다시, 아는 사람이나 연고가 있는 사람이 출세하면 그 덕을 보는 것을 당연하게 생각하는 '우리'의 테두리 형성과 그 작용에 대한 습관적 사고방식으로, 그리고 그러한 현상의 동전의 뒷면으로서 그에 대응하는 '우리'의 '내부단속'의 심화라는 이중적 효과로 제시하였다.[140] 여기서 볼 수 있는 것은 사회와 개인, 집단과 개인 간의 관계를 관념(가치지향, 생활양식[life-style] 등을 포함하는)의 공동체이자 이익의 공동체로 보려 하고 또 그러한 실체를 대변하는 '우리'를 말하고 사고하며 실천하는 것이 한국인에게 특징적이라는 점이다. 한국사회의 삶에서 특징적인 '우리' 공동체 관념은 이런 맥락에서 '관념/이익 단일체' 개념으로 약술할 수 있다.

그 나름의 자율적인 작동 양상을 가진 이 관념/이익 단일체는 그 실체를 정의하는 도덕적 권위와 이념에 의존하는데, 앞서 보았듯 조선사회에서는 그 중심이 되는 유교적 이념과 질서를 하나의 통체적 이념으로 사고하는 것이 명시적이고 두드러진다. 이러한 공동체 관념과 이념은 균질적이고 총체적인 '우리'의 테두리를 강력하고도 심원하게 구조화하여 공동체의 위기상황에서 최소한의 공통분모에 입각한 일사불란한 동원과 열렬한 헌신을 가능케 하는 통합력을 발휘한다. 그것은 그 내부에 다양한 이질적 요소를 소화하고 포용하기에는 서투르지만, 그에 내재한

140. 최봉영(1994a: 199-218).

이상주의적이고 도덕주의적인 드라이브 덕분에 최소 공통성을 통한 결집 시에는 강한 구심력을 발휘하는 것이다.

조선왕조 전체 시기를 관통해 자주 등장하는 의병(義兵)의 존재는 이러한 구심력의 좋은 예이다. 여기에는 먼저 경세와 우국(憂國)이라는 유별난 자부심과 의무감을 내면화한 지배계층인 사류/사대부가 가진 최소한 이념적인 차원에서의 의식이 중요한 요소이다. 이에 덧붙여 두 번째로 들 수 있는 결정적인 측면은 조선 인민이 오랫동안 통일국가에서 살아오고 외세의 침입을 방어하면서 문화적 동질성을 심화시켜왔고, 그 과정에서 개인보다 '나라'가 앞선다는, 다시 말해 국가 운명의 향배에 모두 참여하고 관심을 가져야 한다는 윤리적 요청을 내면화했다는 점이다. 하층 계층으로 차별을 받은 천민과 승려를 비롯한 다양한 신분 출신의 의병지도자와 자원병의 구성을 통해 볼 수 있듯이 조선 인민은 무엇보다 자신을 위해서라도 나라를 지켜야 한다는 '자구(自救)의식'을 보여주었다. 국가가 위기에 봉착할 때 실제로는 무책임하던 지배층과 관료(이들과 사류 전체, 즉 '유자[儒者]'를 어느 정도 구분할 필요가 있다)를 대신하여 등장한 이러한 모습은 이후의 역사에서 보듯 일종의 전통으로 볼 수 있을 만큼 반복적으로 등장하였다.

물론 조선은 신분차별의 사회였기 때문에 그 속에서 어떤 근대적 국민(nation) 의식의 발생을 논하는 것은 시대착오적이다.[141] 하지만 이렇듯 방어적이나마 수호해야 할 정치공동체(political community)에 대한 강한 소속감과 정체성, 운명공동체로서의 '나라'에 대한 조선 인민의 애착은 다른 전근대사회와 비교한다면 상당히 강하다고 볼 수 있다. 동아시아 사회 일반의 다소 특징적인 이런 면모는 그것이 국민국가를 명시적으로

141. 임지현(1999).

소망하고 요청하기 전인 시점에 등장했다는 의미에서 '원초적, 전기(前期)적 국민주의(proto-nationalism)' 의식으로 불리곤 한다.[142]

하지만 관념/이익 단일체의 작용은 여기에 국한되지 않으며 방금 본 면모는 전체의 이익과 안위가 의문의 여지없이 단일한 방식으로 위기에 처했을 때의 이야기이다. 만약 이 공동체를 정의하는 권위적 실체의 제어가 느슨해지거나 지도이념으로서의 관념이 지나치게 협소화, 관념화, 정통화, 교리화되면 그것은 역설적으로 이익공동체로서의 '우리'를 두드러지게 하고, 권력과 패권을 향한 파벌주의적이고 분열적인 장치로 전환되는 경로로 나아가게 된다. 통체적 이념에 기반한 조선사회는 어떤 면에서는 불가피하고 필연적으로 이러한 전환과정을 밟아갔으며, 이때 그것이 주창한 이념의 총체적 이상주의는 무원칙한 이익추구의 파벌주의로 전환되어갔는데, 이런 모습은 그 이전의 한국적 전통 그리고 그 뒤의 개항 이래 집단화의 역사적 양상에서 보듯 그리 드물지 않았다.

성리학의 이상을 실현할 청빈한 농본(農本)사회를 향한 조선전기의 야심 찬 지향은 왕권과 신권의 균형에 기반한 왕도정치가 현실 속에서 그 반대로 전화되어감으로써 후기로 갈수록 시들해졌다. 이는 세속적인 것을 탈세속화하려는 모순적인 기도를 내포한 성리학의 정치원리와 사회질서 이념의 내재적인 한계에서 원인을 찾을 수 있다. 유학은 원시농업시대에 출현한 사회사상으로, 그 '청빈'의 이념이 가진 경제(학)적 비현실성과 관념성에서도 드러나는 바처럼 힘과 집단화에 기반한 현실정치의 발호라는 세속의 힘을 제어할 수 없기 때문에 국가이념으로서는 지나치게 도덕철학적이고 비현실적이다. 앞서 언급한 그 이상의 근본주의적 추구인 지치주의(至治主義)가 정치사회를 장악한 순간 세속 영역 일반은

142. 조경달(1998, 2002), 마루야마 마사오(1995[1952]).

그 현실성을 크게 상실하고 관념화되어 관념에 의한 세속의 왜곡은 극에 달하면서 관념으로부터 일탈, 아니 그 대립물로 전화하게 된다. 조선 중기 이후의 정치는 붕당정치를 지나 아예 세력정치를 대놓고 추구하는 서인(西人)의 일당독재, 그리고 그다음에는 서인이 주류가 된 노론(老論)의 일당독재를 지나 급기야는 노론 가운데 몇몇 벌열(閥閱)가문의 세도정치로 전화하게 된다.[143]

여기서 보듯, 위기가 아닐 때에 관념/이익 단일체가 만들어내는 '우리' 테두리의 견고함은 내부의 개별화 동력이 스스로를 포장하는 형식의 견고함만을 의미할 뿐 근본적으로 후자의 열망을 제어하거나 처리(process)할 사회규범의 원천으로 작용할 수 없었다. 일종의 정치·사회사상으로서 그것이 가진 빈곤함과 비현실성은 한국적 집단화, 그리고 동시에 개별화의 원형적인 모습에 내재한 폭발력과 불안정함을 노정한 것이었다.

한편 세도정치로 진화했을 때 나타나는 사회적 특권과 권력의 유동화/독과점화 현상은 사회적 부면에서도 가속화하였다. 모든 사람이 인격수양을 지향하고 전념해야 한다는 가장 추상적인 수준에서 성리학이 가진 유사 평등주의적 목표에는 비생산적 활동에 대한 지원체계가 필요했다. 다시 말해 그러한 사회적 목표는 그것이 수반하는 불가피한 사회분업적 필요성에 따라 현실적으로 제약이 따르게 마련이었다. 그 결과 유교 이상의 사회적 실현과 조직화는 대부분 전근대사회에서 그러하듯이 신분제를 통해서 비로소 실제화되었고, 결과적으로 이중적인 윤리로 구체화되었다. 여기서 가장 주요한 사회적 분할의 선은 '사류(士類, 학문도야에 전념하는 사회집단)'와 '서민(庶民, 사류의 학문도야를 지원하는 노동 종사 사

143. 조혜인(1995: 259).

회집단)'의 범주 사이에 그어진다.[144]

이 구분 위에 핵심적으로 근거한 조선 유교사회체제는 지배층의 선정(善政)을 기본책무로 해서 인간을 저마다의 본분(本分), 즉 사류와 서민의 본분으로 묶어두는 것이 기본 목표였다.[145] 여기서 이 본분(결국은 직분[職分])은 유교의 궁극적 목표인 자기수양/학문도야에 대한 관계에 따라 각각의 위상이 결정되는 사농공상(士農工商), 그리고 천민이라는 차별적 신분으로 구성되는 사회질서체계에 따라 '주어지고' '귀속'되었다. 이 체계 위에서 조선의 성리학은 학문도야를 수행하는 집단이 그들을 지원하는 집단을 '올바르게 지도하는' 반대급부를 '결과적으로' 준다는 명분을 통해 신분질서가 침해하는 평등주의 원칙을 달래었다.[146]

그럼에도 성리학은 원리상 학문도야 능력을 인간 본연의 능력으로 보았기 때문에 사류의 지위를 획득적인 것으로 규정해야 했다. 따라서 이를 반영하듯 성리학은 사류와 서민의 지위 사이의 이동을 열어놓는 개방적 계층체계를 적극적으로 규정하였다.[147] 하지만 일단 사류가 된 사람들은 그 지위를 후손에게 물려주고 싶은 욕심이 생기게 되고, 스스로 다소 폐쇄적인 '사회계급'으로 전환하기 위해 여러 성문법적, 관례적 제도를 이용해 관습적, 사회통제적 장치를 마련하였는데 과거제의 서원천거와 음서제도 등이 그 예이다.[148] 이 때문에 사류의 지위는 원칙적으로 획득적이지만 현실적으로는 상당한 세습성이 가미되는 지위로 간주되었다. 결론적으로 조선 성리학자의 계층적 지향의 상당 부분은 엄밀히

144. 조혜인(1995: 254), 괄호는 필자의 첨언.
145. 김창현(2002: 107).
146. 조혜인(1995: 254).
147. 조혜인(1995: 254-5).
148. 이창걸(1995: 52).

성리학 자체의 계층지향이라기보다는 그에 조선 사류의 욕구가 가미된 것으로 볼 수 있다.[149]

하지만 조선 사회는 이런 정황과 차별·착취의 현실에도 불구하고 농민과 상민(常民)의 개별적인 상승 욕구가 완전히 무망한 사회는 아니었고 이 점은 후기로 갈수록 더욱 그러하였다. 무엇보다 조선은 토지를 취득하여 사유재산을 축적할 수 있고 그것을 위한 유사 '민법(民法)적' 규정과 등재가 발달한 사회였다. 물론 그렇다고 여기서 사유재산이 근대사회의 헌정국가(the constitutional state)에서처럼 기본권 형식으로 강력히 보호되는 것은 아니었다. 즉, 관(官)과 양반지주, 호족(豪族)이 농간을 부리면 강탈당할 여지가 상당했지만 그러했다는 말이다.

조선 사회는 일반적으로 동일 시기의 일본 봉건제에 비하면 신분의 벽이 그리 강고하지 못했고, 신분제가 규정한 본분도 다분히 경제적인 성격이 강했다.[150] 이런 맥락에서 전체적으로 '느슨하다'고 평가될 수 있는 조선 사회는 경작권이 이러저러한 관례와 법률로 보장되는 소규모 자작농에 의한 소농경제가 지배적인 사회경제적 편제를 가진 것으로 요약할 수 있다. 이 속에서 개별적인 '나'의 도약, 특히 경제적인 도약, 그리고 그에 힘입은 신분적인 상승 또한 도모하려는 열망이 도저하게 존재한 사회로 보인다. 이렇듯 신분과 계층, 차별의 사다리를 올라가 인간적 존엄과 물질적 복리를 얻으려는 개별적, 집단적 노력의 핵심에 놓인 것이 바로 유교적 가족의 원리이자 개별적 상승 열망을 집단화하는 매개적 개념인 '가(家)'와 '통(統)'의 원리이다.

149. 조혜인(1995: 254-5).
150. 최봉영(1994a: 68).

(2) 사회적 신분 상승을 향한 유교적 동력의 중심, '가'와 '통' 그리고 '보편/첨단의 우리'

현대 한국사회는 다른 사회보다 가족의 의미가 훨씬 크고 그것이 사회질서의 중심을 차지하는 것으로 운위된다.[151] 동서고금의 많은 정치사회사상도 그러하지만, 유교적 전통은 특히나 바람직한 질서와 권위의 모델이 바로 이 가족에서 직접 도출된다. 이를 보여주듯 유교의 정치사회질서에 대한 기본 사고는, 지금 우리가 '사회'라고 부르는 어떤 것을, 가족들(더 정확히는 '씨족'들)의 집합체로 본다. 이는 오늘날 '인민', '국민'이라고 부르는 집합체에 상응하는 것이 '백성(百姓)', 즉 백 가지 성씨의 집합으로 불린 데서 간접적으로 확인할 수 있다.[152]

따라서 성리학적 규준을 한국적으로 사회화한 유교사회로서의 조선의 전체 모습을 보려면 바로 이 유교적 가족 형태가 주요 사회의식과 어떻게 연결되고 구체화되었는지를 보아야 한다. 일반적으로 가족연구는 생존과 복리의 기본단위로서 실증적으로 가장 두드러지는 '가구(家口, household)'를 통해 '가족(family)'을 연구하는 것이 일반적이지만, 본 연구의 목적과 관련해서는 '의미체로서의 가족(家族)'[153]이 더 중요한 단위이다. 이때 주목해야 할 것이 바로 '가(家)'라는 개념이 전근대 한국사회에서 차지한 위상인데, 한국가족의 전통적 모형과 특징적 구조가 개인과 '우리'의 발달에 대해 갖는 의미는 여기서부터 출발하여 고찰할 때 그 실체를 정확히 조명할 수 있다.

한국인의 사회적 성격에 대한 통합적 이론화를 시도한 최봉영의 핵심

151. 권용혁(2012), 이광규(1986), 조혜정(1986), 장현섭(1993), 장경섭(1993).
152. 최진덕(2000: 143).
153. 장현섭(1993), 김은희(1995), 조혜정(1986).

개념(motif) 또한 바로 이 '가'의 개념인데, 이는 단지 가구나 가족만을 지칭하지 않고 국가(國家), 업가(業家) 등으로 그 의미가 다양하게 파생되는 중심적이고 확장적인 개념이다. 한편 그 어원적 의미와 관련된 체계적인 동양철학 논의를 일단 생략하고 요약하면 '통(統)'은 우주와 인간 삶의 전체적 질서이자 역사적 운동(의 방향)이다. 이 통이 집합적으로 사회조직에 구체화된 것이 바로 '가'이며 이는 '통'을 실현하는 장소이자 그에 참여하는 주요 단위로 볼 수 있다.[154] 요컨대 '가'는 개인과 집합체의 연속으로서의 역사, 즉 통의 연속성과 승계가 일어나는 단위이며 유교적 질서·윤리에서는 그러한 '통'의 계승이 가장 중심적이다.

유교의 사고체계에서 일종의 피안(彼岸) 공간으로서 논리적 위상을 부여받은 '후세(後世)'는 단지 시간적으로 뒤에 오는 계승체에 그치지 않고 사람들의 뇌리에 상존하면서 매순간 자신의 삶을 '저 위' 혹은 '뒤'의 시점에서 평가하는 기준으로 작용한다. '통'개념이 유교적 사회질서와 윤리의 조형에서 갖는 중심성은 바로 과거-현재-후세의 연속체로서의 역사(개인의 그것인 동시에 사회의 그것이기도 한)와 관련된 그러한 의식에서 나온다.[155] 이를테면 유교 덕성의 중심 요소인 '충(忠)'은 이런 맥락에서 국'가'의 '통'(왕조 국가인 조선에서는 '종묘사직[宗廟社稷]'으로 대변되는)을 지키는 것으로 의미가 규정되고, '효(孝)'의 의미 또한 그와 같은 논리에 따른다. 부모를 제대로 모시지 않는 것보다 집안의 후손(後孫)을 보지 못하는 것이 더 큰 불효이고 도덕적으로 더 비난받는, 즉 사회규범과 윤리에 대한 더 중대한 침해로 간주되는 이유가 바로 이런 맥락에 있다.[156]

154. 최봉영(1994a: 36-44, 55).
155. 같은 곳.
156. 맹자는 "불효한 것이 세 가지가 있는데 자식이 없는 것이 가장 큰 불효이다"라고 말하였다(최봉영[1994a: 82]에서 재인용).

조선시대 이전까지 한국의 가족은 엄격한 부계혈통의 직계가족과는 거리가 있었으며, 고려시대까지만 해도 모계 요소가 강한 고유의 양계(兩系)적 가족이 지배적이었다. 조선시대부터 오늘날까지 이어지는 한국 가족의 기본형은 극단적으로 부계적인 중국의 고전적 가족제도를 올바른 유교적 가족제도로 보고 인위적으로 도입한 결과이다.[157] 이로써 한국의 가족은 바로 저 '통'을 계승할 남성, 그리고 최초 출생한 남성을 위주로 가족이 구성되는 '장자위주 직계가족(primogeniture stem family)'[158]의 기본형에서 출발하고 지속되었다.

그 결과 한국가족은 장자가 부모와 동거하여 이룩하는 직계(直系)가족이, 상속은 차남 이하 아들이 혼인 후 재산을 상속받고 분가(分家)를 이루는 장자우위 불균등상속이 그 기본 형식으로 자리 잡게 된다. 이러한 한국형 직계가족은 가장권이 가장의 성격에 따라 좌우되는 경향이 강하고 이를 견제할 힘은 분가한 형제나 주부권(主婦權)에서 오는 경우가 많았다.[159] 이러한 기본 양상은 '가구'를 중심적 분석 단위로 놓는 기존 가족연구가 조선시대나 일제강점기, 현대 한국사회에 대해서 공히, 확대가족 형식이 핵가족에 비해 가구 수가 많지 않다는 보고를 해왔음에도 그러하다.[160] 이 점이 바로 가족을 단지 가구가 아닌 '의미체'로서, 그리고 친족적 연결망으로서 더 고찰해야 하는 이유이다.

조선시대에 유교적 가족/사회질서의 윤리적 준칙과 생활양식이 일반에 점점 더 침투, 심화 그리고 변질되는 과정은 이러한 '가'의 원리가 구체화되는, 특히 '본가(本家)' 이념의 지배와 심화가 확대·상승을 향한 사

157. 조혜인(1995: 249).
158. 장현섭(1993: 49).
159. 이광규(1986: 58-59).
160. 이와 관련된 시계열적(time-serial) 추이에 대한 보고로 장현섭(1993), 조은(1993)을 볼 것.

회 전체에 걸친 드라이브의 가속화와 연동되는 과정이었다. 양반층의 신분화로 안정화된 신분제도는 역설적으로 신분과 차별을 넘어 능력과 평등을 열망하는 동력을 동시에 간직한 것이었다. 다시 말해 삼강오륜(三綱五倫)의 종법(宗法)질서를 사회화하고 유교를 일상윤리의 종교로 강제함으로써 조선사회는 기본틀의 안정성을 획득하였지만, 그 대가로 전근대사회치고는 상대적으로 높은 사회적 이동성과 신분질서상의 유동성을 동시에 감수해야 했으며, 그러한 양극을 매개한 요소가 바로 과거제와 토지제도였다. 양반 계층은 그들이 보유한 수많은 사회적 특권, 그리고 과거 준비에 필요한 현실적 자원의 우위 등에 힘입어 가장 높은 이동성을 보유했다.[161] 가문의 이러한 중심성은 상민에게도 큰 것이어서 가문의 단합된 힘은 경작지를 안정적으로 확보하는 경쟁에서 유리할 뿐 아니라 관료나 지주의 수탈로부터 자신을 보호하고 신분 상승에도 매우 긴요했다.[162]

이러한 상승 열망이 궁극적으로 수렴하고 도달하는 곳은 '가'로서의 '우리'지만, 이 '우리'로서의 '가'의 상승과 체면 유지를 통해 동시에 실현되고 인정받는 '나'이기도 했다. 학교, 과거, 관직, 토지(즉, 축재[蓄財]) 등으로 달성하고자 하는 바는 '입신양명(立身揚名)'이라는 말로 응축될 수 있다. 그러나 이것으로 기대하는 바가 단지 개인과 가족 구성원의 복리나 만족스러운 개인적 삶은 아니라는 사실이 중요하다. 여기서 진정으로 문제가 되는 것은 최소한 공식적인 차원에서는 바로 가문의 영광, 즉 '부모를 자랑스럽게 하고 조상 앞에 떳떳해지는 것'이다. 개인의 후생과 행복이 어찌 되는 것보다 그들의 부계 가문이 계속 이어지는 것이 더 중요한 문제이고, 극락보다 효자문이나 열녀문을 더 원하며, 화장(火葬) 대신

161. 김필동(1999: 64-65).
162. 최봉영(1994a: 83, 85).

에 더 좋은 묫자리를 바라는[163] 일의 '비합리성'은 바로 이런 맥락에서만 그 의미를 이해할 수 있다.

이처럼 획득적 지배계급 충원체계와 토지 사유의 발달, 소규모 자작농을 기본으로 강한 사회적 상승의 역동성을 가진 조선의 사회체제에 내포된 신분/차별과 능력/평등의 결합이 가진 사회적 모순은 이후 대규모 전란을 겪으며 더욱 가속화되었다. 임진왜란이라는 7년간의 전쟁을 치르면서 지배층은 피지배층의 협조를 얻기 위한 여러 유인을 내놓을 수밖에 없었으며, 이는 향리와 서얼, 천민의 신분 상승과 관직 수여자격 부여, 그리고 전쟁공로자에 대한 온갖 관직의 수여를 낳았다.[164] 또 전쟁이 초래한 황폐화로 가문과 신분은 물론 토지와 관련된 많은 기록이 유실되었고 전란 동안 물리적 이동이 심화되면서 신분질서의 유동화와 형해화가 더욱 가속화되었다.

후손의 번창이 도덕적, 윤리적 명령인 상태에서 이를 실천하는 데 필요한 자원을 우월하게 보유한 양반 수의 자연증가 속도도 대단했지만 상민의 향반(鄕班)화 또한 후기로 갈수록 거세졌다. 상민의 양반화 현상은 조선 후기에 동족(同族)부락의 형성이 일반화되면서 대대적으로 전개되는데, 이들 동족부락은 족보를 간행하고 선영(先塋)을 가꾸며, 서당을 세우고 향교에 입학하는 등 다양한 형태로 향촌에서 지위 상승을 도모하였다. 이는 모두 향반으로 행세할 수 있는 근거가 되었는데, 이로써 조선 후기에 양반계급은 마침내 인구의 40%까지 확대되었다.[165]

한편 이후 현대화의 추진 양상과 깊은 관련이 있는 한국적 '우리'의 양상은 위의 노력을 추구하는 특정한 방식에서 발견되는데, 그것은 바

163. 조혜인(1995: 256).
164. 윤병철(2006: 110).
165. 윤병철(2006: 169-176), 최봉영(1994a: 85-86).

로 세계를 지각하고 사태와 사물을 분류하는, 즉 세계에 질서를 부여하고 '재단(裁斷)'하는 세계상(世界像)상의 특징적 논리이자 그에 입각한 사회적 양태이다. 한국 근현대사에 관한 권위자인 브루스 커밍스(Bruce Cumings)는 한국에 최초로 발을 디딘 서양인으로 알려진 하멜(Hendrik Hamel, 1630~1692)의 관찰을 다음과 같이 보고하였다.

예상치 못한 난파로 1653년 제주도 바닷가에 떨어진 네덜란드 선원 하멜은 뭍에 발을 붙이자마자 한국인들이 모두 '교육에 대한 국민적 헌신'에 빠져 있음을 알게 되었다. 실로, 귀족과 '자유민' 모두 '자식 교육에 대단히 정성을 쏟고 아주 어릴 때부터 읽기와 쓰기를 가르치며, 여기에 온 나라가 골몰해 있었다.' 연장자는 어린 문하생에게 '학문의 이념과 조상의 가치를 전달하고, 이 방법을 써서 입신출세한 사람들이 얼마나 훌륭한가를 이야기해주어, 제자들이 서로 지지 않고 열심히 배우는 학생이 된다.[166]

여기서 보듯 학생들에게 본받을 선학은 무엇보다 가문의 조상으로, 이방인이 그토록 인상 깊게 본 어린 학생의 노력이 그렇듯 연고적 상상 속에서 다시 말해 가족적 상상의 확장을 통해 동기화되고 경주되었다는 점이 특기할 만하다. 하지만 이보다 더 중요한 측면은 학문도야와 출세가 '중화(中華)'라는 보편적인 질서이자 문명의 대세가 구축한 위계서열의 습득으로 이해되고 있다는 점이다. 이처럼 세계에 대한 인식을 서열화하고 선진성과 자신을 동일시하며 추구하는 작업은 중화적 질서관에서 미국 중심의 질서와 문명관으로 이행한 후대에도 면면히 지속되었다. 서당은 이때부터 이미 각자에게 할당되는 '능력'과 사회적 지위의 일

166. Cumings(2005[1997]: 84).

차원적인 위계서열로 세계를 이해하고 배치, 분할하는 현대 한국인의 학벌주의에 특유한 세계인식 방식[167]을 교육하고 습득하는 장으로 작용했던 것으로 보인다. 공식 유교뿐 아니라 민간신앙적 전통에도 역시 공히 깊이 뿌리 내린 현세주의적 삶의 철학[168]은 이를 더욱 조장하였고, 국제관계뿐 아니라 교육과 배움의 쓰임에 대한 인식을 일정한 방향으로 고착화하였다.

이후 한국사회에서 현대화를 향한 돌진과 맹목에 가까운 따라잡기, 모방의 과정이 상대적으로 적은 사회적 저항에 직면하며 진행될 수 있었던 이유는 바로 이렇듯 일원(一元)적, 일극(一極)적으로 위계화된 세계상과 그를 향한 개별적, 가족적, 집단적 추구라는 행위의 문법에 한국인이 익숙해 있고 이를 전통 유산으로 계수(繼受)하고 있다는 사실로써 설명할 수 있다. '사대주의(事大主義)'라는 말은 이러한 양상의 일부만을 그것도 매우 도덕주의적인 시좌(視座)에서 단죄(斷罪)하는 용어로 그러한 양상이 가진 더 문제적인 함의를 오히려 보기 어렵게 한다. 다시 말해 그것은 숭대/모방, 자기부정 등의 낙인을 통해 조명되는 '민족주의적'인 함의를 훨씬 상회하는 문제적 요소를 지닌 매우 뿌리 깊고 심각한 한국인의 행위 양식이다. 이후 서구 연구자가 대세에 자신을 동일시함으로써 자신의 입지를 구축하는 성향[169]으로 요약한 이 모습은 '양화-서열화된 사고'[170], '단치(單値)적 사고'[171] 혹은 '열광주의와 추상의 정신'[172] 등으로 다양하고 복합적인 이름을 부여받았다.

167. 김상봉(2004).
168. 탁석산(2008)
169. Alford(1999).
170. 탁석산(2008).
171. 이규태(1983a).
172. 김형효(1997).

조선 사대부의 성리학적 정통에 대한 고착은 이런 일극(一極)적이고 서열(序列)적인 의식, 행위양식이 주요 추진력이었지만 이러한 서열적 세계 인식은 최소한 전통사회 단계에서는 양반 사대부의 생활스타일을 서민들이 모방하고 준(準)양반화하는 데 활용했을 뿐이지 진심으로 이를 모방, 추종한 것은 아니었을 것이다. 하지만 현대화가 좌절과 타율성, 굴욕을 수반하며 개시되면서 이러한 행위 양식은 심화와 확대의 일로를 걷게 되었고 근대사회로의 진입과 더불어 사회적 가치와 행위지향을 단선화하고 전일화하는 사회적 추세를 배가하는 힘으로 작용하게 된다.

이러한 진화의 궤적 속에서 지속된 한국인의 집단의식/집단주의는 어느 정도 평등화되고 '민주화'된 엘리트적 자부(自負)이자 유사 신분화한 한국적 '우리'의 한 주요 유형으로서 '보편성을 대변하는 우리/ 첨단을 실행하는 우리'로 개념화할 수 있다. 이것은 어떤 보편적인 것, 즉 하나로 통일된 인간 역사와 세계 속에서 공통되는 것으로 간주되는 바를 실현하고, 그러한 실현에서 앞서가려는, 맨 앞에 서려는 '우리', '일류, 첨단의 우리'를 표상하는 의식이다. 그것은 명시적으로 선도적이며 차별적인 집단으로서의 '우리', 문명화된 집단으로서의 '우리'의 의식으로 등장하기도 하고 특별한 집단의식(group consciousness) 없이 수많은 개인의 개별 열망과 자의식의 단순한 집합(集合, aggregation)으로 등장하기도 하는데 이때 양자의 경계가 반드시 뚜렷한 것은 아니다. 이 '보편/첨단의 우리'가 전통적인 요소와 혼융되고 그에 힘입어 자신을 이끌고 가는 모습이 바로 한국 집단주의와 한국적 현대화의 전형적인 장면을 이룬다.

(3) 성별화된 집단적 기능주의/권위주의, 그리고 '향토적/연고적 우리'

지금까지 본 바와 같이 조선 사회는 과거를 경유한 중앙집중적이며 일원적인 사회 이동의 체계가 그 핵심으로, 이 체계 속에서 가문과 친족의 상승과 양반화, 그리고 그 단위를 통한 경쟁의 전면화가 발생하는 공간이었다. 이러한 경쟁에서 승리하고 기득권을 유지하기 위해 양반사대부와 권문사족은 종법체계와 혼인 등을 이용해 자신들의 지위를 폐쇄화하고 권력과 부를 독점하며 향촌사회를 지배하였다. 이러한 전체적 운동 양상에 내재한 성별화된(gendered) 구조 또한 한국적 개인과 집단화, 특히 그 집단 내적인 측면에 대해 흥미로운 점을 시사한다.

이를테면 여성이 처한 종속적이고 억압적인 양상은 사실 상당 부분 앞서 지적한 '가'에 대한 맹목적인 관심에서 기원하는 것이기도 하다. 그러한 현실이 비록 강요되고 부과되어 어쩔 수 없이 받아들인 것일지라도 이 '가' 체제로 여성이 편입되고 그에 따라 필요한 기능을 수행하며, 그리고 드물지 않게 발휘된 능동적인 역할수행은 최소한 '가' 체제에 의해 합리화되고 정당화되는 것이었다. '가'로의 집단화 속에서 여성에게 강요된 이러한 역할과 지위가 무엇보다 당시 여성이 부여잡을 수 있는 몇 안 되는, 안정되고 사회적으로 용인되며 찬양되는 '정체성'이었다는 점을 강조할 필요가 있다. 왜냐하면 우리는 이 강조를 통해 그것을 '단지 생각을 바꿈으로써 폐기할 수 있는 지배 이데올로기' 이상의 무엇으로 조명할 수 있기 때문이다.

한국가족의 남성가부장-혈통-적자-장자 체계는 확대가족의 장자, 장손에게 재산 승계를 포함한 여타의 우월한 권리를 생득(生得)적으로 부여하여 그에 따라 이들이 단체로서의 '가'에 속하는 것을 자신의 사유재산으로 간주하게끔 한다. 이 속에서 개인, '나'가 출현하는 것은 바로 이 '가'의 재산을 둘러싸고 벌이는 남성 형제의 다툼을 배경으로 할 때가 많다. 이때 그들의 배우자와 일체화된(그 외에 달리 할 수 있는 것이 많지 않은) 여성은 이 '게임'에 동참하면서 확대가족과는 차별적인 핵가족과

'나'의 욕구와 이해관계를 발견하고 체험하게 된다. 사유재산을 의미론적 중핵으로 하는 개인의 관념은 이후 개항과 대한제국 시기에 전면화되지만[173] 그 지속성의 뿌리는 여기로 소급할 수 있다.

장자와 적자가 생득적으로 보유하게 되는 가장의 지위는 특유의 윤리적 '아우라'와 권위를 수반하는데 그것이 정당한 사회질서와 도덕적 권위의 모델을 형성한다는 점에서 또한 중요하다. 하나의 '적법한' 수장(首長) 밑에 성원들이 위계적으로 배치되고, 그러한 위계를 존중하고 수용하며 수장의 윤리적(으로 간주되는) 리더십에 복종하면서 잠재적으로 상충하는 이해관계가 조화를 이룬다는 바람직한 확대가족의 생활윤리는 동시에 사회의 정당한 질서, 조직 원리의 모델이기도 했다. 이 모델은 한 '가문'이 단합된 힘을 발휘하여 외부 위협에 대처하고 집합적 상승을 도모할 때 어김없이 등장한 것으로 상술한 바처럼 단순히 양반지배층에 한정된 모습은 아니었다. 그것은 이후 과격하고 급속한 사회변동을 경과하면서 현대 한국사회의 여러 조직과 단체의 인간관계, 업무조직의 양상에도 확대 적용되어 가족의 삶과 그 바깥의 사회적, 공적 삶 간의 형식적 상동성(homology)을 두드러지게 하였다. 이 모델의 핵심은 그 내부질서 면에서 장유유서(長幼有序)적인 연령, 출생순서, 적장자, 종손 등의 가족(주의)적 기준으로 유추된 순혈적, 성별화된 계보의 단일척도(scale)로 한 집단을 일원적, 일극적으로 조직하고 그렇게 질서화된 집단을 일종의 '윤리적' 권위주의의 형식으로 정당화하고 유지하는 것이다.

이러한 성별화된 집단적 기능주의, 윤리적 권위주의의 실제 작동 면에서 나타난 역설적인 측면은 집단의 질서를 위협할 수도 있는 일종의 '능력주의'가 그 속에 내재함으로써 집단 내 개인의 문제가 양가적인 양상을 띤

173. 박주원(2005).

다는 점이다. 세설하면, 한 개인은 자신의 추구가 집단, 즉 가족의 위신을 높이는 목표에 복무해야 한다는 압박을 받는다는 의미에서 '기능주의적으로 억압'된 반면 만약 이 개인이 그러한 '권장되는 추구'에서 탁월하다면 그는 집단의 '대표선수'로서 그 집단을 규율하는 질서(여기서는 가족, 가문의 질서)로부터도 자유로울 수 있다. 18세기 조선 실학자 성호 이익(李瀷, 1681~1763)은 다음과 같이 과거제도가 야기하는 도덕의 타락을 개탄하였다.

> 오늘날의 풍속은, 가정에서 징험해보면 자제들이 부형을 업신여기며 나라에서 징험해보면 젊은이들이 노인을 능멸하고 있다. 이런 풍속은 과거에서 근원한다. 소년으로 과거에 급제하면 모든 사람이 부러워한다. 미천한 자가 우러러볼 뿐 아니라 자기 집 부형까지도 억눌리게 된다. 이처럼 과거에 오르지 못하면, 안연이나 민자건 같은 덕행이 있다 하더라도 남들이 얕잡아 볼 뿐 아니라 자기의 처와 첩이 먼저 업신여긴다. 그러니 세도가 어찌 무너져 내리지 않을 수 있겠는가?[174]

이러한 개탄은 수 세기를 뛰어넘은 현대 한국사회에서 친족이 모인 자리나 가족 대소사에 모였을 때 우등생, '엄친아'가 받는 '특별대접'을 떠올리게 한다. 이들 앞에서는 장손(長孫)의 특권적 지위도 무색해지지 않는가?

다른 한편 조선사회의 '가'의 전통은 후기로 갈수록 사회질서의 유동화가 심화되면서 '연고적 우리'라는 원형적 유형의 형성 또한 촉진하였다. 앞서 보았듯이 이 시기는 족보를 조작하고 양반을 참칭하는 사람이 늘어남과 동시에 더욱더 확장되고 증대한 '가문'을 중심으로 물질적 이득과

174. 이익(1999[1760]).『성호사설』 최석기 옮김, 한길사, 276쪽, 김상봉(2004: 179)으로부터 재인용.

정치적 이권을 향한 결집이 심화되던 시기였다. 그 결과 가족이나 인척 중 한 명이 관직에 나아가면, 그의 방대한 인척과 식객 모두 기생(寄生)인 구로서 그에 기대어 살아가는 것이 심각한 사회문제로 대두되었다.

'기식(寄食)'의 집단주의로 등장한 이러한 현상을 포함한 조선 후기의 여러 병리적 양상은 당시 대부분의 생각 있는 유자—보수적 또는 개혁적 입장과 상관없이—라면 모두가 우려하는 현상이었다. 이는 일제가 한일합방을 추진하면서 조선인의 습속과 사고방식에 대한 포괄적 조사와 정리를 시행할 때 조선인의 의타성(依他性)을 보여주는, 즉 자립과 자조를 가로막는 고질적 병폐로 지목한 것으로, 이러한 주장을 단지 악의적 선입견과 이데올로기적인 것으로 몰아갈 수 없을 만큼 당시 폐해는 상당히 심각했다. 이를테면 선지적 개화론자로 『서유견문』의 저자인 유길준은 『노동야학독본』을 간행하여 이런 기식과 의타적인 풍토를 개선하고자 노력했는데, 자신이 갑오개혁 당시 박봉으로 10여 가구의 일족과 연고자를 부양했다고 한다.[175] 이는 한국적인 '향토적/연고적 우리'의 고전적 양상, 전근대적 원형인데 그 요체는 아는 사람이 출세하면 무언가 '떨어지는 것이 생기고' '비빌 언덕이 생긴다고' 기대하는 것으로 보고되는 한국인의 모습이다.

가족, 나아가 이 가족의 확대체로 상상되는 여러 집단은 개개인의 얼굴이자 수치심/자부심의 장소이며 대변자이기도 한데, 여기서 작용하는 집단주의의 양상을 '체면과 얼굴이 귀속되는 우리'라 부를 수 있다. 한국인은 보통 목숨보다 체면을 중시하는 것으로 운위되는데, 이는 역사적인

175. 조경달(2008: 64). 이 기생적 행태와 식객들의 범람, 그리고 이와 관련된 온정주의적 관용은 개화기에도 상당히 팽배한 것이어서, 우호적인 시각으로 조선을 바라보았던 구한말의 외국인이자 『대한제국의 멸망』(1906)의 저자인 헐버트(Homer B. Hulbert)도 경악하게 했다(신복룡, 2002: 147).

사례에서도 어느 정도 확인된다. 조선시대 임진왜란이나 병자호란 당시 적에 포로로 끌려간 사람들은 다시 자신의 고향으로 돌아와 살 수 없어서 그들만의 집단 주거촌을 건설했는데 그 이유는 이들 가족의 굴욕감과 이웃의 따가운 시선 때문인 것으로 전해진다.[176] 그리고 1871년 신미양요(辛未洋擾) 당시 미군 측이 미군에 사로잡힌 조선군의 송환을 제의하였으나 조선 측이 체면을 상실했다는 이유로 거부하고 그 병사들은 모두 자결하였다.[177] 이처럼 상당히 극단적인 조선의 양상을 일정 부분 계승한 한국인의 체면의식은 일본 사무라이집단의 '명예'의식과 비교되기도 하고 중국인의 상업성이나 실리성과 대비되기도 한다. 여기서의 요체는 일반적으로 '수치심(shame)'의 문화가 공통적이라고 진단되는 같은 유교문화권 내에서도 조선의 양상은 상당히 유별나다는 점이다.

이렇듯 집단화된 체면은 수치심/자부심의 귀속체로서의 '우리'에 대한 예민하고 강렬한 의식이라 할 수 있는데 이 의식이 현대화의 동력과 결부되는 것은 '우월하고 윤리적으로 정당한 집단 소속'이라는 외관의 추구가 '사람대접'이라는 한국인 개개인의 강력한 원망(願望)의 채널로 등장할 때이다. 이 체면의식에 내재한 사회적 역동성은 '가문, 가족의 명예' 혹은 '여성다움', '남성다움', '교양 있음/배운 사람'으로서의 외관(外觀)에 대한 예민한 관심과 그 집단화된 추구 등으로 다양하게 전개된다.[178] 하지만 이 집단화된 체면의식이 한국 현대화의 역동성을 촉발한 것은 그것이 '보편을 실현하는 우리/첨단을 실행하는 우리'를 체현하는 집단에 소속되려는 열망으로 등장했을 때이다. 이는 단지 '가장 잘 나

176. 이규태(1983a: 245).

177. 이규태(1983a: 253).

178. 이를테면 이 책의 5장 3절에서 산업화의 주요한 정신적 동력 중의 하나로 고찰할 '공적 존재로서의 젠더화된 우리'는 '떳떳한' 남성성, '남성다움'의 집단주의적 추구의 예이다.

가는' 특정 사회집단에의 소속뿐 아니라 '열등한 조선/후진국 한국'처럼 바꿀 수 없는 소속에 수반되는 외관을 바꿔보려는 몸부림으로도 드러났다. 특히 후자의 경우는 개별 한국인의 얼굴과 전체 조선의 얼굴, 전체 대한민국의 얼굴이 모두 서구나 앞선 나라의 시선 앞에 집합적 체면을 구성한다는 점에서 총체화되고 동질화되어 빠져나올 수 없는 이해관계를 부과하는 것이기에 집단화의 격발제로서 매우 강력한 것이었다.

(4) '서민으로서의 우리'와 대동(大同)을 향한 역동성

앞서 언급한 사류(士類)와 서민(庶民)의 구분이 일차적으로 전근대사회에서 비생산적이며 기생적 지배계급의 지배이데올로기, 즉 신분적 차별과 특권의 담론으로 작동했음은 분명하다. 하지만 그러한 지배 정당화의 기능 외에 그것이 내포한 또 다른 중요한 사회적 함의에 주목해야 한다. 이 구분은 한국적 우리의 유형들 가운데 앞의 '보편/첨단의 우리'와 그 대척점에 있는 '서민, 민초, 국가 바깥의 우리'라는 두 가지 주요한 정치주체성의 유형 구분 또한 함의하는데, 이를 통해 한국 집단주의 내의 차별적인 논리들로 구성된 복합적 전통을 조명할 수 있다.

여기서 앞의 '보편/첨단의 우리' 의식은 국가와 정치에 참여하고 학문을 담당하는 정치계급(관료)/지식인으로서 자의식과 정치주체성을 수반하는 것으로 현대화에서도 지속된 유사(類似) 사대부 의식의 전형을 보여준다. 그에 비해 '서민으로서의 우리'는 당시 사류의 인격 달성과 학문적 도야를 지원하는 생산과 육체노동에 종사하는 사회적 역할이 배정된 인민인 '서민'의 일원으로 자신을 인식하는 우리 의식이다. 그것은 오이코스(*Oikos*, 가구경제, 생계의 자연적 필연성 단위)'라는 그리스적 개념이 지칭하는 삶의 형태,[179] 즉 생계를 담당하고 실물을 생산하며 실물에만 관여하는 삶을 영위하는 절대다수의 '서민', 그들의 '서민사회', 서민 '대중'으로서 갖는 자의식과 정체성을 지칭한다. 그런데 여기서 '국가 바깥의 우리'라는 이들의 자기이해(self-understanding)의 방식에서 '국가(the state) 바깥'이 '나라(nation) 바깥'을 의미하는 것은 아님에 유의해야 한다. 그것은 문화적(ethnic), 정치적 공동체의 바깥이 아닌 '정치의 바깥'에 있는 우리, 즉 일상적 차원에서는 정치와 통치(rule)의 업무를 앞의 '사류'에 위임하는 이들로 스스로를 이해함을 의미한다. 하지만 그렇다고 이 '우리' 의식이 단지 복종과 수용이라는 수동적 역할에 머무르는 것만은 아니다.

유학이념의 실현을 믿고 추진한 지배층과 이를 생활 속에 수용한 평민이 이룩한 조선체제가 추구한 농본주의(農本主義)적 이상에는 이데올로기적 허위, 기만 이상의 무언가가 있었다. 생산자층인 농민의 보호와 육성을 일차적 이념으로 삼은 조선왕조는 건국과 동시에 천민 등 특수계층 사람들을 양민(良民)으로 전환하고, 대규모 간척사업을 전개하여 농민과 절대농지를 확대했다.[180] 또 조선왕조 내내 통치에 필요한 중인층을 제외한 농민의 지위를 상인이나 공인보다 높게 보장하고 상공인 수가 일정 비율 이상 늘지 않도록 조정하였으며 전국에 임기제 수령을 파견하여 통치하였다. 물론 이것은 토호(土豪) 권력과 지방 관리의 농간으로 자주 교란되었고 근대적 사법과 헌법에 의해 실현되는 비인격적 통치와는 여전히 멀어서 인격적이고 자의적인 지배 양상 또한 갖고 있었다.[181] 하지만 그럼에도 그것은 최소한 전인격적 지배와 영토적 절대 권

179. Arendt(1958a), Cohen and Arato(1992).
180. 김창현(2002: 64-65, 151).
181. 송호근(2013: 57-8).

력을 의미하는 서유럽과 일본의 봉건적 영주의 지배와 영지 체제를 존재할 수 없게 하였고, 양민을 보호하는 데 제한적이지만 나름의 법치주의 통치 원칙이 기여하던 체제였다.[182]

이러한 이상과 몇몇 실제 양상은 생산에 종사하는 서민에 대한 존중과 이들의 내적 동질성에 대한 인식, 그리고 그들 간의 공동체적 구휼과 도덕적 자율성이라는 한국인의 '우리' 의식과 도덕경제학의 지배적 정조에 깊은 영향을 남겼다. 이는 조선 이후에 출현한 어떠한 지배계급이나 통치세력도 대체하거나 잠식할 수 없었던, 그에 입각하여 자신의 지배를 정당화해야 했던 이상이었다. 또 피지배계급의 입장에서도 이러한 농본주의와 민본주의 이상은 농민의 자부심과 자기주장의 성장과 지속(일본에 비한다면 상대적으로 더 컸을 것으로 짐작되는)에 영향을 주었을 것으로 생각되며, 지배계급에 대해 서민과 상민이 제기하는 요구의 규범적 토대가 되었음을 짐작할 수 있다. 비록 그것이 신분 차별의 강고한 체계와 여전히 억압받고 수탈당하는 근로 인민의 삶이라는 전근대사회의 일반적 양상을 배경으로 했음에도 여전히 그러했다.

이러한 양상은 서구 르네상스보다 훨씬 더 이념적 비판이 거세고 민중적 성격이 강한 조선 후기 문예와 공론장의 성격[183]에서도 예시된다. 유학의 이데올로기적 퇴화에 대한 이념적 비판을 깔고 있는 조선 소설, 특히 후기 판소리계 소설의 특징은 그러한 유학적 전제에서 유래했다. 이상에서 일탈하는 유교와 정치현실에 대한 유자 특유의 좌절과 대응방식은, 갈수록 첨예화되는 조선사회의 사회경제적 모순 앞에 비판의식을 고양시키고 주체적 자율성을 발전시킨 민중과 만나 민중예술의 활성화

182. 김창현(2002, 64-65).
183. 김창현(2002: 93-103).

와 '언중(言衆) 공론장' 구성의 동력을 이루었다.[184] 이렇게 수렴되는 흐름 속에서 유자와 부상하는 민중은 임금이나 특권적 신분보다 더 근본적인 것, 즉 '백성을 평안케 하는 경세의 원리'가 무엇인지 고민했다.[185]

대표적으로 대원군이 즐기면서 주요 후원자가 되었다는 판소리와 탈춤을 보면, 그 주요 테마는 다산과 풍요의 기원도 있지만 더 두드러진 요소는 양반과 승려 특히 양반을 희롱하고 웃음거리로 삼는 것이었다.[186] 놀라운 사실은 이런 공연을 주로 지방 수령이나 명망 사대부가 후원했을 뿐만 아니라 그들의 앞마당에서 개최했다는 것이다. 이러한 방식의 '관용'은 최소한 이념적으로 농민을 근본으로 간주하고 그들과의 소통을 중시한 사대부인 양반 지주의 정치적 입장을 보여준다. 이런 맥락에서 본다면 판소리가 양반 계층에서 수용이 활발했음에도 민중적 지향을 유지한 것이 아니라 양반의 판소리 수용이 민중을 의식하는 방향으로 확대되었기 때문에 민중적 지향이 가능했다는 해석[187]도 설득력이 있다.

이는 공연의 형식 면에서도 관찰된다. 후기로 갈수록 이들 공연에서 전문적 흥행단이 늘고 상인이 후원하는 전국적 규모로 성장했지만 이들은 끝까지 제의(祭儀)적이고 민중적인 성격을 유지하였다. 그것은 이를테면 일본의 '가부키'와 같이 관람석 하나하나마다 액수가 정해진 상업적인 흥행물이 되지 않고, 청중이 자유로이 조금씩 지불하고 양반과 부유층이 후원하는 가운데 돈을 안 낸 사람도 둘러앉아 볼 수 있는 것으로 남았다. 마을공동체의 축제 분위기를 위해 지방 수령과 유지가 주기적으로 개최하는 이 공연에서 지배적인 목소리가 농민이었던 이유는

184. 김창현(2002), 송호근(2013).
185. 김창현(2002: 83).
186. 김창현(2002: 94).
187. 김창현(2002: 153, 주 53), 강조는 필자.

바로 이 때문이다.[188]

이러한 모습은 한국적인 우리의 축제적인 면모가 자리한 원형이 무엇인지를 시사한다. 모두가 서서 구경하고 함께 울고 웃으며 어울리고 그러한 어울림의 흥에 취해 발휘되는 자발성, 그리고 이들 공동의 행사를 후원하고 장소를 제공하는 부유한 자와 관직에 있는 자에게 기대하는 활수(滑手) 등, 이 모든 것이 보여주는 것은 사회적 불평등과 상하 신분 질서의 유연성과 관용이 결합된 공동체의 모습이며, 같은 이유로 그것은 부유한 자와 권력을 가진 자가 어떻게 자신을 윤리적으로 정당화해야 하는 바 또한 제시한다. 이런 면모가 정치적이고 윤리적인 행위의 모델로, 나아가 통치(governance) 구조에 대한 상상력으로도 이어질 것임은 미루어 짐작할 수 있다.

이러한 축제적 혼융, 그 집단적 향유와 '함께 모여 있고 동일한 일에 참여함'을 통해 잠시나마 달성되는 것은 바로 '네 것 내 것 따지지 않고', '옳고 그름(是是非非)을 일단 뒤로 미루는' '우리'이다. 한반도의 농업환경, 양식과 결부된 집단(주의)적 요소, 즉 공동체적 경작 관행과 그에 연동된 주기적인 마을 축제에 뿌리를 둔 이러한 모습은 한국 민족문화의 한 요소인 '대동(大同)'의 이상이 표상하는 바이기도 하다. 그것은 조선 성리학 질서의 일종의 '아폴론주의'적 억압과 그에 대한 반발로 구축된 평민 대중의 '디오니소스(Dionysos)주의'[189]라고도 볼 수 있는데, 이를 통해 한국인의 '우리' 의식에는 정감(情感), 혼융(混融), 감흥(感興)적/쾌락적 일체화와 공통 기원(祈願) 등의 원초적(primordial) 공동체 요소가 깊이 뿌리내리게 된다.

이러한 '우리'를 단지 사건적이며 축제적 군중 속에서만이 아닌 일상

188. 김창현(2002: 95, 96).
189. 강돈구(1997: 76-79).

의 집단에서도 재현(再現)하려는 것이 바로 대부분의 현대 한국인의 모임을 마무리하는 관행인 '회식(會食)'이다. 그와 함께 어의론적으로 깊이 결부된 '식구(食口)', '집안' 등의 말이 가족 외의 관계와 공간에서도 광범하게 원용되는 양상은 한국적 집단화의 전형적인 문화적, 의례적(ritual) 내포가 무엇인지를 보여준다. 이들은 모두 사회적 삶의 여러 수준과 공간에서 가족과 이웃공동체로서의 고향 마을을 실제든 상상이든 열망으로서든 재현하려는 시도이다.[190]

190. 이러한 재현의 노력과 열망은 '정의(情誼)적 공동체'에 대한 열망으로 요약할 수 있다(졸고, 2018: 4장 1절).

3. '현대' 앞에 선 조선, 그 구심력과 원심력의 변증법

전근대시기 500년간에 걸친 '문(文)'의 통치가 세계적으로 유례가 없는 것[191]과 마찬가지로, 전근대시대 후기 비판과 변화의 물결의 중심에 민중이 있었다는 것은 앞서 보았듯이 세계사적으로 매우 드문 일이다.[192] 물론 이것은 자랑스러운 일이며 후진성과 열등감으로 스스로 한탄했던 한민족의 역사 속에 민주주의와 자유를 향한 유의미한 순간과 공간이 존재함을 확인할 수 있다는 사실은 충분히 고무적이다.

하지만 통탄할 일은 이러한 민중적 에너지에 조선의 교양 계급과 국가 엘리트가 사회변동에의 적응, 즉 사회의 체계적 분화, 정치의 제도화라는 정치공동체 수준의 현대화 문제와 관련하여 덧붙여 제공할 수 있었던 것이 별로 없었다는 점이다. 사대부의 유교적 이상은 아무리 혁신해도 현대성이라는 새로운 시대·세계질서와의 근본적 부정합을 해결할 수 없었다. 왜냐하면 조선이라는 정치·사회공동체는 변동이 아닌 윤리적 안정성과 문화적 응집성을 지향하고 그에 따라 '디자인된' 사회였기 때문이다. 혹은 너무 결정론적으로 단정하는 것을 삼간다면 그것의 근대적 쇄신에는 이후에 전개된 실제 역사가 허락한 것보다 더 많은 시간과 더 많은 집합적 노력이 필요했다.

그렇듯 인상적인 조선 사회의 안정성이 비극적인 이유는 현대성이라는 외래 사조가 요구하고 겁박(劫迫)하는 사회변동에 직면하여 그것이 드러낼 수밖에 없는 무능함 때문이다. 이 점이 역사적으로 국내외 학계와 일반 시민에게 조선 사회에 대한 부정적인 인상과 평가를 내내 지속시켰고 여전히 그 강력한 밑바탕으로 작용하고 있음은 말할 나위도 없

191. 송호근(2011, 2013).
192. 김창현(2002: 101).

다. 관직이 없어도 늘 나라 걱정을 하고 모순된 현실 앞에서 방외(方外)의 길을 배회하면서도, 즉 유학이 이념의 건강성을 잃고 지배이데올로기화한 현실에 절망하여 불교나 도교, 그리고 서학의 사상을 기웃거리면서도 결코 유학을 버리지 못하는 이념적 저항의 모습은 조선 유자 특유의 것[193]이었다(그리고 이런 '스타일'은 현대 한국사회의 지식인에게도 드물지 않다). 그것은 이전의 '천(天)'과 '이(理)'를 중심으로 단단하게 구축된 통일적 세계관과 사상의 논리적 전제에 대한 완벽한 재고 없이는 행동하지 못하는 신중함이기도 하다. 요컨대 '원리를 가진 사회란 그리 용이하게 스스로를 바꾸기 어렵다.'[194]

하지만 그럼에도 조선 성리학의 질서는 치명적인 부적응과 고지식함의 체제만으로 간단히 치부할 수는 없다. 특히나 이 질서의 중심에 놓인 '농자천하지대본(農者天下之大本)'이라는 선언으로 단적으로 표현된 유학적 중농주의(重農主義) 이념은 서구와 일본에서는 볼 수 없는, 당시 상황에서는 나름 상당히 민주적이고 진보적인 이상으로 평가해야 한다. 생산량, 특히 식량과 의복 등 기본 생필품의 생산력이 소비량을 따라가지 못하는 전근대사회의 농업중심, 토지중심 경제에서 상업의 발달이란 대다수 농민은 물론 권력과 부를 소유하지 못한 양반들 또한 더욱 가난하게 만드는 것이다. 만약 상인의 신분을 농민 이상으로 보장하고 상업행위를 방임했다면 전근대시대 농민은 상공업, 현금경제 속에서 더 큰 희생과 수탈에 직면했을 것이다.[195] 심지어 1970, 80년대 한국 농촌 상황에서도 농산물을 수확하는 시기에는 '입도선매(立稻先賣)' 등 상인의 횡포에 농

193. 김창현(2002: 73).
194. 조경달(2012: 32)
195. 김창현(2002: 91).

민은 큰 손해를 감수할 수밖에 없던 일이 다반사였으니 그 100년 전에는 말할 것도 없다.

이런 맥락에서 유교적 중농주의를 단순히 '농민을 쥐어짜서 봉건체제를 연장하려는 음모' 정도로 치부하는 현대적 시각(마르크스주의[marxism] 또한 포함하는)은 매우 근대주의적이며 현재 입장에서 과거를 재단하는 손쉬운 현대성 중심의 시각임을 유념해야 한다.[196] 이 이념과 병립한 민본주의(民本主義)가 상업문명인 서구 현대성에 조선 사회가 적응하는 것을 심각하게 저해했을지라도, 새로운 문명이 출현하기 전 상황에서 그것은 나름대로 빛나는 규범적 제도적 성취였다. 서구의 일본 연구자가 중국의 전근대사회가 일본의 그것보다 더 진보적이라고 평가하는 것은[197] 바로 이런 맥락에서이며, 이러한 관점에서 보면 조선은 당대 최고의 정치선진국이었다고도 말할 수 있다.

어떤 의미에서 조선 사회는 그것이 전근대 중세사회가 낳을 수 있는 체제 유형 중 가장 선진적인 것의 하나였기 때문에 오히려 근대에의 적응에 문제가 있었다고 할 수 있다. 다시 말해 농업시대 맥락에서의 '선진성'과 규범적 우수성이 오히려 새로이 밀어닥친 상업과 공업 세계로의 변화와 적응을 이웃 나라의 다른 어떤 체제보다도 어렵게 했다는 것이다. 조선보다 일본이 현대화를 더 일찍 그리고 신속히 개시할 수 있던 원인 또한 동일한 궤에 있다. 그것은 '병농분리(兵農分離)'의 원칙 위에 더 엄격한 신분질서를 부과하고 민중을 무력과 철저히 격리했으며 상업과 도시가 활성화된 일본의 전근대 사회체제가 근대 전야 서유럽 봉건사회체제의 전개와 매우 유사하다는 맥락과 무관하지 않다. 요컨대 농업의 상업화와 토지로부터의 농민의 퇴출에서 출발한 서구적 현대화가

196. 같은 곳.

197. Reischauer(1965: 50).

일본에서 더 빨리 달성될 수 있었던 까닭은 후자가 더 큰 정도로 억압적이고 엄혹한 지배체제와 권력의 작용 방식을 갖고 있었기 때문이다. 그리고 이것은 조선의 방식일 수 없었다.

이렇듯 우리의 '생겨 먹은' 방식을 일차적으로 규정한 것의 중심에 바로 성리학적 유교와 그 조선적인 체화(體化)가 놓여 있다. 앞서 보았듯이 유교는 경세의 이념이기에 대부분 이념의 이데올로기적 기능과 실천적·정치적 함의에 강조점을 두는 정신적 지향이자 문화적 습속이었다. 여기서 전체의 복리와 안위라는 대의명분에 근거한 도덕적 권위, 사회적 합리성을 추구하는(최소한 그렇게 하는 것으로 스스로를 포장하는) 엘리트의 공식적 성향과, 동일하게 그에 입각하여 이들을 평가하는 인민의 도덕경제학이 출현하게 된다.

물론 이러한 '사회적' 도덕을 추구하는 것은 관계적 자기, 체면 추구라는 대인(對人)적 차원의 추구뿐 아니라 정치적 담론과 해결책 안출의 차원에서도 불필요하게 위선적이고 소모적인 양상의 원천이 되기도 한다. 하지만 동시에 이러한 태도는 초개인적인 명분에 입각한 개인/자기의 완성, 그리고 초개인적 집단이 갖는 유별난 도덕적 권위라는 한국 집단주의의 동학적 요소(앞서 '사회적 권위주의'라고 명명한)를 낳음으로써 이후 현대화를 향한 '거족적 긴장'의 동력을 구성하였다. '의리'라는 전통적 유산에 대한 현재 우리의 무의식적 집착이 한국사회와 한국 현대성에서 양가적이지만 소중한 자원인 이유는 바로 이런 맥락에 있다.

물론 행동의 통일과 같은 것은 유교적 이상과는 일차적으로 거리가 있다. 이보다는 이상적인 세상의 모습인 외면적이고 정태적인 도덕적 질서에의 '꼬장꼬장하고' '고지식한' 고수로 실현되는 이상적 자기의 모습이 유교적 이상의 육화로 주요하고 이는 조선 선비에게서 전형적이다. 하지만 나라와 전체 인민의 안위와 복리, 경세에 부여되는 막대한 도덕적 권위, 그리고 이를 통해 집단을 향해 투사되는 열렬한 정신적 갈망이 새로운 보편적 질서에의 적응·추구를 운명으로 받아들일 때, 그것은 미래지향적인 행동을 향한 통일적이고 일체적인 집합적 에너지로 작용할 수 있다. 이런 맥락에서 조선 유교질서의 정신적 핵심은 복종의 도덕이라기보다는 권위의 도덕이며, 이는 집단을 통해 이상적 자기를 실현할 순간을 기다리는 강렬한 에너지의 원천이었다.

이 에너지는 동시에 인민과 민중의 도덕적 정수로 남아 있는 타자와의 공존, '함께 복리를 추구하기'를 향한 도덕적 압력 또한 구성하였다. 그것이 지향하는 바는 너와 나의 차이를 해소한 '우리'로 구성된 일차원적인 혼융 공동체, 동질적 공동체이다. 이렇게 집단 속에서 타자와의 동일성, 즉 더 큰 방식과 범위의 자기동일성(self-identity)을 추구하는 것은 불가피하게 평등주의적 지향을 수반하게 마련인데, 이는 단순히 기회의 평등으로 한정되는 것이 아니라 어느 정도 균질화된 문화와 동등한 물질적 배분에 대한 요구를 포함한다.

이러한 사상적, 이념적 자원이 현대화에, 최소한 단기적으로는 기여하지 못한 이유는 그것이 부분적으로 원심적 역동성, 특히 조선 후기로 갈수록 심화된 파벌 추구의 강한 드라이브를 내포했기 때문이다. 조선의 사회체제가 '그럭저럭 작동'할 수 있었던 이유는 그것이 개인적 성취와 사적 소유를 어느 정도 허용하고 장려하기도 한 체제라는 것에서 찾을 수도 있다. 역설적으로 조선 후기의 사회 혼란과 사회질서의 급속한 와해, 유명무실화는 그것이 불러일으킨 성취와 사적소유, 계층상승을 향한 열망을 내적으로 더 이상 수용하거나 '관리'할 수 없다는 무능력이 노출되었을 때 도래한 것이다.

조선의 사회질서는 양반 사대부가 지식/권력, 문예/종교를 독점할 뿐만 아니라 정치 주체성의 요건으로 교육과 학문을 설정하여 공론장에의 접근을 제한하는 데 그 중심적 특징이 있다. 이러한 특징적 구조는 양반사대부가 그리고 이들의 지위를 노리는 다른 신분 집단이 근대적 지식인, 신흥엘리트로 전화되는 상황에서도 여전히 그 흔적을 남기게 되었다. 그것은 정치문화의 측면에서 생산계층, 즉 '서민'에 대한 후견(後見)주의, 정치적 대리(代理)주의의 양상이다. 앞서 보았듯이 유교적 민본주의 체제는 그것이 '왕도', '후생' 등의 이념적 압박 아래 놓여 있음에도 기본적으로 노동 인민에게 정치 주체성을 인정하지 않는 이념으로 정치참여의 자격에 교양인의 신분과 능력을 요구하였다. 따라서 교육을 통해 계층상승과 정치적 목소리를 획득하려는 평등주의적 열망은 본분(本分), 분수(分手)와 같은 신분제적 기원을 갖는 사고방식과 결합하여 육체노동의 천시, 정신노동의 도덕적 성화(聖化)로 귀결되었다.

학문과 정신노동에 대한 그처럼 격렬한 성화를 생각할 때 한국적 현대성에 반(反)지성주의적 사고가 깊이 내재한다는 최정운의 진단은[198] 얼른 납득이 가지 않는다. 하지만 위의 성화가 교육과 학문이 갖는 내재적, 독자적 가치가 아닌 그것이 가져다줄 실리와 기능성의 관점에서 이루어지고 있음에 주목한다면 이해하기는 어렵지 않다. 여기서 기대하는 실리적이고 기능적인 '쓸모' 중 가장 큰 요소는 전체의 수준과 공식적 차원에서는 인민의 안위와 복리이지만 더욱 지속적이고 내밀하게 기대하고 추구하는 쓸모는 바로 오랜 세월 한민족 개개인이 그토록 중시해온 것으로 보고되는 '사람대접'이다.[199]

일상적으로 직면하게 된 모멸과 괄시, 푸대접, 횡포, 전횡 등의 여전한 신분 차별로부터 '탈피'하고(그것의 '폐지'라는 일반적, 보편적 결과가 아

198. 최정운(2013: 10-11).

199. 한국인에게 특징적이고 과잉화된 이 '사람대접'에의 지향과 그 집단주의적 추구 양상에 관해서는 졸고(2018: 2장 2절, 4장 2절)에서 더 상세한 정식화를 볼 수 있다.

닌) 사회적으로 상승하려는 욕구는 조선왕조가 말기에 이를수록 점점 더 고조되어갔다. 신분 차별의 구질서가 형해화하고, 그것이 사회적 존중(respectability), 위신, 특권 등 위계의 토대로서 점점 약화·유동화하는 상황에서 '나'의 처지를 낫게 하려는 개개인의 열망은 교육과 물질적 축적을 통해 만족스럽게 대접받고 그럴 수 있는 지위를 성취하려는 방향으로 물꼬를 트게 된다.

이런 맥락에서 개개의 '나'가 받는 '사람대접'은 바로 '나'가 종사하는 노동과 업(業)의 '탈육체화'에 결정적으로 의존하게 된다. 이에 비한다면 재산 같은 물질적 부(富) 자체는 그러한 목표를 달성하는 도정에서 중간 단계에 불과한 훨씬 한정적인 것이다. 그 결과 현대화가 진행될수록 조선의 '사' 의식은, 거경궁리(居敬窮理)와 같은 근본적이고 보편주의적인 탐구 취향이나 자신의 도덕적 수련이나 완성과의 연결보다는 '우리'의 테두리와 '나'의 자긍심을 떠받치는 유사 신분적인 차별의식과의 연결을 더 지배적인 색채로 갖게 되었다. 그와 더불어 교육과 그를 통한 사회적 상승은 이후 지식과 교육의 현대화에도 불구하고 여전히 그런 '사' 의식의 그림자 속에서 그에 특유한 '구별짓기(distinction)'[200]의 추구와 신분적 성화의 자의식 속에서 추구되는 양상을 띠게 되었다.[201] 이것이 바로 한국 집단주의의 전형이자 핵심 현상으로 지목할 수 있는 학벌주의 등의 벌열 추구적·형성적 행위 양태의 본질이다.

200. Bourdieu(1979).

201. 김동춘(1998b)은 한국인의 현대적인 '과잉교육열'에 인격의 수양이나 도덕적 자기완성이라는 전통적인 강조가 완전히 결여되었음을 지적하면서 전자를 유교적 전통의 산물로 보려는 관성적 사고에 반대한다. 이는 물론 동아시아 유교적 전통과 관련한 기존의 단선화된 논의에 대한 적절한 비판이지만 학문에 대한 현세주의적인 도구주의와 학문의 도덕적 가치에 대한 강조, 이 두 가지 모두 유교 전통에 내재함을 놓치고 있다. 양자는 동일한 문제적 양상의 두 얼굴로, 그렇기 때문에 위의 추세를 단순히 유교 이상의 '변질'로 치부할 수는 없다.

하지만 잊지 말아야 할 것은 한국 집단주의가 그렇듯 강렬한 개별화와 파벌화 경향을 보임에도 자신을 민족, 사회, 보편적 합리성 같은 전체의 이름으로 정당화하는 압력에 시달리는, 그러한 또 다른 강력한 힘에 동시에 지배되는 이원화되고 양극화된 모습을 그 핵심으로 한다는 점이다. 다시 말해 그 실제 정체성이 부분집단으로의 집단화와 그 귀속에 근거하면서도 상대를 파벌적, 부분적인 것으로 비판하고 자신이 전체, 즉 더 큰 집단의 명분을 대변하는 것으로 정당화하는, 세력화와 명분이라는 상이한 두 차원에서 집단화의 양상이 동시에 그리고 서로 겹치는 방식으로 발생하는 것이다.

어떤 면에서 보면 조선의 성리학적 질서는 도덕적, 윤리적 권위의 이상 속에 종교성과 세속성을 혼합하고 그 모순을 불안정하게 해소한 체제였다. 어쩌면 한국인은 이러한 유산 속에서 세속성을 대변하는 '나', 그리고 성스럽고 도덕적인 차원, 규범성, 사회성을 대변하는 '우리' 사이에서 줄타기하는 양날의 게임을 성공적으로 수행하기 위해 그토록 많은 심리적, 문화적 장치를 갖추게 된 것이 아닐까? 조선 사회와 현대의 조우, 현대화로의 기동은 이렇듯 갈등과 모순을 내재한 사회적 분할과 대립 구도가 전위(轉位)되고 전치(轉置)되는 과정이었고 그것들을 통해서 비로소 시작될 수 있었다.

다음 장부터 분석할 한국 근현대사의 주요 궤적은 바로 그 같은 양면적이고 이중적 계기를 내재한 한국 집단주의, 한국적인 '나'와 '우리'의 관계 동학이 극적이고 역설적으로 전개된 결과이다. 그 궤적이 일구어낸 현대화는 '나'의 열망이 '우리'의 형성을 추동하고, 그렇게 형성된 우리가 다시 나의 열망을 재정향(再定向)하는, 다시 말해 양자가 범주적으로 대립하여 공존 불가능하게 평면적으로 대립하는 것과는 다른 상호관계를 보여준다. 그것은 '변증법적(辨證法的, dialectical)'이라고밖에 부를 수 없는 관계와 과정을 보여주는 '나'와 '우리'가 함께 만드는 드라마였다. 이는 표면적으로 대립하는 것으로 보이는 각각이 단순한 상호작용을 하는 것을 넘어서 상대방으로 전환되기도 하는, 헤겔의 사변적 용어로 표현하면 대립물 각자가 그 대립항으로 전환되는 과정이라는 점에서 그러하다.

IV. 현대와의 조우,
그리고 타율적 현대화의 불씨
(1880~1945)

서유럽 사회의 현대화에 관한 많은 역사사회학 논고들이 보여주는 바는 일반적으로 '성공적인' 현대화(물론 이 성공에 대해 많은 논란의 여지가 있다)와 안정적인 근대사회의 수립이, 비록 장기적으로 사멸하였을지라도 전근대사회의 지배계급이 근대화 과정에서 주도적 역할을 수행함으로써 새로이 상승하는 지배세력에 자신의 특징을 각인시킬 때 달성된다는 것이다. 이때 상승하는 부르주아계급은 이전 지배계급의 익숙한 가치와 문화를 적극적으로 포섭, 변용하고, 증대하는 피지배 인민의 참여 욕구와 사회적 요구를 어떤 식으로든 수용·해소함으로써 사회적 지배의 정당성과 문화적 지도력을 확립해나간다.

이것이 바로 영국과 미국, 프랑스 등 서유럽 선진사회, 즉 제1차 현대화의 물결에 속하는 사회에서 볼 수 있던 양상이고 '후발' 산업국가인 독일, 일본, 남중부 유럽국가, 즉 제2차 현대화에 속하는 나라에서도 어느 정도 충족된 과제이다. 이러한 국내 헤게모니의 안정화(단순한 강권의 부과 이상인)는 대외적인 침략과 확장의 시도와 상호 상승작용하는 양상을 보이고, 이는 먼저 현대화한 국가와 민족의 제국주의적 침탈과 상호 각축으로 이어졌다.

대한제국의 마지막 몇 년 동안 조선 지배계층과 구체제 또한 제2차 현대화의 기동력인 부국강병, 국가이성, 민족주의의 제도·장치 등을 도입하여 현대적 국가/사회로 탈바꿈하려는 시나리오를 실현하려고 노력하였다. 하지만 제국주의 열강의 압도적인 무력과 영향력이 미치는 상황에서, 그리고 내적인 대처 능력이 구조적으로나 역사적으로 대단히 미비했기 때문에 그러한 노력은 무위로 그치고 말았다. 그것은 또한 일본의 메이지유신을 용이하게 한 국제정세의 우호적 국면도 향유할 수 없었다.[202] 비서구에서 유일한 제1세계 멤버인 일본을 가능케 한 '신속한' 현대화의 시나리오는 바로 그 일본과 옛 종주국인 청이 개입함으로써 초기에 좌초되었고 따라서 나라를 잃게 한 지배계급, 즉 양반사대부는 이후 얼굴을 들 수 없는 상황이 되었다. 결국 조선인, 한민족은 자발적으로 자기의 협상조건을 들고 현대와 만난 것이 아니라 말 그대로 외세의 압도적인 힘에 억지로 끌려 나와 현대의 입구에 던져진 채로, 명령내리고 동원하며 '유혹'하는 것으로 현대화를 체험하기 시작했다.

현대의 한국인과 한국사회는 지나칠 정도로 세상일을 '힘'의 논리에 따라 이해하려고 든다고 한다.[203] 아마도 현대, 현대성과 최초로 조우한 위의 정황은 조선인의 마음속에 힘에 대한 강박을 심고, 현대 한국인의 사고까지도 힘이라는 '망령'에 시달리고(haunted) 집착하게 한 것 같다. 여기서 '우리의' 문화와 전통은 그런 뼈아픈 힘의 결여의 원인인 동시에 어찌할 수 없는 자기 정체성의 원천이다. 패배한 자기 것의 가치를 주장하고 싶어하는 한국인의 내면에 꽁꽁 간직한 자부심과 복수심은 이렇게 개항 이래 계속해서 축적되었고, 그 결과 도덕과 힘, 문화와 문명의 이원론과 모순은 한민족의 의식 속에 깊이 뿌리내리게 되었다. 이런 방향으로 이루어진 축적 과정은 이후 일본의 식민지배와 그 특유한 지배체제, 정책에 의해 더욱 심화되었다.

자발적이고 자생적인 현대화와는 거리가 멀었다는 것, 그리고 그 과정이 후발 현대화 국가 중 가장 혹독한 식민지배를 가한, 항상 자신보다 못한 것으로 생각해온 골칫거리 이웃 나라 일본의 강요로 개시되었다는 점이 한국의 현대화를 추동한 주요 요소를 형성하였고 그 과정을 지속적으로 규정해왔다. 이것은 단지 일본식 현대화 모델의 여러 요소가 한국적 현대성에 돌이킬 수 없이 이식되었다는 것 이상을 의미한다. 그

202. 일본이 개국할 당시 서구 주요 열강은 중국을 비롯한 다른 비서구 나라들의 식민지화에 더 관심이 있었다.

203. 김우창(1998: 27).

것은 그러한 모델과 그것의 부과가 낳은 결과에 대한 우리의 격렬한 반응(단순한 수용 또는 거부 이상인)과 평가 또한 우리의 모습을 결정적으로 규정했다는 의미에서 그러하다.

그렇듯 타율적이고 외래적이면서도 동시에 운명적으로 받아들인 현대화가 야기한 좌절과 울분, 고통, 소외, 선망과 자기경멸, 그리고 이 속에서 괴물처럼 커져간 열망은 그렇게 우리의 현대화 과정을 내내 채색하였으며, 그 과정에서 자리 잡게 된 우리의 모습 역시 아직도 우리를 놓아주지 않고 있다. 이러한 반응과 이전 전통에 대한 집착과 의탁이 바로 집단을 향한 추동과 헌신, 동경을 더욱 강력하게 하고 고착화하는 힘이었다. 그리고 이는 한국적 '우리'의 전통적 유형이 역사적 격변과 구조화된 고난의 궤적 속에서 변용되고 재정립된 것 외에 다름 아니었다.

한국 현대화의 전개 과정에서 집단적 삶을 추구하는 한국적 양상의 주요 얼개가 어떻게 조형, 관철, 고착되는지를 역사적으로 추적하는 출발점인 본 장은 다음의 질문으로부터 시작한다. 어느 날 마른하늘에 날벼락처럼 우리네 앞마당에 등장한 현대와 현대성, 외래 문명을 강요하는 서구의 압박과 침탈, 그리고 그러한 서구 문명의 모방에서 최고 우등생인 일본의 강요로 개시되어 운명처럼 다가온 현대화는 어떤 모습으로 다가오고, 어떤 시각으로 받아들여지면서 진행되었나?

1. 새로운 보편성, 정당한 전체와 질서의 모색, 그리고 좌절

조선 사회는 중기부터 체제에 내재한 모순이 증폭되면서 본래 신분질서에 일정 정도의 유동성과 경제적 상승을 허용하던 사회조직이 외세의 침입, 즉 전란과 더불어 더욱 흔들리게 되었다. 한편, 정치사회는 그 관념성, 파벌성이 심화하면서 붕당정치(朋黨政治)의 갈등과 패도정치적 혼돈이 가속화하게 된다. 그 와중에 지식이자 권력, 문예이자 종교, 그리고 정치이자 공론(公論)이던 성리학의 독점적이고 통체화된 지배는 균열을 일으키고 양반계급 또한 내적으로 이질적인 성층화(成層化)에 직면하게 된다. 그에 따라 유림공론장이 독점한 사회커뮤니케이션과 담론, 사회윤리 공간은 인민의 담론, 언중공동체가 분점(分占)하게 된다.[204] 한편 농업경제에서 상업화로의 진행을 포함하여 후기 조선 사회가 경험하는 확장과 분화로의 사회변동은 기존 국가기구와 사회질서가 감당할 수 있는 정도를 넘어섰고, 심화되는 파벌과 세도정치로 치닫는 정치체제의 모순은 국가의 기생성(寄生性)을 더욱 두드러지게 하였다. 이처럼 어수선한 때 마침 점점 더 자주 출몰하는 '양인(洋人)'과 서양문물은 영원하고 자연적이며 진정한 문명으로 생각해온 '중화'를 핵심으로 하는 국제질서와 대내적 사회질서의 균열을 야기하였다. 이제 조선 인민은 미래와 변화, 그리고 자신의 과거를 바라보는 데 있어 새로운 인식의 원천에 눈을 뜨게 되고, '나'의 열망과 '우리'로의 집단화 양상은 이에 상응하는 변화의 흐름에 휩쓸리게 된다. 이처럼 새로운 자극이 주는 혼란과 예측하기 힘든 역사의 격랑 속에서 한국인의 '나'와 '우리'는 새로운 기회와 삶의 의미, 그리고 정체성의 긴 여로를 시작하였다.

204. 송호근(2013).

(1) 쇄국과 개항의 풍경

국가에 대한 유학의 이상은 유교의 가르침에 충실한 통치자가 덕과 양속(良俗)으로 나라를 통치하여 살기 좋아지면 사람들은 절로 좋은 나라로 모여든다는 것이다. 지금 시각에서 보면 이는 매우 수동적이고 정체된 일종의 '공동체적인' 국가를 지향하는 것이다. 여기에는 무력을 상시적으로 완비한 강압 능력, 그리고 사회를 치밀하게 통제하고 관리할 능력을 보유한 국가기구를 건설하여 영토를 확장하고 경제력, 상업의 발전 등을 도모한다는 관념과 추동이 결여되어 있다. 다시 말해 하나의 정치 단위, 정치공동체를 국가라는 기구가 인위적이고 의지주의(voluntarism)적으로 발전시키고 성장시킨다는 관념과, 그리고 그에 연계된 서구적 현대성에 내재한 제국주의와 확장주의의 추동을 결여한 것이었다. 따라서 '부국강병(富國强兵)'이라는 국가목표는 유교 조선 사회에는 그리 익숙하지 않은 것으로 서구와 조우하면서 대두한 것인데, 앞서 보았듯이 그와 유사한 전통적인 등가물로서의 법가적 국가관은 패도적인 것으로 규정하여 경원시해왔다. 이처럼 유교 조선 사회는 그 문명적 특성이 비경제적이고 비제국주의적이어서 세계자본주의시장에 참여하기는커녕 타국, 심지어 중국과의 경제적 교류조차도 안중에 없었다. 더더군다나 문화적 교류는 서양문물을 하등한 문명으로 간주하였기 때문에 그 필요성을 느끼지 않았음은 물론이고, 그것은 필요 이전에 당치도 않은 일이었다. 최소한 조선의 지배층은 자신이 고립되는 길에 만족했고 자부심을 가졌다.

이러한 사고를 서구 근대 용어로 기술하면 일종의 '문화국가(Kulturstaat)'의 이념이라고 할 수 있다. 그것은 과학기술과 물질적인 측면을 강조하는 프랑스의 보편(주의)적 '문명(civilization)' 개념에 대비되는, 한 민족과 인민에 고유한 것으로서의 '문화(Kultur)'를 제시한 독일의 개념에 가까운 사회와 국가의 이미지이다. 해방 후 한국이 군사대국이 아닌 문화대국이 되어야 한다는 이상을 제시한 김구의 '문화국가론'은 조선이 지녀온 문화민족으로서의 이러한 자부심의 배경에서 비로소 적절히 이해할 수 있다. 무력투쟁과 군사적 무장이 민족해방의 불가결한 기초임을 잊지 않았음에도 그는 이것을 꿈꾸었고, 한민족이라면 그것이 가능하며 또 그것이야말로 인류에 기여할 수 있는 우리의 소명이라고 생각했다.[205]

조선 조정은 임진과 정유라는 두 번의 일본 침략을 겪고 그들의 신무기인 조총의 가공할 위력을 보았으며 그리고 연이은 병자호란을 겪고도 여전히 무력 확충에는 무심한 채로 중화라는 고래(古來)의 문명 질서 속에 안주하였다. 납득할 만한 새로운 이상이 제시되지 않는 한 쉽게 물러서지 않는 것이 유학 500년을 지켜온 조선 사대부와 민중의 기질이었으므로 상대의 무서운 무력에도 배울 이유가 충분하지 않았던 것이다. 일례로 효종 대(1649~1659)에 실현 불가능한 북벌(北伐) 이데올로기가 전국을 휘감은 것은 청나라에 대한 우월감이 바탕이 된 문화적 우위와 도덕적 우월성에 근거한 자부심 때문이었다.[206] 조선은 나라 상실의 위기가 임박한 혼돈의 대한제국 시기(1897~1910)조차 서구문물에 대해 '구본신참(舊本新參)'의 입장을 버리지 않았으며, 근대국가로 전화하려는 노력 속에서도 유교적 민본주의, 교화주의(敎化主義)의 원리를 여전히 그 중

205. 김창현(2002: 111). 한편 필연적으로 무력을 그 본질로 가질 수밖에 없는 국가에 대한 현실주의적 이해를 기본으로 하면서 그 논리에 대한 저항을 마지막까지 밀어붙인 대표적인 이는 신채호인데, 그의 이런 입장은 궁극적으로 무정부주의의 이상으로 귀결되는 것이었다(조경달, 2013: 134)

206. 김창현(2002: 56, 110).

심에 놓으려고 하였다.[207]

이 점에서 조선과 일본의 차이는 극명하다. 에도 바쿠후(江戶幕府)는 쇄국을 '선언'했는데, 그 주요 근거는 원리적이고 원칙적인 것이라기보다는 바로 사회 내 무력을 관리할 지배계급의 실리적 필요성이었다. 그에는 서양 신식무기를 권력의 외부자나 지배계급의 하위분파, 반대파의 무리가 입수하는 것을 막고 관리하는 일이 중요했지 개항 자체를 반대한 것은 아니었다. 다시 말해 이들 일본의 지배층에게 쇄국은 원칙이 아니라 전략이었다. 이를 보여주듯 일본은 쇄국 중에도 나가사키를 열어두었고, 비록 그 전면적 수용과 응용이 즉각적이지는 않았지만 난학(蘭學)이 꾸준히 번성하는 등 서양문물을 섭취하고 자기 것으로 만들려고 노력하는 모습이 사회 곳곳에서 성장해갔다는 점에서 조선과는 매우 대조적이다.[208] 일례로 1652년 제주도에 난파하여 13년 동안 억류된 하멜 일행이 유민과 걸인으로 조선 각지를 방랑하다 간신히 탈출하여 도착한 곳은 오래전부터 일본 나가사키에 있던 네덜란드 동인도회사였다.

요컨대 자신이 무사계급이기 때문에 무력과 군사력에 대해 예민한 '촉'을 가진 일본 지배층[209]이 서세동점(西勢東占)의 상황에 기민하게 대처하고 현실주의적 쇄신을 감행한 것은 매우 자연스러운 일이다. 또 하나 결정적인 차이는 일본에는 중화(中華)가 내포하는 질서와 서열 속에 자신의 위치를 정의하는 시각이 그다지 팽배하지 않았다는 점이다. 다시 말해 '중화'를 영원하고 자연적인 '질서'로 인정하지 않고 당연히 그 질서에 대한 집착이나 질서가 갖는 의미에 대한 순교자적인 헌신 같은 것도 드물었다. 물론 에도 바쿠후에도 서양문명을 거부하고 중국 문화

207. 조경달(2012: 192-93).
208. Jansen(1980).
209. 김창현(2002).

의 보편성과 전통적인 사회조직과 삶의 원리를 방어하는 '보수' 지향은 여전히 강력한 입지를 점유하고 있었다. 하지만 서양문물과 접촉한 이래 중국 문명의 열등함을 통감하고 그 보편성을 상대화하기 시작한 사람들이 점점 늘어나 마침내 18세기 후반에 이르러 이런 목소리는 일본 내 국학(國學)의 발전과 더불어 힘을 얻어 정치적 의지로 성장하는 밑바탕이 마련되었다.[210] 그 결과 정치공동체의 자립과 방어를 위해 새로운 과학기술을 수용하고 무력을 확충하자는 목소리는 우세를 점하고 결국 승리하게 되었다.

반면 조선은 일본처럼 서양을 엿보는 눈이 없었고 중국을 통해 볼 수 있는 서양은 기회가 드물고 비용이 비쌌으며 신뢰할 수 없었다. 앞서 보았듯 외부 확장보다는 내치(內治)를 중시하는 유학전통(이것이 반드시 만족스러운 내치로 연결되는 것은 아니지만) 덕분에 서양기술의 유용성은 인식했지만 그 위험성을 알지 못했다.[211] 페리(Matthew C. Perry) 제독이 엄청난 크기의 철선을 이끌고 일본에 개항을 요구하여 그에 굴복한 사건(1853)이 일본으로 하여금 현대화 계획을 상대적으로 일사불란하게 기동하는 계기가 된 반면, 조선 바다에 수 세기 전부터 가끔씩 출몰하던 이양선(異樣船)이 드디어 대포를 쏘며 상륙을 감행한 사건은, 조선의 지배층이 그제서야 대책을 마련하느라 부랴부랴 궁리를 시작하는 혼돈과 좌충우돌의 시발점이 되었다.

'서양 오랑캐'와 직접 군사적 충돌을 경험하면서 드러난 조선의 무기력함은 식자층 대부분의 생각을 바꿔 놓기에 충분했다. 그것은 문화민족이라는 자부심이 결코 서양을 이길 수 없으며, 스스로 자부하는 도덕

210. Jansen(1980).

211. 김창현(2002: 104-105, 154, 주 57). 단적으로, 정약용조차도 이러한 전통적인 관점에서 벗어나지 못하여 대포보다 성을 중시하는 방어 전략으로 기울었다(같은 곳).

적 이상과 신념 역시 과학과 기술을 이길 수 없다는 깨달음이었다. 이는 소수의 북학파와 실학파 지식인들이 오래전부터 예견한 사태였으나 이제 그것은 더욱 많은 이에게 분명해졌다. 여전히 무력과 기술만 우위에 있는 도덕적 후진국의 당치 않은 요구를 들어줄 수는 없다고 많은 이들이 느끼고 있었지만, 그리고 아직 이상과 신념을 포기하지는 않았지만, 점차 단지 이상만으로는 안 된다는 깨달음이 시작되었다.[212] 실제로 그것을 대체할 수 있는 어떤 것도 마련하지 못했고 실마리조차 가지지 못했지만 일단(!) '힘'이 있는 서양을 따라 모방해야 한다는 논리가 점차 마음을 사로잡았다. 하지만 무력과 기술이 수백 년 격차가 벌어졌음을 깨닫고 대항할 무력을 갖추려 했을 때에는 이미 너무 늦어버렸다. 지배층은 서로 반목을 거듭하고 전 국가적 노력을 모으기에 사회는 너무 분열되어 자신의 문제로 진통을 겪고 있었다. 그 결과 개항은 정치적 자주권의 상실로, 현대화의 개시는 철저한 패배로 귀결되었다.

한편 조선의 일반 백성은 새로운 것에 대한 호기심이 많아 구경을 좋아하고[213] 무엇보다 손님을 환대하는 것에 익숙했던 것 같다. 이양선이 처음 출현했을 때 그들이 두려워한 것은 단지 서구인의 낯선 외모나 문물에 대한 두려움만은 아니었다. 이들이 두려워한 것은 중앙정부가 취한 엄격한 쇄국정책 기조에서 서양인과 접촉하고 이들을 머무르게 했을 때 겪게 될 정부의 핍박과 관리의 탐학이었다. 이 때문에 이들은 가능한 한 최소한의 접촉으로 서양인을 돌려보내려 하였고, 그렇지 않다면 항해에 지친 서양인에게 기꺼이 도움을 제공하려 한 매우 인정 많고 소박한 사람들이었다.[214]

212. 김창현(2002: 110-111).
213. London(1882).
214. 박천홍(2008: 740-42), 신복룡(2002: 47, 56).

물론 그렇다고 이들이 변화에 익숙하다거나 이질적이고 낯선 문물을 수용할 태세가 잘 되어 있다는 것을 의미하지 않는다. 다만 이들이 개방적이지는 않고 차이와 이질성에 대해 꽉 막혀 있는 사람일지언정 실리를 가져다주는 것에 대해 원칙의 이름으로 눈을 돌리기만 하는 사람은 아니었다는 의미이다. 오히려 이들은 일단 눈을 뜨면 수용성이 엄청난 사람들로서 실용적이고 물질적인 결과를 낳을 수 있는, 즉 현세구복을 가능케 하는 것이라면 단순하고 우직하게 추종하고 헌신하는 경향이 있었다. 이에 비하면 지배층과 양반사대부는 유교의 가르침에 입각하여 완결된 사회윤리와 그 우주관의 순수성에 대한 집착이 더 강했다.

개항 이후 서양문물의 유입이 활발해지면서 조선을 방문한 외국인들의 보고에서 보듯 서학(西學), 즉 기독교 가르침의 급속한 전파는 그러한 수용성, 때로는 광신(狂信)성으로도 묘사되는 높은 수용성에 힘입었는데, 이는 중국의 상황과 비교해도 그 정도가 인상적이었다.[215] 이러한 양상은 조선 민중 특유의 현실주의 혹은 '생활주의'[216]로 요약할 수 있는데, 이는 당시 조선 농업생산의 정체 상태를 편견 없이 진단하는 보고들에서 어김없이 주목되는 면모이다. 그것은 조선 인민의 표면상의 게으름이 전근대적인 수탈적 생산관계에서 일해도 나을 것이 없기 때문에 일하지 않는다는 나름의 합리적 태도에 기인한다는 것이다. 따라서 다른 사회적 세팅 속에서 이들에게 새로운 기회와 가능성이 열리게 되면, 이들은 다시 한번 근대적인 의미에서 매우 합리적으로 그리고 격렬하게 그 기회와 가능성을 추구하는 경향이 있는데, 이는 만주와 간도 등지에 정착한 조선 최초 이민자 촌락에서 볼 수 있던 모습이다.[217]

215. 신복룡(2002), 이규태(1983b).
216. 조경달(2008).
217. 신복룡(2002: 126), 탁석산(2008: 146-47).

한국 현대화의 논리와 추이를 묘사할 때 유념해야 할 점은, 이들 피지배 인민, 즉 생계 해결에 온통 얽매이고 생산 노동의 짐을 진 대중과,[218] 정치적·지적(知的) 지도와 지배권을 자임한 엘리트로서의 식자/지식인/국가관리, 이 양자 간에는 현대화를 수용하고 바라보며 체험하는 데 있어 상당히 심대한 차이가 있다는 사실이다. 기아와 빈곤에 시달리며 비참한 생활을 영위하던 당시 백성들이 이양선과 선교사라는 모습으로 등장한 '현대'에 어떻게 반응하고 어떤 '우리'를 만들어 대응했는지를 보려면 조선 후기부터 이어져온 어지럽고 참혹한 이들의 사회경제적 배경을 먼저 살펴볼 필요가 있다.

(2) 새로운 '나'와 '우리'를 향한 추구: 실학, 서학, 동학

농업경제에 기반한 전근대 사회는 어디에서건 농업생산자의 피수탈적 지위와 지배계급의 기생(寄生)성 간에 나타난 모순이 식량 위기나 자연재해를 계기로 농민봉기나 반란으로 간헐적이나마 분출되는 것이 일반적인 양상이다. 이는 특히 중세 말기, 근대 여명기에 사회변동이 가속화하고 이전 체제가 이완되고 기능이 저하되면서 전형적으로 식량 폭동과 같은 양상으로 등장한다. 여기서 대체로 공통적인 배경은 농업경제의 상업화와 부농의 등장, 지주계급의 착취와 국가의 수탈 증대 등이다.[219]

218. 물론 이들의 대부분은 농민이지만, 이들이 농민이라는 사회적 범주로 불리게 된 것은, 즉 '농민'이라는 호명범주는 뒤에서 보듯 일제강점기인 1920~30년대의 산물이다(Sorenson, 1990).

219. 널리 알려진 배링턴 무어의 연구(Moore Jr., 1993[1966])는 전근대 사회의 이런 다소 공통적인 요소들이 어떻게 국가별로 상이하게 배치되고 상호작용하여, 현대화를 진행하는 세 가지 주요 정치적 경로([자유주의적]민주주의/파시즘/공산주의)가 출현하는가에 관한 비교역사사회학적 분석의 고전적 예이다.

이러한 요소는 조선 후기에 빈발한 민란과 변란의 원인이자 배경으로 작용하였다.

조선사회의 경제적 측면의 변동 추이는 17, 18세기 이후 생산력이 발전하여 소농의 자립지향이 두드러졌으나, 전체적인 상황은 자작농의 부농화로 나아가기보다는 농민의 일상생활이 훨씬 더 쇠락하는 위기가 주요해지는 것이었다. 과두적 파벌과 정치적 부패의 결합인 세도정치가 득세하여 국가의 중앙통제적, 법치주의적 기강이 문란해지자 지방 수준에서는 수령의 권력이 강화되어 가렴주구의 폐해는 더욱 극심해졌다. 그것은 향임(鄕任), 군교(軍橋), 양반토호(土豪) 들의 중간 수탈이 가혹해지고 국가재정이 파탄에 이르면서 기근과 질병에 대비한 국가의 진휼(賑恤) 기능 또한 시간이 갈수록 저하되는 과정이기도 했다.[220]

한편 양대 전란 이래 가속화된 사회질서의 문란과 신분 유동화의 양상, 도덕적 파행화, 전통적 정치질서의 교란은 '유속(流俗)'이라는 명명으로 많은 유자의 우려를 낳았고 이러한 세속화 양상에 대한 반대 운동을 기획하게 하였다.[221] 조선 후기에 나란히 등장한 실학과 세도정치는 이렇듯 양반의 증대와 신분질서의 문란, 국가의 피폐화, 경제의 역동성 증대와 양극화 진전이라는 사회변동의 큰 흐름을 반영하는 동시에 그에 대한 지배층의 서로 다른 대응 양상이라고 할 수 있다. 이러한 일련의 변화와 대응은 양반사대부를 중심으로 하는 '과두관료제적 국가'인 조선 사회체제의 위선성과 허위성을 더욱 두드러지게 하는 한편, 역설적으로 성리학 질서 속의 이상적 공동체에 대한 지향을 대중화, '민주화'

220. 조경달(1998: 53-55).

221. 노관범(2013: 159-162). 여기서 '유속'은 "아무런 가치판단이 없이 그저 많은 사람이 그렇게 하니까 그것을 따라 하고 답습하는 것"(같은 글, 161)으로 정의되는데, 그 가장 우려되는 양상은 유력자에게 청탁을 일삼으며 가문과 가문 사이의 패륜적인 각축을 벌이는 일이었다(같은 글, 162).

하여 이념적으로 상민과 양반의 구분을 흐리게 하는 효과 또한 갖는 것이었다. 그 이전에, 향반(鄕班)과 잔반(殘班) 등 몰락한 양반의 증가는 인구학적, 사회계층적 차원에서 이미 상민과 양반의 구분을 모호하게 만들었다.

세도정치를 담당한 지배계급의 최상층 소수 핵심성원을 제외하고 보면 '사(士)'의 이상적, 이념적 차원은 이러한 저변의 변화에 상응하여 서로 다른 두 개의 의미로 분할되는 것으로 볼 수 있다. 이는 당시 태동하기 시작한 사민평등(四民平等), 상승 지향적 평등사상과 '사' 개념의 변용을 반영하는 것이었다.[222] '이용후생(利用厚生)'의 이념과 실천을 대변하는 실학, 북학의 소수 국가관리(즉, 근대적 전문기술관료에 근접하는) 관념에서 볼 수 있는 능력, 성과, 생산을 낳는 사의 개념이 그 첫 번째요, 민중과 함께하는 '의(義)'의 대변자로서의 향반, 즉 동학을 비롯한 조선 후기 민란에서 중요한 역할을 수행한 향반이 그 두 번째이다.

우리는 여기서 이후 한국 현대화 역사에 변용된 형태로 재차 등장하는 엘리트의 두 가지 이념적 유형을 볼 수 있다. 특히 후자는 저물어가는 성리학 질서의 핵심을 지키고 그것을 일반 민중의 요구와 결합하여 실천하려는 유형이다. 이들은 비록 관직이 없지만 양반보다 더 양반다운, 다시 말해 양반사대부 질서의 이상과 윤리가 벌열가문의 세도정치 지배로 형해화, 위선화한 이면에서 이들 '버젓한' 양반보다 더 숭고하고 순수한 선비의 유형으로 등장했다. 그 대표적인 인물이 바로 몰락한 잔반으로 마을 훈장이던 전봉준(全琫準, 1855~1895)이다. 전봉준은 평소에 말이 없고 사람들과 접촉을 피하면서 생활하지만 근면하고 학식이 풍부하며 부모에 효도하는 모습으로 덕망이 마을에 자자했다.

222. 조경달(2002: 41).

그는 동학혁명에 참가하게 된 동기를 다음과 같이 술회하였다.

> 한 몸의 피해 때문에 기포(起包, 일을 일으킴)하는 것을 어찌 남자가 할 만한 일이라 할 수 있겠는가. 중민이 억울함을 한탄하기 때문에 민을 위해 피해를 제거하고자 한 것이다. (중략) 세상일이 날로 그릇되어가기 때문에 개연히 여겨 한 가지 제세(濟世)의 의견을 말하려고 한 것이다….[223]

이 진술은 선비의 자각과 행동의 정수가 어디에 있는지를, 그리고 그것이 세도가의 일원일 때 얻는 '명망(名望)'이 아닌 일상 속에서 바른 자세를 유지하고 실천하는 '덕망(德望)'임을 잘 보여준다.[224]

이러한 지향, 멘털리티(mentality), 인성형(personality type)이 어디에서 오고, 또 기성 질서와 이상의 심각한 퇴락 이후에도 어떻게 유지될 수 있었는지는 아직도 흥미로운 수수께끼로 남아 있다. 그나마 지금 알 수 있는 것은 이러한 인성형이 자기 이익의 추구를 혐오하고 편리와 현세적 향유 대신 금욕과 소박함, 무엇보다 이 세상에 '아름답고 깨끗한 모습'을 남기려는 '선비'를 지향했다는 점이다. 이들은 자기 수양에 워낙 열중인지라 모든 속화된 욕구를, 심지어는 육체노동조차 멀리하였지만(물론 이데올로기적이고 위선적인 외양에 불과한 경우도 많았지만), 그들이 어릴 적부터 평생 읽고 배우면서 가슴속에 각인한 '이상적 자아(ideal ego)'로 인해 사회의 밑바탕인 백성의 어려움과 비탄을 더는 데 기꺼이 투신할 각오를 품은 것이다.

이 모습은 현대화된 정치제도의 도입과 정착 이후에도 여전히 이어져 온 정치지도자의 모델과 그에 요구되는 권위의 요소, 다시 말해 한국 정

223. 「전봉준 공초」, 『동학란 기록(하)』, 525, 534쪽, 조경달(1998: 145)에서 재인용.
224. 조경달(1998: 147).

치문화의 핵심적인 요소를 대변한다. 그것은 집단을 위해 개인의 이해와 욕망, 즉 '자기(自己)'를 초월하고 초개인적 지향을 보이는 일종의 영웅(주의)적 인물인데, 이 강력한 상징은 한국적 집단주의에 필수적이자 필연적으로 연동되고 수반되는 그것의 음화(陰畵)에 해당된다. 이런 새로운 양반들이 동학란을 비롯한 여러 민란에서 지도자로, 혹은 관과 백성의 매개자로 등장하는 광경은 드물지 않았다.[225] 물론 동학운동에 참여한 참가자의 면면을 살피면 매우 다양한 동기가 작용했음을 볼 수 있고 그 속에는 기회주의적 동기도 결코 적지 않다. 하지만 양반사대부의 주변층에서 등장하는 이런 지도 계급의 유형은 뒤에서 보게 될 이후 역사 전개에서 드러나듯 그 역사적, 사회적 중요성이 시간의 흐름과 격심한 사회변동에도 불구하고 그리 줄어들지는 않았다.

부가적으로 짚고 넘어갈 점은 동학농민운동이 근대적인 민중의식의 소산으로 일의(一意)적으로 평가하기에는 그 정치적 목표와 운동의 성격이 매우 복고적이라는 것이다. 조선의 마지막 십여 년을 뒤흔든 혁명운동인데도 동학농민운동의 슬로건은 '근왕(勤王)'과 '일군만민(一君萬民)'이라는 본질적으로 유교적이며 전근대적인 성격을 띠기 때문에 성리학적 정치/사회질서에 대한 근본적인 저항이었다고 보기는 어렵다.[226] 그에 상응하듯 그들이 주창한 교리는 비록 민중화되기는 했지만 여전히 유교의 삼강오륜과 충효의 덕목에 기반한 것이었다. 그리고 실제 저항 행위를 수행하는 방식을 보면 왕이 직접 보낸 지방관에 대한 공격은 최소화하는 대신 그 이하 아전 같은 중간집단을 주로 징벌하고 단죄하면서 국왕에게 청원하는 방식을 채택했다. 이것은 동학운동이 조선의 전

225. 조경달(1998, 2002).

226. 조경달(1998).

통적인 정치문화, 즉 당시에 전형적인 '민란의 작법(作法)'[227]에 충실한 것이었음을 말하며, 이들이 여전히 '왕조(王朝)국가'라는 전체 속에서 자신을 바라보고 정치공동체를 상상했음을 보여준다.

이 운동이 제기한 요구 또한 조선 후기 농민이 지닌 민중 윤리의 연장이라고 보아도 무방하다. 이때의 주요 이념은 '균분(均分)주의'로서 향촌공동체와 그 전통적 습속에 팽배한 공동생산과 공동향유의 이념에 더하여 토지와 재산을 균등하게 나눌 것을 주창하였다. 이는 지나치게 빈부격차가 발생하지 않는 경제적 편제에서 각자 일정한 농지를 소유한 자작농이 모여 협력하며 공동체의 문제를 함께 결정하는 체제를 지향하는 것이었다.[228] 이런 용어들이 현대 한국인에게는 다소 낯설지만, 그에 본질적인 지향과 정조는 뒤의 5장 2절과 4절에서 보듯 이후 현대화 과정에서 '함께 잘살기의 믿음'의 양상으로 그 기본 골자가 그다지 변하지 않은 채 다시 등장한다.

하지만 이런 측면이 있음에도 동학운동은 한국의 '종교개혁'[229]이라고 평가될 만한 계기를 내장했으며, 이것은 그것이 단지 '근대적(인 것으로 간주되어온)' 민중봉기를 정당화하고 뒷받침한 사상이기 때문만은 아니다. 그것은 동학운동이 '나'를 새롭게 발견하는 계기가 되어 기존의 집단주의, 특히나 가문과 확대가족 속의 자신에 대한 의식으로부터 벗어나게 했기 때문이며, 이는 중화가 정점인 이전의 위계적 질서가 내포한 집단주의로부터도 자유로운 새로운 의리, 새로운 '우리'의 지평을 여는 것이었다.

유교의 주요 특징 중 하나는 종교 여부에 대한 논쟁까지 유발할 정도

227. 조경달(2008).
228. 조경달(2002).
229. 송호근(2013), 조혜인(1995).

로 철저히 현세적인 철학이라는 사실이며, 이러한 종교성 논란의 중심은 그것이 주지주의(主知主義)적 세계관을 통해 세속과 종교를 현세주의(現世主義)적으로 통합했다는 데 있다.[230] 사실 양반사대부가 견지한 성리학적 정통주의의 경직된 태도는 서구나 다른 문명권에 특징적인 종교적 근본주의(fundamentalism)보다는 선진 문명과 그것이 설파하는 윤리적 위계질서에 대한 집착과 강박의 성격이 더 강했다고 보는 것이 정확하다. 따라서 이들에게 드물지 않게 드러나는 '근본주의적인 면모', 유교적 합리화를 향한 때때로 매우 광포한 시도에도 불구하고 그 이면에는 그것이 본질적으로 채우거나 간여할 수 없는 영역이 잔존한다는 것이 동시에 전제된다.

이런 맥락을 고려하면 피지배 인민의 입장에서도 유교가 관념적이며 덜 '종교적'이라는 바로 그 이유 때문에 그에 따른 사회 합리화를 어느 정도 감내할 수 있었다고도 추측할 수 있다. 다시 말해 유교는 상술한 성격 덕분에 기존에 이미 자리 잡고 있던 무속과 불교, 도교의 흐름 위에 자신을 하나의 상부구조로, 국가이데올로기이자 사회규범으로 상대적으로 무난하게 부과할 수 있었다.[231] 요컨대 유교는 그 종교적 본질상 인간 정신의 '심층'을 장악할 수 없다는 바로 그 '무능력' 때문에 오히려 그것의 '철저한' 사회화를, 좀 더 정확히 말한다면 '사회적 표면'에서의 전일화(全一化)를 역설적으로 달성할 수 있었던 것 같다. 이 점이 바로

230. 이러한 통합을 통해 국가와 (시민)사회, 문화와 사회, 종교와 정치는 근대적인 방식으로 확연히 구분(대표적으로 정교분리[政教分離])되지 않게 된다. 바로 이러한 '미분화(未分化)'의 제도적, 문화적 상황이 전근대사회, 즉 여러 다양한 문화와 문명권의 전통사회를 서유럽에 준하여 보편적으로 '중세(中世)'로 부를 수 있게 한다.

231. 여기서 '상부구조'나 '이데올로기' 등의 용어는 사회과학, 특히 마르크스주의에서 특징적인 '관념적' 상부구조와 사회경제적 '토대' 사이의 일련의 결정론적인 인과관계를 가정하거나 시사하면서 쓰이고 있지는 않으며, 단지 비유적인 선명성을 위해 채택되었다.

그토록 경직되고 강고한 정통주의 성리학의 전통에도 불구하고 다른 종교에서 볼 수 있는 무력을 사용한 유혈 분쟁과 종교적 근본주의를 한국사에서 거의 볼 수 없는 이유라고 생각한다.

인격신을 믿는 종교가 아닌 이신론(理神論, deism)과 유사한 유교는 종교적 수행이라는 면에서도 뚜렷한 계급적, 현실적 한계가 있었다. 그것은 기본적으로 한자 문맹인 사람이 이해하고 내면화할 수 있는 것이 아니었다. 그 내면화를 위해서는 열 살 이전부터 매일매일, 아침부터 저녁까지 경전을 외우고 체화해야 하는데 그럴 여유가 있는 사람은 당연히 대다수는 아니었고 노동하는 피지배 인민, 특히 천민(賤民)과 여성에 대한 호소력은 거의 발휘하기 힘들었다.

조선은 문명-사회규범-종교로서의 통일체적 지배를 '제도적' 차원에서 유지했지만, 무력과 사회적 관리체제가 그 외관만큼 튼실하고 치밀하지 않았다는 점에서 허약한 국가였고,[232] 이는 일반 백성의 정신세계(psyche)를 지배하는 능력에서도 그러했다. 지배계층이 성리학적 질서를 문명론과 도덕화된 공동체의 사회윤리로 매우 교조적인 준칙과 의례로 신봉한 반면에, 일반 백성은 그것을 단지 민중 윤리적인 몇몇 단순한 지침으로 받아들이고 정형화하는 것에 머물렀다. 그것은 이를테면 '심청이 같은 효자', '흥부처럼 인정 있는 이웃'을 권장하고 상찬하는 식의 윤리였다.[233]

개항기 천주교와 같은 외래종교의 흡수가 빨랐던 이유도 유사한 맥락에 있는데 현대 한국인의 모습이 그러하듯 일반 민중은 현실적인 요구

232. 권태준(2006: 267, 280).

233. 김창현(2002: 101-102). 앞서 3장 2절에서 제시했듯이 임진왜란과 병자호란 이후 조선 후기에 그러한 윤리적 지침의 주요 매개체는 국문소설 독자를 중심으로 한 언문(言文) 공동체와 판소리 등의 농민·민중예술, 위락의 장르였다(같은 책, 93-103).

등에 의해 얼마든지 다른 것을 받아들일 수 있는 실용적 유연성과 개방성을 갖고 있었으며, 이는 한국인의 종교적 개방성을 보여주는 다소 초역사적인 성향과 같은 것으로 운위된다. 여기에는 또 하나의 중요한 배경이 있는데 그것은 19세기부터 시작되어 한국전쟁 시기까지 내내 진행된 전 국토에 걸쳐 일어난 약탈, 침략, 동원, 뿌리 뽑힘, 전쟁과 참화 등이 불러일으킨 유민(流民) 상태로 대표되는 생활의 불안정과 생존 위협의 상황이다. 조선의 민중은 이처럼 가혹한 현실과 예측할 수 없고 제어할 수 없는 운명에 직면하여 현실 기복(祈福)적 기제를 제공하고 파국(破局)적 해방을 가져다줄 종교에 다투어 귀의하게 된 것이다.[234] 이런 맥락에서 실용성 지향 일변도처럼 보이는 일반 민중의 종교적 개방성은 헌신과 희생의 어마어마한 에너지 또한 내포하였다. 서학(西學), 특히 가톨릭은 수만 명의 순교자를 내면서 정착하였고 개화기 선교사들이 남긴 기록을 보면 조선 민중은 단순하고 희생심이 강하다고 운위되었다.[235]

동학이 민중봉기의 이데올로기로서 가진 호소력은 기독교와 서학처럼 인격신을 설정하는 동시에 기성 민중 윤리와 유교적 덕목에 뿌리내렸다는 데서 유래한다. 도탄에 빠진 백성은 '한울님'이라는 인격신과 직접 접하고 대면함으로써 올곧이 세상에 '나와' 인간으로서 대접받는 '나'의 존재를 인정받고 발견하게 된 것이다.[236] 그러한 '자기'의 발견은 고도의 지적 합리화의 숙련에 근거한 주지주의적인 추론방식이 아닌 직

234. 조경달(2002)은 조선 후기부터 일제 말기까지의 조선 내 종말론적 구원종교의 흐름을, 김흥수(1999)는 한국전쟁 후 기복신앙적인 요소가 기독교 내에서 강화되는 과정을 추적하였다.

235. 신복룡(2002), 이규태(1983a: 310). 이들 민중, 특히 여성은 논리를 따지면 잘못 알아듣기 십상이지만 구원을 위해 순교도 불사할 정도로 열렬했다고 한다.

236. 조혜인(1995: 261-2). 최봉영(2012: 27)은 우리말 '나'가 '나다', 즉 '태어나다'라는 동사에서 연원한다고 보았다.

관(直觀)주의적이고 감성주의적인 종교 양식을 통해 이루어졌으며, 이러한 종교적 실천은 유교가 최우선시하는 조상숭배의 의례윤리적인 요소에서도 상당 부분 벗어난 것이었다.[237]

이처럼 새로 발견한 '나'를 통해 민중 개개인은 비록 근대적인 시민권적 자각에는 못 미칠지라도 자신에게 내재한 정치 주체성의 자격을 깨닫고 스스로의 윤리적, 정치적 도야를 위한 집합적 노력에 참여하게 된다. 혁명적, 정치적 지향을 실천한 동학농민운동의 주력은 사실 '남접'에 속하는 이단분파였는데, 여기서 교리의 핵심은 누구든 단순한 주문을 암송하면 한울님과 만나고 나아가 '진인(眞人)'으로 상승하여 구원을 얻을 수 있다는 것이었다.[238] 동학이 촉발한 민중의 행동주의적 에너지는 바로 그런 교리에 힘입은 것이었다. 다소 의타적이며 정치적으로 활성화되지 않은 '서민, 민초(民草)'만으로서의 '우리'는 동학 신앙을 통해서 이상과 바람으로 존재한 민중적 우리의 모습 그리고 그 속의 '나'를 일깨우고 인정받고 성취할 계기가 주어짐으로써 더욱 자주적이고 자율적인 의식을 가진 우리로 전화되었다.

이러한 자생적인 민중의 움직임이 수구 일변도인 국내 권력과 외세에 결국 패배한 후 뿔뿔이 흩어져 친일 협력적인 일진회 등으로 이합집산하고 이후 마침내 순화되고 보수화된 공식종교 천도교(天道敎)로 정립된 것은 대단히 뼈아픈 일이었다. 직관주의 대 주지주의, 해방주의 대 내성(內省)주의(일상의 합리화와 자기성찰에 중점을 두는)라는 상호 모순적인 요소들 간의 불협화음은 최제우가 창립할 당시에도 동학의 교리체계 내에

237. 서구 역사에서도 로마적 개념의 부권·부성의 정치적·사회 조직적 지배력을 잠식한 것은 제국의 통치권을 새롭게 정당화하기 위해 도입한 기독교, 이후 교권(教權) 지배의 종교조직으로 전환한 가톨릭의 상쇄적 힘이었다(Arendt, 1958b; Julien, 1991).

238. 조경달(1998).

존재했다. 이 대립은 제2대 교주 최시형이 그중 후자(주지주의, 내성주의)를 정통으로 공인하면서 해소되는 방향으로 나아갔고, 3대 교주 손병희에 이르러서는 이러한 추세가 더욱 심화되었다. 이와 함께 동학은 점점 더 엘리트주의에 빠져드는 동시에 보수적인 색채가 강해지고 낮은 곳의 인민들에 의한 종말론적 해방을 예기하는 요소는 소실되어갔다.[239] 그것은 합리적이고 현대화한 종교로 변신한 것이지만 동시에 교권(敎權)조직의 상층부가 그 해석과 실천을 지배하는, 즉 기성체제를 거스르지 않고 순화된 '번듯한 종교'인 천도교로 귀착되는 과정이었다.

동학농민운동의 패퇴와 그러한 전화는 당시의 역사적 구조적 상황이 부과한 압도적 힘 앞에서는 불가피하지 않았나 생각된다. 하지만 그것은 한민족의 정신적 미래 그리고 새로 태어나려는 한국인의 집단주의, 한국적 '우리'의 향배라는 측면에서 안타깝고 치명적인 패배였다. 동학이 천도교가 되었을 때 해방을 향한 민중의 원초적인 욕망은 다른 종말론적 신흥종교와 사이비 구세주의 품에서 그 해갈(解渴)을 구하게 되었고, 이들에게 결국 남은 것은 각자도생(各自圖生)의 '생활'과 종말론적 '꿈'의 세계뿐이었다. 또 그 패배는 전통적 세계의 이상, 전통적 '우리'에 대한 이상을 모두 철회하고, 기층 인민 역시 신문명과 신교육의 세계로 다소 맹목적으로 체념하며 들어갈 것을 재촉하는 것이었다.

이와는 달리 명시적으로 서구 지향적인 당대 개화파 지식인들이 시도한 만민공동회(萬民共同會)나 독립협회(獨立協會) 운동이 동학운동과 더불어 좌절되고 진압되자 이들은 모두 대부분 유사한 경로로 수렴되었다. 그것은 상쟁하는 파벌과 치명적인 분파주의, 외세의존적·추종적인 서열화된 현대화를 맹신하고 맹종하는 집단주의로 나아갔고, 하위집단

239. 조경달(2008, 1998).

의 구심력(求心力)이 발호하면서 사회적으로 커지는 원심력(遠心力)의 소용돌이가 풀려나는 결정적인 계기로 작용하였다.

(3) 신문명(新文明)과 기회의 유혹, 각자도생, 그리고 표류(漂流)

당시 조선의 농민과 일반 백성에게 외세는 여전히 낯설고 미지의 것이었지만, 이제 그것은 그들의 삶과 생활의 방식을 실제적으로 위협하는 것이 되었다. 하지만 그렇다고 유교 조선의 봉건성 또한 희망이 되는 것은 아니었다. 동학당 패잔 세력이 친일단체인 일진회(一進會, 1904~1910)와 진보회(進步會, 1904) 등으로 결집한 것에서 보듯 당시의 사람들이 외세, 특히 일본에 대해 가진 우호적이며 기대에 찬 입장과 이를 중심으로 정치세력화하려던 움직임은 현재 멀리 떨어진 편안한 시좌(視座)에서 도덕적으로 재단할 수 있는 것 이상의 훨씬 복잡한 결을 갖고 있었다.[240]

여기서 주목할 곳이 바로 조선 중후기부터 '학문도 모르고 예의도 모르는 지역'으로 인식되어 정치적 차별대우를 받았고 전통적으로 반정부적 성향이 강했던 평안도, 넓게는 황해도와 함경도도 포함하는 서북지역이다. 이 지역은 18세기부터 전국에서 상업이 가장 번성하면서 다른 어느 지역보다 앞서 반(反)봉건 근대화를 지향한 '선진'지역이 되었는데, 그 덕분에 새로운 지향을 발전시킨 많은 인물이 등장하였다.[241] 이를테

240. 최정운(2013: 147-9), 김종준(2010), Henderson(1968: 128-31).

241. 김상태(1998: 262-3), Henderson(1968: 120). 개화기, 일제강점기의 지역감정, 특히 기독교계 지식인들 간의 대립은 바로 이 서북지역과 기호지역(서울, 경기, 충청) 간의 것이 주요했다(김상태, 같은 글, 261). 영호남 갈등을 상당히 먼 시기(삼국시대 신라와 백제의 대치 같은)까지 거슬러 올라가곤 하는 논의들이 유포하는 바나 현재 지배적인 대중적 인식과는 달리 영호남 간 지역감정의 대두는 그리 오래되지 않았다. 요컨대 1970년대 이전까지 지역 대립의 축은 동-서 간보다는 남-북 간에 더 주요했다.

면 서북지역 출신 기독교계 지식인 중 하나인 안창호는 노동하지 않는 양반의 기생적인 삶을 혐오하고 근면하게 일하며 새로운 문명을 받아들여 민족을 다시 일으켜야 한다는 기치의 선두에 섰다.

하지만 민족부르주아와 근대적 시민의 등장과 육성, 그리고 이들을 중심으로 한 국민국가 건설은 서양세계 발전 궤적에 대한 단순화된 인식으로, 당장 바라보고 추구하기에는 턱없이 멀고 쉽지 않은 목표였다. 그보다는 외세와 결탁, 특히 점점 더 확고해지고 자리 잡아가는 일본의 침략과 지배에 편승하는 것은 '손에 잡히는' 이득과 안녕을 보장해주는 것처럼 보인다는 이유로 더욱 증대되는 경향이었다. 따라서 숭농억상 정책의 희생물로 차별받으면서도 상인계층이 번성한 서북지역에서 저명한 개화지식인뿐 아니라 후일 악명 높은 친일파와 매국노로 분류되는 사람들이 다수 배출된 것은 어쩌면 자연스러운 일이었다.[242]

이는 당시를 산 사람이라면 어떤 식으로든 결단해야 했던 딜레마로 단지 개인적 기회주의로만 치부할 수 없는 면이 적지 않다. 이 딜레마적 상황은 특히나 개인적인 결단으로 사람들을 몰고 갔던, 다시 말하면 집합적 수준에서의 추구를 매우 무망(無望)한 것으로 보이게 하는 상황이었다는 점에서 더욱 쉽지 않은 것이었다. 당시 일본은 서양만큼 낯설거나 위화감이 들지 않으면서도 서양만큼 강대해진 유일한 아시아 나라였다. 일본이 러일전쟁(1905)에서 승리한 것은 일본뿐 아니라 조선 백성에게도 매우 놀라운 사건이었다. 1905년 이후 일본은 청일전쟁에 이어 러일전쟁도 승리하고 미국과 영국의 비개입 약조까지 받아낸 터라 이제 누구의 시비도 받을 일이 없게 되었다.[243] 이런 일본이 1900년대 조선에

242. Henderson(1968: 129). 핸더슨은 이런 맥락에서 친일파의 대표적 인물로 송병준(1857~1925)의 행적을 분석하였다.

243. Cumings(1997: 202).

가졌던 위세, 그리고 영향력과 지배는 압도적이었고 합병에 필요한 세부 작업은 이미 여기저기에서 치밀하게 진행되고 있었다.

이에 덧붙일 수 있는 것이(아마도 그러한 종속의 심층적 원인이라고도 할 수 있지만), 일제의 식민지 지배 이전의 조선사회가 이미 여러 종류의 사회적 분열을 안고 있었고 심각한 내적인 혼돈, 갈등, 파편화 상태가 확대일로에 있었다는 점이다. 일제에 합병되기 전 조선사회의 풍경은 단지 '각자도생'이라는 말이 무색할 정도로 사회적 해체와 도덕적 공백이 극단에 이른 상황이었다. 이러한 사회적 해체의 상태가 국가적 주권의 상징적 통일성, 그리고 그나마 있던 국가무력, 지배체제의 붕괴뿐 아니라 나름의 사회적 평형을 이루고 있던 하나의 유기체로서의 조선 사회를 떠받치던 권위와 의리의 세계 또한 붕괴되었음을 의미한다는 데 그 막대한 심각성이 있었다. 그 결과 개개인은 심지어 가족까지도 버려가면서 살아남기 위해 안간힘을 쓰는 세계에 놓이고, 인민들은 서로서로 마치 홉스(T. Hobbes)가 묘사한 '자연 상태'처럼 약육강식의 무도덕적인 경쟁에 휩쓸리게 되었다.[244] 이렇듯 어수선한 시기의 조선인의 행위양상과 정조를 헨더슨(Gregory Henderson)은 다음과 같이 기술하였다.

> 집단으로부터 그리고 대의명분과 이상 및 합리성을 요구하는 압력으로부터 해방된 원자화된 유동성은 여러 재능과 야망을 지닌 사람들에게 잔인한 짓 (중략) 친구나 명예 및 국가를 예사로 팔았다. (중략) 일부 사람들이 이런 위험을 다스릴 수 있는 힘을 가진 일본 편에 선 것은 일본인을 두려워한 만큼 서로를 두려워했기 때문이다.[245]

244. 최정운(2013)은 1900년에서 1910년에 이르는 신소설(新小說)의 '막장 드라마' 같은 줄거리가 바로 당시의 그러한 혼란을 보여준다고 분석하였다.
245. Henderson(1968: 330).

여기서 묘사한 대한제국 시기에 진행된 사회적 해체와 개인 이익의 반민족적, 반사회적 추구 양태가 조선 사회가 배태한 내재적 모순과 동학의 산물이기도 하다는 사실은 매우 중요하다. 그렇지 않고 그런 모습이 단지 외세의 침탈과 조작, 기만으로 야기된 일부에 국한된 현상이고, 당시 대다수 민중과 지식인은 자주적 현대화와 독립국가 건설에 헌신했다고 정리한다면 그것은 과거의 역사로부터 얻어야 할 교훈을 자기기만적으로 편식하는 일일 것이다. 하지만 전자만을 보는 것 또한 현실과 역사를 심각하게 단순화하고 왜곡하는 일로 귀결될 것이다. 우리가 당시 조선사회의 고유한 논리와 구조, 그리고 사회적 분열에 역작용(counter-act)하려는 '우리'를 향한 고유하고 내생적인 동력을 고려하지 않는다면, 그것은 '열등민족'임을 한탄하는 자학적 논리로 쉽게 귀결될 경사를 가진 것이다.

조선인이 자주적 국가를 건설(혹은 복구)하려는 흐름은 이에 힌트를 제공한다. 계몽과 개화, 민족자결을 주창한 당시 많은 이들 중 상당수는 이전의 유생들로, 이들은 학교를 설립하고 언론사 주필 등으로 활동하면서 대한제국의 마지막 전회를 도모하고 일제하에서 민족의 갱생과 부활을 시도하였다. 완전히 사그라든 적이 없던 각계의 이러한 줄기찬 노력은 그 자체로 원초적 민족의식으로서의 한국적 '우리'의 약동을 보여준다. 하지만 그런 '우리'에는 '순수한' 민족주의로만 환원될 수 없는 다른 층위의 '우리'가 개재되어 있다는 점 또한 유념해야 한다.

이들 노력으로부터 우리는 먼저, 문화민족이며 소중화(小中華)인 조선이 '왜(倭)'의 지배는 받아들일 수 없다는 자의식, 즉 아무리 무력으로 복속당했다고 하더라도 '우리' 민족은 여전히 도덕적, 윤리적으로 우월한 존재라는 의식을 변별해낼 수 있다. 특히 유생들은 '윤리적으로 우월한 우리, 체면과 얼굴의 귀속 장소로서의 우리'의 의식이 대단히 강했던 것으로 보인다. 한일합방이 선포되었을 때 이들 중 많은 이들이 자결을 시도한 것은 바로 이렇듯 도덕적, 윤리적으로 우월한 질서, 즉 나의 정체성과 삶의 의미를 육화한 '우리'인 조선의 체면이 그러한 강탈로 손상되었다는 감정 때문이 아니었을까? 그 감정이 극단적인 결단을(숭고하지만 안타깝게도 현실 속에서 그리 큰 효과를 보지는 못한), 그것도 많은 이로 하여금 내리게 한 것이 아니었을까? 이는 단순히 민족적 감정으로만 귀착될 수는 없을 것 같다.

그것이 아무리 절박하고 영웅적인 것일지라도 일본이 미래를, 조선이 몰락한 과거를 표상한다는 것은 점점 더 분명해지던 일이었다. 여기서 '우리'와 '과거'는 바로 '의리'의 세계와 '구'문명의 세계를, 그리고 신문명과 동일시되는 일본은 '실용성', 거스를 수 없는 '시대정신', '대세(大勢)'를 대변한다. 이렇듯 옳은 것, 도덕적인 것, 윤리적인 것, 본래 나인 것과 대세, 시대, 헤게모니적인 것과의 극적인 대립, 불일치, 갈등[246]은 조선 지식인과 일반 대중이 공히 직면한 것이었다. 이제 현실로 점점 다가오는 일본에의 복속은 도덕과 힘, 문화와 문명의 이원론과 모순, 그리고 개별화와 전체/민족 간의 모순을 증폭시키는 것이었다. 우리 자신의 모습과 사는 방식, 그 내재적 전통이 대단히 복잡하고 딜레마적인 위치를 갖게 되는 이 모순적 상황 속에서, 현대성을 바라보는 한국인의 시각과 정조에서 지배적인 양가적 감정이 한국 현대화라는 드라마의 중심 줄거리를 구성하게 된다.

이러한 딜레마의 한 해결책으로 '동포(同胞)'라는 민족 이전 존재에 대

246. 박헌호(2001). 문화인류학자 거츠(Clifford Geertz, 1973)는 이러한 문제 상황을 시대주의(epochalism)와 본질주의(essentialism) 간의 대립 상황으로 정식화하고, 양자 간 모순의 해소를 탈식민지 신생국가들이 공통적으로 직면하는 과제로 요약하였다.

한 수사가 '문명(文明)'이라는 수사와 결합하게 된다. 1894년경부터 『독립신문』 등 주요 신문에서 제기한 '개명(開明)'과 '문명'의 요구는 조선인을 동포라는 집합체로 호명하였는데, '민족'이라는 호명이 생물학적인 가족 용어의 주조를 통해 이루어진 것도 흥미롭지만 이 호명이 등장한 이유는 그 이상으로 시사적이다. 이들 신문 사설 등에서 제시한 그 이유는 전체 조선인이 하루빨리 개명하여 다른 민족과 나라에 업신여김을 당하지 않고 푸대접을 면하기 위해 분기할 것을 촉구하기 위함이었다.

> 정부에 있는 관인과 경향에 있는 백성이 외국에 있는 사람에게 대접을 받게 되어야[참된 독립을 누린다 할 것이요, 문명 교육에 힘쓰는 것도] 대대손손이 자주독립국 문명개화한 백성들이 되어 즐겁게 세계의 대접을 받고[살기 위해서] (중략) 지금 조선은 이왕과 달라 그른 일을 한번 하거드면 다만 조선 사람들만 천히 여길 뿐 아니라 세계 각국 사람들에게 모두 못생긴 사람으로 보일 터….[247]

여기서 보듯 '동포'로 불리는 조선인 전체는 푸대접을 받지 않고, 무시당하지 않으며, 경멸을 당하지 않기 위해 하루라도 빨리 현대 문명을 따라잡아야 할 사명을 지닌, 그 목표를 실천하는 집합 단위로 호명되었다. 이 호명이 가진 매력과 호소력은 바로 그런 공동 운명에 처한 집단적 '처지'의 환기에 있었다. 개항기 서양 선교사가 설립한 '신교육' 학교가 급속히 늘어나고 많은 이들이 앞다투어 입학하고 기독교로 개종한 까닭도 동일한 논리와 감정이 작용했기 때문이다. 그것은 신교육을 받아 새로운 문명을 익혀야 개인의 영달과 안녕을 도모할 수 있을 뿐 아니라 민족의 재생과 독립에도 기여할 수 있으며 그 외에 다른 길은 없다는 개

247. 『독립신문』 1896. 9. 29, 1897. 3. 1, 1896. 6. 11, 권보드래(2005: 108) 재구성(괄호 안은 저자의 첨언).

인뿐 아니라 민족으로서의 믿음과 기대였다.[248]

하지만 이러한 호소는 고유한 의미에서 '사회적인' 동력을 구성하는 데 이르지 못했다는 것이 현실이다. 여기서 위의 '동포'라는 호명이, '종족적 공동체(ethnic community)'에 상응하는 것 외의 다른 어떤 대상에 대한 상상, 즉 일상적 상황에서 특별히 '사회'에 대한 상상을 환기시키거나 그에 연결되는 것이 아님에 주목해야 한다. 다시 말해 동포나 민족은 종족적, 문화적으로 동질적인 공동체의 의미를 지배적으로 갖기 때문에 이런 측면에서뿐 아니라 다른 속성에서도 이질적이고 다양한 '개인'으로 구성되는 '사회'의 관념을 결여하고 있다. 그것은 개인의 동질적 확대를 곧바로 사회의 구성과 동일시하는, 개인과 전체의 이해관계의 동일성이 전제되고 이상화되는 '사회'에 대한 관념을 장려하고 있으며, 그런 의미에서 전통적인 관념/이익 단일체 개념의 연장이었다. 이런 호명에서 개인성과 자발성, 사회적 분화와 다양성의 공존, 관용(tolerance)과 같은 근대적인 사회의 관념과 이념이 들어올 여지는 많지 않다.

이때 당시나 지금이나 지식인 수준에서 '사회' 혹은 성취해야 할 '(시민)사회'의 모습은 사회단체나 사회운동조직 같은 사회개혁을 위한 결사체들의 결집에 상응하는 어떤 것이었지만,[249] 일반인의 표상 속에서 '사회'는 경쟁을 통한 이득과 계층상승의 무대, 즉 '생계를 다투는 시장'의 이미지에 더 가까웠던 것 같다. 1890년대 『독립신문』에 등장한 근대적 삶의 이 용어에서 '개인(個人)'은 재산권이 그 이해의 중심에 놓인 개

248. 당시 많은 선각자와 독립운동가에게 그러한 선택은 민족 부흥을 위한 노력의 일환으로 간주되었고, 심지어 후일 저명한 민족지도자가 되는 이들 중에는 위의 학교가 영어를 가르치지 않는다는 것을 알자마자 바로 학교를 그만둔 이도 있었다.

249. 이를테면 김현주의 『사회의 발견』(2013)은 그러한 시각에서 1910~1925년의 일제강점기, 특히 3.1운동 이후 새로운 정치의 기초로 등장한 '사회'의 관념을 분석하였다.

념으로, '사회(社會)'는 사사로운 이해의 교류장소로 표상되었다.[250] 이는 현대 한국인에게 친숙한 사회생활의 거칢과 냉혹함, 즉 개인을 배타적 이해관계의 일종의 노드(node)로, 사회를 이해관계의 투쟁장소이자 힘의 시장으로 표상하는 일과 유사한 것이었다. 그와 동시에 '출세(出世)'라는 일본말은 강렬한 개화의 욕구에 힘입어 다투어 설립된 국내 개화 지식인과 선교사들의 근대적 학교가 확산되면서 더욱 유행하였고 일상 현실에 더 강력히 스며들었다.[251]

동포라는 호명에도 불구하고 혹은 그 호명이 역설적으로 촉진한 개별적 상승 욕구와 사회적 해체의 양상은 그 원심력을 개시한 것으로 평가되는 대원군의 통치와 그에 따른 역사적 결과, 사회(학)적 함의와 관련하여 좀 더 살펴볼 수 있다. 대원군의 통치 스타일과 정치활동의 조직방식은 신분과 지역에 관계없이 인재를 중용하여 자신의 사적인 권력 자원으로 활용하며, 통치의 중심에 공식 국가기구가 아닌 최고 권력자 개인과 직접 그리고 고립되어 연결된 개인들의 네트워크를 위치시키고, 특히 비국가적 결사체의 성원들(이를테면 보부상)을 준(準)폭력배 대원이나 정보원 등으로 활용하여 대중동원과 정치적 목표를 달성하는 데 핵심이 있다.[252] 그레고리 헨더슨은 이를 한민족 최초의 근대적 '정치참가(political participation)', 대중운동으로 평가하는데, 그 새로움은 도덕적 논변 대신 정치지도자와 유동하는 대중의 선전적, 대중적 관계와 그 힘의 관계(종종 실제 물리력 간의 우열 다툼으로 귀결되는)가 정치과정의 중심으로 부상했다는 점에 있었다. 그것은 정치권력과의 결연을 통해 출세할 수 있는 기회가 어느 정도 차별 없이 제공될 수 있다는 기대를 줌으로써 신분차별

250. 박주원(2005).
251. 권태준(2006).
252. Henderson(1968: 120-121).

과 윤리적 구속에서 벗어나 뻗어나가려는 개인(특히 하층계급과 서북지역 출신)의 야심에 불을 지폈고, 아직 자신의 구심(球心)적 토대를 쇄신하는 것에서 한참 멀던 조선사회의 더한 원자화와 해체에 기여하였다.

비록 세도정치의 패악 때문에 오래전에 그 위광이 사라지긴 했지만 조선의 전통적인 정치/도덕 모델은 대원군의 통치기법과 정치적 삶의 양상과는 확연히 대비되는 것이었다. 전자에서 정치의 중심은 바람직한 예(禮)의 질서와 윤리에 압도적으로 관련된 공론(公論)이었고, 그 내용은 교양과 인성을 갖춘 양반사대부가 수행하는 도덕적 논변이었다. 당시 대원군을 하야시키기 위해 전국적 운동을 일으키며 엄청난 영향력을 행사한 최익현과 같은 지방 선비와 유생 들[253]은 바로 그러한 전통사회의 윤리, 제도, 질서를 대변한다고 할 수 있다. 이들에게 대원군 통치의 본질은 지금 우리가 볼 때는 그렇지 않을지 모르지만 조선이라는 하나의 문명과 사회질서의 '타락', 즉 데카당스(decadence)의 정치적 표현으로 간주될 수밖에 없었다. 무엇보다 새롭게 등장한 대중운동, 동원화의 열띤 양상은 전통적인 정치와 사회질서의 모델이 감당할 수 없는 것이었다.

하지만 그렇다고 최익현을 포함한 위정척사파 세력이 당시 상황에서 조선 사회가 직면한 현대화의 난제에 활로를 제시할 능력이 있던 것은 아니었다. 이들은 다만 자주 국가의 명분이 과거 우리 삶의 '바른' 모습을 견지하는 일과 떼려야 뗄 수 없다는 이유로 의병이 되고 장렬히 자결하는 방식으로 저항했던 것이다. 무엇보다 염두에 두어야 할 점은 이들이 대변한 이전의 세계관과 국가, 사회질서는 당시의 난맥과 엄혹한 과제를 '직시(直視)'하는 일조차도 해낼 수 없었다는 점이다. 이들은 서구중

253. Henderson(1968: 122).

심의 세계체제가 초래한 냉혹한 국민국가, 열강의 '현실정치(Realpolitik)' 질서 앞에서도 여전히 과거의 의타(依他)적인 중화조공체제의 환상을 갖고 현대화의 문제에 접근했다. 대한제국은 엄습해오는 일본과 다른 열강의 강탈 위협 앞에서 자신에게 무심한 열강이 모인 회의에 계속해서 대표를 보내 도덕적 호소를 반복했다. 물론 다른 세계관을 가졌을지라도 당시의 국가 능력 수준을 본다면 달리해볼 수 있는 방법이 많지 않았다는 것이 어찌할 수 없는 현실이기도 했다.

전통적 사고의 영향력이 얼마나 강고했는지는 심지어 친일운동조차도 그런 조공체제의 환영(幻影) 속에서 일본에 대한 지지와 협력을 했다는 데서 드러난다. 대표적 친일파 이용구는 일진회 운동을 하면서 이전에 자신이 달성하려던 체제가 보다 급진적인 일본 자신의 내선일체 모형과는 다른 것이었음을 고백했다. 1930년대 아들 이석규가 회고, 공표한 이용구의 '정부합방' 구상은 중국 황제에게 기대하던 '덕의(德義)'를 일본 천황에게 돌리는, 이전 중국과의 관계인 조공체제와 유사한 모델이었다.[254] 또 당시 개화지식인 사이에 권위적이고 오만불손하며 전근대적이고 봉건적인 성품으로 평판이 나쁘던 이승만[255]이 초대 임시정부에서 대표로 선출된 것도 그가 늘 주창하는 '외교노선'과 그의 탁월한 영어 구사 능력이 조공체제에 대한 연상과 맞닿아 다른 임원에게 매우 현실적인 것으로 보였기 때문인지도 모른다.

당시 조선의 정치사회는 수도 한양의 극소수 엘리트, 지식인, 국가관리, 그리고 여기에 충원되고 활용되는 사람들로 구성되었다. 이렇듯 작은 '섬'이라고 할 만큼 극소수가 조선이라는 정치공동체의 운명을 결정하는 공간이었음 또한 당시 조선의 현실에서는 어쩔 수 없었다. 원래부

254. 조경달(2008: 211-12)
255. 조경달(2013: 132-5)

터 일본 도쿠가와 체제에 비해 사회관리가 조밀하지 못한 조선의 국가와 사회체제는 양반이라는 지도계급이 와해되면서 사회적 응집력을 더욱 상실했고 새로운 응집력과 참여에 필요한 공간을 미처 구상하거나 마련하지 못했다.

그 책략에 있어 용의주도했고 조선에 대해 특히 표독스러웠던 일본은[256] 조선의 그러한 현실을 오래전부터 잘 알고 기민하게 일을 진행했다. 무력과 강제력의 면에서 대단치 못했던 조선의 국가를 포위하고 해체한 후 이제 일본 제국주의에 남은 것은 지방의 영향력 있는 양반 유생을 중심으로 결집한 무장세력인 의병을 토벌하는 것뿐이었다. 일본은 혼란기에 상승하고자 하는 조선인 개개인의 열망을 자신의 이해와 전략을 위해 적절히 포섭· 조작·활용하는 한편, 남아 있는 의병들의 산발적 저항을 흔들림 없이 진압하고 곳곳에서 솟아오르는 비분강개와 자기희생을 침묵 속으로 보내면서 조선 합병을 '조용히' 성사시켰다.[257]

이렇게 완수된 조선 합병과 식민지화는 아마도 그 주체인 일본 제국주의가 예상하고 계획한 것 이상의 사회적 결과와 흔적을 한민족에게 남겼다. 하지만 그것은 그토록 치밀했고 능수능란했으며 강압적이던 일본 제국주의가 끌고가고자 한 바에 식민지지배의 실제 경과가 순순히 조응했기 때문은 아니었다.

256. 이는 신복룡(2002: 175)에서 인용된, 구한말 영국 기자 매켄지(F. A. McKenzie, 『대한제국의 비극[1908]』의 저자)의 표현이다.

257. 일본인이 추정한 조선의 무장 게릴라, 즉 의병 수는 1908년에 69,832명, 1909년에는 25,000명가량이었으나 이마저도 1910년에는 2,000명 미만으로 떨어졌다(Cumings, 1997: 2-7). 안중근 의사의 이토 히로부미 암살(1909년 10월)은 이러한 상황에서 결행할 수 있는 유일하게 남은 '전쟁'의 형식이었다(조경달, 2012: 279-81).

2. 식민지하 현대화와 집단화의 구조적 얼개

현대화의 압력에 직면한 조선왕조의 마지막 모습은 참여와 질서, 사회 변동과 사회적 안정 사이의 제도적 균형점을 마련하기에는 무기력한 것이었다. 자신에게 적합하고 수용할 수 있는 새로운 사회 모델, 한민족 현대화의 모델을 수립하기에 그것은 정치·사회적 추진력의 면에서는 역부족이었고 시야의 전향성에 있어서는 구태의연했다. 대원군 통치의 성쇠와 그에 대한 최익현 등의 저항 경과가 보여주는 바는, 당시의 조선이 당시 시대적 과제였던 '부국강병'의 목표로 전체 사회를 재정향하는 것이 지배적 관념·가치의 측면에서나 국가구조, 사회경제적 제도·조직, 지배적 계급관계의 측면에 있어서나 얼마나 어려운 사회였는가를 보여준다. 권력과 무력에 집중된 통치구조와 정치과정이라는 매우 이질적인 체제, 당시에 더 친숙한 명명으로는 패도, 즉 법가적인 체제[258]로의 전환은 대원군 정도의 혼종적(hybrid) 스타일로도 용인될 수 없었다. 이것을 단지 외세가 개입해서 벌어진 일이라고 볼 수도 있지만 외세의 개입과 그로 인한 절체절명의 위기에도 '불구하고' 달라질 수 없었다는 것 또한 진실이다.

대원군의 통치 스타일, 즉 외세에 대한 대응과 현대화에 대한 태도는 조선이 처한 과제 해결에 기여하기보다는 기존의 질서와 도덕/윤리, 그리고 조선 사회를 조형하고 유지하는 권위의 토대를 더욱 약화시키는 방향으로 나아갔다. 그가 열어놓은 사회적 동력인 출세와 힘에 대한 추구는 조선 사회에 이미 내재해 있었지만 명분과 체면이라는 일상적 윤리/질서에 의해 그나마 억제되었던 개별화와 가족주의적 집단화의 추

258. 부국강병이라는 새로운 목표는 아마도 그것이 당해 행위자가 이해한 당시의 사고유형으로 부르는 것이 더 적절할 것이다.

동을 이제 더 넓게 확산, 심화시켜 사회의 파편화를 가속화하였다.

개항과 외세의 침탈, 지배계층의 좌충우돌로 더욱 심화된 대한제국의 마지막 몇 년 동안의 전 사회적 해체와 퇴행(regression)의 현실을 어느 정도 완화시킨 것은 유감스럽게도 일제 식민지배의 가혹하고 치밀한 강압력이었다. 앞서 그레고리 헨더슨은 "일부 사람들이 이런 위험을 다스릴 수 있는 힘을 가진 일본 편에 선 것은 일본인을 두려워한 만큼 서로를 두려워했기 때문"이라는 말로 조선인의 사회를 약육강식의 세계로, 그리고 그것을 제어하는 힘으로서의 일본에 대한 의존성향을 묘사하였다. 아마도 이러한 묘사의 기저에는 일제의 식민지배를 합리화, 정당화하거나, 또는 의도적 왜곡까지는 아닐지라도 그 처지에 놓인 스스로를 진심으로 한탄하는 자학적인 반응으로만 치부할 수 없는 진실이 있음을 인정해야 할 것이다.

일본은 조선이라는 정치공동체가 스스로는 충족할 수 없어 보이는 두 과제인 '현대화'와 '질서'를 달성하는 역할을 자임했고 공언했다. 일본의 식민지배는 조선이 왜 그러한 과제를 달성하는 데 일본의 지배가 필요할 수밖에 없는가 하는 논리를 체계적으로 주조, 집대성, 설파하여 자신의 식민지배를 정당화하면서 자기실현의 예언(self-fulfillment prophesy)처럼 그것을 조선인에게 폭력적으로 집행, 부과하는 것이었다. 조선총독부는 강점 이후에 더욱 본격적으로 '조선인론'을 설파하였는데 그 골자는 조선인은 게으르고 자기 이익밖에 몰라 파벌로 분열하여 서로 싸우기만 하는 민족이라는 것이다. 그렇다면 과연 일본의 식민지배는 위의 문제를 해결했을까?

그것이 노골적으로 폭력적이고 약탈적이라는 것 외에도, 일본의 지배와 그에 따른 조선사회의 현대화가 더욱 억압적이고 참기 힘든 것으로 다가온 이유는 국가가 작동하는 일제의 방식 자체가 당시 조선인에게는 이질적이고 생경했기 때문이었다. 조선은 문치와 병농일치를 기본으로 하는 사회였고, 정치공동체의 테두리에 대한 규범적 강조와 그에 대한 민본주의적 압력이 일본보다는 강력했지만 국가의 강제력과 사회 관리의 면에서는 허술하고 느슨했다. 촌락 단위의 사회통제가 더 지배적인 조선 사회에서 사회관리라 할 만한 것은, 가족 중심적인 인민이 모여 사는 취락 공동체에 대한 양반사대부의 윤리적 지배와 교화, 그리고 후자의 명망을 중심으로 형성되는 전국적, 광역적인 공론의 망을 통한 제어 정도였다.

이와 같은 방식으로 이념과 사회조직, 그리고 인민적 성향 간에 나름대로 조응과 사회적 균형이 이루어지던 하나의 유기체인 조선 사회에 일본식 사회관리, 일본식 국가작용, 일본식 현대화 모델과 방식이 한일합방(1910)과 더불어 적용되기 시작하였다. 그것은 개인의 야심과 도덕적 정체성보다는 전체에 대한 복종과 공순(恭順)을 강조하고 그 테두리 속에서 개개인의 전문적이고 직업적인 헌신과 자족성을 장려하는, 그러한 역량과 에너지에 근거한 체제였다. 이런 맥락에서 "근세 일본은 이미 고도의 규율사회지만, 민본주의는 조선보다 훨씬 후진적"이었고, 일본의 조선 지배는 당연히도 서로 상이한 이념과 조직, 인간형에 터하고 유지되며 성장해온 두 정치공동체의 충돌, 즉 '규율주의와 민본주의(교화주의)의 싸움'으로 현현하였다.[259]

개항 즈음에 이미 파편화되고 무기력해진 조선 사회를 받아 안아 더욱 거세시키면서 개시된 일제강점기 36년은 일본식 현대화의 모델이 내포하는 집단주의와 전통 조선의 정치문화와 사회조직이 내포하는 집단주의가 격돌하여 현대 한국사회의 주요 집합적 실천 양상과 국가의 작

259. 조경달(2013: 281).

용, 그리고 그에 특유한 대중적 정조와 반응양상이 만들어진 시기이다. 이러한 과정을 이해하기 위해 본 절은 다음의 질문에서 출발한다. 과연 일본의 식민지배는 자신의 고유한 이익을 추구하는 과정에서 위의 통치/질서의 문제를 어떻게 해결하려 했고, 이는 조선인의 어떤 '집단화된 반응'을 구조화하는 것이었을까?

(1) 일제 식민지배와 현대화의 특성

일본의 식민지배는 당시까지의 다른 어떤 식민지배와도 다른 특이한 것이었고 다른 어디에서도 볼 수 없는 과격한 식민지 정책을 선보였다. 무엇보다 조선은 대만, 만주와 함께 당시 비서구국가에 지배된 예외적인 식민지 사례로 식민지 통치자와 피통치자가 종족상으로 상당히 유사한 드문 예였다.[260] 나아가 식민자(colonizer), 즉 일본인의 식민지 이주 규모나 식민지 국가기구의 규모와 강압성, 그리고 현지인의 문화적 습속이나 전통적 제도에 대한 억압과 제거라는 구체적 면모에서도 대단히 가혹하고 과격했다는 점에서 이례적인데, 이 부분은 심지어 일본의 다른 식민지인 대만과 만주에 비해서도 그러했다.

본래 일본의 국가개념은 병농분리(兵農分離)라는 자신의 근대 이전 역사성의 맥락에서 형성되었는데 군사적 성격이 매우 강하고 정치를 배제하려는 경향이 특징적이다. 조선총독부의 통치는 이러한 일본 근대국가의 원리를 그대로 적용하는 것을 넘어서 본국보다 더 억압적이고 폭력적인 체제를 구축하고 강제하였다. 이를테면 대만 총독과는 달리 조선총독은 모두 예외 없이 군인, 그것도 육군대장 출신이 임명되었는데 정

260. Henderson(1968: 135, 138).

도의 차이가 있지만 대부분 정치를 '해독(害毒)'으로 생각하고 상명하복의 규율 잡힌 질서와 일사불란한 행정을 국가 운용과 현대화의 진행에 필수적으로 생각하는 극우 군국주의자였다. 또 조선에 적용한 법률은 일본 헌법 아래 일원화된 법률에 근거하지 않은 것으로, 어떤 주권적 근거도 없이 일방적으로 총독부가 공포하고 시행하였다. 당연히 조선인은 참정권이 없었고 일본 제국의회에 대표를 가질 수도 없었으며 조선 통치에 관한 사항은 일본 헌법이나 의회의 관할 바깥에 있었다.[261]

일본이 시행한 식민지 정책의 기본 골자는 총독부가 조선 사회를 본국보다 더 강압적이고 권위적인 상의하달로 재조직하고 계도하며 강제하는 것이었다. 뿐만 아니라 일본인(당시 그들의 표현으로는 '내지인[內地人]')을 조선으로 대규모로 이주시켜서 식민화(당시 그들의 표현으로 '내선일체[內鮮一體]')를 진행한다는 것이었다. 조선 내 일본인 수는 합방과 더불어 급격히 증대하여 1940년에 이르면 무려 70만 8,488명(당시 전체 조선인구 약 2,214만 명의 3.2%)에 이르렀다.[262] 식민지 내 이 정도의 모국의 지배 인민, 식민지 본국인의 비중은 어느 식민지에서도 유례를 찾아보기 힘든 것이었다. 비록 '내지인'이 당시에는 몇 곳에 지나지 않은 도시지역에 주로 거주하였지만[263] 이들과의 조우는 다시 한번 피지배 민족의 울분과 일상적 차별을 실감하게 하는 것이었는데, 당시 거리에서 조선인

261. 조경달(2013), Henderson(1968). 이것이 과연 제국 헌법에 부합하는 행위인지는 일본인마저 의문시했다(Henderson, 같은 책: 136).

262. Henderson(1968: 139). 조선 내 일본인의 수는 강점 이전인 1882년에 3,622명이었으나 1905년에 4만 2,460명, 1910년에는 17만 1,543명, 1918년에는 33만 6,812명으로 증가하였다(같은 곳).

263. 전체 조선인의 15% 정도가 도시에 살았던 데 반해 조선 내 일본인은 약 71%가 도시에 살았다(Henderson, 1968: 140). 강점 초기 서울, 평양, 부산의 인구 규모와 그중 일본인의 비중에 관해서는 Cumings(1997: 218-9)를 볼 것.

이 일본인에게 맞는 광경은 드문 일이 아니었다.[264] 이러한 양상은 집단적 자아와 일체성을 혈족, 동포 속에서 주요하게 발견해온 조선인, 한국인의 역사성과 상승작용을 일으켜 이들이 민족주의를 더욱더 혈족적인 것으로 이해하게 하였다.

나아가 71만에 이르는 조선 내 일본인 중 46%가 공무에 종사했고, 게다가 이들이 운용한 국가기구 또한 양적 규모 면에서 비교식민사적으로 대단히 이례적이었음에 주목해야 한다. 강점기 마지막 10년 동안 24만 6,000명가량의 일본 공무원과 전문가가 약 2,100만 명의 한국인을 통치했다. 이것은 2,920명의 행정요원과 약 1만 1,000명의 정규군으로 1,700만 베트남인을 지배한 1937년의 프랑스나 이보다도 적은 수의 행정력과 군사력(식민지 인구와의 비례상)을 보유한 영국에 비한다면 실로 엄청난 규모였다.[265]

이러한 일반적 테두리 속에서 진행된 일본의 조선 현대화가 이후 한국사회 발전에 결정적으로 기여했다는 식의 주장이 국내외 학계뿐 아니라 일본 시민사회의 여론에서도 무시할 수 없는 경향으로 늘 존재해왔다.[266] 그중 일제의 식민지배 기간에 진전된 현대화가 한국의 경제성장과 국가발전의 토대가 되었다는 주장을 중심 명제로 하는 '식민지 근대

---

264. 조경달(2013).

265. Cumings(1997: 218).

266. 이를테면 전후 일본 사회 내 '혐한론(嫌韓論)'의 기본 골자는 '한국인이 피해의식에 사로잡혀서 일본 덕에 얻은 발전에 고마워할 줄 모르고 계속 보상과 사죄를 요구한다'는 것이다. 이러한 기본논리는 그 집필자의 신원도 알 수 없고 그 출판의 의도 또한 미심쩍은 채 1990년대에 파란을 일으킨 『추한 한국인』(박태혁, 1993)에서 대단히 선정적으로 반복되었다. 『한의 한국인, 황공해하는 일본인』이라는 저작(가세 히데아키, 1988)은 이해심 깊고 통찰력 있는 저자가 쓴 한국인론임에도 그 제목이 위와 유사한 공명을 일으킨다. 한편 2000년대 이래 이 '혐한론'에서 나타난 대중적이고 공격적인 진화 양상에 관해서는 야스다 고이치(2012)를 참조할 것.

화론'은 19세기 말부터 서구 학계의 일각을 장악하기 시작한 일본식 현대화 모델 찬양론에 힘입어 해방 후 한국에서도 영향력을 확보했다. 사실 이 주장은 서구사회 바깥의 '미개인'을 문명화, 현대화해야 하는 사명이라는 수사로 유럽인의 제국주의 침략을 합리화했던 '백인의 짐(white man's burden)' 이론과 동일하다. 이런 식의 주장에 대한 평가 문제는 비서구사회의 현대화를 야기한 식민지 지배 일반(본래 의도와는 상관없이)에 대한 평가뿐 아니라 현대화와 현대성이라는 보편적인(것으로 간주되는) 사회변동에 대한 평가에도 깊이 관련된다. 본 절에서 일본에 의한 조선 현대화의 '혁혁(赫赫)한 성과'를 보기 전에 먼저 이 문제를 조금 길게 살펴보는 일은 식민지 현대화의 공과를 평가할 때 무엇이 정말로 적확한 초점이 되어야 하는지를 짚고 넘어간다는 의미에서 대단히 중요하다.

사실 많은 반론이 이미 제대로 제시했듯이 식민지의 양적 경제지표와 공중위생 등의 향상, 철도 건설과 도시화의 확대 등의 '사실'의 확인이 곧바로 식민지화가 식민지에 상당히 '이득이 되고' 현대화를 앞당겼다는 주장, 결국 그것이 착취와 약탈이 아닌 나름의 정당한 것이었다는 결론으로 이어져야 하는 것은 아니다. 여기서 중요한 것은 양적 지표의 증감이 문제의 핵심이 아니라는 것을 기억하는 일이다. 어느 식민지에서나 양적 지표 향상은 대부분 발견되게 마련이며, 실제로 강점기 동안 조선의 농업생산 증대는 일본 본토의 그것을 앞질렀다. 이는 "개발을 안 할 거면 무엇하러 식민지를 만드나?"[267]라는 매우 단순한 이유에서 당연한 일이다.

따라서 식민화에 대한 평가에서 일차적 초점은 단순한 현대화의 양적 지표가 아니라 식민화된 사회의 질적 구조, 즉 식민지라는 독자적 공

267. 정태헌(1997). 이 글은 식민지근대화론의 주요 논자들의 중심 주장을 잘 요약하고 있고 또 그에 대한 반론을 체계적으로 정리, 정련해주고 있다. 박헌호(2001: 59-61)도 참조할 것.

동체의 자기 이익과 전망과 관련하여 평가되는 발전과 개발의 양상이다. 그리고 위의 단순하고 명쾌한 질문이 시사하듯, 어느 민족도 자기 이익이 아닌 다른 민족의 복리를 증대시키기 위해 식민화처럼 폭력적이고 비용이 많이 드는, 게다가 도덕적 비난(앞의 '백인의 짐' 이론 같은 논리를 만들 필요를 야기하는)까지도 감수해야 하는 일을 벌이지는 않는다(물론 역사적으로 많은 권력자들은 타민족을 '해방'하기 위한 정의로운 전쟁이라는 명분으로 자국 인민을 전쟁에 동원했다).

일제 식민화의 사회경제적 본질은 일본 본토의 고질적인 쌀 부족 문제를 해결하기 위해 조선을 농업생산지로 이용하는 것이었고, 덧붙여 본국 상인과 기업가의 이주를 유도하여 식민지의 자본주의화를 한정적으로 진행시키는 것이었다. 물론 일본 식민지배의 억압성과 착취성이 매우 두드러진 만큼 강점기 동안 사회경제적 지표의 변화 또한 인상적인 것은 사실이다. 당시를 살아간 사람들, 최소한 1930년대에 들어서면 조선 내 반체제 인텔리 또한 이 점에 대해서는 이의를 달지 않는 모습을 볼 수 있다.[268] 하지만 구체적 양상을 추적해 그 속내를 살펴보면 현대화의 혜택이라는 것이 얼마나 자기중심적인 궤변인지를 발견하게 된다.

조선의 산업화는 최소한 1930년대 이전에는 매우 한정적이었고, 총독부가 포고한 회사령과 토착 산업에 대한 규제로 인해 토착 자본가의 출현은 물론이고 일본인의 조선 현지 투자조차도 미미했다. 김성수(金性洙, 1891~1955)처럼 전라도 곡창지대의 이전 만석꾼 지주들이 자본가로 변신한 손에 꼽을 만한 예를 제외하면 조선인 자본가의 등장과 토착 산업자

268. 전 조선총독부 학무국 종교과장이 당시 경찰의 감시를 받던 조선인 청년을 만난 경험을 회고하는 기록을 소개하는 윤해동(2003: 55)을 보면 이 점이 드러난다. 이른바 '진보파'이자 민족주의자로 분류되던 이들 조선인 청년은 물질적 향상을 인정하지 않았지만 식민지 경제의 총량적 성장은 부정하지 않았으며 조선인의 생활과 교육이 진전되고 있음까지도 인정한 것으로 보인다(같은 곳).

본에 의한 현대화는 식민지정책에서 전혀 안중에 없었다. 이를 보여주듯, 그나마 일종의 '자본가' 유형으로 분류될 만한 조선인의 대부분은 곡물상인이나 그와 밀접한 주류(酒類)거래상 정도이고, 이마저도 일제의 회사령과 주류 단속 때문에 내내 제약을 받았다. 요컨대 뒤에서 보게 되듯 일본의 식민지 지배는 '내선일체'라는 관제 이념과 이데올로기의 주입과 반복적 선전에도 불구하고 조선 사회의 발전은커녕 조선인을 일본제국으로 통합하려는 것조차도 진지하게 의도한 적이 없었다.

실제로 식민지근대화론이 부각시키려는 현대화의 양상은 근대 산업 자체보다는 오히려 교통과 통신의 영역에서 더 두드러졌다. 일본이 부설한 조선의 운송과 통신 시스템은 당시 존재한 지구상의 어떤 식민지의 그것보다 더 발달한 것이었다. 철도, 전신, 전화 체계와 라디오의 보급은 당시 일본이 점령한 중국은 물론 심지어는 대만보다도 훨씬 치밀하고 방대한 것이 특징이다. 특히 철도는 1945년까지 총연장 6,362km가 부설되었는데, 이에 비해 같은 시기 중국의 철도나 도로는 매우 한정적으로 발달한 상태였고, 공산혁명 이후에도 대부분은 차가 다닐 수 있는 길이 깔리지 않았다.[269] 하지만 이처럼 '인상적인' 근대적 사회 하부구조의 확충과 발달이 현대의 남북한 사회에 어떤 경로를 통해 어떤 이득을 주었든지 간에 이러한 '현대화'는 결코 조선의 이익과 발전을 겨냥한 것은 아니었다. 그리고 '의도'의 이러한 측면은 결코 '결과'의 측면과 분리해서 생각할 수 없다.

여기서 다시 한번 한반도의 숙명적인 지정학적 위치는 한국 역사에서 반복되는 많은 침탈, 예속, 굴곡의 계기가 되면서도, 다른 한편으로는 그러한 침략과 착취가 더 '완벽한' 성과를 내도록 더 철저한 '개발'이 수반

269. Henderson(1968: 167), Cumings(1997:235-38).

되는 계기로 작용했음을 보여준다. 일본에게 조선은 처음부터 '매우 특별한' 식민지였다. 장차 일본제국이 유라시아대륙으로 진출하는 데 전초기지가 될 조선은 다른 식민지와는 달리 더 확실히 '관리할' 필요가 있었고 그렇기 때문에 더더욱 억압적이고 강권적이며 토착문화 말살적인 정책이 채택되었다.[270]

일제의 이처럼 일관된 군사주의적 통치는 헌병과 경찰, 즉 대외적 방어와 공격, 그리고 대내적 공중안전과 질서라는 각자 상이한 국가 강압력의 기능과 방향을 가진 두 무력집단을 조선인의 일상 감찰과 공안질서의 집행(enforcement)에 동시에 투입했다는 데서 드러난다. 조선총독부가 강제한 조선사회의 군사화 정도는 비록 3.1운동 이후 사라졌지만 교사조차도 학교에서 장검을 차고 제복을 입은 차림으로 수업했다는 데서 단적으로 볼 수 있다. 이에 비해 지정학적으로 요충의 위치가 아닌 대만은 그처럼 현지인의 반발을 불러일으킬 정책을 시행할 만큼 중요하지 않았던 것이다.

조선 내 통신체계의 전국적 확충 또한 일본 특유의 '사회관리' 양식을 더 높은 강도로 적용하는 것의 일환이었다. 조선총독부는 합병 직후 조선의 전국 행정체계를 정비하여 면마다 순시소 1개, 전화기 1대, 라디오 1대라는 기본체계를 갖추었는데, 이는 식민지 지배정책의 철저한 시행을 위해 조선의 개별 가구를 속속들이 감시하고 통제하며 단 한 명도 빠짐없이 조선인을 동원하려는 기제였다. 오죽하면 '장검을 찬 채 자전거를 타고 마을에 출현한 일본 순사'의 이미지는 아직도 한국의 노년층에게 무시

270. 야마가타 가쓰라는 당시 상대적으로 온정적이고 온건한 식민화 노선을 견지한 이토 히로부미의 주장을 기각한 강경노선의 주창자로서, 그의 생각은 조선이 독립하면 일본과 극동의 안전에 위협이 될 것이므로 궁극적으로 조선을 일본에 완전히 통합시켜야만 사회정책적 목표가 완성된다는 것이었다(Henderson, 1968: 137).

무시한 국가권력의 상징으로, 아마도 박정희 정권의 '남산' 중앙정보부나 전두환 정권의 '삼청교육대'보다 더 가깝고 무서운 권력으로 회상되고 있다. 교통경찰의 멱살을 잡는 일도 드물지 않은 현대의 한국인이 '경찰'을 두려워하는 정도는 그 절반도 채 되지 않을 것이다.

유사한 맥락에서 가장 인상적인 철도 건설과 일제 말기 중공업 육성 또한 그 기본은 역시 조선의 독자적이고 지속 가능한 발전이 아니라 일본과 만주를 연결하는 혈관을 만들고 대륙 진출을 지원하는 하부구조를 만들려는 제국의 전략에서 나온 것이었다. 조선의 근대 공업은 만주사변 이후 일본의 중국 진출이 가시화되는 순간에 비약적으로 성장했으며, 이때 일본 자본 또한 본격적으로 조선에 진출하여 의미 있는 액수를 투자하기 시작했다.[271] 무엇보다 철도로 연결되는 지역이 형성하는 궤적이 이를 선명하게 보여주는데, 쌀 수탈에 필요한 항구가 군산에, 중공업이 함경도 지역에서 발달한 이유는 일본에 의한 산업화와 현대화가 정확히 일본 제국주의의 이익에 맞추어 전개된 것임을 보여준다.

이상의 특징을 갖는 식민지 현대화가 조선사회의 구체적 개인, 사회계층 각각에게 어떤 의미였는지를, 특히 이들의 집단화에 어떤 구조화의 효과가 있었는지를 이제부터 살펴보기로 한다.

(2) 일제하 조선사회와 참여/사회통합의 구조

최초의 현대화가 일본화, 서양화로 다가오며 더욱 낯선 것으로 경험되

271. 엔화로 산정한 1945년 조선의 공업총생산액은 1932년에 비해 약 15배였고, 전체 공업생산 중 가내공업 비율은 1933년 40.1%에서 1938년의 24.7%로, 공업생산고에서 중공업이 차지하는 비율 또한 1930년 38%에서 1942년 73%로 변화하였다 (Henderson, 1968: 165).

고 내면화되지 않은 이질적인 것으로 계속 남게 된 것은 무엇보다도 기본적인 현실, 즉 식민지 피지배의 사실 자체와 더불어 일본의 지배가 가졌던 두드러지게 약탈적이고 억압적인 성격 때문이었다. 다시 말해 화려하고 현란한 현대화의 진전과 지표에도 불구하고 주권의 박탈과 정치적 자주권의 상실이라는 기본 상황은 식민지 현대화가 긍정적인 의미를 가질 수 없게, 그리고 긍정적인 것으로 그것을 '간주할 수 없게' 만드는 데 일차적이고 결정적이었다.

당시 조선인의 정체성은 국가(nation)라는 정치공동체의 평등한 국민(國民)(이러한 정치적 상태를 추구하는 것이 민족주의이다)이 아닌 식민지 총독부체제, 경찰감시체제의 지배를 받는 제국의 신민(臣民), 그것도 이등 신민이라는 것이었다. 특히나 조선 독립을 공공연히 주창하는 열렬한 민족주의 운동가가 아닌 보통의 조선인에게 중요한 현실은 주권이 부인되어 정치권력과 정치에 참가하는 길이 원천적으로 봉쇄되어 있다는 것을 넘어 일반적이고 일상적 수준에서도 참여나 이의제기가 무의미한 사회적 삶을 살았다는 것이다.

조선인은 임금차별(일본인의 절반 그리고 뒤이은 이민족 가운데 중국인이나 대만인보다도 적게 책정된 임금)부터 지역위생과 의료의 혜택, 자치체의 구성과 자치권 행사 수준, 재산권의 취득과 행사, 언론·결사의 자유와 같은 기본권 등에서 재조(在朝) 일본인이나 일본 본국 사회에 비해 체계적인 차별과 제약 아래 놓여 있었다. 기본권 문제에 관해서는 조선에 거주하는 일본인조차도 본국과 달리 자신에게 가해진 제약을 불평할 정도였다.[272]

이러한 정황은 조선인이라는 하나의 '동포' 집단에게, 한 '민족'으로서의 정체성뿐 아니라 정치참여가 배제되고 오직 통치 대상인 '신민(臣民)',

272. 조경달(2013).

'서민', '민초'로서의 정체성과 동일성을 부여하는 것이었다. 하지만 그럼에도 조선인이 민족이나 동포라는 말을 통해 하나의 실체로 움직이기에는 식민지 조선의 현실이 그리 간단치 않았다. 식민지 조선이라는 공간을 구성한 대중은 양반유생, 농민대중, 유학생과 도시지식인, 도시빈민, 상공업종사자 등으로 나누어볼 수 있지만 역시 압도적인 부분은 농민으로 사회적 층화의 형태상 이들이 대다수 인민으로 저변에 깔려 있었다.[273] 그러면서도 그것은 이념적, 문화적, 원리적 스펙트럼에서 볼 때 매우 이질적인 것의 총체, 즉 서구화된 지식인에서 봉건적 차별이 여전한 농촌공동체에 이르기까지 매우 다양한 스펙트럼이 펼쳐진 사회였다. 단적으로 여기에는 행위원리나 문화, 가치의 측면에서는 여전히 조선 전통의 우월함을 믿는 선비, 현대화와 문명의 세례를 향유하던 '모던뽀이/모던걸'이 공존하고 있었다.[274]

식민지 강권통치 권력은 매우 제한적인 청중이 서구 대중문화를 소비하는 기형화되고 불완전한 공론장을 허용하였는데 이는 주로 경성에 집중되었다. 영화관, 라디오, 정기간행물 등 근대적 매스커뮤니케이션의 소비와 향유는 비록 일본 본토에 비해서는 보잘것없을지라도 여타 식민지와 비교하면 상당한 수준이었다.[275] 하지만 이를 소비하는 서구화된 지식인과 문화예술인은 전체 인구 대비 극소수일 뿐 아니라 이들의 활동이 바로 이 제한된 공간인 경성에 집중되어 있다는 점에서 이들은 전

273. 1944년 조선의 취업인구 가운데 남자의 95%, 여자의 99%가 노동자와 농민이었다(Henderson, 1968: 140).

274. 박헌호(2001: 109).

275. Henderson(1968). 하지만 유선영(2004)과 로빈슨(Robinson, 1999)이 보여주듯, 이 또한 단순히 일제에 의한 대중매체의 도입에 의해서만 일어난 것이라기보다는, 조선 사회가 식민지 이전부터 이미 발전시키던 대중문화의 자생적인 활력에 힘입은 바 크다고 할 수 있다.

체 조선 사회 속의 작은 '섬'이었다. 이들은 '앞서가는 우리/보편의 우리'를 자임하는 집단이지만 그 때문에 더더욱 자신이 활동할 사회적 토대를 확보할 수 없었다. 이들은 식민지의 외래적 권력과 사회 곳곳의 봉건성이라는 양자에 포위되어 있었고 동족의 인민과 소통할 수도 자신의 학식을 발휘할 일자리를 찾을 수도 없이 '동굴 속의 지식인'[276]으로 살아야 했다.

현대화된 사회체제에서 얻는 유인과 포섭(혹은 참여)이라는 관점에서 현대화의 중요한 기제로 근대적 교육제도와 체계를 들 수 있다. 교육은 사회적 상승을 향한 활력의 공식적인 통로로서, 현대화를 수행하는 일상적이고 개인적인, 그렇기 때문에 더 실감나는 유인과 추동력을 대변하는 제도라는 점에서 중요하다. 그것이 한 사회의 근대적 사회통합에 있어서 가진 의의도 여기서 나온다.

총독부는 수차례에 걸쳐 공포한 조선교육령 등의 법률을 통해 근대적 대중교육을 실시했고 또 '관리'하려 했다. 여기서 관리의 대상은 당시 민족 부흥과 자신만의 국민국가 획득이라는 명분 아래 총독부와는 별개로 민간 영역에서 조선인들이 활발하게 설립한 사립학교였다. 총독부는 이들이 근대적 사회체제에서 쓸모없고 정부에 대한 반항심만을 부추기는 교육을 하고 있다고 평가하였다. 총독부는 당연히 교육기관에 대한 인가제도를 시행하여 입맛에 맞지 않는 많은 사립교육기관을 폐쇄했고,[277] 수차례의 교육령을 반포하여 식민화 권력의 이해에 부응하는 신민의 양성을 위한 교육의 제도화에 초점을 맞추었다. 여기서 중요한 것은 식민지 학교교육이 탈정치화한 신민을 양성하기 위해 기능교육과 국

276. 송호근(2013), 최정운(2013).
277. 1910년에 총 1,973개였던 사립학교는 1919년에는 742개로 60% 이상 감소하였다(조경달, 2013: 34).

가관 함양에 주력했다는 것 외의 다른 측면을 눈여겨보아야 한다는 것이다. 여기서 더 중요할 수 있는 질문은 그러한 문제점에도 불구하고 식민지 교육이 과연 조선인의 사회적 참여와 기성체제에의 포섭, 즉 사회적 통합에 대해 기여했는가이다.

조선인의 교육에 대한 열망과 학교 설립의 열기는 한일합방 이전부터 이미 놀라운 수준[278]이었고 강점 기간에도 역시 다른 식민사회와 비교할 때 괄목할 만한 수준이었지만,[279] 일제강점기에 그것이 실질적으로 현대화와 사회통합의 기제 역할을 했는지는 신중하게 평가해야 한다. 사실 일제가 시행한 교육은 온전한 의미의 사회통합을 기하기에 충분한 것이었다기보다는 조선인의 회유와 분열을 기도하는 것에 더 가까웠다. 즉, 기본적으로 3.1운동 후 문화통치를 실시하며 억압의 완화라는 외양을 위해 일부 열어둔 것일 뿐이었다. 일본은 초중고등학교의 숫자와 교육 내용을 엄격히 통제했을 뿐만 아니라 대학급의 고등교육기관 설립을 내내 꺼렸으며, 유일한 대학교인 경성제국대학(지금의 서울대학교)이 예과(藝科)만으로 설립된 것은 1924년의 일이었다. 이마저도 조선인 학생이 40%를 넘는 학년은 없었고 대체로 3분의 1로 억제하였다. 이에 따라 조선인은 자신의 사립대학 설립 운동을 스스로 일으켰다.[280]

하지만 교육받은 조선인에 대한 각급 공공기관이나 그나마 그리 많지 않은 사기업의 수요가 보잘것없었다는 점이 무엇보다 결정적이었다. 일

278. 그 대략적 통계는 권태준(2006: 295)을 참조할 것.

279. 조선인 학생 수는 1910년의 11만 800명에서 1941년에는 177만 6,078명이 되었으며, 1922년에 3개 면에 1개씩 설치되던 초등학교는 1945년까지는 모든 면에 1개교 이상의 비율로까지 증가했다(Henderson, 1968: 157).

280. 조경달(2013: 92-93). 사실 경성제국대학 설립 이전에 조선인만의 자치사립대학을 설립하려는 운동은 실패로 돌아갔다. 중요한 이유는 부유한 대지주라면 자식을 일본으로 유학을 보내면 그만이었기 때문이다(같은 책).

제강점기 조선 사회는 차별적 충원과 분할된 노동시장(임금, 채용 등의 대부분의 측면에서)이라는 점에서 왜곡되고 불충분할 뿐 아니라 기회의 양적 규모조차도 대단히 한정된, 매우 박약한 시민사회의 토대를 가진 것이었다. 전문직, 기업, 공공기관 등 근대적 직종으로의 진입은 대부분 좌절되었고 심지어 채용되더라도 이를테면 교사나 관리의 직종은 다른 분야와 마찬가지로 차별화된 임금을 받아 생계를 유지할 수 없어 빚만 늘어가는 처지에 놓였다. 전시 총동원체제가 가동되는 1930년대 말에 이르러서야 전체 공무원 집단 내 조선인 비중이 절반에 근접하게 되었고 이 또한 결정권과 집행력이 제한된 하급 직위에 집중되었다. 설령 고위직에 배치되더라도 하급 일본인이 그 권위를 무시하는 일은 흔한 일이었다.[281] 가장 흔한 조선인 채용은 경찰직에서 가장 낮은 순사직이었는데, 이들은 조직 내에서의 차별과 모멸, 그리고 동포의 경원시로 인해 일본인 경찰보다 더 악질적인 역할을 자임하곤 했다.[282]

조선인은 이렇듯 정치적, 사회경제적으로 구조화된 이중적 배제와 제약 속에서도 기회가 주어지면 대부분 당연히 사회적 상승을 도모하였다. 하지만 식민지 현실 속에서 이 상승은, 특히 인구의 80%를 차지하던 농민의 삶에서 볼 때는 그다지 의미가 없었다. 기껏해야 이들에게 가능한 '출세'는 없는 돈을 아껴 소자작농의 아들이 간신히 보통학교를 졸업한 후 1930년대에나 열린 농촌진흥운동과 국민총동원운동 등에서 '중견인물'로 채용되는 정도였다. 그마저도 이른바 '피지도(被指導)' 인민인 동포로부터 심한 반발과 면박, 냉대를 당하고 동시에 상사인 일본인

281. 조경달(2013), Cumings(1997).

282. 해방 직전 조선의 경찰력은 한반도 전체에 약 2만 3,000명으로 추산되는데 그 중 40%에 해당하는 약 9,000명이 조선인이었고 대부분이 하급 경찰관이었다(Henderson, 1968: 226).

으로부터 멸시와 하대를 당하는 등 중간에 끼여 이러지도 저러지도 못하는 처지가 대부분이었다. 이들은 방구석에서 현대 문물의 유일한 통로인 잡지나 뒤적이면서 자신의 '유식(有識)'과 '시대'를 한탄하는 것이 고작이었다.[283] 1930년대 이후 총동원체제에서 조선인을 대규모로 동원하기 위한 더 많은 '일자리'가 등장하면서 서로 다른 수준의 '친일협력'(이는 곧바로 '사회적' 참여의 수준이다)의 직위가 등장하게 되었다. 하지만 그것은 같은 마을 사람을 탄광의 강제노동이나 공장노동, 위안부로 차출하여 보내는 작업의 최전선에서 '활약'하는 '오명'과 격분의 대상으로 전락하는 것을 동시에 의미했다.[284]

이러한 현실에서 교육을 통해 현대성과 일본제국에 포섭되거나 그 지배를 내면화하는 것은 극소수인 식자나 식민지 중간층에게조차도 높았다고 할 수 없다. 이후 나아갈 다음 단계가 마련되지 않은 채 이루어지는 교육은 사회통합보다는 오히려 사회 불안정의 원천이었으며 학력이 높을수록 실업자로 남아 있어야 하는 조선 인텔리의 불만과 고립, 폐쇄성은 더욱 가중되었다. 이를 웅변하듯 중등 이상의 고등교육기관은 조선인 학생들의 저항적 정치문화의 온상이 되었고 권력에 대한 저항은 이들의 하위문화 속에서 도덕적 정당성과 정체성의 원천이 되었다(이 양상이 가지는 사회적, 역사적 의의는 다음 절의 (2)에서 자세히 보게 된다).

한편 대다수 농민은 전반적으로 빈곤과 강화된 착취 속에 놓인 채 더러는 신교육의 초보적 혜택을 받기도 했다. 하지만 조선인의 그토록 높은 교육열에도 불구하고 1943년에도 보통학교, 간이학교, 사립 각종학교의 취학률 합계는 50.8%로 추계되었다. 다시 말해 조선인 아동의 절반은 이때에도 여전히 근대적 교육과 인연이 없었다. 또 조선인 자신의

283. 이타가키 류타(2004).
284. Cumings(1997: 251-52).

실력양성운동의 일환으로 농민야학과 노동야학이 활발히 개설되었지만 1930년에 조선어와 일본어 어느 쪽이라도 읽을 수 있는 사람을 다 합하여 산출한 전 인구 문맹률은 77.4%나 되며, 이 중 22~24세의 젊은이 중에서도 문맹자는 64.9%나 되었다.[285] 다시 한번, 일제가 실시한 대중교육은 그 자체로 조선을 현대화한 것이 아니었다. 그 결과 식민지 조선의 다양성은 사실상 인구의 대다수를 차지한 문맹·농민층과 서구화된 도시민, 지식층 간의 지독한 괴리[286]를 의미하는 것으로, 이 괴리는 도시와 농촌의 문화적 대립으로 이후 1960년대 초까지도 이어졌다.[287]

이러한 대립 속에서 조선인은 고유하고 내적으로 동질적인 전통과 문화의 담지자로서의 인민(人民), 즉 독일의 철학자이자 역사가인 헤르더(J. G. Herder)가 정립한 개념인 '인민(Volk)'[288]에 상응하는 존재를 그 자신의 민족주의의 정수로 보게 되었다. 그러한 인민, 민초의 중심에 식민지 조선 인구의 80% 이상을 차지한 소규모 자작농과 소작농이 있었고, 이후 이들을 포괄하는 '농민'이라는 말은 바로 피지배, 근로 인민을 호명하는 중심 개념으로서 민족성의 정수이자 저류·원천을 지칭하는 개념으로 자리 잡게 된다.[289] 이러한 경과는 농본주의와 민본주의 이념을 명시적으로 추구하며 숭농억상이라는 유교적 핵심에 충실한 사회조직을 가졌던 조선 사회의 전통과 잘 조응하는 것이기도 했다.

일제강점기 조선 사회가 가진 역동성의 심원한 원천을 정확히 식별하려면 그처럼 전통에 깊이 붙박인 상태에서 하루하루 힘겨운 밥벌이에 몰두하며 간신히 살아가는 민초에게 현대와 현대화가 어떤 의미를 가졌

285. 조경달(2008: 144, 147).
286. 박헌호(2001).
287. 강인철(1999).
288. Berlin(1976).
289. Sorenson(1999).

는지를 좀 더 구체적으로 살펴보아야 한다. 이들이 체험하고 의미화한 '현대'는 일본이 개시한 현대화의 '성과'가 과시되는 경성에 살면서 물밀 듯 밀려오는 서구사상의 조류와 문예물에 심취한 도시지식인과 상층부의 그것과 근본적으로 달랐다. 이들과는 달리 '농민'에게 현대화는 가장 일상적인 차원에서 '일본적 행정'에 의한 합리화로 다가왔다.

(3) 일본적 행정국가와 사회 합리화, 그리고 전통 속의 민중

일본적 사회/국가 모델을 조선 사회에 적용하고 부과한 것은 상의하달적 행정에 따른 일반적 합리화와 더불어 경찰력과 여타 무력적 강제를 사용해 삶의 다양한 영역에서 질서와 규율을 부과하는 방식에 의해 이루어졌다. 이러한 시도를 더욱 실효성 있게 하는 일본적 국가의 또 하나의 특징적 측면은 '다기능 경찰제도'[290]인데 이것은 '개입주의 국가(the interventionist state)'에 대한 서유럽의 상상력과 논의를 훨씬 뛰어넘는 체제를 일찌감치 실현한 것이다. 여기서 관료적 행정은 경찰력을 활용하여 법률적 제약을 거의 받지 않고 어떤 목표든 그리고 어떤 피지배 신민이든 모두 정책목표를 위해 동원할 수 있는 무소불위의 행정/동원주의를 펼쳤다.

수십 년 동안 검은 외투를 입은 "경찰은 고유한 치안 임무 외에도 세금징수, 보건조치의 실행, 소금·장뇌·아편 등의 전매품과 관련된 업무를 감독했[으며]… 도로 및 관개 개선을 지휘하고, 농부들에게 새로운 식물 종자를 소개하고, 교육과 지방산업의 발전을 장려했다."[291] 그것은 "대

290. Cumings(1997: 217).

291. E. Partricia Tsurumi, "Taiwan under Kodama Gentaro and Goto Shimpei," *Papers on Japan*, Vol. 4(Harvard University, East Asian Research Center,

민적 사무, 권농업무, 산림감시, 토목감시, 납세독려, 법령보급, 묘지단속, 위생업무 등 민중생활 전반을 관장하는 만능의 권력이었다."[292] 이는 국가가 원하고 시행하려는 것은 무엇이든 무력과 강권으로 강제할 수 있다는 무제한적 국가권력의 모습, 그 강대한 힘과 효율적인 작동(해방 후 한국의 독재적 정치가들의 상상력을 사로잡은)을 극명하게 보여주었고, 당연히 이민족인 조선인에 대해서는 그 가차 없음에 조금의 망설임도 없었다. 그렇기 때문에 일본의 식민주의는 그 국가주의가 본토에서 발휘한 온정주의조차 깡그리 말소된 것이었다.[293]

1910년대와 1920년대 일제의 조선 농정(農政)의 특징은 소유권에 근거한 농업관계의 근대적인 (법률적)합리화와 토착 지주계급을 우대하는 분할 지배정책이었다. 일본은 초기에 산미증산계획으로 일본 본토의 식량을 수급하기 위해 조선 농업을 최대한 효율적으로 쥐어짠다는 목표를 설정했다. 이 과정에서 일제는 완전히 '근대화된' 소유권을 확립하여 이전의 다소 온정주의적이고 집단주의적 규범에 따라 제어되던 소작 관계를 지주의 배타적 권리, 계급 관계로 바꾸고 이들 지주를 활용하고 또 그에 의존하여 농업생산 증대를 강제하였다. 조선 사회의 전통적인 농업 관계에서 소유권의 무제한 행사는 농업공동체에 고유한 소작, 병작, 공동경작, 소작권 유지 등에 관한 생산자 측의 관습(법)적 요구, 유사 권리적 고려 등에 의해 억제되었는데, 일제의 토지조사사업은 '근대적'이기 때문에 배타적인 사적 소유의 권리를 제도화하여 이를 모두 배제하였다.

이렇듯 생소한 법률양식, 법률적 권리 주장의 절차 자체가 당연히 대

1967), pp. 117-18, Cumings(1997: 217)에서 재인용. 위와 같은 활동을 통해 대만에서 성공을 본 다기능 경찰제도는 역시 조선에 대해서도, 그리고 더 철저하고 강압적으로 시행되었다.

292. 조경달(2013: 19).

293. 조경달(2013: 21-22).

토지소유자, 지주에게 유리하게 작용했음은 말할 나위도 없다. 이런 토지조사사업의 결과로 지주계급의 구성비가 변하고 일종의 농민 프롤레타리아가 증대하면서 빈부격차가 커지자 많은 농민들이 만주나 일본으로 떠도는 생활로 몰리게 되었다. 또 이전의 상위계급 양반 지주가 줄어들고 전직 아전이나 새롭게 등장한 평민 출신 지주가 급격히 증가하였다.[294]

사회 관리와 생산의 전체적 합리화는 당연히 징세나 여타 국토자원의 관리와 같은 목표를 중심으로 더 활발히 적용되고 확대되는 것이었다. 특히 일제의 징세 방식은 그것이 법률적으로 규정되어 예측이 가능하고 그에 따라 중간 수탈을 배제했다는 의미에서 합리화된 것이기는 했지만 기대만큼 환영받지는 못했는데, 이는 영국의 인도 지배처럼 두 가지 측면에 기인하였다. 첫 번째는 전통적 지배(혹은 착취, 수탈)체제가 아무리 불합리하고 수많은 중간 수탈자 무리가 있더라도 그것은 넓은 의미의 온정주의와 민본주의의 규범 내에서 작동했다는 점이다. 조선의 관리들은 간교하게도 징세나 다른 부역의 부과를 흉작이나 기근에는 알아서 완화했는데, 이처럼 전근대사회의 정치적 안정과 사회적 평형을 나름대로 가능하게 한 것은 바로 농민의 사정에 따라 유연하게 적용되는 온정주의였다.[295]

두 번째도 역시 영국이 지배한 인도에서 두드러졌던 것인데 식민지배는 현대화의 외양에도 불구하고 기존의 신분 분할이나 계급 격차를 오히려 악화시키기도 하는데, 이러한 결과는 때때로 민족운동의 약화를 노리고 계획적으로 의도되는 것이기도 하다. 조선에서도 일본에 의한 합리화는 그 결과가 '합리적인 관점에서' 좋았을 때조차도 달가운 것이

294. Henderson(1968: 142).
295. 조경달(2008: 14-15).

아니었으며, 더더군다나 그것이 빈농의 빈곤을 더욱 심화시키고, 관료행정에 따라 시시콜콜한 간섭의 증대가 주조(主調)일진대 내면화는 커녕 외면적 복종도 거두기 쉽지 않았다. 요컨대 일제가 시행한 조선 사회, 특히 농촌의 합리화는 그것이 식민지 권력이 가진 착취성과 강압성, 이질성 때문에 반발과 저항, 사회 불안정의 원천이 되었다.

조선총독부가 시행한 관제운동인 농촌진흥운동(1932~1940)은 세계대공황의 여파로 전 세계 자본주의체제 재생산의 위기와 일본 본토에서도 심각했던 농촌붕괴와 농업공황에 직면하여 창안된 것이다. 또 그것은 1910년대 농정 결과로 조선의 소농과 빈농의 처지가 더욱 열악해지는 상황이 야기한 1920년대 소작쟁의와 사회주의 확산에 대응하기 위한 목적도 있었다. 이 운동을 통해 1930년대 조선 농촌에서 일본의 지배양상은 다른 면모를 선보였는데, 그것은 나름 긍정적인 성과를 내고 비록 제한적이지만 인민의 참여 공간으로 작용해서 '식민지 조합주의(colonial corporatism)'로 개념화되는 지배체제를 낳은 것으로 분석되기도 한다.[296] 하지만 여기서도 식민지 권력은 농민에게 가장 급박한 문제보다는 생활 합리화나 윤리적 쇄신 같은 관념적 정책으로 일관하였다.[297] 그러한 정책의 본질적 모습은 변하지 않아서 식민지 본국의 이해관계에 따라 경작할 작물, 파종과 경작의 작업절차 같은 세부사항까지 강압적으로 지시하고 거부하면 바로 밭을 갈아 엎어버리고 경작물을 뽑아버리는 폭력적 행태가 일상적이었다.[298]

우리에게 이런 모습은 어쩐지 낯설지 않다. 우리는 여기서 농촌 구석

296. 대표적으로, Shin and Han(1999).

297. 오히려 이 문제를 실질적으로 해결하려고 한 이들은 민족운동의 온건한 분파로, 이들은 문맹퇴치운동, 브나로드운동으로 문제를 해결하려고 하였고 나아가 그것을 넘어서는 방안을 고민하였다(조경달, 2008: 167-81).

298. 조경달(2013: 제6장).

구석까지 들어와 간섭하고 '농촌지도'를 하는 박정희 정부 이후 1970년대, 80년대 고압적으로 참견하며 훈계하고 하대하려고 드는 공무원의 모습을 떠올리지 않을 수 없다. 이들이 가진 국가의 관념, 즉 유권자이자 세금납부자, 주권자, 권력 위임자('근대적' 정치이론에서는!)인 국민에 대해 생사여탈권을 가지며, 국민의 재산과 안전을 내키는 대로 겁박할 수 있는 국가(기구)가 가진 권위의 무소불위성 그리고 그러한 권력에 소속되고 대표하는 자기 자신에 대한 우월감에 찬 자의식 등의 역사적 기원을 여기서 짐작할 수 있다.

물론 군부독재의 감시체제와 개발국가의 전방위적 개입주의를 경험한 현대 한국인에게 이런 국가의 모습은 대체로 자연스러운 면모로 비칠 수도 있다. 하지만 조선 인민이 일본 이전에 경험한 국가의 모습은 이와는 꽤나 달랐다. 조선의 전통적 정치체(polity)에서 국가는 실상 추상적 권위에 더 가까운 것으로, 궁극적 호소처로서 저 멀리 존재하는 것이었을 뿐 인민의 일상에 세세히 관여하는 존재는 아니었다. 징세는 그리 치밀하지 못했고 향촌공동체의 문제는 그 지역의 유생과 취락의 반(半)자치적 상태에 맡겨지는 것이 대부분이었다. 하물며 경제적 문제에 대한 개입과 관리는 가물에 콩 나듯 드문 것이었다. 요컨대 국가권력은 매일매일의 삶에 성가시게 참견하고 감시하는 그런 '가까운' 존재가 아니었다.

국가가 '사회'[299]의 모든 부문에 개입하고 그 지향과 형성을 조정, 통제, '육성'하는 모습이 국민국가의 정상적이고 일상적이며 그리 부당하지 않

299. 여기서 개입'받는' 대상으로 규정된 이 '사회'가 과연 서구정치이론의 '시민사회(civil society)'라는 개념으로 적절히 기술될 수 있을지는 의문이다. 차라리 분리하여 독자적으로 존재하는 국가'와' 사회, 그리고 양자 간의 '관계'라는 문제설정 자체가 서유럽의 역사적 경험에 고유한 것이다.

은 모습으로 느껴지는 것은 바로 한국인이 근대적 국가를 제일 먼저 일본식 현대성, 일본식 국가/사회 체제로 경험했기 때문이다. 그리고 이 국가주의, 관료적 행정만능주의의 '모듈'은 이후의 군사독재체제가 '성공적으로' 도입하여 부과함으로써 우리의 지각과 태도, 세계관과 행위 방식에 깊이 내화되고 습속화되었다. 나아가 이런 역사적 맥락 속에서 해방 후 한국의 국가는 이에 머물지 않고, '오리지널' 일본국가가 자국민에 대해 작용하는 양상보다 더 권위(주의)적이고 무책임할 수 있었는데 그 이유는 지극히 간단하다. 그것은 일본을 흠모하는 권위 지향적 '민족주의'자('내셔널리스트/국가주의자'라고 따로 분류하는 것이 더 적절한)가 겪고 배운 국가가 그것이 상대했던 인민이 타민족, 열등민족, 이등신민인 식민지 지배의 국가였기 때문이다. 따라서 우리가 경험한 최초의 '근대국가'였던 식민지 국가는 국가가 보여주고 시도할 수 있는 악질적이고 제멋대로인 모습과 활동을 최대한 시범하고 예시하는 것이었다.

다면적이고 강권적이며 총체적인 국가 행정에 의한 합리화는 당연히 인민의 전통적인 삶의 방식과 가치를 하나하나 파괴해나갔다. 일제의 행정 지배는 온갖 생산활동을 국가의 관리 아래 꼼꼼히 등재하고 이에 대한 행정 인가로 통제하려 했다. 통제의 목적은 일본식 현대화 모델이 원하는 인민의 모습, 즉 개별화되고 공순하며 '합리화된' 생활 태도와 규율을 갖춘 모습을 조성하는 것이었다. 특히 총독부의 눈에 거슬렸고 후진적이며 비생산적 양태로 지탄의 대상이 된 것은 바로 조선 인민 특유의 '목가적 노동관'이었다.[300] 이 노동관은 일본과는 구분되는 노동문화로 마을의 자치적 조직화를 통해 필요한 노동을 공동으로 수행하고 이때만큼은 부농과 빈농, 유지와 소작농 등의 계급적 격차를 잊고 함께 어

300. 조경달(2008).

울려 유흥을 즐기는 것이 의례화된 것이었다. 그것은 고단한 노동을 인민이 감수할 수 있도록 노동과 여가를 한 세트로 결합한 조선 특유의 제도적 장치(동시에 이데올로기적 장치라고도 할 수 있는)였다.

조선총독부가 그러했던 것처럼, 대다수 농민의 삶과 노동에서 유리된 대부분의 조선 지식인과 상층부 또한 이러한 목가적 노동관의 의의를 알지 못했고, 그것이 하나의 사회구성체로서 정치적·이념적 상부구조인 민본주의와 빚어온 사회적 평형과 균형을 이해하지 못했다. 이들은 일본이 들여온 서구의 휘황찬란한 신문물과 서양식 무기의 강대함에 놀라고 겁에 질려 서구를 통째로 받아들이고 조선 현실에 그것을 그대로 대입하기에 바빴으며 총독부가 조선 인민을 우매하고 게으르며 정체(停滯)된 것으로 재단하는 데에 자연스럽게 동참했다. 이것은 총독부와는 별개로 진행된 1930년대 조선 지식인의 농촌계몽운동이 가진 심각한 문제이자 한계였다.

대한제국 시기의 게일(J. S. Gale)처럼 편견없이 조선 인민을 바라보던 극소수의 관찰자만이 알아차릴 수 있었던 바와 같이, 조선 인민을 근검과 노동으로 나아가지 못하게 한 것은 식민지 현대화의 위광하에서도 조금도 나아지지 않고 오히려 악화된 숨 막히는 수탈의 구조와 사회경제적 모순이었다. 식민지배의 약탈성과 모순성을 보려 하지도 않고 바꿀 생각도 없던 총독부는 서구 부르주아적 노동관의 연장인 '근검노동관'에 입각하여 인민 생활의 합리화만을 주창하고 강권하였다. 사태의 이러한 핵심은, 조선 지식인이 가진 위의 관성적 사고 경향에서 벗어난 드문 민족주의자들 중 하나인 안재홍(安在鴻, 1891~1965)이 대변하였다. 그는 『조선일보』 사설에서 "대중이 요구하는 것은 생활의 합리화가 아니라 생활 자체의 근본적 개혁"이며, 민중이 생활주의 안에서 살고 있다는 것을 먼저 이해하고 그것을 모르는 지식인이 반대로 계몽되지 않

으면 안 된다고 주장했다.[301]

근대적인 것에 근접하는 이 근검적 노동관은, 근대와 전근대의 관행과 규칙이 혼합되어 더욱 가혹해진 수탈에 더해 임금차별은 물론 온갖 사회적 제약과 인종적 차별에도 불구하고 조선 인민에게 차츰 정착해 갔다.[302] 그러나 이는 식민지의 사회적, 제도적 환경이 이들에게 선택 가능한 유인(incentives)을 제공했기 때문이 아니라 정치적 개입이나 사회적 상황의 개선이 원천적으로 불가능한 상황에서 굶어 죽기 직전에 달리 시도할 어떤 무엇도 없었기 때문이다.

이렇게 받아들인 '현대화'가 조선인의 내면을 지배할 수는 없었다. 최소한 늘 앞에 서서 주장하고 나팔 불고 요란스럽게 자신의 생각과 사회의 당위를 말하는 극소수 지식인이 아닌 사람들에게 그것은 권력의 칼날과 폭력, 생존의 압박 앞에서 말뿐인 복종과 순응이었다. 그것은 면종복배(面從腹背)의 모습이었고, 민중은 자신에게 익숙한 세계 속에서 그 논리에 따라 일제에 저항하고 타협하고 '협력'하였다. 그렇기 때문에 주기적인 혁명적 저항과 폭력의 분출 사이사이에서 조선 인민이 보여준 더 지배적인 모습은 기회주의적인 참여와 이탈, 일탈, 그리고 '마지못한' 협력과 순응의 모습이었다.

여기서 보듯, 생계와 생존에 묶여 있는 일반 백성, 민중이 어렵게 결심하여 일제에 대항하여 전개한 저항은 개화기 이래 조선의 지식인들이 주창해온 민족'주의', 즉 서구적 의미의 민족주의인 '내셔널리즘(nationalism)'과는 상당히 결을 달리하는 것이었다. 그것이 대한민국을 건설하는 민족주의건 일본제국의 충실한 일원이 되는 민족주의건 간에

301. 『조선일보』, 1933년 6월 28일, 부록 사설 「생활의 합리화」, 조경달(2008: 146-7)에서 재인용.

302. 조경달(2008: 277).

조선 대다수 인민은 이 양자에 공통된 서구적 내셔널리즘의 논리와 그것이 처방하는 현대화에 낯설고 불편한 관계에 있었다. 현대화가 강대하고 일사불란한 국민국가, 부국강병의 노선을 지향하는 한 그것이 반민중적, 그리고 때때로 반민족적이 되기도 하는 것은 상당 부분 필연적이다. 신채호의 민족주의 사상이 그 여정의 끝에서 무정부주의에 도달한 것은 바로 현대화의 민족주의가 가진 이런 국가주의적, 반민중적 성격 때문일 것이다. 민족'주의적'인 것이 오히려 자주 반민중적이고 반'민족적'이 되는 이런 역설은 다른 무엇보다도 해방 후 남북한 국가의 역사가 생생하게 예증하는 바이다.

따라서 일본적 현대화에 대한 조선 인민, 민중의 저항은 민족주의 사가나 계몽주의 지식인이 기대하는 그런 '민족주의적' 저항보다는 사사화(私事化)와 전통에의 고착, 종말론적 종교에의 몰입을 통해 더 일상적으로 이루어졌다. 1910년대부터 활발해져서 총독부뿐 아니라 조선 지식인들로부터도 비판과 규탄의 대상이 된 족보 편찬의 유행, 그리고 '밋밋한' 공인 종교에 비해 많은 신자와 영향력을 확대하면서 점점 더 기세를 더해갔던 증산교계 보천교 등의 성공적 포교가 이런 경향을 대표적으로 보여준다.[303] 여기서 볼 수 있는 것은 전통적 정체성과 구원에 대한 맹신 속에서 자신을 찾고자 애쓰는 동시에, 그것을 통해 일제의 사회적 합리화로부터 일탈함으로써 결과적으로 그에 저항'하는 것이 되는' 역사적 의미를 실현하는 민중의 모습이다.

바로 이러한 이유와 배경에서 식민지 권력과 지식인의 홀대와 비판, 배제의 노력에도 불구하고 자생적이고 내재적인 조선의 전통은 대다수 인민에게서 고유한 힘을 보존하며 오히려 강화되기까지 한다. 모든 정치적

303. 조경달(2013: 166), 조경달(2002).

요소와 대중적 참여를 배제하는 일제의 군사국가적 성격 때문에 조선의 민본주의 정치문화는 현대화되거나 일본적 정치모델, 현대화 모델로 대체되는 것이 아니라, 참여의 계기가 발생하면 그것이 민족의 정수인 것처럼 다시 꺼내서 사용하는 '민란의 작법' 등으로 반복적으로 등장하게 되었다. 조선 인민은 수많은 소작쟁의와 친(親)사회주의적 폭동 등을 거치며 변형되긴 했지만 그 속에서 조선시대 민란의 의례와 행동수칙 등을 계승한 집합행위의 '레퍼토리(repertoire)'[304]를 시전(示展)하였다.

인민, 특히 조선왕조하에서 실제로 살았던 인민에게 일군만민과 왕도정치, 근왕(勤王)의 사상은 이들이 호흡하는 공기나 자기 몸의 피부와 같은 것이었다. 공화제를 표방한 임시정부조차 조선의 마지막 황제 순종의 친동생인 이강을 상하이로 탈출시키려던 대동단사건(1919년 11월)에 관여하였다는 것은 이와 관련하여 상당히 시사적인데, 이 사건은 이씨왕조가 여전히 독립의 중요한 상징이었음을 의미한다.[305] 또 3.1운동 같은 대중운동은 끝내 모습을 나타내지 않고 기회주의적으로 일관한 종교계와 지식계 명사들이 태반이었던 이른바 '민족지도자'들에 의해 일어날 수 없는 것이었다.[306] 그에 대한 대중적인 공명(共鳴)과 참여를 촉발한 계기는 바로 고종의 죽음이었다. 고종의 붕어(崩御)와 국장 기간(1919년 3월 1~7일)에는 전국에서 애도를 표하는 백립(白笠)을 쓴 자가 속출해 망곡식도 각도 각소에서 거행되어, 경상북도에서만 국장 전일까지 관내

304. 사회운동, 집합행동의 연구에서 통용되는 이 저항의 '레퍼토리' 개념에 관해서는 근래 이 분야의 주도적 인물인 태로(Tarrow, 1994)를 참조할 것.

305. 조경달(2013: 66). 이승만이 임시정부에서 바로 대통령으로 선출된 배경에는, 그의 '박사학위'가 전통적 정치담당 엘리트의 요건에 부합했다는 사정뿐 아니라, 그가 이씨 왕조의 먼 후손이라는 점 또한 작용했을지도 모른다(조경달, 2013: 135; Henderson, 1968: 238-39).

306. 신복룡(2002: 205-208).

230개소에서 망곡식이 거행되었다.

또 다른 대중적, 거족적 궐기의 민족운동인 1926년의 6.10만세운동, 1929년의 광주학생운동이 순종 서거 후에 일어났다는 사실은 이러한 부류의 사건이 가진 단지 '분위기 조성', '배경' 정도로만 한정할 수 없는 강력한 영향력과 인과적 결정성을 시사한다. 순종의 국장(1926년 6월) 기간에 경성에 온 조선인은 20만 명에 달했는데,[307] 당시 서울 인구가 36만으로 추산되고 또 이때의 매우 열악한 교통상황까지 감안하면 전통적 정치문화와 정치감정이 여전히 얼마나 막대한 영향을 미쳤는지를 짐작할 수 있다. 이렇듯 일제하에서 '대중적'이라고 불릴 만한 규모의 민족운동은 대체로 일군만민사상에서 유래하는 통곡의 감정에 기반한 것이었으며 그것이 대중 동원의 주요 원천이었음은 명백하다.

조선인을 집단과 전체의 규율화되고 충실하며 근검한 부속품으로, 다시 말해 일본적 체제, 일본적 현대화에 걸맞은 개별화되고 '합리화된' 주체로 만들려는 일본의 노력에도 불구하고 조선 인민은 그것을 내면화하지 않았다. 그렇게 된 이유는 본국과의 차별이 전제되고 또 그 정도가 훨씬 억압적이고 타율적이며 폭력적이었다는 사실도 있지만, 본질적으로 그것이 한민족의 전통에 낯설기 때문이었다. 하지만 근대적인 색채를 지닌 새로운 노동관이 천천히 그러나 조선 인민의 습속 속에 깊숙이 축조되어갔던 것과 마찬가지로 근대적인 사회적 이동과 대중적 동원, 참여를 유혹·재촉·강제했던 일제의 끈질기고 치밀한 촉수는 조선인을 조금씩 예전의 전통으로부터 끌어내어 새로운 집단주의, 집단화로 귀결될 사회적 격류로 이끌었다. 이것이 바로 1930년대 이후에 급격히 변화된 식민지 상황에서 일어난 일이다.

307. 조경달(2013: 53, 123-4).

3. 일제하 집단주의의 주요 양상과 그 발화(發火)적 원천들

헨더슨이 일종의 '판도라의 상자'를 연 것으로 묘사한 대원군의 통치는 그 사회적 결과를 받아 안은 일본의 식민지배 양상, 특히 1930년대 이후 총동원체제에서 드러난 몇몇 측면과 유사한 점이 있다.[308] 하지만 이런 유사성은 어느 정도 부수적인 것으로 독재자 개인에 긴요하게 의존하는 또 다른 '인치(人治)주의'로서의 대원군의 통치와 일제의 통치/현대화 모델은 본질적으로 달랐다. 일제의 폭압적 식민지배의 핵심적 면모에서 드러난 일본식 통치양식, 일본식 현대화 모델의 본질적 요소(식민지 지배의 논리와 필요에 의해 본국보다 조선에서 더 두드러지게 된)는 앞서 보았듯 국가관료의 지휘 아래 '포괄적인' 행정과 법령을 시행하고 이를 경찰력으로 강제하여 전체 사회를 규율화된 상태로 관리하는 것이었다.

하지만 그런 방식으로 마련된 내적 평화와 현대화는 정치공동체에 필수적이고 지속적인 사회적 토대, 즉 일상적 삶의 내적 의미에 터한 '전통', 그리고 자발적이고 참여적으로 구성된 '사회'에 대한 전망을 희생시킨 대가로 간신히 주어지고 향유된 것이었다. 조선 사회에서 일본식 현대화의 모델은 가혹하고 폭력적인 국가권력의 집행, 그에 수반되는 희생과 갈등, 그리고 그에 대한 저항의 가파른 상승을 대가로 치르지 않고서는 이식하거나 작동할 수 없는 것이었다. 복수심과 경쟁심에서, 혹은 일본식 질서와 우월한 힘에 대한 단순한 흠모와 모방의 열망에서 많은 이들이 일본이 설파하는 국가주의/전체주의적 내셔널리즘의 모듈

308. 물론 후자의 경우에 정치적 동원의 활성화에서 주요 수단이 대중매체 활용에 기반한 현대적 선전(propaganda) 작업이었다는 것을 양자의 두드러진 차이점으로 지적할 수 있지만, 이는 기술발전의 시간적 간극에서 유래하는 불가피한 것이다.

(module)[309]을 추종하고 이를 자신의 민족주의로 전유해나가기도 했지만, 조선 인민은 도덕적 질서와 자기 정체성이라는 내면적 수준에서는 결코 복종하지 않았다. 사회적 상승의 개별화된 열망, 가족주의적 집단화와 사사화, 그리고 도덕주의적 정치/국가 개념이라는 조선 인민이 간직한 강력한 사회문화적 문법은 그렇게 호락호락하지 않았다.

오히려 이 문법은 일본 제국주의가 부과한 집단화의 맥락, 즉 총동원의 전체주의적 국가주의, 사회적 이동과 참여의 제한된 통로와 격렬한 유동화, 가파른 동원과 사회변동, 물리적 이동으로서의 현대화 속에서 새롭고 혼종적이며 다면적인(multi-faceted) 집단주의/집단화의 양상을 낳아 선보이게 되었다. 이는 조선 사회가 본래 지닌 '우리'의 원형적 형상이 일제강점기의 사회적 맥락과 결합하면서 근대적인 형태로 변용·등장하고 증폭된 것으로, 해방 후 현대화 속에서 전면적으로 폭발할 불씨를 품고 있었다. 이제부터 그 시발점이 된 일제 후반기의 총동원체제를 살펴보기로 하겠다.

(1) 총동원체제의 소용돌이와 '민족'을 둘러싼 집단화의 분기(分岐)

러일전쟁(1905), 만주사변(1931), 중일전쟁(1937), 동남아 침략과 태평양전쟁(1941)으로 이어지는 일본 제국주의의 해외 진출은 당시 일본 국민에게 대단히 충격적이고 흥분시키는 사건이었던 것으로 짐작된다. 이 전쟁들은 일본인에게 유럽과 상대하여 승리를 거두고 제국주의 열강으로

309. '모듈'은 '규격화되고 독자적인 기능을 가진 교환 가능한 구성요소'로, 여기서 민족주의는 이런 의미의 '모듈'이 되어 다른 사회에 이식되고 다양한 정치 이데올로기 패턴에 합체되는 경향이 있다(베네딕트 앤더슨(Benedict Anderson), 『상상의 공동체』, 1997년 증보 일역판, 오성철(2006: 122-3)에서 재인용).

성장해가는 탈(脫)아시아의 꿈을 뭉게뭉게 부풀린 일련의 사건들이다. 그것은 새로운 기회와 정복, 팽창, 탐험에 대한 상상을 무한히 자극했고, 더불어 그 충격과 흥분으로 인해 일본 내 급진주의자들 중에서 사상전향자가 속출하였고 이들은 그렇듯 새로운 야심과 꿈에 동참하였다.

러일전쟁에서 일본이 승리한 뒤에 조선에서 일진회와 같은 합방지지 운동이 활발해진 데서 보듯 일본의 승리는 한일합방을 조선의 현실적 대안으로 보게 만든 결정적 사건이었다.[310] 이제 러시아를 격퇴하고 중국까지도 집어삼킬 기세로 나아가는 일본 제국주의의 힘은 식민지 조선의 인민에게 더더욱 경이롭고 충격적이었다. 이를 보여주듯 조선에서도 수많은 전향(轉向), 단지 급진주의자뿐 아니라 민족주의자까지도 망라하는 대규모 전향이 발생하게 된다. 그런데 여기서 일본 내 전향, 그리고 중일전쟁 이전의 전향과 비교할 때 당시의 전향에는 특이한 점이 발견된다.

중일전쟁 이전의 경우, 일본인 전향자와 구별되는 '감금에 의한 후회로 스스로 바꿈'이라는 이유를 제한다면 가장 중요한 이유는 '근친애(近親愛) 및 기타 가족관계'라는 가족주의적 전향 동기였다. 이는 일본이라는 적나라하고 압도적인 힘 앞에서 조선 '사회' 속의 몇 안 되는 집단주의, 정체성, 연대의 기반으로 가족이 가장 강력한 것이었음을 보여준다. 그러나 중일전쟁 이후에는 '사변(중일전쟁)에 따른 시국 인식'과 '독립 불가능성에 대한 자각'이 급격히 늘어난다.[311] 그렇다면 문제가 되는 이 '시국'은 대체 무엇이고 이것이 어떻게 '자각'되었다는 것인가?

310. 커밍스의 표현을 빌리면, "일본은 '열강들' 중 하나를 굴복시킨 최초의 비백인국가가 됨으로써 전 아시아를 흥분시키기 시작했다"(Cumings, 1997: 202).

311. 조경달(2008: 195-96). 여기서 분석한 것은 체포된 조선인들이 제출한 전향이유서이다.

1930년대 당시 세계정세는 두 가지 차원의 집단화가 '대세'였다. 첫 번째는 자본주의 시장에 대한 국가개입의 확대와 더불어 심화된 기업의 블록화, 즉 독과점 거대기업으로의 합병과 집중이고 두 번째는 각 국민국가들이 진영으로 나뉘는 블록화였다. 특히 후자의 추세는, 윌슨식의 민족자결주의가 주창한 것으로 인식되고 3.1운동이 요구한 개별 민족의 민족주의를 '한물간' 사조로 보이게 하는 것이었다. 이를 반영하듯 가장 악질적인 친일파 현영섭은 『내선일체』라는 과격 친일 잡지에 기고한 「내선일체의 세계사적 의의」라는 논설(일본어)을 통해, 제1차 세계대전 후 일시적으로 "민족자결주의라는 거짓투성이의 원리"(인위적 소(小)국가주의)가 등장했지만 "대독일국가, 대로마제국의 형성 운동에 의해 이 원칙은 파괴"되고, 결론적으로 "현대의 경향은 대(大)국가주의"라고 역설했다.[312]

중일전쟁으로 다시금 자신의 힘을 과시한 일본은 조선인에게 일본을 중심으로 한 동아시아 블록화가 유일한 것으로 보이게 할 만큼 강력한 인상을 주었다. 즉, '다른 길은 없다', '독립은 불가능하다', '일본의 지배 혹은 일본의 우산 아래에서 종족(ethnic) 문화를 보존하는 것이 최상이다' 하는 식의 분위기가 지배적이 된 것이다. 이미 오래전부터 무력화되어 간판만 걸린 단체로 전락한 상해의 임시정부나 만주와 간도 등지에서 지속하던 러시아와 중국 접경의 무장 독립운동은 국내의 이런 분위기를 반등시킬 여력이 없었다. 이런 분위기 속에서 부과된 것이 바로 조선 사회의 총체적 집단화를 목표로 하는 전시적 동원체제였다.

만주사변으로 개시되고 중일전쟁의 발발로 본격화한 총동원체제는 그 이전 체제와는 매우 달랐다. 총동원체제 이전에 조선인은 아무런 시민적 권리를 누리지 못하는 이등신민에 불과했으므로 당연히 징병 대

312. 이승엽(2001: 223에서 재인용, 괄호 안은 저자의 첨언).

상에서도 제외되었다. 하지만 이 새로운 체제는 조선인이 전쟁과 노역에 열심히 복무하고 동원에 협력하여 일본국가(nation)의 완전한 성원으로 대동아공영체의 일원으로 거듭나고 통합되어야 한다고 독려하고 강제하기 시작했다.

조선인은 총동원체제가 시작되면서 일상적 수준에서 가장 두드러진 면장, 서기, 하급순사뿐 아니라 농촌과 도시의 각급 정위원회, 국민총동원운동을 위한 온갖 조직의 하급간부와 운동원으로 활용되고 식민지 국가의 침투는 마을과 각각의 개별 가구에까지 뻗은 연결망으로 더욱 촘촘해지게 된다. 이와 더불어 정치사회는 기형적으로 활성화되었는데, 대중 동원을 위한 온갖 선전과 이를 독려하고 강제하는 청년단체와 반(半)폭력적 정치결사가 수없이 조직되어 일원적으로 구축된 국가권력의 의도를 관철시키는 주요 수단으로 자리 잡게 된다. 이들 주변화된 인구층, 청년을 준정치단체로 조직하고 활용하는 방식은 해방 후 정치과정에서 대중동원의 기본 모델로 작용하게 된다.

이러한 총동원체제의 광기와 소용돌이는 이 시기에 대해 매우 단순한 상만을 갖게 하는 경향이 있는데, 이는 일본의 간섭이 증대되던 개항기부터 해방까지의 역사를 바라보는 관점의 연장이다. 그것은 당시 상황을 이른바 '일본적 전체주의'에 의한 총체화, '균질화'(독일 나치즘의 원어로는 'Gleichschaltung'), 단일화된 지배와 그에 대한 완전한 복종, 내면화, 그리고 그에 대한 저항이라는 단순한 대립구도 속에서 보게 한다. 하지만 그 이전 시기의 모습이 그렇지 않았듯 총동원체제가 결과한 집단적 동학과 집단주의의 양상 또한 그보다는 복잡하고 양가적이었다.

일제는 강점 이래 토속문화, 즉 조선의 종족 문화의 제거를 현대화로 강변하며 조선 인민에게 지속적으로 색복(色服) 착용, 단발 등을 계도하고, 이후 총동원체제에 이르러 완전한 황민화와 내선일체를 위해 창씨

개명, 신사참배, 단발 등을 강제하고 일본어 사용 비중을 더욱 높이기에 이르렀다. 이런 일련의 전개는 한반도와 조선 인민을 일본제국이라는 하나의 '국민(nation)' 속에 융합되는 인종적 부분집단, 지역 중의 하나로 배치하려는 내셔널리즘(nationalism)의 기획으로 이해할 수 있다. 특히나 총동원체제는 조선인이 일본 '천황' 아래에 있는 '동등한 황민'으로서의 '공민적 의무'를 수행함으로써 '시민권'을 수여받아 일본제국이라는 국민공동체(national community)의 실질적 일원이 된다는 민족주의(nationalism), 맥락상 '국민주의'가 더 적절할 이념과 목표를 제시했다. 일제는 그렇게 선전했고 많은 조선인이 이것을 진심으로 믿었다. 하지만 그것은 대단히 한정되고 불구화된 민족주의/국민주의였고, 이로 인해 발생하는 모순된 집단(주의)적 동학을 간직한 것이었다.

완전한 내선일체, 일체화의 '완전한 실현'이라는 목표를 끔찍하게 생각한 것은 단지 민족 감정에 충실한 비전향 조선인, 조선의 우국지사만은 아니었다. 이는 재조 일본인, 총독부, 일본 본국 국민 또한 꺼리고 경악하는 일이었다. 극단적인 내선일체론자인 현영섭이 당시 조선 총독이던 미나미 지로와 독대하면서 제안한 정책, 즉 조선말을 완전히 일본말로 대체해야 한다는 '조선어 사용 전폐' 제안은 그 자리에서 거부되었다. 조선 민족문화의 박멸에 줄기차게 매진하던 총독부도 이처럼 완전한 일본어 사용에 대해서는 여론의 반발이라는 이유로 난색을 표했는데, 그 반발의 주요한 이유는 그럼으로써 일본인과 조선인의 구별이 일상에서 매우 어려워지기 때문이라는 것이었다.[313]

조선의 황민화와 내선일체는 동원의 필요성, 총동원체제의 현실적 목표를 충족하기 위해 주장되었지, 조선과 일본의 완전하고 평등한 국민

313. 조경달(2008: 205).

적 정치공동체로서의 '통합'을 지향하는 것은 아니었다. 그렇기 때문에 그들의 이익을 위한 현대화와 내선일체가 그처럼 수단적이고 도구적인 차원을 넘어 조선인에 대한 차별이 일상적으로 어려워지는 수준까지 가는 것은 결코 그들이 바라는 바가 아니었다. 일본의 자신에 대한 표상과 자기 정체성, 즉 일본인 자신의 '일본인론'은 조선인에 대한 관념, 일본의 조선관이 체계화되는 것과 함께 연동·상호작용하면서 활성화되었고 선명해졌으며 공고화되었다.[314] 조선에서 완전한 일본어 사용에 대해 일본 본국과 식민지 총독부가 보인 이중적이고 주저하는 모습은 바로 이런 집단심리의 구조와 동궤에 있다. 이등민족, 이등국민, 이등종족이 있음으로써 일본인 개개인은 자신의 우월성과 고유성을 매일매일의 현실 속에서 '확인'하고 그 쾌감을 만끽할 수 있었는데, 이 쾌감을 포기한다는 것은 손익의 계산 이전에 당치도 않은 일이었다.

이러한 종류의 욕구는 사실 그것이 아무리 혐오스러울망정 인류에게 매우 강력하고 고질적인 것이다. 인간, 특히 집단적 존재로서의 인간의 속성에는 차별과 분리(segregation)의 매 순간이 주는 우월함을 확인하는 데서 행복과 쾌감을 끌어내는 경향이 매우 강력하다.[315] 이런 상황과 인간성의 본질, 세상의 사리에 비추어본다면, '지배민족으로의 웅비'를 꿈꾸며 극단적이고 자기 말살적인 '개인주의/(일본)국민주의'를 주창한 현영섭[316]은 극악하고 파렴치하다기보다는 차라리 어떤 면에서는 순진했다.

다른 한편으로 이와 유사한 집단적 동학은 조선인들 속에서 변형된

314. 조경달(2008: 54-55).

315. 소비경제학자 스키토프스키(Scitovsky, 1992[1976])는 '행복'을 자신이 타자보다 우월한 삶을 누리고 있다고 생각할 때 느끼는 감정으로 개념화한다.

316. 이승엽(2001: 223-4, 233).

형태로 재생산되었다. 그것은 사회적 상승을 추구하는 개인적 야심이 저열한 인간적 욕구와 만나 우리 자신의 부끄러운 부분으로 정착되는 과정이었다. 일제강점 이래 일본 문화계가 조선의 민속문화를 이국적인 (exotic) 풍물로 추켜세우고 환영했듯이, 조선의 상류층과 중간층 차원에서는 일본의 전쟁 확대와 더불어 동남아시아나 다른 비서구 사회를 역시 이국적인 것으로, 즉 정확히 일본의 시선하에 조선이 놓인 위치를 이들에게 다시 부여하는 '남방(南方)담론'이 성행하게 된다.[317] 당시 신문에서 번성했던 이런 담론은 일본의 힘에 대한 흠모가 조선인으로 하여금 일본이 만드는 대동아공영체의 구상, 즉 아시아인의 블록화된 정치체 속에서 조선과 조선인을 두 번째로 놓고자 하는 열망으로 향하도록 이끌었음을 보여준다. 조선인은 이 남방담론 속에서 동남아시아나 중국의 민족과 사회를 일본이 조선을 포함한 다른 아시아인을 내려다보고 계몽/착취의 대상으로 본 것과 유사하게 바라본 것인데, 일제강점기 조선에서 이러한 지향은 중일전쟁 이후 가속화된 협력, 부역, 친일의 사상에서 매우 두드러진 흐름을 형성하였고, 시간이 지날수록 무장독립운동에 관여하지 않던 국내의 많은 지식인, 민족주의자 등까지도 흡수해버렸다.

한편 이러한 차별과 구별의 욕구는 전통적인 중화의 사고에서부터 이미 내재했다고도 할 수 있다. 앞서 3장에서 유형화한 '보편적 우리'의 진화론적 궤적 속에서 본다면, 위의 양상은 보편적 우리의 전근대적 육화인 중화 이념과 마찬가지로 강대하고 우월한 타국 문명에 '묻어가려는' 한민족의 다소 반복되는 성향의 새로운 버전이다. 하지만 그러한 민족차별, 상하구별의 논리는 일본과 만나기 이전에 그 체계화의 정도나 대중

317. 권명아(2004).

적 확산, 수용의 면에서 비교할 바가 아니지 않았나 짐작된다. 그리고 무엇보다 그 속에 병립하는 서로 극명하게 대비되는 태도, 즉 서구와 서구인에 대한 흠모와 굴종, 그리고 비서구인, 즉 아시아와 아프리카의 다른 인민에 대한 경멸과 우월감은 바로 일본이 보여준 '모범'과 그로 인한 상처의 영향이 매우 컸다.[318]

다른 한편 생계에 얽매여 있고 하루하루 밥벌이에 근근했던 대다수 인민은 지금까지 보았던 일종의 이데올로기적 착시, 과대망상과는 다른 집단주의의 분출을 보여주었다. 억압받고 고단한 자신의 처지에 대한 누적된 불만은 초월적 세계, 종말론적 구원종교에 탐닉하면서 해소되었을 뿐 아니라 일제가 교묘하게 유도한 공격성과 폭력성의 방향으로 분출되었다. 그렇듯 일제의 지배 이해관계에 악용된 한민족의 오도된 집단주의의 예가 바로 1930년대 화교(華僑)배척운동의 일환으로 발발했던 조선인에 의한 중국인 배척, 공격 사건이다.

일제의 지배 전략은 본국과 조선의 하층 인민이 가진 불만과 공격성을 집단주의적으로 유도하여 해소하는 매우 영리한 것이었다. 일본식 사회체제는 무력을 이용한 강권적 지배도 있지만 사회적 범주의 분할선, 특히 인종적 분할선을 따라 하층 인민끼리 폭력을 행사할 '기회를 제공·조성'함으로써 사회적 불안을 '해소'하고 관리되고 규율 있는 공순성의 사회를 유지하는 것이 특징적이다.[319] 1927년 일본 관동대지진 당시 재일조선인을 희생양으로 삼은 데서 이미 잘 드러난 그러한 전략은 피지배 인

318. 커밍스는 『한국인은 백인이다(*Koreans are White*)』라는 제목의 책도 읽은 적이 있다고 한다(Cumings, 1997: 14).

319. 물론 이는 대부분의 지배계급, 권력이 인민을 지배하기 위해 '애용'하는 전략이다. 이런 전략의 어떤 양상이 일본적 사회체제, 일본적 현대성을 차별적인 것으로 만드는지 여부에 대한 비교사회적 결론을 위해서는 관련 경험연구에 대한 별개의 면밀한 검토가 필요하다.

민의 분할에 기반한 '억압의 이양' 전략으로 요약될 수 있다.

일제는 본국에서 효과를 본 이런 전략을 조선에도 동일하게 적용하여 조선인과 외국인, 조선인 일부와 나머지를 이간질하고 갈등을 호도하였다. 1931년의 만주 만보산사건을 계기로 타오른 배화(排華)운동, 즉 중국인을 배척하고 공격한 행위는 전국적으로 나타났는데 특히 평양, 경성, 인천 등지에서 크게 일어나 중국인 상점 등이 공격받고 사상자만 420명, 피해 총액 250만 엔, 그리고 중국인 피난민이 1만 5,000명에 이르는 사태로 발전했다. 총독부와 경찰, 일본 군부가 이를 사주하고 조작한 사실은 여러 증거에서 확인된다. 당시 중국인은 조선인에 비해 노동경쟁력이 높아 조선 하층민의 생활기반을 많이 차지한 상태여서 식민지 권력에게는 체제에 대한 조선 기층인민의 분노와 공격성을 귀착시키고 분출하게 하는 데 적합한 대상이었다.[320]

이와 같이 인종적 분할선에 근거하여 분출된 인민의 폭력성은 식민지 사회에서 축적된 울분, 교착된 삶의 기회로 인한 원한이 오도되어 분출된 예이다. 여기서 발견되는 '억압의 이양'이라는 중심 논리는 조선 인민의 다양한 처지와 행동 방향의 복잡한 속내를 '민족'으로 동질화하는 데 대해 경계하게 해준다. 이러한 동질화의 시각은 한국적 사회 논리

320. 조경달(2008: 153). 나아가, 앞서 언급했듯이 조선인의 임금은 일본의 법률로 중국인이나 대만인보다 늘 낮게 책정되어 있었다. 한편 중국인은 극동러시아 지역에서 조선인뿐 아니라 러시아인에게도 이런 분노의 대상이 되곤 했는데, 그 주요 이유는 이들이 번 돈을 그 동네에서 쓰지 않는 것으로 알려졌기 때문이었다(같은 곳). 시대와 공간을 넘어 도시 빈민, 피지배 소수민족 간의 폭력적 충돌이 동일한 논리와 경로를 통해 발생한다는 것은 매우 흥미롭다. 우리는 이와 거의 동일한 양상을 1992년 미국 LA 흑인폭동 사건에서도 볼 수 있다. 미국 사회의 최하층이던 LA의 흑인들은 베벌리힐스 등지에 안전하게 격리된 부유층 백인이 아닌 공간적으로 가깝고 또 불만스러운 일상적 접촉의 주요 대상인 한인(韓人)을 공격하고 이들의 상점에 방화하고 기물을 파괴했다. 한인이 주로 공격당한 것을 설명하는 이유 또한 위의 중국인이 공격받은 이유와 대동소이했다.

에 특징적인 경향, 즉 단 하나의 정당한 논리를 실현하는 주체의 시각으로 다른 주체, 사회집단의 삶과 열망, 고통을 복속시키고 부차화시키는 고질적인 사고습관의 일환이기도 하다. 그리고 여기서 그 시각의 주체는 대부분 민족주의적 지식인, 엘리트 남성, 즉 민족사의 저자들이다.

하지만 시야를 조금만 돌리면 식민지 그리고 총동원체제라는 국면으로 가속화한 거대한 억압과 제약에는 층화와 그에 따른 이양, 전가(轉嫁)의 현실이 존재함을 볼 수 있다. 억압의 하향적 이양의 논리는 특히 차별받고 착취당하는 조선의 남성 가부장이 저지르는 술, 도박, 배우자와 어린이 구타, 매매로 희생되는 식민지 여성과 어린이의 삶에서 확인할 수 있다.[321] 일본의 통치는 억압의 이양, 그것의 더 체계적이고 질서 있는 '평화로운' 방식을 모범적으로 보여주었다. 그것은 불만과 저항의 에너지를 상부에 대한 정치적 요구가 아니라 하향적 이전, 즉 사회적 약자에 대한 분출로 유도하는 것이었다.[322]

다른 한편, 어떤 형태든 침범당하는 것이 아닌 침략하는 전쟁은 대부분 경기 회복, 새로운 시장과 기회의 확대, 미지의 세계 탐험과 정복을 연상하는 열광과 흥분을 수반한다. 그 속에서 주변화된 집단은 이전의 안정적이고 느린 사회적 분위기와 질서 안에서 억압받고 제약받던 소수자로서의 자신의 지위를 반전시킬 기회, 그리고 몸 둘 곳 없던 세계 속에서 자신에게 의미 있는 자리가 드디어 주어진다는 감격에 고무되곤 한다. 자연스럽게 이들은 지배 권력과 지배이데올로기가 선전하는 세계상을 무비판적으로 흡수하고 이들의 돌격부대가 되기를 자청한다. 총동원 전체주의의 어지러운 정치적 선전과 국민·민족·국가 등의 거대개념

321. 조경달(2008: 23).

322. 공창(公娼)제도, 즉 '유곽'은 일본이 대한제국 시기인 1902년에 부산의 일본인 거류지에 최초로 도입한 후 인천, 원산 등지로 확대되었다(강정숙, 1998: 294).

주변의 변형태로서 각각 상호 모순과 갈등도 드물지 않던 지금까지의 집단주의의 이면에서는 더 오랫동안 그리고 더 철저히 사회를 유동화할 저류가 형성되었다. 조선인에게 새롭게 열린 세상, 사회적 상승을 위한 한 줄기 장밋빛 전망(아무리 환상적일지라도)은 일본에서 새롭게 배운 '출세'라는 말이 대변하였다.

(2) 출세(出世)·출신(出身)·저항: 현대화 지향 '청년'의 삼두마차

일제에 협력하는 일은 신분 차별과 억압으로부터 탈출이라는, 어떤 면에서는 정당화될 수도 있는 개인의 '현대적' 열망이 내린 선택으로 볼 수 있는 측면이 없지 않다. 이들 '부역자', '협력자'는 사회적으로는(즉, 잔존하는 조선의 사회적 제도와 관행, 습속에 의해서는) 어려움이 많았으나 일제의 식민지화가 이들의 개인적 상승 추구를(최소한 신분상으로 열위에 있던 사람에게는) 용이하게 해주었다.[323] 사회적 상승의 기회를 추구하는 일이 이념적으로 어느 정도 정당화되었을 때(이것이 현대성의 중심적 요소다), 억압적이며 정당성 없는 권력이나마 식민지 현실이 그 출구를 열어주었을 때, 신분이 주는 족쇄와 질곡과 정체, 그리고 무엇보다 일상적인 모멸과 정신적 상처에서 벗어날 새로운 '하늘'이 열렸을 때 천대받고 멸시받던 사람이 내릴 선택은 사실 뻔한 것이었다. 더더군다나 정치공동체의 회복과 재건을 향한 가망 없는 헌신과 자기희생의 영웅주의가 사회의 극소수만이 주저하지 않고 감행할 수 있는 것이었을진대 이는 더더욱 그러했다. 새로운 세상, '변한 세상'은 조선인의 마음속에 새로운 태도와 열망을 장착하기에 충분했으며, 그러한 야심이 공공연히 비판

323. Henderson(1968, 괄호 안은 필자의 첨언).

받고 민족적 감정에 의해 그 정당성에 대한 회의를 떨칠 수 없을 때조차도 그러했다.

하지만 1930년대 이전에 이런 사회적 상승의 공간은 대단히 제약된 것이었음을 상기해야 한다. 앞서 본 장의 2절 (2)에서 언급한 바처럼 일본식 현대화는 조선인의 사회적 상승을 포용할 기제를 실질적으로 갖지 않았으며, 그것이 가능한 무대이자 공간인 대도시와 근대적 산업의 발달 자체도 그리 대단한 것은 아니었다. 하지만 총동원체제의 가동은 이 상황에 상당히 다른 결과 양상을 부여하기 시작했다. 파시즘이 본격적으로 가동되는 총동원체제는 그 동원의 확대와 효율성을 위해 조선의 현대화, 특히 사회조직적 측면에서 그것을 가속화하고 심화하였다. 학교 교육은 확대되었고 각급 근대적 사회조직 속에서 조선인 피고용인과 생도(生徒)는 점차 증가하였다. 총동원체제가 개시된 이래 조선인은 국가관리 공무원으로 더 많이 채용되어 일제 말기에는 조선 전체 공무원의 40%에 이르렀다.[324]

조선과는 다른 일본의 체제, 그리고 현대화된 체제에서 중요한 것은 개인이 소속된 조직의 사회 내 위상과 그 조직 내에서 개인의 위치였다. 조선시대의 사회적 상승을 상징하는 '입신양명'은, 비록 양반사대부에게만 실질적으로 열린 것이었지만, 정치 권력의 획득과 그것의 정당한 사용이라는 정치체(polity)와 공론에 대한 관계를 내포한 개념이다. 이 개념이 근대적인 사회적 이동을 표현하는 새로운 일본말인 '출세(出世)'로 대치되면서 전자가 대변하는 사회적 이동의 개념에 내재한 정치성과 도덕성, 그리고 대중적 명망 등의 요소는 약화하고 변모하게 된다.

'출세'라는 말이 새로 대변하게 된 사회적 성취는 이제 위광(威光)과 평

324. 조경달(2013: 156)

판이 좋은 조직에 소속하고 그 속에서 지위 상승이라는 의미가 두드러지게 되었다. 그런 조직은 일반적으로 일상적 삶의 안위와 향배의 중요한 결정권자인 동시에 폭력과 강권의 합법적 행사자인 국가·공공기관으로 공무원, 관료, 법률가, 경찰, 군대 등으로 구성된다. 여기에는 또 그만은 못해도 안정성 있고 시장 지배력이 높은 민간기업을 추가할 수 있고 위신 높은 학교 출신이나 재학 중인 사람도 높이 쳐주었다. 이들은 한마디로 '평판 좋은' 조직으로 바깥에 나가 대접받고 행세할 수 있는 직종이자 소속이다. 그 결과 여전히 그것은 국가와 정치 권력을 정점으로 하는 일극체제 속에서 위계의 추구라는 성격을 강하게 띠지만, 이제 사회적 상승의 지각과 상상에서 정치성과 대중성의 요소는 이전보다는 소실되었다.

이처럼 국가를 정점으로 더욱 유동화되고 더 조밀히 체계화되는 변화의 과정에서, 조선인은 전반적인 차별 때문에 여전히 넓게 열려 있지 않아 얼마 되지 않는 사회적 지위와 보수의 기회를 잡기 위해 경쟁했고, 그 경쟁에서 결정적으로 의지할 것은 바로 출신학교, 출신지, 출신 기관 같은 연고적 정체성이었다. 서북지역 혹은 기호지역 출신, 일본 도쿄대학교 출신 혹은 와세다대학교 출신, 경성제국대학 법학부 출신, 서울 ○○고등학교 혹은 전북 □□고등학교 출신 등 이제 '출신(出身)'은 출세와 연동되는 말이 되었다. 이 중 괄목할 만한 것이 사립 구제중학과 전문학교 그리고 그 동창회인데 이는 조선 청년에게 일생의 동료로 최후까지 서로 간에 도움을 청할 수 있는 서클이 되었다. "일본인들로부터 소외받았다고 느끼는 조선인들은 이 서클로 그에 항의하고 쟁의할 수 있는 발판을 마련했으며, 그것은 또한 … 그들 자신을 일본인 사회로 끌어들이는 절차를 진행하는 서클이기도" 했다.[325]

325. Henderson(1968: 161).

하지만 그것이 출세를 추구하건 아니면 단지 충성과 소속의 대상이 될 집단을 추구하건 간에 이는 여전히 실제보다는 이데올로기로서, 그리고 일반적이라기보다는 조선인의 중상층 이상에서 더 강하게 작용한 것으로 보인다. 다시 말해 개인주의건 집단주의건 그것은 어느 정도 상층의 특권이었으며 또한 젊은이와 남성에게나 열린 일이었다. 1930년대 이후에 만개한 이렇듯 연고에 기반하여 전면적 현대화를 추구하는 '젊은' 흐름이 가진 본질은 이들에게 적용된 '청년(靑年)'이라는 호명 속에서 발견할 수 있다.

이들 이전에 이와 유사한 집단으로는 본 장의 1절 (3)에서 언급한 활발한 상업활동과 기독교계 교회를 통해 서구 본토, 특히 영미(英美)의 현대성을 대안으로 생각하던 개화 지식인들을 들 수 있다. 안창호와 윤치호가 그 대표적 인물인 이들은 그들이 가진 서구적 지향에도 불구하고 이전의 유교적 바탕과의 연속성을 어느 정도 보유하였고, 이 점이 아직 전통사회의 잔재를 간직한 지주, 토착 기업가 등으로 구성된 구(舊)엘리트와 함께 이들이 공유하는 바였다. 이에 비해 새로 등장한 '신세대'는 이들을 대체할, 일제강점기에 성장한 '신'엘리트로 자처하는 청년들로, 먼저 중고등학교, 경성제국대학, 기독교 사립학교의 학생과 일본 유학생으로 구성되었다. 또 빈농 출신이면서 영민한 청년들은 총동원체제가 야기한 사병과 장교 수요의 확대에 따라 주어진 하급장교가 될 기회를 적극 활용하였다. 이 중 특기할 만한 부분이 바로 만주군관학교에 입학한 함경도와 평안도의 청년들인데, 이들 가운데는 이후 대통령이 되는 박정희도 포함되지만 출신지로 본다면 그의 사례는 상당히 드문 것이었다.[326]

합병 직전, 그리고 이후에 출생한 세대의 결정적인 면모는 이들에게

326. 조경달(2008: 242-43), 조경달(2013).

사회적 상승의 문제가 도덕적 정당성의 굴레로부터 이미 상당히 풀려났다는 것이고, 정치적 정당성의 근저가 최소한 현대화 지향적인 이들에게는 부국강병의 국가주의/내셔널리즘으로 고정되고 좁혀졌다는 사실이다. 이들에게 중심적인 인식의 지평은 그들이 경험한 국가가 오직 일본의 그것밖에 없다는 것, 그리고 이로 인해 그들의 정치적 선택지는 실상 천황제 일본(그리고 그 대리인인 일본 총독)에 완전 흡수 아니면 그 지배하의 자치(自治)라는 두 가능성에 한정되는 것으로 결정되었다. 1930~40년대에 등장한 일본과 완전 일체, 융화를 주장한 현영섭과 이영근 등의 '동화일체론' 그리고 조선 자치를 주장한 인정식, 이각종 등의 '평행제휴론'의 대립은[327] 바로 이들 합방 후 세대의 문제 지평에 정확히 상응하는 것이었다.

따라서 이들 중 일부가 총동원체제의 '신생(新生)', '혁명'의 수사와 대중선전 속에서 매우 급진적인 협력과 전위 전사를 자처한 것은 자연스러운 일이었다. 여기서 국가권력의 대리인을 자처하며 동원되고 교육된 온갖 단체들과 대중은 '구국(救國)을 위한 청년'의 이름으로 호명되었다. 협력을 넘어 완전 일체화, 완전 융합을 지향한 현영섭의 친일론, 그리고 그 이면에 있는 그의 극단적인 개인주의와 개인적인 사회적 이동에 대한 열망[328]은 이들 합방 후 세대가 채택한 개인주의/집단주의의 관념쌍이 이전과는 매우 달랐음을 보여준다.

전통으로서의 민족성과 현대성 사이에서 엉거주춤하게 양다리를 걸치던 이전 세대의 식자들과는 달리 이들은 현대성과 현대화의 지향에 더 이상 일말의 의구심과 주저함이 없었다. 차별이 엄연히 존재하는 식민지 현실에 대한 누적된 불만을 지닌 채 "자기 사회에, 일본인에, 부모

327. 이승엽(2001: 232-35).
328. 이승엽(2001: 223-4, 233).

에, 구(舊) 한국에 공공연히 대항하여 미지의 미래를 향해 돌진해가고 있던" 이들에게 그들을 호명하는 '청년(青年)'이라는 이름은 매우 각별한 의미가 있었을 것이다.[329] 그것은 차별에 대한 원한과 자기부정에 의해 더 급진화하는 것으로, 비록 일본이 현대화와 파시즘의 유사한 격동을 자국민에게도 역시 부과했을지라도 조선의 이 청년들은 일본 본토의 그것보다 더 격렬한 현대화주의, 근대주의를 내면화했던 것이다.

서구 문명에 대한 지식을 갖추고 전통을 극단적으로 부정하는 이들은 출신학교와 지역, 소속기관의 이름으로 결집하여 언젠가 현대화의 이름으로 자신의 야심이 활짝 열릴 날을 기다리고 있었다. 이들의 기본 지향은 바로 현대화 지향 엘리트가 주도하고 그 중심에 있던 민족주의적, 국가주의적 모듈이었다. 설령 국가주의적이지 않더라도 전통을 그리고 그 이유로 우매함을 상징하는 대다수 인민으로부터의 자기 분리와 더불어 근대주의는 이들에게 공통되었다.

하지만 한국적 현대화에 지속적으로 등장하는 이 집단주의와 집단화의 특이성은 그것이 단지 파시즘적이고 근대주의적이었다는 것뿐 아니라, 도덕적 교화와 '함께 잘살기의 공동체'라는 유교적 민본주의의 지향 속에서 추진된 것 또한 포함한다는 데 있다. 출세와 사회적 상승을 향한 드라이브와는 별개로 그것은 대중적 명망과 도덕적 자기 정당성(self-righteousness), 그리고 권력에 대한 비판이 그 중심 성분인 유교적 '명사주의(名士主義)'라고 할 수 있는 전통적 정치문화의 특징적 요소를 핵으로 구축되었다.

우리는 앞서 민족운동가가 설립한 사립학교의 기본 커리큘럼이 민족의식의 고양을 목표로 하는 점을 정치적 색깔이 짙다는 이유로 조선총

329. Cummings(1997: 246), 이기훈(2014).

독부에서 문제 삼았음을 보았다. 이들은 전문적 기능과 시민사회 속의 근대인의 직업적 필요와 실용성과는 무관한 정치화된 교육을 제공한다고 비판받았고 또 그 이유로 폐교 조치되었다.[330] 더불어 조선총독부가 강점 초기부터 대대적으로 구축한 조선인의 민족성에 대한 보고서는, 이른바 '비뚤어진 성향', 즉 조선인 특유의 식민지적 피해의식을 조선인의 중심적인 요소(즉, 합병 이전부터 지속되어온)로 지목하였다.[331]

비뚤어지고 갈등을 조장하며 실용/실리와는 관계없는 성향을 부추기는 정치화된 교육 등의 진단과 평가가 왠지 우리 귀에는 낯설지 않다. 우리는 이런 모든 묘사가 1980년대 비판적 대학생들의 야학과 학술동아리가 수행한 의식화 교육, 그리고 1990년대에 활성화된 전교조운동이 지향한 교육에 대해 독재권력과 당시 굴종적이던 언론이 묘사하는 바와 매우 닮았음을 발견하게 된다. 하지만 총독부와 독재권력, 굴종적 언론의 이러한 묘사가 현실을 왜곡하는 이데올로기적인 것이라고 서둘러 비판하고 싶은 마음을 잠시 접어둔다면, 우리는 여기서 그 자체로 독자적이고 자율적인 존재의 논리와 사회적 파장을 가진, 이후 한국 현대 정치사 속의 주요 등장인물이 될 무언가를 식별할 수 있다. 그것은 현대 한국사회의 정치발전에 지속적인 변수로 작용하는 '저항과 비판의 집단주의'의 원형이라 할 만한 것으로, 비록 그것을 조선 인민이 감정적 차원에서 대체로 공유했을지라도 이러한 집단주의와 그에 입각한 정치, 그리고 그 공적 표출은 역시나 어느 정도 여유 있는, 그리고 젊은 사람들의 몫이었다.

이러한 정치적 태도와 감정적 저변은 당시로서는 상당한 고등교육이었던 중고등학교의 조선인 학생에게 일종의 하위문화적인 성향으로 나

330. 오성철(2006: 104-106).
331. 조경달(2008).

타났다. 일제 말기에는 초등학교 입학과 더불어 일본어 사용을 강제하였으나 교사들은 중학교, 전문학교로 학년이 올라갈수록 '국어(일본어) 사용의 정도'가 저하되는 것을 개탄하였다.[332] 조선인 학생은 일본인의 애국행사 때 은밀히 하급생을 위협하여 박수를 치지 못하게 하거나, 밤에 골목을 지나가는 일본인 교사를 폭행하고, 또는 일본인과의 경기에서 그들을 이기는 영웅 역할을 하는 등, 학교 당국을 속이고 공격하면서 '민족적 자각'과 '민족 독립'의 정신을 과시하는 행동을 즐겼다.[333] 이러한 의식과 태도를 특별히 권장하는 민족주의적 사립학교가 아니더라도 일반 중고등학생에게 이런 하위문화는 팽배했던 것 같고, 억압적이고 외래적인 일본의 학교 공교육에 대한 반발, 일본 학생과 교사로부터 받는 차별과 멸시와 억압에 대항해 자연스럽게 형성된 것으로 보인다. 일제의 패망 직전까지도 완전히 사라지지 않은 이런 모습이 바로 1929년 전국적으로 불붙듯이 번져 확대된 광주학생운동의 발발과 전개의 사회적 토대였다.[334]

이렇듯 학교생활 속에서 일제 권력에 저항하면서 민족 정체성을 확인하고 동시에 자신의 정당성, 개인적 자기 정체성(personal, self identity)[335]을 확인하고 나아가 과시하는 모습은 젊은이의 치기(稚氣)로 치부할 수도 있고, 집단으로 항명하는 조선시대 성균관의 전통에 그 기원을 추적할 수도 있다. 그럼에도 이러한 저항은 반체제운동으로서의 학생운동이라는 한국사회의 '근대적' '전통'의 시작을 보여준다. 그것은 민주적이지 못하며 게다가 민족적이지도 않은 권력에 대한 비판과 저항을 지향하며,

332. 조경달(2008: 239)
333. Henderson(1968: 161).
334. 광주학생운동의 정서적 토대에 관해서는 류시현(2011) 참조.
335. 찰스 테일러(Taylor, 1989: 특히 제1부)가 명석하게 논증했듯이, 자기정체성은 곧 도덕적 정체성이다.

새롭고 '진정한', 정말로 민족적이며 민주적인 사회와 국가라는 민족의 미래를 구상하고 '열어젖히는' '청년'의 세계 지각 방식과 정치적 역할에서 가장 일차적인 정체성을 발견하는 한국적 사회운동의 원형이었다.

이러한 사회적 힘의 형성에 내포된 특징적인 측면은 그것이 한국인의 정치의식 속에서 '정치적인 것'이 이중적 의미로 등장하고 정치에 대한 태도도 양가적(兩價的, ambivalent)이 되는 과정이 더욱 격화되는 결정적 단계를 대변한다는 점이다. 물론 이는 권력지향적이면서도 동시에 당대 권력의 도덕적 측면에 대한 격렬한 비판을 수행한 조선시대 '사(士)'의 정치문화가 가진 권력에 대한 양가적인 감정과 태도를 계승하는 것이었다. 하지만 가장 관대한 시기에조차 시늉뿐이던 일제강점기 '식민지 공공성',[336] 다시 말해 허울뿐인 자문관과 대단히 간접적이고 제한된 선거로 선출되는 대표자만을 허용한 식민지 정치사회의 제한성은 이렇듯 모순적이고 격렬한 정치 관념이 더욱 힘을 입고 번성하게 하였다. 다시 말해 "권력에 대한 복종과 접근을 당연시하면서도 그것을 도덕적으로 비판하기 좋아하는 문화"[337]는 식민지 지배이자 현대화의 도구로서의 권력의 새로운 모습에 직면하여, 그 억압성의 정도와 비례하여 더욱 격렬한 집단화의 지향과 틀로 전환되었던 것이다.

과거와 전통을 전면적으로 부정하는 식민지 청년의 성향이나 권력과 정치에 대해 이렇듯 이중적인 태도를 전혀 부자연스럽게 생각하지 않는 현대 한국인의 모습이 외국 연구자에게는 매우 신기한 일로 강조되는 반면[338] 한국 연구자에게는 그렇지 않아왔다는 사실은 상당히 곱씹

336. 윤해동(2003).
337. Cumings(1997).
338. 그레고리 헨더슨(Henderson, 1968)은 이 점이 그의 정치발전론적 문제틀과 결합하여 매우 두드러지지만, '수정주의' 역사학, 즉 기존의 식민사관적이며 냉전사관적 한국근현대사 인식에 반대하는 역사학의 주요한 주창자인 브루스 커밍스

어볼 만한 가치가 있다. 사실 현대 한국의 연구자가 위의 문제 상황에 그리 주목하지 않은 이유는 아마도 위의 모습이 우리가 공기처럼 호흡하는 규범이자 문화를 대변하기 때문일 것이다. 다시 말해 우리 자신이 내내 그러한 '근대(화)주의적 청년'으로 살아왔고, 그러한 비판과 저항의 집단주의가 처방하는 규범과 가치, 사고방식으로부터 조금만 이탈해도 그것을 마치 사회적 금기의 침해, 도덕적 흠결처럼 간주하는 데 대단히 익숙하기 때문이다. 그리고 이는 식민지 시기부터 현대 군부독재정권 시기에 이르기까지 반체제인사와 그 정당성의 모형이 되었다.

하지만 이 모형은 자신의 사회로부터 격리되고 떨어져서 외부로부터 (즉, 국가를 통해) 그에 서구의 것을 부과하고자 하는 근대주의적 청년의 현대화하는(modernizing) 권력의 추구라는 좀 더 일반적인 양상의 한 유형으로도 볼 수 있다. 그것은 앞의 출세지향적 경향과 마찬가지로 '연고적 우리'와 '보편으로서의 우리'의 결합체로, 출신에 민감하고 그것을 사회적 발판으로 자신이 속한 사회의 인민을 국가권력의 힘으로 변화시키려는, 다시 말하면 식민지 권력에 대항하지만 그 작용의 양상에서 많은 부분 유사한 방향으로 귀결되는 것이었다.

여기서 민족이 아닌 사회집단, 지역문화, 하위문화, 하층문화, 그리고 현대성과 정면으로 배치되는 종교, 더더군다나 수탈된 인민의 마지막 피난처인 종말론적 종교와 메시아적 군주회귀사상 등은 제거되고 배제해야 하는 것으로, 그에 대해 이들은 식민지 권력만큼이나 적대적이고 경멸적인 태도를 보인다. 여기서 다시 드러나는 것이 바로 '사'가 가진 민

(Cumings, 1997) 또한 이 점을 특징적으로 강조한다는 것은 그것이 단지 관점상의 문제로 치부될 수 있는 것은 아님을 시사한다. 설령 그러한 강조가 서구학자의 여전한 자민족문화중심주의(ethnocentrism)적 편견이라 할지라도 이는 한국 정치문화를 구조화하는 차별적 논리와 양상의 실체성을 시사한다고 생각한다.

본주의의 엘리트주의적 측면, 즉 '민(民)'을 위하되 민을 주체로 인정하지 않는 우민관과 온정주의(paternalism)적, 후견주의적인 정치관념이다. 이들은 격렬히 현대화를 지향함에도 오직 이전의 유산 속에서, 다시 말해 대단히 전통적인 방식으로 현대화되었던 것이다. 여기서 발견되는 진정으로 경이로운 역설은, 이들 엘리트이자 식자층이 바로 그 때문에 더더욱 현대화주의적 지향을 간직하고 추구하며 이를 통해 결집했다는 것이다. 그리고 이는 정확히 '보편/첨단의 우리'라는 전통적 '우리' 유형의 논리를 대변하고 체현하는 것이었다.

일제강점기 군대와 학교, 그리고 근대적 지식인과 지적 장은 바로 그런 방식으로 '앞서가는 선진화되고 선별된 우리'로서의 집단주의가 구축되는 장소였다. 출세를 추구하고 저항의 정당성에 집착하는, 서로 대비되면서도 유사한 두 집단주의의 공통성과 핵심적인 지향은 바로 '청년'인 이들의 호명으로부터 출현했고, 이들 '불만 많은 청년'의 지향과 열망은 해방 후 현대화의 방향을 어느 정도 예고하는 것이었다.

하지만 이것이 다는 아니다. 공적인 무대의 전면에 나와 압도적으로 울려 퍼지는 이들의 선전 작업과 이들 간의 거창한 이념적 충돌, 그 공통된 현대주의의 기세등등함에도 불구하고 묵묵히 저변에서 축적되고 형태를 갖추어간 또 다른 집단주의, '우리'의 모습이 있었다. 그리고 그것은 '민족'이라는 것에 또 다른 뉘앙스를 부여했다.

(3) '민족'으로 가는 마지막 비상구: 가족, 고향, 의리, 그리고 '진정한 나라'에의 꿈

일제강점기 조선 사회에서 인민이 근대적인 범주의 사회집단으로 결집할 수 있는 통로라는 것은 대부분 현실적이지 않았다. 피지배 계급의 결집은 가혹한 탄압에 직면하여 해체되기 마련이었고 그저 노동하고 봉사하며 감시당하는 노예처럼 끌려다니고 불려가는 것이 바꿀 수 없는 현실이었고 이는 강점기 말기로 갈수록 더욱 심해졌다.[339] 이에 더해, 일본식 현대성, 식민지배에 내재한 '정신화'라는 파시즘적 요소는 총동원체제의 가동과 함께 더욱 두드러져서 이 시기에 접어들면 공산주의와 서구자유주의에 대한 사상적 박멸의 시도와 이를 위한 감시와 선전은 더욱 철저해졌다.[340] 이로써 강화된 '불령선인(不逞鮮人)'에 대한 감시와 색출 활동으로 이웃 간 불신과 공포의 시선이 팽배하게 되어 사람들 사이의 불신과 경계는 극대화되었다.

이처럼 총동원체제에서 인민의 삶은 개인주의건 집단주의건 민족주의건 어떤 '주의' 비스름한 것을 추구하기에는 너무나 빡빡하고 옴짝달싹할 수 없는 것이었다. 좁은 닭장 칸에 갇혀 사육되고 알을 생산하는 닭처럼, 그것은 권력에 의해 분류되고 할당되어 생산량을 뽑아내는 체제의 부속품으로서의 삶이었다. 그리고 그럴 자리마저 부족해 호구지책을 찾아 타향과 이역만리를 떠도는 신세가 부지기수였다. 대다수 조선 인민에게 남은 것은 아사를 면할 수 있는 조금이나마 열린 기회를 잡기 위해 의심스럽지만 만주나 일본으로 떠나거나, 고향에서 풀뿌리로 간신히 목숨만 부지하는 것뿐이었다.

이제 조선인은 대부분 나라 잃고 고향을 등진 난민, 유민이 되어 타향뿐 아니라 타국을 떠도는 도시 빈민, 농업노동자로서 살아가게 되었다. 이런 배경에서 이 시기는 사실상 사회적 이동보다는 물리적 이동이 지배적이었다. 조선인의 유민화(流民化)는 강점 초기부터 진행되었는데, 이는 농촌사회가 더 억압적이고 수탈적인 소작제로 전환하면서 발생한 농

339. 일제 말기 산업화 과정에서 노동동원이 부과한 조선 노동자의 무권리 상태에 대해서는 Henderson(1968: 167) 참조.

340. Henderson(1968: 184, 182).

촌 과잉인구가 아사 직전에 탈출하여 도시로 몰려들면서 심화되었다. 당시 조선의 도시 발달은 대체로 보잘것없어서 이들은 대부분 경성으로 몰려들어 토막민촌을 형성하였다.[341]

총동원체제와 더불어 조선에는 명실공히 근대적 산업, 특히 중공업 공장이 입지하였고, 그에 따라 사회적 인프라의 '저발전'과 대비되는 산업의 '과잉발전'이 이루어졌다.[342] 이제 조선인은 일자리를 찾아 '신도시'로 몰려들었는데, 일례로 공장이 새로 입지한 원산, 청진, 대전, 함흥, 목포, 흥남 지역은 불과 몇 달 만에 인구가 수십 배 증가한 도시로 변모하였다.[343] 그럼에도 이에 상응하는 노동자계급의 증대는 여전히 전체 (노동)인구의 10% 정도에 머물렀는데, 그나마 그 이전에는 '기율화'[344]와는 어느 정도 거리가 있는 일용직 자유 노동자인 경우가 많았다. 특히 이들은 폭력적 저항의 경향이 공장노동자보다 심해서 1920, 30년대 노동쟁의의 중심이었다.[345]

동일한 맥락에서 해외 이민도 계속 증가하여 20세기 벽두부터 시작된 한민족의 디아스포라(disaspora)적 처지는 극동러시아로 만주·간도로 하와이로 그리고 일본으로 더욱 심화되고 확장되기에 이른다. 이들의 이민은 당연히 더 나은 소득과 생활로 이어졌지만 이민 간 사회에서 그들은 가장 밑바닥의 노동을 전담해야 했다(일본에 간 조선인 대부분은 처음에

341. 조경달(2008).
342. Cumings(1997: 247).
343. Henderson(1968: 170-71), 조경달(2013). 함경북도는 1935년부터 1940년 사이에 인구가 29% 늘었는데, 원산은 1만 8,000명 인구가 1940년에는 8만, 청진은 2,000~3,000 정도의 인구에서 1940년에 약 20만 명이 되었다(Henderson, 같은 곳).
344. 김진균, 정근식(2003).
345. 조경달(2008: 142-44). 1921~33년 사이에 노동쟁의 참가자 총수는 14만 6,154명에 이르지만 그중 인부, 짐꾼, 갱부토공 등 자유 노동자는 6만 8,731명으로 전체의 47%였다(같은 곳).

는 하수도와 화장실 청소를 담당했다고 한다).[346] 결국 일제강점기 말기에 이르면 조선 전체 인구 2,500만 명 중 20%가 외국이나 타향에서 사는 것으로 나타났으며, 전체 조선인의 11.6%는 한반도 밖에서 사는 것으로 집계되었다.[347] 여전히 농촌이 대부분이고 산업화가 본격적으로 개시되지 않은 사회에서, 게다가 위의 20% 인구가 대부분 경제활동이 가능한 성인남성(15~50세 연령집단)임을 고려한다면 이러한 수치는 가히 충격적이다. 다시 추산하면 이는 성인인구의 40%가량이 뿌리 뽑힌 채 살아가고 있음을 의미한다.[348] 이러한 상황은 세계 식민지 역사에서도 이례적인 것으로, 아마도 국가 해체의 상황, 즉 내전이나 인종 학살(genocide)로 인한 난민화가 발생한 사회의 예가 아니면 보기 힘든 상황이다.

이처럼 처절하게 유민화하고 뿌리 뽑힌 상태는 '자연적'이고 '사회 내적인' 근거에서 발생한 이동뿐 아니라 일제의 강압적이고 인위적인 동원으로 일어났기 때문에 이 정도에 이르렀고 그 실상은 매우 참혹했다. 일제의 경제적, 정치적 동원은 조선인을 이역만리 오키나와로, 동남아로, 만주로 차출하고 징용하여 가장 힘들고 비참한 노역에 종사케 했다. 그 속에서 가족은 가족대로 뿔뿔이 흩어져서 가부장은 자식과 처를 빚 때문에 팔아버리고 젊은이는 간도와 만주, 일본 곳곳으로 떠나 생존을 위해 고난을 감내했다. 이런 처지에 놓인 대다수 조선 인민에게 의미 있는 집단은 이 모든 고난과 멸시와 억압의 안티테제인 상상 속의 민족, 그리고 돌이킬 수 없이 잃어버린 가족과 고향뿐이었다. 따라서 이들에게 '진정한' 집단, 전체는 단지 꿈으로만 존재했고, 그리고 그 꿈마저 점점 더 빛을 잃어갔다.

346. 조경달(2013: 170-171).
347. Cumings(1997: 247-8).
348. Cumings(1997: 248).

이처럼 일본 제국주의의 '현대화된' 동원과 작동의 결과 생성된 유민의 거대한 흐름은 조선인에게 채워지지 않는 망향(望鄕)의 정조를 깊숙이 심어 놓게 된다. 총동원체제하에서도 수도 경성은 확성기와 라디오, 신문, 전차, 전화 등 번쩍번쩍하고 매끄러운 가전제품을 비롯한 신문물의 휘황찬란함으로 가득 찬 곳이었다. 그 속에서 출세와 현대화를 향한 열망을 고무하는 '보편적 우리'는 그 급박한 목표를 내걸고 사람들을 유혹하고 눈부시게 하며 이들의 외면과 행동을 분주히 조직하고자 하였다. 하지만 실상 대다수 보통사람의 영혼을 사로잡은 것은 바로 '향토적 우리'였다. 그것은 국가폭력과 자본주의 시장경제, 제국주의 전쟁이라는 현실 속에서 상처받고 떠돌고 죽을 고비를 넘긴 대다수 조선인이 돌아가고 싶은 곳이었고, 이들에게 현대화를 향한 모든 노력은 이를 달성하기 위한 것으로 의미를 지녔다.

이렇듯 잃어버린 가족, 고향, 나라에 대한 그리움은 식민지 권력이 폄하한 조선적인 것, 한민족의 원초적 세계에 대한 그리움과 재평가로 연결되었고 이는 문학적 반향 또한 획득하였다. 조선 근대문학은 자기 고립적인 모더니즘(modernism)과 계몽주의에서 식민지 후기로 갈수록 '향토(鄕土)소설'이 두드러지게 늘어나는 쪽으로 변화하는데, 주지하다시피 이러한 조류는 해방 후 오랜 기간 현대 한국의 '정통 순수문학'의 전형으로 자리 잡게 된다.[349] 그 주요 주제는 조선의 궁벽한 농촌공동체에서 영위되는 삶과 그 속의 원초적인 욕망/욕구의 생명력에 대한 묘사이고, 그 주인공은 운명에 순응하면서 소박하고 자연적인 삶을 영위하는 어리숙한 사람들, 주변화된 하층의 조선인이었다. 이러한 주제와 인물은 타지를 떠돌며 살아가는 삶에 지친 조선인이 내밀히 간직한 고향(故鄕)

349. 이태동(1995), 박헌호(2001).

(즉, 현대화 아닌 것)에 대한 그리움과 연결되어 조선적인 것, 한국적인 것을 미학적으로 형상화하였다.

이와 함께, 일본의 농촌진흥운동과 구별되는 계몽지식인의 1920년대 농촌계몽운동은 '농민'의 범주를 미래에 성립할 민족과 국가의 정신적 상징으로, 인민의 중심으로 수립하기 시작했고 농촌과 그 문화를 민족 전통의 원천으로 찬미하기 시작했다.[350] 지적인 정향(定向), 그리고 대중적 정조(情調)에서의 이러한 농촌공동체의 부활은 조선인에게 그들이 하나로 묶일 수 있는 최소 공통분모를 부여하는 것이었다. 그것은 이후 국토미(國土美)로 연결되어 아직은 존재하지 않는 조국의 은유로 작용하였고, 한국인의 핵심을 상징하는 한국적 '향토성(鄕土性)', 그리고 그 미학적, 대중적 기반을 구성하게 되었다.[351]

이처럼 식민지의 조선인을 하나의 민족으로 묶을 수 있었던 것은 향토애, 향토성의 세계, 매우 자연적인 세계였고 그 속에서 구축한 문화적 공감대는 종족(문화)적 민족주의(ethnic nationalism)를 한국 민족주의의 주조(主調)로 노정하게끔 하였다. 이 향토성은 이후 현대화 과정에서 본격화할 '향토적 우리'의 양상이 한국 집단주의의 주요한 틀 중의 하나로 지속될 것임을 예고하는 것이었다. 하지만 여기서 그리움의 대상은 단지 「벙어리 삼룡이」(나도향)나 「황소」(이광수) 같은 우직하고 미련한 기층인민의 상징만은 아니었다.

개항 이래 활성화된 신교육의 보급, 신문물의 습득과 더불어 최소한 배운 사람들, 지적 장을 구성하는 이들의 세계에서 제도적 차원에서의 현대화는 목표로서 의심의 여지가 없었다. 이 때문에 대한제국의 멸망 이후 조선왕조로의 왕정복고라는 정치적 대안은 더 이상 식자들의 머릿

350. Sorenson(1999).
351. 박헌호(2001: 108).

속에 등장하지 않았다. 하지만 현대, 현대화에 대한 이렇듯 만장일치적인 합의의 뒤에는 그에 대한 내면적 거부감 또한 만만치 않게 자리 잡고 있었다. 조선인에게 있어서 현대성의 "조선화 과정은 가치 있는 모든 것의 타락화 과정"으로 그 "중심을 차지하는 것은 생존의 논리와 물질의 논리"일 뿐이었다. 요컨대 "'제도로서의 근대'는 추구되어야 한다. 그러나 삶의 원리로서의 근대는 미심쩍다"는 것이었다.[352]

그레고리 헨더슨은 현대화 과정에서 부과된 일본식의 '유기적 연대'에 대한 조선인의 반응을 다음과 같이 묘사하였다. 일본이 시행한 엽관(獵官), 적폐 청산, 그리고 합리적 권력 접근, 교육 확장에 대응하여 "조선인은 빨리 배우고 위로부터의 흐름을 파악하는 것도 빨라 스스로 신속하게 새로운 세계에 적응하였다. 그러나 이런 종류의 소독된 세계는 조선인의 존경을 불러일으키는 도덕률이나 철학에 의해 입증되지 않았으며, 외국 사람과 외국의 사고방식… 현대화와 동시에 소외감과 절망감을 느꼈다."[353]

일제강점기의 현대화는 수긍할 수 있는 인간됨의 원리와는 상관없는 현대화이며 그것은 단지 생계를 해결하고 남들만큼 잘살고 무시당하지 않으며 인간 대접을 받으려면 습득하고 익혀야 하는 것일 뿐이었다. 오직 자신의 판단과 가족, 친지, 연고 네트워크의 도움을 받아서 일차적으로 물질적인 의미에서 버젓한 삶을 달성해야 하는 것이 식민지의 삶이었고, 여기에 필요한 도구적 가치가 아니라면 그것에 진심으로 믿고 따를 정치적 인적 권위는 부여할 수 없었다.

앞서 살펴본 대규모 이동과 유민화도 압도적이고 결정적인 사실이었지만, 그에 상응하는 일상의 도덕적 질서의 붕괴와 도덕적 감각의 마비

352. 박헌호(2001: 105).
353. Henderson(1968: 331).

또한 일제강점기 조선사회를 대단히 황폐화시키는 것이었다. 타율적 현대화 속에서 돈과 힘이 벌이는 '현실정치'는 단순히 민족으로서 타민족, 타 국가와의 관계에서만 느낄 수 있는 것은 아니었다. 그것은 개인으로서 동료 시민, 여타 사회 구성원과의 관계에서도 뼈저리게 체험하는 것이기도 했다. 즉물적 이득이 없으면 꼼짝도 하지 않으려는 '빙공사행(憑公私行)'의 세태[354]와 사람들 앞에서 이제 다시금 예전의 이상, 이상적 윤리의 체현자가 그리워진다. 생계와 이득, 자기 자신의 안위와 복리보다는 세상과 전체의 이상을 염려하는 이상화된 선비가 생각난다.

노스탤지어 속에서 과거는 종종 괴롭고 추한 측면은 모두 제거되고 이상적이고 아름다운 부분만 남아 재구성되게 마련이다. 조선의 백성은 사실 선비라는 지배계급을 버리지 않았다. 생계를 위해 힘겨운 노동을 하고 집에 돌아와서 홀로 남아 있을 때에는 내밀한 마음속에서 그들을 여전히 흠모하고 동경하지 않았을까? 실제로 패배하고 사라진 것은 선비의 권력과 특권이지 그 '권위'가 아니었다. 왜냐하면 도덕적인 권위에 힘을 실어주는 습속과 가치관이 하루아침에 없어지는 것은 아니기 때문이다.

그러한 권위의 세계에서 중심에 있던 의리(義理)의 상실은 조선인의 집단화를 개별화와 각자도생의 집단주의로 몰아갔지만, 동시에 그 대상을 찾지 못하고 폭발적 분출의 계기를 줄곧 기다리는 일체적 융합을 향한 에너지가 내면에 축적되게끔 하였다. 이 에너지가 과잉기대에 시달리고 지나치게 동질적이며 일체화한 상상을 갖는 민족(주의)적 의식과 행동으로 조선인을 이끌 것임은 필연적이었다. 이제 의리의 초점은 민족이라고 불리는 종족적, 문화적 공동체의 독립적이고 자주적인 국가 획득과 그를 향한 열광적이고 일체화한 결집에 놓이게 되었다.

354. 윤해동(2003).

총동원체제는 일본의 전황이 불리해지자 더 많은 '자발성'을 뽑아내기 위해 더 많은 조선인을 감시하고 앞장서는 역할에 채용하는 양상을 띠게 되었다. 예전의 순사와 소수 전문직, 관료 등에 더해 전향을 강요당한 지식인(물론 자발적인 경우도 태반이었다), 운동원, 지도 요원 등이 그들이었다. 이들은 황민(皇民)의 일원임을, 그리고 내지인이 담당하던 직위를 맡게 해준 '황은(皇恩)'에 감사하는 마음과 자신의 충성을 과시하기 위해 동포를 동원하고 착취하기 좋게 포장·배달하는 역할을 떠맡았다.

하지만 외래 권력에 대한 이러한 충성은 아무리 열심이고 극악했어도 개인의 영달이라는 근대적인 야심만을 충족시켰을 뿐 그 사회적 정당성은 대단히 엷은 것이었기에 일제의 입장에서는 완전히 기댈 만한 것이 아니었다. 적극적으로 협력하는 자들조차도 '차별'이라는 슬로건으로 언제든 '민족'이라는 총체화와 일체화에 가담할 것이 예견될 만큼 그 내면화도 표피적인 것이었다. 실제로 개별 가족, 개인에 대한 체계적이고 치밀한 관리를 시도하고 전쟁동원을 위한 조직적 노력이 정점에 달한 이 시기조차 총독부는 충심으로 내선일체에 협력하는 조선인은 열 중 둘도 안 되는 것으로 보았다.[355]

일제강점기 조선인의 집단주의적 모습을 보면 이들에게 현실의 집단은 투옥을 면하기 위해서나 개인 이익을 위해서 겉으로 충성하는 척해야 했던 황민으로서의 정체성이거나 유사 신분을 추구하는 파벌, 출신, 그리고 과잉 충성의 대상인 하급조직, 노동단위이지만 그들의 미래와 꿈속에서는 다른 것이 압도적이라는 인상을 받게 된다. 이들에게 집단은 '진정한 나라'의 실현인 민족에 대한 내밀한 열망, 숨죽이는 한 낱

355. 조경달(2008: 236-248) 참조. 조경달(2008: 245-48)은 전시동원 기간 중에도 징병된 조선인 병사와 일반 조선 민중에게 '황국신민'으로서의 내면화가 얼마나 미약한 수준이었는지를 묘사하였다.

의 기원, 가족과 고향을 향한 절절하게 사무치는 꿈으로서가 아니라면 강제되고 강요되는 것 이상의 의미가 없었다. 이들이 현실의 집단이 아니라 미래와 꿈의 집단을 선택하는 반전(反轉)은 체면과 대외적 수치심, 굴욕, 애도(哀悼)의 감정에 압도되어 이들에게 일종의 '몰(沒)이익적' 정체성이 구축될 때 일어난다. 이 순간에 조선인은 개인 상호 간에 이해관계상의 차이나 그로 인한 갈등과 충돌 가능성이 없는 것처럼 가정하는, 동일하고 공통된 '관념/이익 단일체'에 준한 '우리' 관념을 구축하며 집단화하는 것이다.

자생적이고 대규모로 진행된 조선인의 궐기 중 3.1만세운동은 그러한 공동체적인 '우리' 감정의 급속한 전염에 힘입은 사건의 전형적인 예로, 외세가 지닌 절대우위의 무력을 목격한 후에도 인민이 다시 저항한 이상주의적 궐기이자 분기였다. 일상과는 다른 '사회'가 탄생하는 혁명적인 '사건'인 3.1운동의 구체적 전개 과정에서 특히 눈여겨볼 측면은 이 운동을 구성하는 군중의 동일성이 '부정성'에 의해 확보되었다는 점이다.

"대한독립만세"라는 열창은 뒤집어보면 "일본놈들만 물러가면"이라는 공통되고 매우 단순한 가정이 배후에 깔려 있음을 암시한다. 그것은 우리가 우리 민족을 대변하는 '정상국가'만을 가질 수 있다면 현재의 모든 억압, 부조리, 착취, 고난은 사라질 것이라는 일종의 '파국적' 기대와 열망이 그 뒤에 있던 것으로 보인다. 이런 맥락에서 3.1운동은 민족의 독립국가 건설이라는 적극적이고 구체적인 목표를 현실적으로 겨냥한 운동이라기보다는, 억압적이고 착취적이기만 한 국가/정치권력과 그 상부구조, 사회적 현실 '일반'에 대한 일종의 '표출적인(expressive) 저항'으로 보는 것이 더 적절할 수 있다. 이를 보여주듯 당시에는 "독립 만세"를 외치면서 이미 독립을 성취한 것처럼 감격하고 흐느끼는 사람도 적지

않았다고 한다.[356]

조선인은 이처럼 3.1만세운동과 여타 대규모 궐기를 통해, 그들 각각이 처한 사회경제적 상황과 이해관계가 다름에도 일체화되고 동질화된 '동포'로서 '그저' 독립만세를 목이 터져라 외쳤던 것이다. 그리고 이것은 국가와 권력이 외래적, 외생적이라는 바로 그 이유 때문에 더더욱 강력해진 '서민으로서의 우리'와 '향토적 우리'가 대두하고 상호 결합하여 조선인의 총체적 집단화를 격발시켰기 때문에 가능했다. 이러한 '우리'의 결합이 가진 잠재력 때문에 3.1운동은, 그것을 계획한 33인의 대표나 동경 유학생(1919년 2.8독립선언의 경우)조차 그처럼 강력하고 전국적인 반향이 일어나리라 예상 못한 '사건'이 될 수 있었다.[357]

대중을 직접 민족으로 호명하는 일이 이토록 큰 힘을 낳을 줄은 지식인과 당대 사회적 지도층은 짐작조차 할 수 없었다. 일본과의 합병에 좌절한 지식인들은 다시금 민중의 힘에 대한 신앙을 회복했지만 그럼에도 그것이 민중을 혁명적 군중으로 바꾸는 힘이 어디에서 오는지를 이해한 '회복'이었는지는 의심스럽다. 오히려 그 이유를 정확히 이해한 이들은 민중에 대한 두려움을 갖게 되었다. 이를테면 이광수는 3.1운동 후에 '대중(大衆, mass)'에 대한 군중심리학적 두려움을 상당히 '앞서가서' 표출했는데,[358] 이는 조선의 전통적 식자와 엘리트 대부분이 이전부터 가진 '우민관'의 현대 버전이었다. 이들의 관점을 다시금 확인해주듯 3.1운동이 진압된 후 민중은 좌절하여 종말론적 종교 등에 자신의 구원을 더욱 의탁하게 되었다.[359] 3.1운동의 특징과 이후의 전개 양상은 이렇듯 엘

356. 조경달(2008: 138), 권보드래(2015).
357. 김창현(2002, 111-112), 조경달(2008, 2013).
358. 김현주(2000, 2013).
359. 조경달(2002, 2013).

리트와 인민 각각이 꾸는 집합적 꿈이 차별적 논리를 가짐을, 특히 인민의 종말론적이고 파국적인 '사건적인' 해방의 꿈은 전자의 그것과는 매우 다른 궤적과 논리, 원천을 가짐을 보여준다.

그처럼 상이하고 이질적인 속내를 갖고 있을지라도 '민족'과 '독립'은 아직 오지 않은 '행복의 나라'로 우리를 데려다주고 모든 것을 해결해주며 모든 것이 정상인 바람직한 상태로 되돌려줄 구세주요 상상의 낙원이었다. 일제 식민지하의 많은 이에게 민족은 이처럼 현실적 목표과제라기보다는 열망하는 상상의 투사대상으로 더 크게 작용했던 것으로 보인다. 그것은 인간됨의 원리, 삶의 원리를 여전히 전통적 원천에 대부분 의존하면서 '진정한 현대화'에 대한 상상적 열망이 모두 정상국가 수립, 즉 독립에 대한 파국적 기대로 응축, 수렴되는 과정이었다. 이처럼 의리와 집합적 꿈의 세계가 민족의 복원과 정상국가 건설로 축소되고 이를 향한 집합적 드라이브에 압도된 것은 역사적으로 불가피했지만 매우 불행한 일이었고, 그러한 지배적 추세가 한국 집단주의의 양상에 미친 결과 또한 지속적이고 심대한 것이었다.

결론적으로 일본의 식민지배는 크게 세 가지 방식으로 이후 한국 집단주의의 조형과 진화에 중요한 영향을 미쳤다. 첫째, 그것은 조선 사회의 집단주의의 토착적 요소를 일본식 현대화 모델에 특유하게 총체화하는 국가주의/정신주의의 요소로 변용, 강화했다는 면에서 내용적인 흔적을 남겼다. 둘째, 그것이 주권을 침탈하고 참칭하는 식민지 지배, 외래 권력이었기 때문에 자결권과 정체성, 고유한 이익과 문화를 향한 열망이 주조인 반응적(reactive) 집단주의의 양상을 활성화시켰다. 셋째, 그것은 의미있고 납득할 수 있는 일상적 도덕 질서의 공간을 파괴하고 현대화로 나아가는 자생적인 사회질서의 창출을 가로막았다는 점에서 또한 한국 집단주의의 모습에 심원(深遠)한 영향을 미쳤다.

개항기의 혼란과 좌절에 뒤이은 일본의 식민지 현대화와 1930년대 이후 더욱 심화된 지배체제에 의해 조선 사회에 착근되고 활성화된 주요한 집단주의와 집단화 양상은 다음과 같이 요약할 수 있다. 그 첫 번째는 일제의 전체주의적 집단주의에 조응하거나 그에 대한 반작용으로 등장한 국민, 민족, 인종의 사회적 분할선을 따라 등장한 다양한 변이들이다. 이들은 국가, 사회, 민족 등에 대한 한국인의 국가주의적, 인종주의적 상상에 깊은 영향을 남겼고, 이는 집단/전체와 관련된 한국인의 강박적 의식뿐 아니라 해방 후 국민국가 건설의 폭력성과 잔혹한 현실 자체를 구성하였다.

두 번째는 총동원체제가 가동되면서 더욱 심화되고 집단화된 삶의 형식이 재편되고 정치적 동원이 활성화되는 가운데 등장한 현대화 지향적인 집단주의의 두 양상이다. 그것은 사회적 정당성이 희박한 출세, 사회적 상승을 지향하는 파벌적 집단주의와, 그런 속화된 현실에 대항하는 종교적/도덕(주의)적 사고지평에 근접하면서 정치를 단죄하고 권력에 저항하는 '비판과 저항의 집단주의'이다. 이 둘은 그 지향과 자기 조직화에 있어 '보편/첨단의 우리'와 '향토적/연고적 우리'에 동시에 그리고 공히 바탕한 것으로 전통성과 극도의 현대화 지향성이 결합되었다는 점에서 한국적인 집단화의 강력한 유형들이다. 현대화의 서로 다른 행위자적 양상을 대변하는 이 두 '젊은' 흐름의 병존과 상호갈등은 현대화의 진행 수준에 비례하여 그 범위가 확대되고 심화되는 것으로 이후 현대화를 향한 한국적인 사회적 드라이브의 주요한 부분을 구성하였다. 특히 이들 양자가 국가/권력/정치에 대해 가진 공통성과 상위점은 현대 한국 정치발전의 엘리트적 차원에서 주요 변수를 대변하게 된다.

마지막으로 논의된 주요 양상은 오지 않는 것, 잃어버린 것에 대한 동경 속에서 과대화되고 증폭된 가족과 고향, 진정한 나라의 꿈속에서 전

사회적 융합을 기다리고 있는 한국인 특유의 '관념/이익 단일체', 그리고 의리의 지향이다. 그것은 '서민으로서 우리', 국민 이전의 문화적 공동체로서 '향토적/연고적 우리'가 결합하여 동일하고 최소 공통분모에 준거한 '우리' 관념을 우세하게 하는 집단화의 양상이다.

이들 주요한 집단주의의 세 가지 양상은 이후의 역사를 거치며 더 심화되고 변용을 거쳐, 다음 장에서 보게 될 자주적 현대화를 향한 열망과 현대화를 향한 본격적 질주의 미시적이고 실제적인 동력을 구축하면서 산업화뿐 아니라 민주화를 낳은 대중적 동력의 저변을 구성하게 된다. 이로써 이들은 현대 한국사회에 지배적인 집단주의, '우리 의식'의 전형적이고 유형적인 양상으로 표출되고 자리 잡게 된다.

이처럼 다기한 양상과 면모를 가진 집단주의, 집단화의 양상이 어지럽게 질주하는 가운데 일본의 태평양전쟁은 결말로 치달았고, 이제 가족과 고향, 그리고 민족에 대한 꿈마저 사그라들고 꺼져갈 때쯤 일제의 패망과 해방은 '도둑처럼' 찾아왔다. 하지만 왜곡되고 타율적이라서 문제를 일으킨 현대성이 아닌 진짜 현대성, 정상적 현대성, 다시 말해 억압받고 수탈당한 민족을 위한 '진정하고 온전한 나라'를 향해 드디어 질주하려는 조선인을 기다린 것은 더 격심한 분열과 근대적 국민국가를 만들기 위한 폭력적 충돌, 전면전이었다. '주체적으로' 민족의 꿈과 동일시(identification) 효과가 아무리 강력했을지라도 일제하 조선 사회는 '객관적으로' 분열된 사회였고, 한반도를 둘러싼 열강의 이해관계는 한민족의 향후 나아갈 방향에 여전히, 오히려 더 강력한 장애물로 작용했다. 이산가족과 실향(失鄕)은 일제강점기의 종결로 끝나지 않았다. 더 큰 규모의 참화와 강제노역, 이주, 학살, 이역으로의 방랑이 한민족을 기다리고 있었다.

V. 현대를 향한 질주와 그 집합적 수행자: 한국적 '우리'의 만개와 정립 (1945~1980)

한국적 현대화가 기초하고 의존하는 행위자인 한국인의 특성 중 대단히 중요한 요소는 상술한 극적인 역사적 변동과 굴곡의 대부분을 이들이 자신의 인생에서 실제로 겪었다는 점이다. 다시 말해 한국적 현대화, 한국적 현대성의 형성은 한국인 개개인의 개인사적 발달 주기와 일치할 만큼 압축적이라 이전 세계가 어땠는지 기억하고 그 세계를 돌아갈 어떤 곳으로 회고하는, 최소한 그 시절과의 긴밀하고 '개인적'인 연관성 속에서 현재를 사고하는 사람들이 현대화를 추진하고 수행했다는 사실이다. 이들은 영국과 프랑스 등 선진 서구사회의 역사에서 300년 가까이 걸쳐 이룬 사회변동을 불과 50~60년 동안에 경험한 사람들이다. "한국의 근대화 과정이 짧은 시간에 이루어졌다는 것, 그래서 근대화 이전의 삶을 기억하고 있는 사람들이 많다는 것, 그들 대부분이 격렬한 생존경쟁의 투쟁을 겪어왔다는 사실,"[360] 그것은 나와 전체, 나와 집단의 관계를 조형하는 '나'와 '우리'의 변증법이 작용할 때 매우 결정적인 측면이다. 이는 온갖 좌충우돌과 시행착오를 거치면서 스스로 형성해가던 신생 한국사회의 미래를 향한 행위능력에 복잡하고 우회하는 영향력을 가하는 것일 뿐 아니라 한국 현대화 과정을 수행하고 떠받치던 대중의 본성을 구성하는 것이기도 했다.

제2차 세계대전 후 각국 자본주의와 국민경제는 전쟁을 통한 성장을 전면에 내걸 수 없는 상황이었다. 이제 수립된 냉전체제에서 모든 국민적 역량은 전면전이 아니라 전쟁 억지력을 확보하고 상대진영보다 전체적인 물질적 능력에서 앞서기(surpass) 위한 경제성장의 확대와 유지로 초점이 이동하며, 이는 다른 방식으로 국민을 하나의 목표로 나아가는 군중으로 전화시킨다.[361] 그렇다면 유독 한국인이 이렇듯 전후 냉전시대

360. 박헌호(2001: 107).
361. Canetti(1978[1960]).

에 보편적인 드라이브를 더 철저히 수행하고 두드러진 결실을 얻을 수 있었던 이유는 무엇일까?

한국인의 역동성과 국민적 결집은 1960년대 이후에 국내적으로나 국제적으로 두드러지지만 그것은 오래전에 뿌린 씨앗에서 연원하는 것이었다. 한국인은 반세기 이상 기존 사회질서의 붕괴와 유명무실화, 외세의 침탈, 내전으로 죽을 고비를 몇 번씩 넘으며 고생했다. 이러한 과정은 이들에게 다시는 유민, 난민의 처지에 놓이지 않겠다는 집단적 결심을 확고히 하게 하였고 동시에 냉전시대에 앞서나갈 수 있는 '주체적' 자원을 갖춘 행위자로 이들을 '단련'시키는 것이었다.[362] '근대화'[363]와 개발독재는 삶의 위협과 가난에서 벗어나기 위해 노력하는 것 외에 다른 목표는 별로 없던 이런 한국인에게 제시된 일종의 '유기적 연대'의 비전, 즉 '사회'를 매개로 개개인이 자신의 처지를 개선하고 전체 사회적 목표로 결집할 수 있는 체제이자 그를 위한 한 경로였다. 따라서 그에 조응하여 한국인은 반공, 경제성장, 서구 따라잡기에 몰두하는 국민으로 자신을 구축하고 하나의 목표로 나아가는 군중의 일원으로서의 정체성에 충실했던 것이다. 하지만 그것은 단순히 민족적 일체화를 위한 헌신과 그 전면적 확산보다는 훨씬 복잡한 과정이었다.

얼핏 보면 1960년대 이후의 산업화뿐 아니라 또 다른 현대화 과정인 민주화도 군인과 학생/지식인이라는 해방 후 가장 자율적인 집단이, 세계시간대에 걸맞은 '국가적', '사회적' 과제를 자신의 사회에 대해 사회 '밖'에서부터, 즉 국가라는 행위자를 통해 부과하려는 모습이 두드러지

362. 권태준(2006), 최정운(2013).

363. 'Modernization'은 일반적으로 '현대화' 또는 '근대화'로 번역한다. 본 연구에서는 '현대화'라는 역어를 일관되게 채택하였으며, '근대화'라는 용어는 1960년대 이후 박정희 정부가 한국사회의 현대화를 위해 주창한 프로그램, 슬로건이라는 구체적이고 역사적인 양식을 지칭하는 것으로 제한적으로 사용하였다.

고 또 그것이 결정적인 것처럼 보인다. 하지만 실상 이 '성공,' 즉 이들 엘리트의 집행권력, 지도력에 대한 자임, 그리고 세부 현대화 목표에 대한 일반 인민, 서민, 대중의 지지, 복종, 참여, 헌신은 후자 나름의 집단의식과 그것을 구성하는 일종의 권위와 욕망의 심리학에서 그 원천을 찾을 수 있다. 이러한 이원성의 구조를 고찰하는 것은 엘리트와 피동원 인민의 유사하면서도 서로 다르기도 한 집단주의적 결합을 조명하는 동시에, 단지 권위주의적인 '강한' 국가가 아닌 일종의 '대중국가'로서 1960, 70년대 한국의 사회구성체를 조명하게 한다. 그리고 이는 해방 후 용광로와 같은 상황에서 자주적 현대화를 향한 열망이 다시금 좌절되고 6.25라는 내전을 통해 더 가혹하고 강박적인 집단화 양상이 한국인에게 부여된 후에 일어난 일이다. 전쟁의 폐허 뒤에 주조된 '우리'의 양상, 그리고 그 속에서 부상하기 시작한 근대적 사회집단은 한국 집단주의에 특유한 집단적 동학의 핵심논리와 그 구성요소인 '우리' 유형을 구체적으로 실현하고 정립하였다.

이러한 집단적 동학을 관통하는 일관된 논리는 집단이 도덕이자 권위로 작용한다는 것이며 생존, 그리고 세속적/현세적 추구를 성취하기 위해 남을 앞서려고 의탁하고 추구하는 것도 집단이라는 것이다. 이 권위가 모습을 드러내고 작동하는 양상에는 물론 '민족'이라는 공식적으로 압도적인 도덕적 실체, 상상적 공동체의 외관이 지배적이지만 이 또한 더 큰 사회적 메커니즘의 일부, 하나의 현현(顯現)일 뿐이다. 본 장은 이러한 진화과정의 첫 국면인 대중적 열기와 폭력으로 점철된 해방 후 공적 세계와 정치의 역사적 상황을 먼저 고찰한다.

해방 후 정치사회는 이제 막 현대화를 자주적, 자율적으로 기동하려는 열망과 염원이 소용돌이치고 용솟음치던 공간이었다. 그것은 다시는 치욕과 수탈을 겪지 않는, 강인한 국가를 가진 민족에의 열망과 기대가

봇물 터지듯 쏟아지고 넘쳐나면서 개개인 또한 그러한 민족적, 세계적 대세에 동참하고 자신의 삶을 바꿔보려는 흥분으로 가득 찬 공간이었다. 이러한 기대와 의욕이 집단적, 민족적인 차원뿐 아니라 개개인의 차원에서도 치열하고 지속적이었다는 점이 바로 한국의 현대화를 기동시킨 폭발적 열망과 헌신의 마그마를 이루었다. 하지만 동시에 이런 높은 기대와 열망은 그것을 실현하기에 너무도 가파르고 타율적인 현실에 직면하여 자주적 현대화를 향해 이제 줄달음치려는 한국인과 한국사회를 더욱 고통스럽고 깊은 난맥 속에 빠뜨려 놓았다.

1. 자주적 현대화의 용광로, 그리고 폭력적 정치세계

조선인은 조선 말기의 혼란 이래 사실상 나라 없고 고향 없는 난민, 유민으로 타향뿐 아니라 타국을 떠도는 신세였다. 이런 처지인 노동인민이 민족과 독립에 내일의 희망을 걸기에 당장의 삶은 단적으로 너무 가파르고 가혹한 것인 동시에 변할 가능성이 전혀 없어 보였다. 무엇보다 조선왕조 말기 때부터 겪어온 체험이 그런 기대를 부인하는 것이었다. 독립을 기대하거나 열망하는 것은 말 그대로 기원일 뿐, 대부분 그로써 기대되는 파국적인 해방은 차별받고 착취당하는 현실의 환상적 거울일 뿐이었다.

구한말에서 일제강점기, 그리고 해방까지 한민족이 겪어온 이런 궤적에서 조선인은 어떤 교훈을 얻었고 그들의 머릿속에는 어떤 목소리, 스토리가 자리 잡았을까? 해방을 맞은 조선인에게는 아마도 다음과 같은 상반되는 목소리와 스토리가 개인적 수준과 민족적 수준에서 병존하지 않았을까?

> 우리는 잘못된 대세에 줄을 서서 이 꼴이 되었다. 이제부터 줄을 잘못 서지 말고 제일 잘 나가는 줄에 서서 한마음으로 단결하여 민족 전체의 힘과 지위를 키워서 다시는 남에게 휘둘리지 말아야 한다. 민족이 국가를 잃고 다른 민족에게 복속당하면 개인도 똑같은 꼴을 당한다.

이와 정반대되는 다른 목소리도 추측할 수 있다. 그것은 줄을 잘못 섰다는 감각에서 나온 정반대의 실천적 결론이다.

> 우리 각자는 지금부터 나라에 목매다는 것보다 자신과 가족의 영달을 꾀하는

것이 옳다. 세상은 약육강식의 세계이다. 전체를 위해 뭔가를 함께 도모한다는 것은 쓸데없는 일이다. 단지 살기 위해 이 집단 저 집단에 충성하는 척하는 것이 상책이다.

조선인은 한일합방에서 총동원체제로 이어지는 시대의 추이에서 나라가 있어야 할 순간에 있지 않았다는 경험과 감정, 그럼에도 나라 없이는 멸시받고 착취당하는 삶에서 벗어날 수 없다는 개별화와 일체화의 지향을 동시에 함의하는 양가적인 감정과 열망의 병존을 체험했을 것이다. 이런 배경에서 자생적 출발선에 선 한국의 현대화는, 어느 정도 그것을 달성한 이후에 이르러서도 다른 무엇보다 독립과 자결의 기반을 제공하는 '정상국가', '정상적 현대화'의 '만회(挽回)적인' 구축, 건설과 동일시되었으며 이 속에서 '민족'은 무소불위의 권위를 가진 정치·사회적 정당성의 필수품이자 '기본사양'이었다. 이 민족은 아무리 실제 현실과 개별적 이해 추구의 집요함, 그리고 개개의 현실주의적 정책 결정이 그것을 배신할지라도 집합적 위선에 가까울 정도로 강력한 압박과 정당화의 수사로 유령처럼 늘 머리 위에 머물러 있었다.

민족이라는 이 유령은 가족적인(familial), 성별화한(gendered) 상상력 속에서 서사화(敍事化)하면서 그 침투력과 압박이 배가되었다. 민족의 수난은 전쟁과 강제동원으로 뿔뿔이 흩어진 가족의 모습으로, 이민족에게 능욕당하는 딸과 누이의 모습으로 형상화되었다. 연약하여 당하기만 한 여성, 여성성으로서의 조선과 조선인은 이제 강하고 무력과 활기를 갖춘 남성, 남성성으로 다시 태어나야만 했다.[364] 민족이 개개인에게 가하는 감정적 압력과 환기는 이처럼 가족적이고 성별화한 서사를 통

364. 권명아(2001).

해 더욱 절절하고 강박적인 것으로 사람들의 마음을 사로잡았다. 민족과 가족은 이런 과정을 거쳐 한국인의 사회적 삶의 모든 부면 위를 떠도는 집단적 압력, 이들의 집단화의 원형적 형식을 제공하는 가장 일차적인 준거 모델이 되었다.

반세기 이상 격동과 고난을 겪은 한국인의 새로운 시대와 세상을 향한 열망은 이처럼 단일하지만은 않은, 때로는 이율배반적인 여러 동기와 원천에 힘입어 엄청나게 증폭되었으며 그것은 생존과 사회적 상승, 민족과 집단을 향한 엄청난 심리적 에너지를 축적하는 과정이기도 했다. 이제 이들의 마음속에는 다시는 때를 놓치지 말자는 결심, 그리고 그 때와 기회가 왔다면 두 팔 벌려 활짝 맞이할 태세가 단단히 자리 잡았다. 이제 우리의 논의는 이들을 맞이한, 그리고 이들의 열망을 정면으로 배신할 만큼 압도적이었던 해방정국의 전체적인 맥락에서 시작된다.

(1) 신생 탈식민사회 조선: 민족을 향한 열망과 국가주의의 심화

제2차 세계대전 후의 상황은 민족주의운동이나 국민국가 건설, 현대화 전략 모두 그 이전과는 매우 이질적이었다. 다시 말해 현대화의 2차 물결 사회, 즉 19세기 중후반에 현대화를 시작한 독일, 일본, 이탈리아 등이 처한 현실과는 꽤 다른 상황이었다.[365] 새로운 상황은 세계질서가 자본주의/공산주의 양 진영으로 강고하게 구축된 '냉전체제', '냉전질서'라는 말로 집약할 수 있는데, 이 체제하에서 미국과 소련을 제외한 다른 국가는 그러한 양대 이념적 보편주의 구도에 조응하여 지역적으로 재편되는 것으로 강제되었다. 그에 따라 이제 신생국에는, 부국강병을 추구

365. 주지하다시피 제1, 2차 세계대전은 이 2차 물결 현대화 국가와 1차 물결 현대화 국가 간의 식민지 확장과 관련하여 발생한 이해관계의 충돌이 주요 원인이었다.

하여 제국주의로 전화하는 것이 아닌 두 보편질서 중 하나에 소속되어 지속적이고 성장 가능한 국민경제를 구축하는 과제가 주어졌다. 이제 민족주의는 다만 경제적 민족주의로만 추구할 수 있을 뿐이었다.

제2차 세계대전 후 신생국에 공통된 이러한 상황에 덧붙여, 갓 해방된 조선은 일본 식민지배의 특유한 구조적 상황과 유산에 깊은 영향을 받았다. 앞서 본 바처럼 식민지 조선은 71만 명의 모국 지배인민이 이주해 살고 26만 명의 본국인으로 구성된 식민지 국가기구가 강압통치를 시행했다는 점에서 상당히 이례적이었다. 또한 피식민지가 패배한 고도의 문명으로서의 도덕적 자부심이 매우 강했다는 점에서도 독특했다. 일제는 이 점이 역시 신경 쓰였는지 조선인과 그 전통적 유산을 부정적으로 낙인찍기 위해 일종의 '한국학'의 체계화와 창씨개명 등의 작업에 기반하여 정신적 지배 또한 가열차게 추진하였다.[366] 이 모든 요인은 조선을 해방 후 식민모국의 가치체계나 유산이 그와 버금가는 정도로 부정되는 탈식민지 사회(post-colonial society)를 찾을 수 없을 만큼 독특한 사례로 만들었다.[367]

---

366. 물론 일반적 수준에서 이는 식민지배의 공통된 노력이기도 하다. 일본이 조선의 전통과 민족성을 통째로 부정적인 것으로 폄하하고 그 철학을 공리공론으로, 그 정치를 당쟁으로 재단한 것은 사실 "셰익스피어를 인도와 바꾸지 않겠다"고 공언한 영국 제국주의의 모범을 따른 것이었다. 인도인의 입장에서는 참으로 기가 막혔을 이 '선언'은 기실 셰익스피어의 문학적 위대함보다는 인도의 열등함을 '날조'하기 위해서 등장했다. 이미 철학, 수학 등에서 높은 문명을 이룩한 인도에 대해 영국은 아프리카처럼 '문명 대 야만'의 구도로 자신들의 지배를 정당화할 수 없었다. 이 때문에 문학과 셰익스피어가 등장하게 되었고, 셰익스피어를 서양문학뿐 아니라 세계문학의 최고봉으로, 그리고 자신들이 계승하는 것으로 주장하는 그리스문명이 고대 인도문명보다 위대한 것임을 강조하기 위한 담론 창출에 당대 수많은 영국 학자와 작가들이 참여했다(조동일, 1993: 214-15).

367. Henderson(1968: 135). 물론 이는 '공식적' 지향의 차원에서 그렇다는 것이며, 일상문화와 제도 속에서의 식민지배 유산과 일본의 영향이 실제로 모두 청산되었다는 의미는 아니다.

하지만 그럼에도 일제의 패망은 조선인에게 자주, 자립의 염원을 실현할 손쉬운 상황을 남기지는 않았다. 조선이 미·소라는 두 거대 냉전질서의 힘이 충돌하고 또 그 완충이 기대되는 지점에 위치한다는 점 역시 상황을 녹록지 않게 하였다. 그것은 한민족의 역사에서 반복되는 지정학적 숙명, 즉 대륙세력과 해양세력의 대치와 충돌이 일어나는 한반도의 입지에 기인하는 기본 문제상황이다. 해방과 더불어 겪어야만 했던 미군정의 지배 또한 일제만큼은 아닐지라도 유사한 처지의 다른 신생사회에 비해 더 굴욕적이고 타율적인 방식인 것은 이런 국제정치적, 지정학적 상황에 기인한 바가 크다.

남하하는 소련에 대항해 자본주의와 자유주의의 최전선 기지를 확보해야 하는 미국 입장에서는 남한의 국가, 정부를 그저 그 구성원들이 알아서 결정하도록 맡겨둘 수만은 없었다. 그 결과 미군정의 지배방식과 이후 정부수립 후에도 미국이 남한이라는 독립국가를 대하는 방식은 오히려 전쟁 가해자이자 전범이던 일본에 대해서보다도 더 모욕적이고 젠체하는(condescending) 타율적인(patronizing) 것이었다. 해방 후 군정기간, 그리고 6.25전쟁 후 남한 내 미군과 그 부속 인구를 포함한 미국인의 규모는 다른 어느 나라보다도 많아서, 그 수가 당시 인구가 희박했던 미국의 네바다주보다 많을 때도 있었다.[368] 수도의 거대한 땅을 외국 군대에 양도한 나라는 한국뿐이라는 사실[369]이 이 모든 양상을 압축적으로 보여준다.

그 결과 미국에 대한 한국인의 감정은 일본에 대한 감정보다 훨씬 더 양가적이고 아이러니하였다. 미국은 압도적인 무력과 경제력으로 신생

368. Henderson(1968).

369. Cumings(1997: 217-8). 이제 반환·이전 절차가 완료되는 용산 미국기지는 원래는 1894년에 일본군의 주력 기지가 설치된 것을 승계한 것이다(같은 곳).

한국의 안보를 보장해주는 '혈맹(血盟)'이자 최고의 문명, 선진국, '행복의 나라'로서 흠모와 모방의 대상이었다. 하지만 동시에 외래적이며 우리가 그에 의존하고 모방해야 한다는 이유에서 자기소외와 자기 환멸(self-loathing)을 느끼게 만드는 존재였다. 자부심과 남에게 지지 않는다는 오기로 일제 식민지 굴욕과 패배를 견뎌온 조선인에게 이것은 뼛속 깊이 불쾌한 일이었을 것이다. 이로써 출현한 것이 바로 미군이 한반도의 남쪽에 발을 디뎠을 때의 모습, 즉 해방군이자 점령군, 자비와 지배, 구원자이자 '기지촌의 손님'이라는 양면적 이미지였다. 후자의 시각에서 미국을 바라보는 한국인은 거리에서 머리를 잡혀서 미군 병사에게 맞고 있는 기지촌 여성의 모습으로 자신을 형상화하였다.[370]

정치적, 경제적으로 우월할 뿐 아니라 문화적, 가치적 패러다임으로서도 자신을 부과(賦課)하는 외세의 존재, 상주(常駐)는 개항의 파고 이래 60년 이상 유형, 무형으로 지속되었다. 이러한 경과가 1,000년 넘게 통일 국가로 이어오며 이룩한 문화의 전통, 그리고 고도의 윤리적 문화에 대한 자부심이 강한 사회에 가한 상처는 대단히 컸다. 그것은 수치심과 자긍심의 '우리', 즉 체면과 '얼굴'의 '우리'가 손상된 데 대한 치욕의 감정을 지배적으로 만들었다. 민족주의의 발호에 하나의 민족이 민족으로서 겪은 수치만큼 강한 영향을 미치는 것은 없다.[371] 독립적 근대국가를 향한 출발이 좌절되고, 역사의 오랜 기간 폄하와 천시의 대상이던 일본의 식민지가 되고 그 혹독하고 잔인한 지배와 착취를 겪은 후 조선인에게 단결과 민족은 곧바로 주체화, 행위자로의 승화에 절대적인 주술이

370. 권명아(2000, 2001).

371. 리아 그린펠트의 연구(Greenfeld, 1992)는 '원한(ressentiment)'이라는 감정이 특히 후발 민족국가인 러시아 등의 사회에서 민족주의가 발흥하는 데 매우 중심적인 추동력이 되었음을 보여준다.

되었다. 하지만 민족을 향한 열광이 타오른 것은 단순히 나라를 잃은 수치심이나 자율과 자결을 향한 오랜 기다림 때문만은 아니었다.

일제강점기 말기로 갈수록 독립운동은 온건한 실력양성운동으로 진행되다가 총동원체제의 압력 때문에 전향과 협력 일변도로 전락한다. 그리고 실질적인 독립운동은 해외에서 주도적으로 펼쳐지는데, 이들은 중국과 러시아 관헌의 억압을 받으며 그들과 충돌하면서도 중국공산당과 국민당의 항일운동의 일부 또는 코민테른의 극동지부로 활동했다. 무장독립운동은 생활기반을 독자적으로 마련한 국경 부근 간도, 만주, 사할린, 블라디보스토크 등지에 사는 한인에 기반하여 활동하였으며, 그 외에 미주나 일본의 재일조선인모임, 한인모임 등에서도 해외독립운동이 이루어졌다.

하지만 국내에 있던 많은 사람은 이미 오래전부터 친일을 불가피하다고 인식하였고, 운명으로서의 현대화는 일제에 의한 타율적 현대화를 수용하는 것과 동일시되었다. 외래적이고 강압적인 국가, 개개인이 시민으로서 결정권이 전혀 없는 정치적 조건, 그리고 이러한 일제의 지배를 받아들일 수밖에 없다는 체념 속에서 많은 사람이 오지 않는 민족 대신 자신과 가족의 생존, 영달을 도모하는 삶을 선택하였다. 그토록 내밀한 염원이던 일제 식민지배로부터의 해방은 이런 와중에 많은 이에게 '도둑처럼' '뒤통수를 치듯' 갑자기 찾아온 '손님'이었다.

따라서 해방 직후 급속히 극도로 치솟은 자립과 자존의 열기와 열광, 흥분은 갑자기 찾아온 해방과 더불어 엄습한 그간의 친일과 협력에 대한 죄책감, 자괴감에서 벗어나고자 하는 군중심리와 대중심리의 추동이 적지 않은 역할을 한 것이 아닌가 생각한다. 즉, 과장, 위선, 호들갑, 서둘러 선언하는 지지와 충성 맹세 등은 심리학 용어로 '과잉보상(overcompensation)'의 심리가 강하게 작용한 양상이지 않나 짐작된다.

이렇듯 과열된 양상의 중심에 위치한 '민족(民族)'은, 국민(nation)과 국가(the state), 사회(the society)로 아직 실체를 갖추지 못한 상태에서 너도나도 충성을 맹세하는 만장일치의 목표와 이상, 흡사 종교적 수준의 숭배와 헌신의 대상으로 떠받들어졌다. 이제 그것은 회귀적이며 소망적인 공동체로 염원되는 것을 넘어 미래를 건설하는 역능(力能)적이며 도구적인 결합체이자 운명공동체로 추구되고 숭배되었다.

하지만 조선인은 아직 사회변동과 발전을 향해 민족을 지휘할 국가(state)도, 그러한 단결을 일굴 사회적 인프라도 없었고 새로운 국민국가가 어떤 체제를 기반으로 할지조차 합의하지 못했다. 무엇보다 한반도에 어떤 체제가 들어서느냐에 중대한 이해관계가 있는 두 초강대국의 냉전질서 속에서 조선은 사실상 많은 선택지가 없었다. 국가와 사회는 아직 모양을 구체적으로 갖추지 않아 개인이 실제 삶 속에서 구체적으로 소속하여 응집할 장소를 제공하기에 충분치 않았다. 민족은 국가기구를 건설하고 정치사회를 정돈한 후에야 비로소 구체적인 사회적 응집성을 원천으로 작동할 터인데, 이제 갓 출범하는 이 신생국가는 민족이라는 이상, 정상국가에 대한 기대를 충족하기에는 아직 턱없이 부족했다.

이러한 국가의 부족함과 공백을 채우고, 아직 착근되지 않은 근대적인 민주적 정치 문화, 질서를 대신하여 인민대중의 참여를 실현할 통로의 모범, 손에 닿고 익숙한 모범이 되어주는 것은 한 가지뿐이었는데 그것은 일본의 것일 수밖에 없었다. 물론 일제의 유산은 격분 속에서 거부되는 것이었지만, 이는 정서의 측면이나 공식적이고 선언적인 차원에서 그러할 뿐 그 속내를 살펴보면 꼭 그랬던 것은 아니다. 일반 인민대중에게는 그 정당성과 침투성이 미약했을지는 몰라도 엘리트와 상층, 지식인에게는 감정적, 문화적 차원에서조차 사정이 달랐다. 합병과 강점의 와중에 형성된 일제의 문화적 헤게모니는 후자를 내내 지배하였고, 해방 후 더욱 긴요해진 국가기술(statecraft), 즉 사회관리, 사회 통합과 질서를 강제로라도 달성하는 국가폭력의 장치 확보와 행사, 그리고 정치참가의 제도화와 조직적 동원이라는 점에서는 더욱 그러했다.

현대화의 불가피성을 인정하는, 즉 '개화' 지향적인 조선의 식자들은 대부분 현대화와 현대에 대해 일종의 '투항적인' 태도를 보였고, 이는 개항 이래 그리고 한일합방 이후 거스를 수 없는 중론이며 '헤게모니적 현실'이자 '대세'였다.[372] 반복건대, 이러한 '패키지식' 서구 수용의 방식은 당시 성행한 '문명론(文明論)'에 의해 더욱 촉진되었다. 이 담론에서 민족, 인민, 문화의 고유성은 전통의 항목에 모두 밀어 넣어져서 현대성에 대립하는 것으로 위치하였고, 이어 조선민족의 열등함과 조선인민의 우매함을 강조하며, 이의 시정을 위해 문명에 의한 개화와 계몽이, 그리고 불가피하다면 국가의 정치이성을 실현할 폭력이 요청되었다. 이 모든 지향과 태도는 부국강병과 세계사적 대세에의 순응을 겨냥하고 있었는데, 개인이나 민족으로나 세상 속에서 조금이라도 나은 위치를 확보하는 것이 그 궁극적 목표이자 명분이었다.[373]

이러한 배경에서 해방 후 남북한의 내셔널리즘/국가주의의 정형화된 형식과 목표가 전적으로 일제의 지배로부터 전수된 것이라고 말하기는 어렵다. 왜냐하면 일제의 그것보다 완화된 형태일지라도 한일합방 이전에 조선에서는 이미 그러한 내셔널리즘/국가주의의 의례를 다투어 도입하고 실행하고 있었기 때문이다. 이를테면 대한제국 시기에 설립한 사립학교에서는 이미 국가에 대한 맹세와 최고권력자(대한제국 황제)에 대한 충성 다짐, 교원과 학생 전체를 망라하는 조회, 국민체조 등을 정기적으

372. 박헌호(2001: 제2장).

373. 앞서 5장 1절 (3)에서 소개된, 1890년대 『독립신문』에서 '동포'라는 호명이 등장하게 된 맥락에 대한 진술을 참조하라.

로 시행하고 있었다.[374] 이렇듯 민족, 국가, 국민이 개개인에게 갖는 엄중함을 강조한다는 교육내용 면에서 보면 일제의 국가주의적 모듈과 사립학교, 민족운동의 학교교육은 큰 차이가 없었다.

물론 이러한 사고의 지향은 불가피한 면이 없지 않았다. 19세기 후반부터 제2차 세계대전 종전까지의 상황은 다양한 사상적 조류가 격류처럼 분출하는 시기였지만 국제정치적, 정치경제적 현실에서는 '열강(列强)'과 '제국주의'의 시대로 정확히 그리고 매우 적절히 요약할 수 있는 시대였다. 이때는 국제법, 만국공법, 민족자결주의와 같은 민족 간의 도덕이 시늉으로라도 통하는 시대가 아니었다. 적자생존, 우승열패(優勝劣敗)의 사회진화론은 이런 시대에 대한 정확한 사회사상적 대변이었고, 실제적 '힘'에 대한 숭배는 평상시의 도덕적 가장(假裝)조차도 필요치 않았다. 즉, 객관적으로 그것은 국가의 시대였고 어느 민족도 부국강병이 아니고서는 유지될 수 없는 시대였다.

국내외적으로 이처럼 구조화된 정황은 해방 후 다시 강대국의 이해관계에 따라 분할되어 대립하는 상황에서도 별다른 여지를 주지 않았다. 대세와 '시대정신'은 여전히 주관적·객관적으로 민족주의, 더 정확히는 부국강병을 향한 총동원, 일체화라는 '내셔널리즘/국가주의'였다. 1930년대부터 기동한 일제의 총동원체제는 이러한 맥락에 놓인 조선 지식인과 상층이 가진 모순과 성향을 더욱 증폭시켰다. 이미 세계가 도덕을 논하고 옳은 것만으로는 안 된다는 사실이 분명했고, 이를 인식하는 것을 넘어서 그에 사로잡힌 이들은 더욱더 '힘'의 문제에 민감해져서 이후 일제의 파시즘화와 총동원운동에 더욱 협력하게 되었다. 총동원체제의 기동은 이렇듯 일본적 국민국가 추구의 모듈이 더 깊숙이 자리 잡고 그에

374. 오성철(2006).

특유한 동원 양식(사실상 제2차 세계대전을 치르는 동안 대부분의 구미국가에서도 일반화된)이 내재화하는 시발점이었다. 일본이 앞서 고안하고 실행해서 효과를 보고 우리를 지배할 수 있었던 이러한 국가주의/민족주의 모듈은 심지어 민족운동의 성격을 띤 흐름에서도 마찬가지로 내재화되어 갔다.

일제의 국가주의적 민족주의, 파시스트적 민족주의의 모듈이 해방 후 조선인이 국민국가를 수립하는 데 핵심 역할을 한 것은 이런 맥락에서 자연스럽고 상당 부분 불가피했다. 다만 아이러니는 그토록 혐오의 대상인 '일제의 유산'이 해방 후, 특히 6.25전쟁 이후 한반도의 남쪽과 북쪽에 수립되는 분단국가의 국가정책이나 동원양식, 사회적 관행 속에서 지배적이 되어갔다는 점이다. 단적으로 일본식 국가양식, 국가철학, 국가행동양식, 그리고 사회적 응집의 철학과 기술은 바로 일본을 이기기 위해(克日), 일본에 복수하기 위해 다투어 채택된 것이다.

이는 남한이 더욱 그러했는데, 그것은 당연히 그와 관련된 인적 자원의 재기용(국가관료, 행정요원, 경찰, 군대)을 수반하는 것이었다. 당시 미국의 이해관계와 결부된 미군정의 여러 결정과 압력을 차치하더라도 이는 나름 그렇게 될 수밖에 없던 이유가 있었다. 일제의 국가주의적 모듈은 '우리 민족만의' 새로운 자주 국가를 건설하는 데도 역시 유용한(특히 지배권력의 입장에서는) '소프트웨어'였다. 따라서 일제하에서 국가주의적 권력의 집행원, 말단세포와 확성기로 활약했던 '경륜'이 탈식민 신생사회를 건설하는 데 대단히 긴요한 '자원'으로 다시 호출되는 것은 상당부분 예측할 수 있는 일이었다. 다시 말해 '부역자'들은 해방 정국에서 국가를 건설하고 지키고 통일하는 법을 알고 그에 필요한 기법과 정책, 조직적 기술(이데올로기, 선전, 동원, 정책)을 습득한 유일한 존재였다. 그리고 그와 함께 이들이 대변하는 행위양식과 가치 또한 함께 다시 '제도화'되고

'일상화'되는 과정을 밟게 되었다.

이처럼 일제의 유산은 단지 인적인 것만은 아니어서 인적 유산을 먼저 청산하지 않고서는 극복할 수 없지만, 그렇다고 인적 유산을 청산하는 것만으로 완성할 수 있는 것도 아니었다. 그렇기 때문에 분단체제 자체가 일제지배 그리고 그 유산이 야기한 결과라고도 운위되는 것이다. 하지만 그럼에도 우리가 쉽게 부인할 수 없는 것은, 일제의 유산과 국가주의 모듈이 해방 후 한민족이 겪은 내전과 분단, 남북한의 준(準)전시적인 대치와 같은 격심한 위기를 헤쳐나가는 데도 역시 한민족의 두 국가가 손에 들고 있던 확실하고 몇 안 되는 카드 중의 하나였다는 점이다. 그것은 위기를 야기한 원흉이었을 뿐 아니라 그에 대한 가장 유망하고 가용한 해결책이기도 했다. 이 카드를 씀으로써 우리는 다시 그 모듈의 지배력에 계속해서 끌려가게 되었고 아직까지도 그 유산의 영향력에서 벗어나기 힘든 상태에 놓여 있다.

이런 이유로 앞서 제시한 인과의 방향은 반대로 뒤집어도 여전히 진실인 것처럼 보이는데, 역으로 우리는 '한반도의 일본화', 즉 '사회의 병영(兵營)화'라는 의미에서 일본화를 이 분단체제가 심화시켰다고도 말할 수 있다. 즉, 분단체제는 남한정부와 북한정부라는 '유사 일본적인' 두 체제(아이러니하게도 각각이 '반일'과 '항일'을 외치는) 간의 대치상태, 혹은 그 대치로 인해 더 심화된 각각의 내적인 일본화 상태라고 요약할 수 있다. 이제부터 그 과정을 살아간 사람들의 해방 직후의 모습과 처지에 관해 좀 더 구체적으로 살펴보기로 한다.

(2) 해방된 인민대중의 사회

식민체제가 1945년에 끝났을 때 수백만의 한국인들은 이 이역만리의 동원부대를 떠나 고향으로 돌아가려고 했다. 그러나 그들은 더 이상 예전과 같은 사람들이 아니었다. 그들은 고국에 안전하게 남아 있던 사람들에게 불만을 지녔으며, 물질과 지위의 상실을 겪었고, 종종 새로운 이데올로기와 접촉했고, 모두 시골 마을을 넘어선 더 큰 세계를 보았다. 따라서 전후 한국사회에 예전과 달라진, 불만을 품은 군중을 풀어놓아 그들로 하여금 해방 직후의 시기와 미국 및 소련의 계획을 심각한 혼란에 빠뜨리게 한 것은 다름 아닌 압력솥과 같은 식민체제의 이 막바지 10년이었던 것이다.[375]

해방은 물론 그 자체가 감격이었고 그것을 넘어 집단적 도취와 황홀경의 순간이었다. 여기서 볼 수 있는 장면은 한국인의 집합행동에서 자주 발견되는 전형적인 것으로, 26년 전의 3.1운동에서 보았던 너나없는 축제와 철시(撤市), 스스럼없이 하나가 되어 서로 환대하는 장면이었다.

해방 전에는 같은 조선인이면서도 서로 경계해 시선을 피해 다니던 사람들이 백년지기라도 만난 것처럼 누구든 상관없이 악수를 청하고 복받치는 기쁨을 숨기려고도 하지 않고 서로 웃거나 얼싸안고 '만세'를 합창했다.[376]

이들이 만끽했던 것은 단지 해방되었다는 기쁨과 앞날에 대한 가슴벅찬 기대만은 아니었다. 그것은 정말 오랜만에, 민족의 모든 구성원이 함께 같은 마음으로 기뻐하는 하나의 '우리'로 동일화되고 전일화되는 희열과 도취의 순간, 그리고 누구에게도 방해받지 않는 즐거운 순간이

375. Cumings(1997: 257).
376. 高峻石, 『越境-朝鮮人·私の記錄』, 社會評論社, 1977, 316쪽, 조경달(2008: 261, 270)에서 재인용.

었다. 이 순간만큼은 '타인과 접촉하는 공포'[377]가 모두 사라져 모든 사람이 손을 맞잡고 친한 사람처럼 서로 어깨를 두드리는, 너와 나가 따로 있지 않은, 나와 타자, 나와 세계가 완전히 혼융된 순간이었다. 하지만 이런 기쁨 뒤에 한민족이 직면할 현실은 결코 만만치 않았다.

민주화 이후 국내 사회과학은 군부독재 국가, 억압적 정치권력에 대항하는 '시민사회(civil society)'라는 개념을 통해 민주화를 낳은 동력을 개념화하려 했고, 이를 역사를 거슬러 올라가서 발견하려고 시도하기도 했다.[378] 이러한 논의는 때때로 해방 후 결사체의 번성과 폭발적인 참여 등을 한국의 원형적인 시민사회로 제시하고, 이처럼 자생적으로 출현한 시민사회가 이후 외세와 친일, 친미, 반공 세력에 억압받고 훼손되었다는 역사적 해석으로 이어지기도 했다. 하지만 이러한 역사적 재구성은 기실 민주화 이후의 이념적 지평과 시각을 과거에 덮어씌었다고 생각할 수 있는 측면이 적지 않다.

여기서 일차적으로 문제가 되는 것은 이른바 당시 '시민사회'가 자체적으로 경제 기반을 갖추지 않은, 이를테면 시장과 직업적 사회조직의 발전이 일천한 상태였다는 점이다. 또한 정치적 측면에서, 갓 '주어진' 국민주권적 정치질서는 제도나 정치문화로서 인민의 몸과 마음에 자리 잡기에는, 더더군다나 절대빈곤 상태가 대부분인 인민이 학습하고 내재화하기에는 시간과 여건이 허용치 않는 것이었다. 무엇보다 그러한 정치적 결집의 '시민사회적' 기초인 사회도 계층도 발달하지 못한 상태였다.

총동원체제에서 절정에 달한 사회이동과 유민화로 인해 떠돌던 수많은 사람들은 해방 직후 전재민(戰災民)이 되어 서울과 부산 등 대도시로 몰려들었는데, 식민지가 끝날 무렵 서울 인구는 약 50만 명이었고 부산

377. Canetti(1978[1960]: 9-10).

378. 대표적으로 한국사회학회·한국정치학회 편(1992)을 볼 것.

인구는 약 20만 명이었다.[379] 일본으로 이주한 조선인은 제2차 세계대전 종전 시에 240만 명에 달했는데, 해방 후 약 70만 명을 제외하고 모두 조선으로 귀국했지만 이들 중 일부만 시골로 갔다.[380] 한편 1940년에 이르러 만주에 거주하는 조선인은 150만 명에 달했고 그중 많은 인구가 압록강 건너편에 밀집해 있었다.[381]

이들을 포함한 다른 이들이 모여든 곳이 바로 도시인데, 그중에서도 특히 해방 직후의 경성, 서울로 모여들었다. 앞서 본 바와 같이 서울은 이미 일제 지배하에서 농촌의 빈궁화, 아사상태에서 탈출하려는 사람들이 몰려들어 강점기 내내 토막민이 증가했는데, 가장 큰 문제는 이 많은 사람이 생계를 도모할 수단이 별로 없다는 사실이었다. 도시화의 성과가 그나마 집중된 서울에도 총인구 중 불과 3%만이 어디엔가 고용되어 생계유지에 충분한 정도는 아닐지라도 안정된 소득을 얻는 상태였다.[382] 서울의 사정이 이러할진대 다른 도시, 즉 나머지 전체 남한사회의 상황은 말할 나위도 없다.

식민지 조선의 핵심 산업은 대부분 소유주와 고급관리직이 모두 일본인이던 '적산(敵産)'으로, 이들 일본인 공장은 일본이 패전하면서 가동이 일제히 중지되고 더불어 한국의 공업도 완전히 붕괴하였다.[383] 1948년 말 남한의 전체 공장 수는 3,800여 개였는데 그 가운데 순수 민영공장은 2,900여 개로, 이 귀속재산의 처리는 전쟁 때문에 지연되다가 1958년에야 90% 정도 처리되었다.[384] 이러한 사정에서 알 수 있듯이 해방 직

379. Cumings(1997: 219).
380. Henderson(1968: 170).
381. Cumings(1997: 239).
382. 김영미(2000: 328).
383. Henderson(1968: 166).
384. 권태준(2006: 36).

후의 조선, 특히 근대적 공업이 상대적으로 적게 입지한 남한의 '시민사회적' 경제토대는 매우 약하고 불안정했다.

어떤 실체를 시민사회라고 부르려면 그에 대응하는 국가의 일정한 발전과 작동이 전제되어야 한다. 해방 직후, 공공기관을 절반이나 점유한 일본인은 두려움에 떨면서 본국 귀환을 기다리고 있었고, 그 나머지를 차지한 조선인은 친일파라는 공격에 손을 놓은 채 전자와 마찬가지로 미군정의 의향과 정세의 추이를 지켜보고 있었다. 국가는 일제히 작동을 중지한 상태였고 작동하려 해도 그에 필수적인 대민(對民)적 권위는 이미 산산조각이 나 있었다. 그리고 이 권위를, 그에 복종할 근거인 정치적, 사회적 합의를 어떻게 수립할지조차도 매우 불확실한 상황이었다. 요컨대 정치/국가권력은 공백 상태이고 정치사회적 질서는 어디서부터 구축해야 할지 그 출발점도 불확실했다.

하지만 이와 같은 정치적·사회적 공백과 대비되게, 아니 그것과 맞물려서 해방된 조선인민의 정치적 열망과 기대는 한없이 부풀어 있었고, 민족의 이상은 넘쳐 흘러났다. 해방 후 조선 사회는 조직적·사회적 밀도가 그리 높지 않은 대체로 '1차원적인' 사회였고, 기계적 결집의 구호에 쉽게 휩쓸리는, 당시 인구가 얼마나 많든 간에 그러한 의미에서 '단순한' 사회였다고 할 수 있다. 그것은 이념적으로는 막연하고 미분화되었으며 사회적으로는 조직되지도 여과되지도 않은 이해관계를 지닌 군중, 대중의 사회였다. 특히나 정치, 사회, 경제, 문화가 고도로 집중된 서울은 권력의 공백상태 때문에 더더욱 정치사회적 불안과 소요의 위협이 증대하고 있었는데, 이는 그저 사소한 자극과 선전선동만으로도 언제든지 불붙을 수 있었다. 이런 배경에서 당시의 인민대중을 어떤 방향으로든 묶어낸 것은 명확하고 잘 정식화된 사회경제적 이해관계가 아닌 일제가 남긴 총동원체제의 유산, 즉 각급 지역조직과 그 조직기술이었다.

일제강점기 총동원체제에서 절정에 달한 사회적 이동과 유동성은 경제적, 직업적 면에서만 그러한 것이 아니라 정치적 측면에서도 역시 높았다. 조선총독부는 이런저런 이름의 위원회와 지역조직을 통해 대중운동, 조직, 선전 등의 정치적 동원망을 구축하였다. 도시와 농촌의 하부단위까지 지부를 설치한 일제강점기의 각급 조직체, 지역 정위원회는 해방 후 정치세력에게는 신속히 장악해야 할 인민의 기층조직이었고 이들은 좌·우를 막론하고 모든 정치운동의 동원채널로 각축의 대상이었다.[385] 또 일제는 자생적이거나 저항적인 단체, 운동을 격멸하기 위해 반(半)공개적으로 폭력적인 별동대를 조직하였다. 이로써 등장한 것이 회원이 총 250만 명인 약 3,245개의 '청년조직'인데 이 조직형태가 정치적 청년단체로 전후 광범하게 활용된다.[386]

이들 청년조직과 관변단체는 적법하거나 정당한 정치과정 밖의 참여와 동원, 실력행사의 도구로 활용되면서 대중적 정치참여의 모형, 정치문화의 지속적 성분으로 한국 현대정치사에 오랫동안 남아 있게 된다. 이는 권력자들이 무엇보다 애용하는, 그리고 그들 밑의 이전 일제 부역관료들에게 익숙한 정치적 동원의 주요 재료이자 형식이었다. 이러한 '참여' 모형은 6.25전쟁 당시 좌-우가 번갈아 점령하면서 극단적 공포를 상징하던 '완장'의 이미지와도 묶여서 권력과 정치에 대한 부정적이며 가공할 이미지를 만들어내는 데 일조했고, 그에 상응하는 집단화, 집단주의적 의식을 주조해냈다. 그렇기 때문에 이들 조직과 단체는 해방에서 4.19혁명에 이르기까지 선거, 정치 과정의 폭력과 부정부패의 주요하고도 실질적인 담지체였고, 이들의 개입에 의해 주로 조성된 한국 선거정치의 '관변적인' 성격과 폭력, 탈법의 모습은 1987년 민주화 이후까지

385. 김영미(2000).
386. Cumings(1997: 250).

도 완전히 사라지지 않았다.

요컨대 국민국가를 남한에 건설한 '정치적 의지'는 사실상 상술한 조직적 양식과 대중동원 토대의 활용, 그리고 국가주의의 이데올로기적 주형틀을 활용하면서 구축된 것이다. 대원군의 통치에서 시작된 것으로 헨더슨이 진단한 대중동원에 기반한 반(半)폭력적 정치과정의 모형은, 일제 총동원체제와 해방을 거치면서 이전의 전통적 정치문화, 그리고 아직 그 소화와 토착화가 되지 않아 우리 것으로 변용이 안 된 자유주의적인 정치문화를 밀어내고 가장 눈에 띄고 주요한 모형으로 자리 잡게 된다.

해방 후 정치참가가 보여준 폭발력은 이러한 양상을 제하더라도 그 격렬함과 요란스러움만큼의 내실은 별로 없던 것 같다. 인민대중은 이런저런 구호를 따라 외치는 목소리는 우렁찼을지 몰라도 신생 남한의 국민국가가 어떤 이데올로기적 바탕에 놓여야 할지에 관해서나 각각의 이데올로기에 대해 그리 실체적인 이해나 지지는 없었던 것 같다. 우파의 자유주의 이데올로기는 미군정의 비호(庇護)와 미국이라는 거대한 실체가 떠받치고 있었지만 태생적으로 친일과 반민족으로 낙인찍혀 있었고, 무엇보다 조선의 토착적 가치와 문화와는 까마득하게 먼 것이었다. 사회주의마저도 실질적 헤게모니가 아닌 단지 조직적 우세만을 가졌을 따름인데, 그나마 가진 문화적 헤게모니마저도 전통적인 민중의 정서와 가치관과의 친화성에서 유래하였다.

사회주의는 일제하의 소작쟁의와 노동분쟁 속에서도 결코 인민의 내면을 장악할 힘이 없었으며, 농업노동자와 자유노동자는 그들만의 자율적 폭력 성향을 발전시키는 경향이 있었다.[387] 아직 산업화가 지배적이

387. 김동춘(1996), 조경달(2008).

지 않은 사회에서 해방 후 사회주의의 우세는 사실 전통적인 균분주의, 거친 평균/평등주의에 가까웠던 것으로 농민이 대부분인 당시 인민의 심성을 반영한 것일 뿐이었다.[388] 다시 말해 그것은 산업화한 사회의 계급적 결집에 기반하여 더 진전한 미래를 지향하는 본래 사회주의적 의식과는 거리가 멀었다.

오히려 당시에 더 실질적인 것은 좌·우의 이데올로기보다는 미국과 소련이 매 시기, 국면마다 조선인의 독립국가 건설에 대해 취했던 입장과 그에 대한 분분한 해석이었다. 이에 따라 정치적 입장과 세력 관계가 하루아침에 뒤집어지고 어제의 사회주의자가 오늘의 자유주의자가 되며 소련이 한국 독립의 가장 큰 후원자로 칭송되었다가 저주받기도 하는 일이 불과 며칠 만에 일어나곤 했다.[389] 실제로 그것은 신생국가의 장래를 둘러싸고 강대국 중 누구와 결연할 것인가 하는 문제를 중심으로 벌어지는 이합집산이었고, 이에 대한 입장과 사회경제적 이념을 섞은 민족지도자와 명망가, 그리고 그들이 동원한 불안정한 대중 간에 이루어지는 매우 유동적인 결합일 뿐이라는 것이 더 진실에 가까울 것이다. 바로 이러한 사정이 반(半)폭력배, 청년조직을 한민족 최초의 근대적, 대중적 정치사회에서 사실상 가장 두드러진 정치참여의 주체와 조직으로 부상시켰던 것이다. 이처럼 권위 있는 정치과정이 부재한 상태에서, 그리고 독립에 대한 의타적인 주장만 있을 뿐 지배력을 가진 대항권력(공식권력인 조선총독부는 해체되었다)이 미진한 상태에서 수많은 사람들이 정치적 소용돌이의 중심인 서울에 집결하였다. 이들을 먹여 살릴 아무런 인프라도 구축하지 못한 이 도시에서 구호곡물에 대한 배급권은 대중에

388. 전상인(1997: 73-75). 이 연구는 1946년 당시 미군정 공보국이 서울과 경기지역 등에서 실시한 일련의 설문조사 자료를 분석하고 있다.
389. 김동춘(1996).

대한 실질적 지배력을 약속했다.[390] 미군정과 곡물배급권을 독점적으로 장악한 조직이 일상생활에 대해 가진 지배력은 그 배급에 계속해서 의존할 수밖에 없던 도시의 군중과 국가의 관계가 6.25전쟁 후 1950년대의 정치변동에서도 주요 결정 요인이 될 것임을 예고하는 것이었다.

결론적으로, 해방 후 정황을 '시민사회의 분출'과 같은 어떤 것으로 평가하는 것은 기본적으로 개념 착오나 오용(誤用)의 문제가 있다. 분출했다는 표현은 맞지만 여기서 분출한 것은 '시민'도 '사회'도 아니었다.[391] 그 날것의 모습은 단지 두 거대 냉전국가인 미국과 소련의 압력과 신탁통치 아래 놓인 신생독립국의 불안하고 불만에 찬 그리고 지나친 기대로 들떠 있는 인민과 무정형의 대중이었다. 그것은 이미 계급화와 산업화, 시장과 입헌적 질서의 지배, 시민권적 장치의 제도화가 상당히 진행된 서구사회의 현실을 표현하기 위해 만들어진 시민사회, 사회운동, 조합주의(corporatism) 등과 같은 서구 사회과학의 개념으로서는 온전히 포착할 수 없는 사회의 상태였다.

이처럼 해방 후 남한사회에는 민족에 대한 열망과 강박이 불타올랐지만, 그것이 가진 막대한 권위에 비해 현실적이고 물질적으로 이들을 묶어낼 제도와 정치과정, 그리고 그것을 지휘할 국가기구는 존재하지 않았다. 당시 이 상황만으로도 폭발성과 휘발성이 상당했는데, 여기에 덧붙여 너무도 강대한 외세의 영향과 국제정치적 모순과 긴장이 이 신생사회의 국가 성격을 결정할 결전(決戰)에 연루되고 부과되어 그 폭발력

390. 김영미(2000), 권태준(2006).

391. 이러한 일종의 자가당착은 진덕규(1992: 146)의 다음과 같은 결론에서도 표현된다. 미군정시대의 남한 사회는 "시민사회로서의 역사적인 발전상황을 결여한 양상을 보여주었지만, 시민사회적 의식의 표출은 활발하게 나타났[고]… 정상적인 시민사회의 성장이나 발전과는 다른 성격을 보여주었기 때문에 이는 마치 유사 시민사회적인 현상을 증폭시켰"다(강조는 필자).

은 더욱 커졌다. 조선인의, 한민족의 내전(內戰)인 6.25전쟁은 이 속에서 터져 나왔다.

(3) 6.25전쟁과 이승만 정부하의 전쟁사회, 그리고 내집단(內集團)에의 강박

6.25전쟁의 인명과 재산 손실은 그 재난의 '스케일'이 14세기 유럽과 아시아를 휩쓴 흑사병, 그리고 제1차 세계대전 바로 다음에 자리하는 것으로 평가되는데, 그 세부사항을 살펴보면 그리 과장은 아니다. 6.25 전쟁에서 군인의 인명 피해는 전체적으로 약 240만 명 내지 280만 명(남북한 군인, 유엔군, 중공군 모두 포함)이며, 한국인 사상자는 130만 명의 사망자를 포함하여 400만 명에 이르는 것으로 집계된다.[392] 이는 전쟁 당시 남북한 인구를 총 3,000만 명으로 추산한다면 전체적으로 7명에 1명꼴로 사망하거나 부상당한 것을 의미하며, 인구가 대략 1,000만이던 북한은 4명에 1명꼴이다. 이처럼 인명 손실이 막대한 이유는 이 전쟁이 다음의 특징적 면모로 인해 대단히 파괴적인 양상으로 귀결되었기 때문이다. 남북한 간 섬멸전의 성격을 띠었다는 점, 당시 막 개발된 제트엔진을 장착한 최신예 전투기 등 현대 군사기술의 첨단기기를 사용한 대량 공중폭격, 인해전술 등의 전쟁 수행방법, 좁은 영토 전체에 걸쳐 밀집된 동시에 확산적인 전쟁 양상 등이 그것이다.[393]

또한 휴전 후 집을 잃고 길에서 방황하는 전재민의 수는 남한만 약 200만 명이며 기아에 허덕이는 인구는 전체의 20~25%에 달했고, 전쟁 때문에 발생한 이산가족 수는 1,000만 명으로 집계된다.[394] 일제 말

392. 김행선(2009: 26, 30).
393. 김행선(2009: 27).
394. 김행선(2009: 27-9).

기의 동원과 유민화에 뒤이어 내전으로 발생한 이처럼 엄청난 이산가족과 난민의 규모는 가족과 고향에 대한 그리움이라는 한국인의 향토성 지향 정서가 깊숙이 뿌리내리고 더욱 절절하게 만들었다. 10년 남짓한 짧은 시기에 이렇듯 엄청난 상실과 변화를 경험한 민족과 사회는 아마 그리 많지 않을 것이다. 이러한 인명 피해 외에도 물적 손실, 특히 농토와 산업시설의 파괴는 엄청나서 남북한의 경제적 기반은 철저하게 파괴되었다. 남한만 보더라도 물적 피해가 약 4,123억 원인데 이는 당시 국민총생산의 거의 두 배에 해당한다. 한 예로 당시 서울의 주택과 건물은 80%가 거주할 수 없을 정도로 파손되었다.[395]

6.25전쟁이라는 내전이 가한 깊고 지속적인 영향은 여러 측면에서 추적할 수 있지만, 그중 가장 두드러진 것은 매우 과격하고 단절적인 사회의 해체, 원자화, 평준화이다. 전쟁 전에 남한의 사회주의적 계급혁명을 방지하기 위해 '억지 춘향격으로' 부분적이고 제한적으로 시행한 농지개혁은 지주층의 토지뿐 아니라 동유(洞有)재산까지 처분하여 촌락의 공동체적 질서를 지탱해오던 물적 기초를 해체하였다. 또 전란으로 인한 극심한 인구이동으로 사람들의 문화와 언어, 습속이 뒤섞였고, 신흥사회집단의 출현으로 양반 출신과 지주층이 대체되어 사회가 재편성되었으며, 가족의 해체는 사회적 규제기능을 약화시키는 것으로 이어졌다.[396] 해방 이후 일련의 사회체제가 개변되어 열린 사회적 유동성과 불안정성은 내전이라는 폭력적이고 재난적인 계기를 통해 더욱 심화되고 확산되었다. 단적으로 말해 전쟁 후 남한은 일종의 '무계급사회'로 그 실제는 모두 똑같이 빈곤하고 배고픈 소자작농, 도시빈민의 사회가 되었다.

395. 같은 곳.
396. 강인철(1999: 355).

전쟁으로 농토가 파괴되고 촌락이 엉망진창이 된 전후 한국 농촌의 빈곤과 기아는 일제 수탈이 한창이던 시절에 버금가거나 더 나쁜 상태였다. 도시는 도시대로 전쟁의 참화를 피해 고향을 떠난 수많은 피란민이 그대로 도시빈민으로 정착하면서 하루를 연명하기 위해 옥신각신하는 사람들로 들끓었다. 해방과 더불어 해외에서 귀국한 120여만 명과 북한에서 전쟁 전과 전쟁 중에 월남한 300만 명 대부분이 도시에 정착하자 도시는 갑작스레 전체 인구 상당부분의 생활터전이 되었다.[397] 이처럼 전쟁의 와중에 뿌리 뽑힌 수많은 사람의 삶과 터전의 상실은 무력뿐 아니라 경제적, 사회적 권력까지 독점한 무소불위의 국가에 대한 깊은 의존으로 이어졌다. 농촌이 일제강점기보다도 더 피폐해진 상황이었으니 도시의 대중은 한층 더 국가의 대책에 의존하지 않을 수 없었던 것이다.

요컨대 남한의 전체 인민과 사회는 전후의 절대적인 빈곤상태와 사회적 유동성, 그리고 사회적 인프라의 파괴와 미비한 제도로 국가가 배분하는 서구국가, 특히 미국의 원조와 지원에 절대적으로 의존하는 형국이었다. 1945년부터 1961년까지 미국 원조 총액 31억 달러의 30%가 식량 원조를 위한 것이었다.[398] 그 수혜자의 방대한 규모는 곧 당시의 국가의존적 인구의 크기, 그리고 "새로운 국가 숭배적 집단들 내지 정부 지지세력"[399]의 비중을 짐작하게 한다. 그리고 이 크기만큼, 국가와 분리되어 국가에 영향을 주는 것으로 개념화되는 서구적 의미의 '시민사회'나 그러한 시민사회의 요구를 받아 나름의 자율적 공간을 갖고 국가 작용

397. 당시 도시인구는 1945년에 전체인구의 23%, 1960년에 33%로 집계된다(권태준, 2006: 34-35).

398. 같은 곳.

399. 강인철(1999: 364).

의 향배를 결정하는 '정치사회'는 부재하거나, 혹은 그것을 운위하는 것이 별다른 의미가 없어진다. 전후 방대한 규모로 성장한 군, 경찰, 국가 공무원과는 별도로 존재한 이러한 거대한 국가 의존 인구를 구성한 것은 참전자와 그 가족, 전쟁유가족, 전쟁고아 등이었다.[400]

국가에 의존하는, 사회 계층적 의미에서 유동적이고 모든 것을 잃은 대중은 비록 허기와 비참함 속에 있어도 대부분의 사람들이 비슷한 출발선에 있다는 감각 속에서 살고 있었다.[401] 이는 국가에 의존했는데도 그랬다기보다는 오히려 국가에 의존했기 때문에 그러한 것이었고, 그러한 사정 때문에 더더욱 이들은 자신과 이웃, 타인이 유사한 처지에 놓여 있다는 평등주의적 진단과 또 그래야 한다는 기대감에 차 있었다. 이런 상황에서 국가는 모든 것을 결정할 수 있는 존재지만 동시에 그에 상응하는 높은 기대에 직면해야 했다. 그 기대는 차라리 일본이 있을 때도 이렇지 않았다는 해방과 전쟁 후의 기묘한 향수마저 야기했지만,[402] 무엇보다 절실한 것은 경제적인 분야만이라도 처지를 개선할 수 있도록 현대화를 기동할 수 있는 집행력을 가진 국가였다.

하지만 이승만 정부의 전후 통치는 자립을 위한 국가 능력의 제고를 도외시한 채 당시 미국 원조를 받아내기 위한 거친 협상에 주력하면서,

400. 국가 의존적 인구집단의 첫 번째는 참전자와 그 가족들로, 상당수가 '대한민국재향군인회'로 결집한 제대 장병은 1958년 현재 1,037,278명이었고, 여기에는종전 후 학교로 돌아간 27,700여 명의 고등학교 이상의 학생들이 추가된다. 또한 그보다 훨씬 많은 부분을 차지한 이들이 전사자, 부상자와 그 가족들, 전사자 부인과 자녀들, 전쟁고아들인데, 1954년 말 군사원호 대상자는 880,656세대 4,572,093명, 경찰원호 대상자는 28,819세대 148,359명으로 이들을 합치면 약 470만 명이나 된다. 전사자 부인은 101,845명과 자연사망자 부인 516,668명으로, 이들의 부양자녀 수는 516,668명에 이르며, 당시 전쟁고아는 59,000명으로 집계된다(강인철, 1999: 365).

401. 권태준(2006: 343).

402. 권태준(2006: 33).

그 수혜를 정치적, 당략적 이해관계와 사적 연계, 네트워크에 입각하여 배분하는 데 주로 골몰하였다. '지대추구적 국가(rent-seeking state)'라는 개념으로 특징되는 이러한 국가형태를 떠받치는 정당성은 일종의 '유사(類似) 가족적 민족주의'에 호소함으로써 확보하려고 했다. 그것은 '한 식구'로서의 남한 국민의 공동 운명, 즉 생존공동체의 감정과 의식을 강조하는 선전(현실에서도 상당 부분 국가에 의존하는 한 '식구(食口)'였다)과 병행하여 이승만 자신이 이 '가족'에서 일종의 가부장으로 '국부(國父)'로 군림하고 통치한다는 이데올로기적 선전을 통해서 이루어졌다.

이는 무엇보다 6.25전쟁 중에 좌-우로 갈려 서로 적대하고 살육했던 한민족의 생생한 체험에 힘입은 것이었다. 6.25전쟁이 야기한 주요 정치적 결과는 전후 남한사회에 팽배한 반공주의의 성화(聖化)를 낳아 그에 의한 정치적 담론의 독점과 동시에 정치사회의 이념적 위축과 편포(遍布)를 야기했다는 것이 주요하다.[403] 그것은 정치와 국가를 떠올릴 때 곧바로 작동되는 공포와 금기의 강박뿐 아니라 이후 지역주의적 갈등의 불씨가 될 씨앗도 뿌렸다. 6.25전쟁의 전황 전개가 경상남북도를 피란정부와 반격의 거점으로 만든 결과 군대와 장교의 충원은 이 지역에서 불비례적으로 강화된 지역주의적 구성을 갖게 되었다.[404] 전라남북도는 남하한 인민군과 이전에 잔존한 좌익 조직세력이 결합하여 일종의 지역 '코뮌(commune)'이 다수 건설되었는데, 이에 당시 수많은 비우익 인사와 일시적 참여자들이 연루되었다. 이는 내전 기간과 종전 후에 많은 이가 학살되고 투옥, 감금되어 반공주의에 이의를 제기할 인적 자원이 드물

403. 6.25전쟁 당시의 상호 살육과 감시, 고발의 양상과 이것이 이후 남한 사회의 정치, 사회, 문화를 어떻게 조형했는가를 국가폭력이라는 초점 아래 응집적으로 정리하고 기술한 연구로 김동춘의 연작(2000, 2013)을 들 수 있다.

404. 유석춘(2002), 유석춘·이우영·장덕진(1990).

게 된 원인이 되었으며 게다가 이념과 관련된 상대적으로 고도의 심리적 공포와 금기가 뿌리내리게 되었다.

이러한 상황은 지역적으로 정도의 차이가 있지만 그 적대와 공포의 양상은 어느 곳에서나 동일했다. 따라서 전쟁 후 한국인에게 '정치'는 단지 참여나 권리 개진일 수 없었다. 그것은 잘못하면 목숨을 빼앗기는, 이편이나 저편 가운데 어느 하나를 목숨 걸고 선택하는 문제였으며, 그러한 생사의 기로에서 '나'의 '우리 됨', 즉 '이쪽 편'임을 증명해야 하는 혹독한 고문대였다. 하지만 좀 더 정확히 말하면 정치에 대한 이러한 공포는 사실 정치 그 자체에 대한 공포는 아니었다. 그것은 자신이 하나의 정치공동체, 즉 공고화된 분단체제인 남한 정부의 '타자(他者)'로 간주되는 상황에 대한 공포였고, 정치에의 연루는 그런 시험대에 자신과 가족이 놓이는 것을 '자청'하는 일이었기 때문에 꺼리는 것이었다. 따라서 이런 체험을 통해 남한의 인민들의 깊은 의식 심층에서 무엇보다도 강력하게 고착되기 시작한 것은 외집단/내집단의 경계설정과 정위(定位)와 관련하여 극대화된 불안과 강박의식이었다.

요컨대 이승만 정부하의 1950년대 사회는 미군물자를 분배하는 정부와 국가에 의존하는 고도로 국가 의존적인 것이었다. 따라서 매일매일의 생존은 국가를 장악한 정치권력의 반공주의적 이편/저편, 동지(同志)/적(敵) 이분법의 적용과 낙인찍기로 언제든지 감옥에 가고 목숨을 잃을 수도 있는 상시적으로 위태로움에 놓인 사회였다. '뭉치면 살고 흩어지면 죽는다'는 이승만 정부 시기의 맹목적인 단결 구호는 그처럼 위태로운 '나'를 유지하기 위한, 정치공포와 병렬된 '우리 됨'에 대한 강박을 보여준다.

이런 상태에서 한 사회가 사회적 신뢰와 사회규범의 제도적 토대를 수립하고 그 작동을 원활히 하기 위한 자신의 문화적, 관행적 체계를 구축해가는 것은 출발조차도 힘든 일이었다. 단결을 향한 강박은 점점 더 정치화하는 세계 속에서 '처세' 수준을 넘어 일상의 도덕적 압력이 되어갔다. '총화단결'을 강요하는 구호는 이제 맥락도 근거도 없이 아무 데서나 시도 때도 없이 등장하여 조금이라도 다른 생각이나 개인(주의)적인 지향을 모두 억누르고 위축시켰다. 이러한 분단체제는 단지 민족 이념의 내적 모순과 긴장을 깊게 하는 데서 더 나아가, 이제 근대사회적 바탕 위에서 막 발아하는 새로운 집단화와 개별화의 움직임을 심원하게 제약하는 것이기도 했다.

이러한 상황에서 개인과 사회를 연결하는 도덕적 주체로서의 '우리'를 표방하던 '의리'는 '민족'으로 환원되고 이는 다시 분단되었지만 강한 안보국가의 건설과 경제성장의 달성으로 축소, 환원되는 과정을 밟게 된다. 이로써 한국인의 정치와 집단주의는 민족에, 그리고 그것을 재차 축소한 버전인 (분단)국가의 안보와 성장으로 고착된 더욱 구속되고 기형화된 것이 되어버렸다. 이러한 환원 과정은 각각의 단계에서 배제한 것을 불만과 저항의 불씨로 간직한 것인데, 그러한 배제를 시정하려는 불만과 저항은 그 배제 때문에 왜곡된 개인성과 참여로 한 번 더 일그러진 모습을 함유한 것이었다. 요컨대 권력의 부과와 그에 대한 저항 간의 공방은, 사회적 삶의 규칙과 그 사이로 분기하는 집단적 의지가 고도로 정치적이고 도덕화된 민족을 닮아 주조되거나 그것과 이율배반적인 관계 속에서 형성되고 작동하는 과정을 더욱 강력하고 지속적인 것으로 만들었다.

여기서 '개인'은 이제 어쩌면 일제강점기보다도 공적 시민권을 가질 수 없었다. 그것은 이상, 사회규범, 덕성으로서 결코 남 앞에서, '우리'의 시선하에 공공연히 끄집어낼 성격의 것이 아니었다. 그리고 매우 내밀한 '우리'의 테두리에서조차도 '나', 즉 개인으로서의 자기는 드물게나마 말할 수 있는 것이었다. 이는 이승만 정부와 뒤이은 박정희 정부의 군사독재, 유신체제에 저항한 비판과 저항의 집단주의의 계승자도 자유로울 수 없는 사항이었다. 이러한 전체적인 구조화는 산업화를 향한 응집성을 낳는 대중적 일체화에 기여하였지만, 그 일체화는 상술한 모순과 긴장 속에서 한국인의 집단화와 '우리'가 다면적으로 구축되면서 달성되었고, 그 내부구성이 가진 모순은 이후 역설적으로 민주화의 추진력으로 작용하게 된다.

2. 현대화를 부과하는 국가와 집단주의의 대중

4.19혁명 이후 장면 정부와 제2공화국 수립, 그리고 다시 박정희 쿠데타로 이어지는 일련의 과정은 최근 200년의 한민족 역사에서 그리 낯선 풍경은 아니다. 그것은 신권(臣權)의 집단지도체제가 파벌적 정쟁으로 전화하는 것에 대해 왕권 중심의 정치체제와 국가무력의 정비로 대응하는 조선 후기 개혁의 모습과 매우 유사하다. 대표적으로 영조시대의 여러 쇄신 조치에 뒤이어 등장한 정조의 통치양식이 그것인데, 이는 대원군의 철권통치가 이후 세도정치, 파벌정치에 대응하는 모습으로 이어져 조선의 마지막을 장식했다. 이들은 이후에 파벌적인 정치체제의 모순을 일거에 국가주의적이고 강권적으로 해결하는 일종의 '혁명적 독재'와 그 필요성을 상징했고 '서민'과 '민생(民生)'이라는 명분에 입각하여 정당화되고 흠모되었다. 정조와 대원군이라는 인물 모형이 한국 정치의 상상력과 대중문화 속에 주기적으로 등장한 것은 이런 맥락에서다.[405]

이로써 한국인의 사회적 상상, 그 '정치적 서사(political narrative)' 내에 주요하게 자리 잡은 것은 억제되지 않는 사회의 자생적 욕구분출, 그리고 그 정치화가 낳은 혼란, 특히 국회의 무능함과, 그에 대항한 최고권력자의 철권통치, 일사불란한 추진력, 단일화된 지도력에 의한 사회의 일체화, 이 양자 간의 대립이었다. 이런 사고는 일제의 강권통치와 경찰 관리사회에 대한 향수로 나타나기도 하지만, 단순히 한국인의 뿌리 깊은

405. 이를테면 김동인(金東仁, 1900~1951)의 『「운현궁의 봄』(1933)은 대원군을, 이인화의 『영원한 제국』(1993)은 정조를 이러한 시각에서 문학적으로 조명한 것으로, 유사한 테마들이 대중문화, 특히 역사드라마와 역사소설의 단골 소재로 등장하곤 한다.

권위주의적, 비민주적 정치문화와 같은 것에 일의적으로 귀인시킬 것만은 아닌 듯하다. 왜냐하면 역사적으로 한국인은 파벌주의와 개인주의를 혐오하는 것만큼이나 독재통치에 대한 반감도 강하게 표출해왔기 때문이다. 이 때문에 우리는 그러한 양자택일의 입장에서 한 걸음 나아가, 양방향의 유인력 속에서 살아가는 한국인의 모습을 전체적으로 보고, 상반된 두 지향의 공통된 원천이 되는 좀 더 심층적인 논리를 찾고 그 구체적 전개 양상을 살펴보아야 할 것이다. 이는 한국 현대화를 수행한 행위자의 본질적 구성요소는 무엇인가 하는 질문과도 역시 깊은 관련이 있다.

한국 근현대사에서 그렇듯 많은 이에게 동경의 대상이었고 또 주기적으로 호출되던 '강한 국가'와 사회적 응집성을 어떻게 확보했는지의 문제는 산업화와 민주화로서의 한국 현대화에 대한 전반적인 평가와 떼려야 뗄 수가 없다. '국가능력'의 문제는 바로 그러한 논란의 중심에 있는데, 여기서 중요한 문제는 국가의 행위능력이 어떻게 그런 방향에 도달했고 그만큼의 역량을 발휘했는가이다. 우리는 여기서 '대중국가'라는, 1960년대와 70년대의 한국사회, 국가에 대한 다소 주류적이지는 않은 개념을 빌려 논의를 시작한다. 이는 1950년대부터 전개되었고 이후 1960년대에 만개한 한국적 '우리'와 이를 대변하는 집단으로 구성되는데, 이에 의해 개발독재국가 특유의 '국가능력'이 가능했고 이로써 산업화를 이루고 민주화를 향한 동력도 조성되었다는 것이 이 책의 결론이다. 우리는 산업화와 민주화라는 현대화 과정을 본격적으로 다루기 전에 이러한 경험적이자 이론적인 문제를 먼저 짚고 넘어가려 한다.

(1) 도시대중의 형성, 부상(浮上)하는 '우리' 유형들, 그리고 앞서가는 집단

앞서 본 1950년대 이승만 정부 당시 한국사회에 팽배한 전체화의 분위기와 국가 의존적 인구의 높은 비중을 고려할 때 4.19혁명(1960)의 발발은 상당히 의외일 수 있다. 하지만 그것은 정확히 대중의 높은 열망과 사회적 유동성이 광범한 국가주의적 사회토대 위에서 요동칠 때 일어날 만한 사건이었다. 그것은 '반쪽 민족의 일체화된 단결'로 축소된 의리에 대한 반발이 국가의 무능력에 실망한 생존의 논리와 만났을 때 등장했다. 여기서 '의리의 세계'는 세계사적 시간대에 예민한 당시 한국사회의 특정 집단이 가진 서구적 민주주의의 감각, 그리고 여전히 떨쳐지지 않는 남한국가의 정통성 문제를 아우르는 것으로, 4.19혁명의 주요 주체를 구성한 도회적 지식인, 학생이 공유한 감각이 바로 그것이었다. 하지만 도시빈민도 이 사건의 주요한 주체여서 4.19혁명은 기본적으로 도시봉기의 성격을 띠기도 한다.[406]

1950년 한국의 도시인구 비중은 총인구의 15%였는데, 그다음 20년 동안 더 증가하여 총인구의 3분의 1에 이르렀고, 1980년에는 총인구의 70% 이상으로 배 이상 늘었다.[407] 1950년대의 끝자락에 선 이 도시민에게서는 서구화된 민주주의의 감각보다는 전통문화의 세례가 더 많이 발견된다. 4.19혁명 당시 일어난 다음의 한 장면은 이들에게 지배적인 가족적 질서의 윤리적 감각과 그 파생물로서의 정치문화를 흥미롭게 보여준다.

406. 강인철(1999)과 김원(2006)은 4.19혁명과 1979년(10월 16~20일)의 부마항쟁을, 민주화운동이라는 상대적으로 훨씬 넓은 범주가 아닌 도시빈민 봉기의 계보에 놓고 있다.

407. Henderson(1968: 170).

1960년 혁명 직후 4월 26일 이승만의 하야 발표와 다음 날인 27일 이기붕 일가의 자살은 대중에게 큰 충격을 주었다. 이 사건으로 대통령에 대한 연민에다가, 국민적 분노의 표적이 일시에 사라지면서 혁명의 열기는 급속히 퇴조하게 된다. 이와 관련하여 사회학자 이만갑은 1961년 8월 『사상계』 97호에 「가족관념과 산아제한」이라는 논문을 발표하였는데, 그는 이기붕 일가의 자살에 대한 대중의 충격은 집단자살 자체보다는 이씨 집안의 대가 끊겼다는 데 있었던 것 같다고 본다. 부계가족주의는 4.19혁명의 열기를 잠재운 대중의식 중의 하나였던 것이다.[408]

정치를 가족질서에 유추하는 이런 사고와 정서는 유교적 정치문화의 끈질긴 영향력을 보여주는데, 이는 도시빈민이 학생들의 선도적 저항에 보냈던 지지가 과연 서구적 민주주의의 판단기준에서 후자가 전개했던 이승만 정권에 대한 비판에 공감한 것이었는지를 의심하게 한다. 이들 도시민과 그리고 4.19혁명에서 상대적으로 국외자였던 농촌의 변화가 이후 현대화로 질주한 여러 유형의 집단화/집단주의, '우리'의 양상을 규정할 토대였음은 말할 나위가 없다.

1958년에서 1963년까지 주한미국대사관의 문정관이자 정치담당자문이던 그레고리 헨더슨은 아마도 그가 1950년대 중반에서 1960년대 초반까지의 잦은 지방 출장과 여러 한국인과의 접촉에서 얻은 것으로 보이는 관찰을 다음과 같이 정리하였다. 그에 따르면, 당시 한국사회의 사교, 이웃, 마을공동체, 근린관계를 특징짓는 것은 핵가족 가구의 자립주의, 격리성, 요컨대 그 '단자(單子)적' 단위화였고, 이는 시골 생활이 현대화로 이행하는 중에 정립된 패턴으로 간주된다.[409] "한국의 사회학자들이 놀라는 것은 도시빈민들의 이웃 관계 대부분에 응집력이 결여되

408. 정희진(2006: 416).
409. Henderson(1968: 352, 357).

어 있(고, 다만) … 식량이 공평하게 분배되어야 한다는 '정의'에 대한 강한 관심과 정의가 통하지 않을 때 나타나는 격렬한 불평과 질투심"이었다.[410]

최초의 한국사회학자 세대의 당시 연구성과와 결합한 그의 이러한 묘사는 1950년대 한국사회가 폐쇄적이고 농촌공동체적인 유제가 팽배했을 것이라는 현재의 추측과는 상당히 다르다. 이러한 모습은 일견 좁은 의미의 집단주의와는 반대되는 모습으로 생각할 수도 있다. 우리가 집단주의라는 현상을 진심으로 추구하고 전면적으로 상호작용하는 일종의 공동체주의와 비슷한 어떤 것으로 생각한다면 더욱 그러할 것이다. 하지만 헨더슨이 강조하려는 원자화된 무리, 대중(주의)적인 한국인의 행위양상은 신생 독립국이라는, 즉 국민국가 수립과 그 체제 결정을 둘러싼 정치적 갈등을 내전과 휴전의 형식으로 간신히 봉합한 사회에서 자연스럽게 등장할 수 있는 것이었다. 번잡하고 팍팍한 도시빈민의 취락지구에서 관찰할 수 있는 위의 양상은, 내전을 겪고 난 후 사회경제적으로 피폐하고 그 자생적인 사회적 응집성의 원천이 결여된 사회상태에서, 타인과 집단에 대한 경계와 질시, 정치에 대한 공포가 극대화된 상태인 한국인의 모습을 보여준다.

그럼에도 그것은 피란을 온 도시에서 적응하고 생존해야 한다는 필요성이 만들어낸, 농촌적 유제와 시장적 상호작용 방식이 혼합된 것으로도 볼 수 있다. 위의 도시빈민들 속의 유사 농촌공동체적 도덕과 그에 따른 사회통제는 급속한 사회변동과 빈곤, 불안정한 삶에 대처하기 위해 도시의 인민이 발전시킨 일종의 자생적인 사회적 완충제이자 도덕적 코드이다. 시골에서 뿌리 뽑혀서 도시로 온 많은 사람이 식량을 나누어

410. 같은 책(356, 괄호 안은 필자의 첨언).

야 하는 집단적 상황은 범위가 매우 축소되었지만 여전히 강력한 분배정의라는 도덕 감정과 그런 도덕적 기대에 따라 형성된 평판에 의거한 사회통제를 팽배하게 한 것으로 보인다.

전체적으로 보면 1950년대 한국사회는 굶주림에 시달리고 아직 신분차별적 요소가 사회 곳곳에 잔존하던 사회였다. 그것은 여전히 거친 경쟁과 이해관계의 투쟁, 사회적 삶의 무정부성이 어지럽게 지배하였지만, 이 두 양상과 대비되는 농촌공동체의 감수성과 도덕이 개개인 속에 강력하게 살아 있기도 한 사회였다. 이러한 이중적 윤리와 태도가 이후 민족주의 사학이나 비판적 사회과학이 '민중'으로 뭉뚱그려 자주 총체화한 인구범주 속에 자리 잡은 상태에서 한국사회의 본격적인 현대화가 출발하였다.

대부분의 사람들에게 일상의 삶은 유교적 가족질서와 향촌적 이웃공동체에 대한 갈망을 실현하기에는 너무나 고달프고 불안했지만, 그러한 갈망은 최소한 '사회'에 대한 외래적인 이상보다는 가깝고 친숙한 것이었다. 이 때문에 사회 바깥의 고향, 즉 합리화와 정치화와는 거리가 먼 그 공간을 연상시키고 그에 근접하는 것은 이들의 마음을 더욱 사로잡을 수밖에 없었다. 이처럼 일반 민중과 농민은 자신의 고향에 대한 강한 애착을 간직하고 있었고 그곳에서의 습속을 그리워하였으며 이는 산업화 이후에 본격적으로 '향토적/연고적 우리'의 의식으로 모습을 드러내게 된다. 물론 이는 산업화가 일정 정도 진전된, 즉 노동시장과 국내적 이동이 어느 정도 활성화하면서 본격적으로 일어나는 일이다.

이 시절 남한사회를 가로지르는 가장 큰 사회적 균열은 아마도 도시와 농촌 간에 그어져 있던 것으로 보인다. 아직도 구례의 습속에서 벗어나지 못하고 자급이 쉽지 않은 농촌과, 남한의 구원자로 등장한 미국의 강한 영향 아래 정신없이 서구문물을 흡수·향유·소비하는 도시는 무척

이나 서로 이질적이었으리라 짐작할 수 있다. 카바레에 드나들며 욕망을 추구하는 교수 부인이 주인공인 정비석의 『자유부인』(1954)이, 군(郡) 단위를 넘어서는 통혼(通婚)과 교류도 별로 이루어지지 않던 지방의 농민[411]에게 얼마나 생경한 것이었을지는 충분히 상상할 수 있다. 상이한 문화적 권역으로서의 도시와 농촌의 대립은 다른 어느 것보다 강한 것이었지만 아마도 아직 산업화가 본격화하지 않은 시점이라는 이유로 그것은 경제적이라기보다는 문화적이었다. 그리고 이렇듯 멀기만 한 도시와 농촌의 문화적 거리, 양자의 대립은 기본적으로 도시민 봉기의 성격을 지닌 4.19혁명의 불임성(不姙性)과 결코 무관하지 않았다.[412]

하지만 이 대립을 그렇게 절대적이거나 항구적인 것으로 간주해서는 안 될 것이다. 무엇보다 한국인의 '우리'는 이제까지 계속 본 바처럼 단지 과거와의 공통성, 즉 내가 선택하지 않은 속성에 머무르고 자족하지만은 않는다. 오히려 그것은 뭔가 발전과 개선, 더 나은 것을 향해 직선적으로 나아가는, 나아가야만 하는 그런 존재, 그런 의미에서 야심과 외부로의 확대와 성공, 그리고 자신의 우월함과 고유성을 바깥에 증명해야 하는 존재임을 지향하는 것이다. 다음 장에서 다루겠지만 인민대중의 사회의식의 기저에 놓여 있는 '향토적 우리'조차도 반드시 옛것에 대한 복고와 향수로만 등장하는 것이 아니라 그에 대한 도전이 이루어지는 전수된 틀로도 작용한다. 성리학적 질서의 적통과 그 계수를 자신의 정체성으로 삼은 사대부의 '보편성을 대변하는 우리/첨단을 실행하는 우리'

411. 이만갑의 조사에 따르면, "1950년대 말 당시 피조사자 부모의 통혼권, 즉 일제시기의 통혼권은 약 48.7%가 같은 군내(郡內)로 제한되어 있었고, 같은 도(道)의 범위 내가 82%를 차지하였으며 조사시기인 1950년대 말에도 이 비율은 거의 변동이 없었다(이만갑, 1960. 「한국 농촌사회의 구조와 변화」, 한국연구원, 100쪽, 김동춘, 1998a: 60-61에서 재인용).

412. 강인철(1999).

의식의 근대적 버전은 바로 이런 맥락에서 등장한다.

물론 이러한 자의식을 가진 집단이 한국사회와 한민족의 역사에만 있는 것은 아니다. 서구 중심부에도 이전 귀족계급의 '노블레스 오블리주(noblesse oblige)'와 같은 자의식이나 중상층이 가진 계층적 의식인 부르주아적인 문화적 자부심, 그리고 문화/예술 종사자의 강한 자율성 의식을 대변하는 선도주의(vanguardism), 미래주의(futurism), 보헤미안적 의식 등을 일반적으로 관찰할 수 있다. 또 비서구 후발개발도상국에서 서구화, 현대화, 서구적 가치의 주창자로서의 '인텔리겐치아(intelligentsia)'[413]라는 집단의 집단의식은 우리의 그것에 훨씬 근접한 것이기도 하다. 다시 말해 위의 '우리' 의식은 "어느 사회에 그런 집단, 그런 자의식을 가진 집단이 존재하지 않았던가?" 하는 문제제기에 직면한다. 하지만 위에서 열거한 다른 사회의 선도적이고 지도적인 자의식을 가진 집단에서 과연 한민족 역사에 등장한 양상처럼 전통/과거의 극단적인 부정과 국가주의/민족주의적인 지향의 기묘한 결합, 그리고 특히 무엇보다 그러한 의식, 행위의 대중화 '규모'가 두드러졌는지는 의문이다. 이러한 특이성을 낳은 것은 이미 살펴본 조선 양반사대부의 고유한 특성과, 타율적 현대화 과정에서 이 역사적 유산이 부대끼고 적응하면서 일어난 현대적 변용이었다.

서구와 일본의 상황과는 매우 다르게 일차적으로 선비와 양반사대부로 형성된 한국적 지식인과 엘리트의 특징은 이들이 지식과 진리 자체를 추구하는 서구적 의미의 '지식인(intellectual)'이라기보다는 사회변동의 선두자로서의 인텔리겐치아이자 가장 중요하게는 관리가 되려는 지식인으로서의 '리테라티(literati)'라는 점이다.[414] 이들은 이념을 생산하고

413. Gella(1976, ed.).

414. Coser(1965), 송복(1992: 14).

그것을 정치권력과 국가관직을 통해 실현하려는 의욕뿐 아니라 제도화된 방식으로 국가권력에 이미 어느 정도 참여하는, 그 자체가 국가지배 엘리트의 예비군 집단이다. 서구적 현대성과 조우한 이후 이들은 강한 정치지향성을 갖고 국가권력에 접근하여 자신이 연마한(습득(習得)에 가까운) 선진문명에 대한 지식을 이용해 '후진적이고' '우매한' 사회를 개조하려고 시도해왔다.

이것이 바로 한국적 전통에서 지식인과 엘리트의 전형적인 상이며, 이러한 상은 지식의 내용이 성리학적 질서에서 서구문명으로 바뀌는 와중에도 여전히 유지되었다. 여기서 지속적이고 본질적인 것은 사고와 실천, 지향의 '형식'이다. 그것은 외부로부터 자생적 사회를 개조하고 그 총체적 재편을 선호하는 '혁명'주의적, 이념주의적 지향이라는 형식으로, 이러한 지향을 가진 정신적 에너지가 단지 소수, 과두 엘리트에 한정하는 것이 아니라 전 사회적 보편성을 갖고 대중화될 수 있다는 것이 바로 '보편/첨단의 우리' 의식을 한국 집단주의의 주요 유형으로 만든다. 그것은 단지 태생적 엘리트만이 아니라 최소한 사회의 중간층 이상의 대중도 출세와 교육 추구의 소용돌이로 끌어들이는 '우리' 의식의 이념이자 모습으로 누구도 그 흡입력을 거부할 수 없던 사회적 격류였다. 이 보편/첨단의 우리 의식이 대중화되는 경로는 3개의 주요 사회집단의 부상으로 대변된다.

앞서 4장 3절 (2)에서 본 바처럼 이러한 우리 의식은 조선말기 이래 당시로는 드물던 고등교육을 받고 서구적 지식을 보유한 한국 근대사 최초의 현대화된, 현대화 지향적 집단에서 특히 두드러졌다. 그 사례로 개화기, 일제강점기의 유학생들(특히 가장 많은 동경 유학생), 자칭타칭 '개화(開化)' 집단, 도미(渡美) 독립운동가들이 고찰되었다. 하지만 일제의 지배는, 역시 앞서 보았듯이 매우 약한 사회체계적 통합의 토대만을 갖춘 것이었고, 내내 자신의 지식을 활용할 수 없는 룸펜 지식인으로서 살아온 식자층, 그리고 학생들은 고도로 정치적인 지향을 발전시킬 수밖에 없었다. 이들은 토착적인 것을 경멸하고 '일본이 물러나기만 하면' 충족될 것으로 생각하는 근대적 사회, 국민국가에 대한 과도한 기대와 흠모를 간직하며 식민지 삶을 견뎌왔다.

이렇듯 보편/첨단의 우리 의식은 역설적이게도 현실에서 부딪히는 그러한 결여 때문에 오히려 더욱 격렬해졌는데, 개화기 이래 그리고 일제강점기에도 여지없이 활용된(민족운동과 총독부 양편에 의해 공히) '청년' 담론으로 더욱 대중화되었다. 단순히 사회 내의 직업집단, 세대, 하위영역 등의 사회학에서 충분히 포착할 수 없는 이들이 발휘한 사회적(societal) 역할과 그 역사적 의의는 바로 이와 같은 사회문화적 구성체를 대변하던 '청년'으로서 이들의 호명과 그 역사적 맥락에서 나오는 것이었다. 그리고 이들 지향이 가진 격렬함과 편포성, 극단성은 전통적인 상층, 엘리트가 선호하는 현대화의 안정적이고 권위(주의)적인 방식을 압도할 수밖에 없었다.[415]

이들을 포함한 '신세대'가 급속히 그리고 더 과격하게 부상할 수 있던 것은 전근대와 근대를 관통하는 연속성을 어느 정도 보유한 상층 지배, 지도 계급의 결여와 그들의 사회적, 문화적 세계의 윤리적 우월함과

415. 필자의 공저 논문(구자혁·김은영, 2016: 특히 4장)은, 보편주의와 동시에 저항의 모습으로 등장하는 이 한국적 멘털리티를 정신분석학적 발달이론에 의거하여 분석, 평가하는 것이었다. 이 멘털리티의 중심적 모티브는 바로 현대화 지향적이며 남성주의적인 모티브로, 이 글은 태생부터 타율성의 격랑으로 인한 수많은 좌절, 반복된 시행착오와 혼돈으로 점철된 한국의 현대화의 과정 속에서 더 두드러지게 된 이 '혁명주의'의 양상과 그것이 가진 파괴적이고 공격적인, 그러면서도 매우 '모범생적인' 꿈꾸기의 논리를 요약적으로 보여주려고 시도하였다. 비록 여기서 담론적 분석 대상이 일본 애니메이션 작품임에도 불구하고, 위의 양상들이 한국적 현대화의 주요 수행자, 지도집단들 속에서 매우 전형적으로 발견되고 있음을 제시하였다.

정당성 상실이라는 특유한 상황에 기인한 바 컸다. 전통적 지배엘리트는 국권을 상실하면서 결정적으로 거세되었고, 특히 조선왕조의 마지막 핵심엘리트는 그 중심 인물이 일제로부터 서품과 형식적 자문역을 '하사(下賜)'받아 친일 장식귀족화, 관리대상이 되어 사실상 고사(枯死)하였다.[416] 그런 와중에 해방과 더불어 외세 권력마저 패퇴한 권력과 지도력의 공백 상태에서 신생국가 수립, 자율적 근대화의 기회는 '어느 날 주어져 버렸다.' 이런 상황에서 출신과 귀속에서 본래부터 질적으로 우월한 자는 아무도 없다는 평등주의적 정조는 더욱 팽배했고, 전통에 얽매이지 않는 개인의 능력에 대한 강조와 야심은 젊은이들을 더욱 사로잡았다. 이러한 정황은 사회문화적 양상에도 반영되는데 전후 1950년대에는 20대에서 40대인 장군, 고급관료, 국회의원 들이 속출하면서 연장자에 대한 공경의식이 약화되었고 집합적이고 정신적 가치 대신에 개인주의와 물질주의 가치관이 널리 퍼지게 되었다.[417]

이처럼 부유하고 요동치는 자생적 현대화의 가파른 출발점에서 지식인/학생 집단과 마찬가지로 '보편적 우리'의 모습으로 사회적 상승을 이루려는 열망을 가진 집단이 바로 6.25전쟁 후 1950년대 한국사회에서 가장 현대화된 집단인 군대의 장교집단이다. 한국의 근대 국가발전의 특징적인 측면은, 일제강점과 내전, 국토분단과 냉전으로 이어지는 연속적 상황 때문에 국가 능력 가운데 군대와 경찰이 독립 이후 단기간에, 다른 신생국에 비해 그리고 다른 기능에 비해 '과대성장'하였다는 사실이다.[418] 장교집단은 한국전쟁이라는 '특수'를 타고 그 양과 질에서 성장,

416. 커밍스에 따르면, 이들은 일제로부터 연금을 받고 퇴직한 약 84명의 귀족과 3,645명의 문관으로 구성된다(Cumings, 1997: 214).

417. 강인철(1999: 355).

418. 권태준(2006: 44).

확대되었는데 한국 군부는 1950년에 11만 3,000명에서 1953년에 60만 명 수준으로 5배 이상 성장하여, 모든 조직이 와해되고 인적 자원이 파편화되어 있는 소용돌이와 같은 1953년 이후 한국사회에 우뚝 솟아올랐다.[419]

군부와 군대가 학생과 더불어 전후 한국사회에서 정치적 행동주의를 실천하는 자율적 집단의 주요한 '풀(pool)'로 부상한 데는, 이들이 유일하게 미국 군정의 훈련을 직접 받고 그 근대적 교육을 이수한(체계적이고 신뢰할 만하게!) 집단이라는 점이 또한 주요하게 작용하였다.[420] 엘리트인 이들 군장교, 특히 육군의 요직 장교들은 이후 군사쿠데타를 일으켜 집권하면서 국가를 통해 사회를 개조하고 현대화하려는 야심 찬 청년장교로 모습을 드러내게 된다. 대표적으로 5.16쿠데타를 일으켜 박정희 소장을 옹립한 김종필을 위시한 중견 장교들이 그들인데, 정치권력을 향한 이들의 욕망은 바로 장교집단이 당시에 가진 그러한 사회적 의미에 의해 그 명분을 공급받았던 것이다. 그에 대한 반대 극에 바로 조국의 향배를 걱정하는 '(민족)지성'이자 '깨어난 청년'으로 스스로를 지각하던 대학생과 지식인집단이 일제강점기 후반부터 자라나서 대치하고 있었다. 이 둘은 '보편적 우리'를 대변하는 주요 집단으로, 주지하다시피 1960년대 사회변동과 정치지형뿐 아니라 1990년대 초까지의 한국현대정치사에서 일종의 상수(常數) 역할을 수행한다.

한편 이제 6.25전쟁 후 공간에서 중산층이라고 불릴 만한 사람들 또한 그 모습을 드러내며 수가 증가한다. 전후 국가기구의 규모는 그 양적 지표 자체만으로도 상당히 인상적인데 군, 경찰, 소방공무원을 제외하더라도 1953년 말 현재 무려 23만 1,245명의 방대한 국가 관료가 존재

419. Cumings(1997: 424), 강인철(1999: 366).
420. 권태준(2006), Henderson(1968: 481, 489).

했다.[421] 이들은 일제하에서 적극적이든 소극적이든 협력함으로써 살아남은 관료, 하위직 공무원 등을 포함한다. 그뿐 아니라 일본상사와 기업의 직원 등 또 다른 근대적인 '월급받는 사람들'이 있었고, 의사와 법률가 같은 전문직이 미국화로 대변되는 서구화의 첨단그룹, 사회의 주류/지도층으로 자신을 탈바꿈하고 있었다. 특히 이들은 자력에 의한 사회적 상승을 대변한다기보다는 '후원 받은 이동(sponsored mobility)'[422]에 따라 근대적 중산층, 전문직으로 올라오거나 그 지위를 유지한 이들로, 시간이 경과함에 따라 점점 더 공고해지고 자체 재생산되는 현대 한국사회의 중상층을 구성하게 된다.

물론 부상하는 집단의 구성원은 아직 전면적인 자본주의적 산업화, 국가 관료기구의 정비, 그에 따른 일자리 창출로 탄생한 것이 아니었기 때문에 그 규모는 크지 않았다. 육체노동을 수행하지 않는 사무직 피고용인, 관리직을 주류로 하는 '화이트칼라', '신중산층'의 형성과 이들의 '대중화'는 1970년대 이후에야 본격화된다. 하지만 아직까지는 많지 않았던 이들과 위의 두 집단이 '모범'으로서 미치는 영향은 대단히 컸다. 왜냐하면 그것은 전쟁 후 교육을 통해 사회적 상승을 달성하려는 현대 한국인의 열망에 매우 구체적이고 '제도화된' 목표, 즉 고위관료라는 일종의 '국가귀족', 전문직이라는 '지식귀족' 그리고 '재벌대기업 임원'이라는 지향점을 제공하는 것이었기 때문이다.

이상 부상하는 세 집단은 경력을 이동하여 '사회지도층'과 국가계급의 일원이라는 큰 틀 속에서 상호 위치를 변경하기도 했는데, 이들 간의 가장 큰 공통점은 무엇보다도 현대화에 대한 강한 믿음, 그리고 이를 대변하는 '집합적 주체'로서 높은 자부심이었다. 현대화 열망이 아무리 대

421. 강인철(1999: 366).
422. 권태준(2006: 341).

중적으로 확산하고 보편화할지라도 바로 이 점이 '선택됨'을 '성취'한 자로서 이들의 선민적인 '우리 의식'의 측면을 두드러지게 하며, 또 이들을 일차적으로 향토적이고 토착적인 우리와 배치되게 한다.[423] 하지만 역설적으로, 아니 어쩌면 필연적으로 이 보편적 우리는 다시 자연화, 즉 향토(주의)화, 연고(주의)화를 겪으면서 향토적 우리 의식과 결합, 혼재하는 양상을 보인다.

앞의 4장 3절 (2)에서 '청년' 범주를 출신과 출세와 긴밀히 연관되는 것으로 묘사한 것처럼, 이들 삼자의 사회적 상승은 선택되고 선별된 엘리트의 연고 네트워크를 통해 그 조직적, 동료적 응집성과 단체정신을 부양하고 그에 의거, 자신들의 이념과 이익을 추구하는 양식에 깊이 의존하였다. 이 때문에 대학생과 지식인, 군대/장교, (사회)지도층/중상층이라는 '보편적/첨단의 우리'의 응집적 집단의 출현은 이들이 파벌화, '벌열(閥閱)화'하는 집단주의로 자신을 구성하는 과정을 노정하고 있었다. 이러한 벌열화는 이들이 일차원적으로 서열화된 질서 속에서 일극화된 경쟁을 수행하며 그 경쟁에서 승자라는 사실을 자신이 가진 정체성의 기본이자 행위 추동력으로 삼는 데서 나오는 필연적 결과이다. 이 '승자(勝者)의식'은 당연히 이들을 스스로 우월한 진리를 소유한 '우리'이자 민족의 초개인적 선봉, 전체의 대변인으로서 '우리'라는 자의식을 갖게 하며, 이는 벌열화로 더욱 공고화되고 폐쇄화되었다. 이처럼 이들은 실제 생활에서는 파벌에 입각해 행동하지만, 자의식상으로는 스스로 '초개인(超個人)'으로 사사로움 없이 헌신하는 존재로 표상하는 경향이

423. 영어 단어 '엘리트(elite)'는 그것이 '선택'의 의미가 있는 '-el-'이라는 어근을 'select(선택하다)', 'elect(선출하다)' 등의 단어와 공유하는 데서 보듯, '선택된 자, 선별된 자'의 의미를 일차적 어의로 하고 있다.

있는데,[424] 이 점은 놀라울 정도로 이전 역사와 연속적인 측면이다.

이러한 엘리트-인민대중의 이원적인 구조와 모순은 산업화와 민주화의 과정을 구체적으로 다루는 본 장의 3, 4절에서 다시 한번 강조할 것이다. 이 이원성을 구성하는 양자의 충돌은 엘리트의 행위와 '지도'의 지향이 토착성과 전통이라는 인민주의적 지향과 배치되는 데서, 더 정확히는 그 제거를 겨냥한다는 점에서 불가피했다. 이런 상황에서 양자가 일시적이나마 화해하고 결합할 수 있는 형식 중 몇 안 되는 가능한 방향은, 인민이 대중적 존재로서 가진 사회적 상승을 향한 개별화된 열망을 국가주의/내셔널리즘의 틀 안에 수용하고 융합하는 것이었다. 그러한 '대중국가'가 일차적으로 구체화한 것이 바로 산업화를 이끌었던 박정희 정부의 개발독재체제였다.[425]

그럼에도 이러한 대중국가의 현대화는 여전히 국가권력에 힘입어 인민에게 낯선 삶의 방식과 목표를 강제하고 집행하는 방식이 될 수밖에 없다. 이러한 방식의 현대화에서 두드러지는 것은 일본식 국가, 일본식 현대화에 특징적인 강권력과 조직성, 효율성에 강조점을 두는 정치이성, 국가이성의 작용이다. 하지만 더 중요한 것은 이 정치이성, 국가이성이 전통(적인 것), 민족(적인 것)에 대해 갖는, 일본의 그것과는 사뭇 다른 매우 기이한 관계이다. 사회변동과 현대화를 어떤 단일 가치의 확산에 힘입은 것으로 사고하는 기존 사회변동론의 시각에 대해 근본적인 이의를 제기하는 것이 바로 이 관계이다. 이 국가이성이 자신을 관철하는 맥락, 즉 국가능력과 관련된 조금은 이론적 문제를 지금부터 살펴보도록 하겠다.

424. 권태준(2006: 504).
425. 황병주(2004).

(2) 현대화와 국가능력, 합리적 엘리트, 그리고 대중

동아시아, 특히 한국의 산업화를 설명할 때 일반적으로 유달리 강하고 효율적이던 국가능력과 그 구성성분으로 엘리트의 합리적이고 공평무사한 리더십, 그리고 이들의 응집된 집합적 능력이 거론된다. 그중 주요 사회집단인 군대는 근대적 사회조직 중 가장 목표지향적(goal-oriented)이며 명령과 실행의 도구적 관계를 극대화한 효율적 체계를 근간으로 한다. 5.16쿠데타로 군부가 정치권력의 중심을 차지함과 동시에 국가기구의 작용은 군대식 상명하복의 양상에 따라 일사불란하게 중앙집중화되었다. 이런 군대식 편제는 산업화시대에 국민경제의 기수를 자처한 한국 재벌기업의 내적 구조로 확산되었을 뿐 아니라 사회 곳곳에 군대식 집행체계와 조직문화를 확산시켰다.[426] 이는 1950년대 이후에야 전국적으로 확산·수립된 공교육제도와 더불어 초급학교부터 강화되고 전일화된 '국민교육', 그리고 세계 어느 나라보다도 큰 규모의 국민개병제 군대체제를 통해 거의 전체 남성이 군대문화를 습득하는 바탕에서 실질화하였다.[427]

학술적 차원에서 자주 거론되는 것이 1970, 80년대 경제기획원과 같은 국가기관 관료의 내적 응집성과 기획능력이다. 이는 일본의 산업화가 제시한 새로운 모델로 19세기 후반부터 서구가 찬양했던 것으로, 국가정책 기획관료의 이니셔티브로 국내자본과 국내외시장의 취약성을

426. 단적으로 이를 보여주는 것이 노동자를 통제하는 양상이었는데, 현대중공업 울산공장에서는 정문에 해병대 출신 경비원들이 대거 채용되어 출근하는 직원들의 두발을 단속하던 적도 있었다. 「노동자들의 '애증'」, 『한겨레 21』 제352호(2001. 3. 27.).

427. 강인철(1999). 그는 위의 두 제도를 대한민국의 '국민 만들기'의 핵심으로 평가하고 있다.

보완하고 지원하여 전체 국민경제의 성장과 산업화의 진전을 도모하는 계획모델[428]의 핵심이다. 물론 한국의 경제발전은 외형적으로 '군(軍)-정(政)-경(經)-관(官)'에 걸쳐 일어난 엘리트의 연고주의화와 응집화에 힘입어 진행되었고, 재벌이 형성되고 대내외적으로 약진할 수 있었던 정경유착적 구조는 바로 그런 과정의 일환이었다. 비록 이런 파벌적 응집화를 통한 국가 능력의 실현과 자본주의적 산업화의 진전이 일본의 그것과도 차별적이라는 평가가 있지만 일본의 현대화 경험이 주요 모델, 모범이 되었다는 점에는 변함이 없다. 이러한 사항은 그 공과에 대한 논란이 있지만 박정희 정부하의 개발독재적 산업화와 관련된 대체로 공인된 사실이다.

한편 유교자본주의의 논의는 동아시아인의 유교문화에 특유한 복종과 근면, 특히 이들의 가족주의적 헌신, 가장의 희생 등을 설명변수로 주요하게 거론하는데, 이는 오늘날 노년세대의 자의식과도 일치하며 그 일반적인 차원의 개연성도 인정될 수 있다. 하지만 앞서 보았듯 이른바 유교문화는 실제로 '공순성'의 준칙에 따른 복종일변도의 것이 아닐뿐더러 개별적 근면이 곧바로 산업화와 국제분업상의 단계 상승을 가능케 하는 사회적 조건을 곧바로 낳지는 않는다는 점에서 이 논의는 일반적인 결함이 있다.

앞의 국가주의적 주장과 유교자본주의론은 일견 서로 대립하는 것처럼 보이지만 사실은 상보(相補)적이다. 왜냐하면 후자의 논의는 전자의 주장에 필수적이고 전제되는 복종적인 시민과 노동자의 모습을 정식화해주기 때문이다. 이런 상보성에 주목할 때 이 두 논의는 함께, 단지 국

428. Cumings(1997: 205, 213). 일본의 경제발전을 일군 핵심으로 일본 통산성(MITI)의 역할을 분석한 저작으로 가장 유명한 Johnson(1982), 또한 일본식 '조직'에 대한 서구의 상찬 중 가장 널리 알려진 예 중의 하나로 Vogel(1979)을 볼 것.

가주의적이라기보다는 엘리트, 선도자주의(vanguardism)적 이론으로 특징화할 수 있다.[429] 이러한 특징적 면모는 국가주의적 논의가 경제성장의 주역으로 강조하는 인구집단인 일류대 출신 국가관료, 정치화된 '핵심라인' 고급장교들, 기업가 상층 등이 가진 자의식, 그리고 현대화에 대한 이들의 이해방식과도 일치한다. 하지만 우리에게는 합리적이고 공평무사한(disinterested) 국가와, 그에 의해 일체화된 근검한 노동자로서의 사회라는 대단히 기능주의적이고 총체화된 설명이 아닌 다른 것이 필요하다.

문제의 첫 번째 핵심은 '강한 국가'라는 것이 단지 강하고 응집적인 엘리트만을 의미하지는 않는다는 것이다. 이 점이 바로 국가를 순차적으로 엘리트 연결망으로 환원, 축소해온 위의 국가주의자 이론의 오류이다. 다시 말해 선도자 집단이 잘 응집해서 강하다는 것이 그 자체로 나머지 사회가 그에 조응하고 인민의 참여와 수용과 복종으로 이어지는 것은 아니라는 말이다. 그 이전에 강한 군부와 기술관료(technocrat)의 조직적 응집성, 사회적 권력의 정도가 '위로부터 혁명'을 수행하는 이들 집단적 행위자의 정책선택에 있어서의 합리성과 국가행위의 효과성을 낳는 데 충분한 것이 아니라는 점에 유념해야 한다.

대표적으로 남미의 군부독재 또한 잔혹한 철권통치와 서구화된 경제관료가 있었고 우리에 뒤지지 않는 경제계획이 있었다. 국가 능력을 단지 강압 능력으로만 이해한다면 이들 사회의 국가적, 시민적 삶에서 폭력성의 정도는 일반적으로 한국의 어떤 독재정권과 그 치하의 사회적 상황에서도 감히 상상조차 할 수 없는 정도였다. 무엇보다 이들 나라는 식민지 독립에서나 현대화의 출발 시점에서 우리보다 훨씬 앞서 있던 국

429. Koo(2005).

가였다. 하지만 이들 국가의 행위는 합리적이고 장기적 안목에 입각한 정책결정에 이르지 못했고 무엇보다 제대로 집행되지 않았으며 국민의 열렬한 호응과 헌신을 끌어내지도 못했다.

제2차 세계대전 후 신생국들은 대부분 경제개발계획을 세웠고 이는 당시 국제기구가 권고한 표준요소에 기반했다(상술한 일본식 모델 또한 그 중 하나였다). 또 이들 사회에서 국가는 사회를 대신하여 현대화를 계획할 수밖에 없었고 그 계획은 제3세계 인텔리겐치아의 공통된 몫이었다. 하지만 그것을 실제로 관철, 실현할 수 있었던 나라는 남한을 포함한 몇 개국에 지나지 않았다. 따라서 정작 중요한 것은 그 집행력과 관철력 혹은 그것이 성공적 동원(참여와 헌신)으로 나아가게 하는 사회적 토대, 즉 '집행메커니즘의 사회적, 정치적 배태 양태(embededness)'[430]이다.

요컨대 문제의 핵심은 단순히 권위주의 정권, 독재권력이라는 것과는 다른 의미의 강한 국가를 통해서만 현대화로의 사회변동을 달성할 수 있다는 것이고, 이런 '강한 국가'의 국가 능력, 진정한 의미의 '국가의 강도(state strength)'는 정권의 의도나 권력의 핵심서클, 국가기구 구성원의 단체적이고 기관적 응집과 구별해야 한다는 것이다. 진실로 결정적인 것은 국가의 작용양상을 규정하고 상호작용의 특징적 방식을 포함하는, 국가가 작용할 사회의 토대적 양상이다. 국가 능력과 관련된 기존 사회과학 논의는 이 '사회적 토대'의 문제를 주로 정치경제학이나 정치사회학 차원에서 제기하면서, 그것을 단지 사회 세력의 배치상황이나 사회적 자본(social capital)의 형성 같은 차원으로 한정하였다. 그 결과 인민 개개인이 변화의 행위자(agency)로서 정합성과 적극성을 만들어내는 차

430. Edward Mason and et al. 1980. *The Economic and Social Modernization of the Republic of Korea*, p. 263(권태준([2006: 124-5])에서 재인용). 여기서의 정식화는 권태준(2006: 125-135)의 논의에 크게 도움을 받았다.

원은 조명되지 못하거나 단지 가치의 문제로 환원되었고,[431] 이마저도 앞서 보았듯이 복종일변도, 집단 우선시로 단순화된 유교적 유산에 환원하는 경우가 대부분이었다.

이 문제는 정치지도자나 초기 모험적 자본가/부르주아의 지도력, 특히 이들의 창업신화가 갖는 대중적 유인력[432]에서 접근할 수도 있지만, 그보다 이 책의 초점과 더 연관된 지점은 일반 인민의 참여와 헌신을 낳은 사회적 과정의 규명이다. 이에 따라 눈여겨볼 것이 바로 보통 사람이 자신의 애착과 헌신을 투여한 구체적 집단, 그 집단화의 유형과 논리이며, 이를 통해 우리는 일반 민중, 인민, 대중에게 '근대화'라는 사회변동이 수용되고 수행되었던 사회(심리)적 메커니즘을 식별할 수 있다. 문제의 이런 측면에 집중하여, 1960년대 이후 한국적 현대화에서 상층부의 계획을 인민, 대중에게 설득하고 참여하고자 하는 열의를 일으키며 산업화를 급속히 진전할 수 있었던 정황을 요약하면 다음과 같다.

먼저 국내적으로는 조직과 집단에 헌신할 수 있는 정조(sentiment)로 사회적 소외에 대한 공포와 가족적으로 상상된 집단에의 열망이 존재했다. 대외적으로는 현대성이라는 신문명이 따라잡아야 하고 모방해야 할 것이라는 대중적, 그리고 '민족적'인 일종의 '정서적 합의'의 상황이 현대화에 대한 문화적 저항을 최소화하였다. 특히 앞서 보았듯이 일제 식민지로 귀결된 현대성 수용의 초기 상황은 전체로나 개개인으로나 한국인의 자부심에 아물지 않는 깊은 상처를 냈다. 그리고 단지 문화적인 차원에 덧붙여, 한국인의 인종적 동질성이 주어진 상태에서, 이와 동

431. 인켈레스와 스미스(Inkeles and Smith, 1974)의 심리학적 현대성(psychological modernity)에 대한 논의가 그러하다.

432. 이 점은 한국 자본가 계급의 헤게모니적 능력, 이데올로기적 지배력의 정도와 깊은 관련을 갖는데, 이에 대한 좀 더 상세한 논의는 뒤의 본장 4절 (1)의 서두에서 제공될 것이다.

시에 6.25전쟁의 결과 민족보다 하위의 부분집단화가 터부시되고 기피되었을 뿐 아니라 그 물질적 토대도 멸실되어 국가의 전 사회적 드라이브의 관철, 집행, 확산에 장애가 될 사회집단의 저항은 미약했다. 마지막 명제는 사회집단에 대한 국가의 억압, '격파' 능력이 '우수'한 것으로 그 인과방향을 바꾼 논의가 더 일반적이지만, 그러한 '국가'의 억압과 격파에 크게 저항하지 않은(최소한 국민대중의 차원에서는) '사회', 즉 일반 인민대중 쪽의 동향 또한 간과할 수 없는 결정적 요인 중의 하나이다. 이 점이 바로 임지현 교수가 개시한 '대중독재논쟁'이 우리에게 가르쳐준 바이며, 동시에 권태준이 '거족적 긴장'이라는 말로 요약하는 한국 산업화의 대중적 양상이자 역동성이다.

박정희 정권의 경제개발계획은 정치적 민주주의의 외관뿐 아니라 논란 많은 해외자본의 도입, 특히 일본과 국교재개협정 등에 따라 민족적 명분까지도 훼손하였다. 그것은 전형적인 지역 간 불균형 발전전략에 입각한 것으로 그에 따른 많은 문제의 소지도 있었지만 현대화, 아니 굶주림과 빈곤, 민족적 열등감에서 탈피하는 것에 목말랐던 일반 국민에게 활력을 제공하기에 충분했다. 여기서 특징적인 것은 박정희 소장과 그를 옹립한 세력이 초개인적 공공적 리더십으로 '민족' 그리고 그 주력인 '서민'의 영도자로서 자신들을 시전(示展)하려 했다는 점이다. 이를테면 박정희 대통령은 취임과 동시에 군복을 바로 벗고 문민(文民)적 외관을 채택했는데, 이는 남미나 아프리카 군사독재에서 최고권력자가 군복을 계속 입고 자신의 무력을 과시하는 일이 빈번한 것과는 확연히 대비된다.

또 쿠데타 주도세력인 군부 내 파벌 또한 민간관료와 함께 경제개발이라는 성과를 내는 데에 집중하였다. 비록 이들을 이끈 동기가 군사쿠데타로 획득한 자신의 정치권력의 흠결된 정당성을 보완하는 것이었고,

그 주요 양상이 이들에 의한 정치권력 중추의 독차지와 사회 장악력의 재생산, 확장으로 드러났음에도 이는 여전히 진실이다. 중앙정보부의 공작정치와 반공주의, 기본권 파괴도 이 명분으로 정당화되었는데, 이 모든 것이 개발과 근대화를 위해 그랬다는 자기변호도 그럴듯할 수 있다. 요컨대 이러한 일련의 움직임은 그것이 허울과 명분, 선전에 그치는 측면이 적지 않다 할지라도 이승만 시대를 특징지었던 '지대추구적 국가'에서 '서민국가', '개발 국가', '대중국가'로의 유의미한 전환을 표상한다고 여전히 결론내릴 수 있는 것이었다. 이에는 단지 이데올로기적인 조작과 꾸밈 이상의 것이 있었다.

1963년 대통령선거에 처음 출마한 박정희 후보는 미천한 집안 출신이라는 것과 공산주의에 가담한 과거에 대한 비판에 시달렸다. 그와 격돌한 윤보선 후보는 특히 기호(畿湖)지방에서 많은 표가 나왔는데, 이는 그의 명문(名門) 가문 출신을 선호하는 해당 지역의 집단 정서가 반영된 것으로 보고된다.[433] 이처럼 당시에 주요했던 것은 농촌과 도시, 보통 사람과 명문가, 서민과 명사(名士)의 대립이었으며, 박정희 대통령의 당선은 서민주의, 다시 말해 대중의 평등주의적 정서와 국가주의적 기대에 힘입은 것이었다.[434] 박정희 정부가 출범하던 당시에 '함께 잘살기'에 대한 국민 간의 명시적이고 묵시적 합의와 믿음[435]이 있었는지는 알 수 없지만, 최소한 이제 각자가 뭔가 달성할 수 있는 시절이 오고 있다는 믿음은 점차 확산되는 과정이기는 했던 것 같다. 박정희 정부의 경제개발계획이 아무리 농촌을 더욱 피폐하게 하고 한국 농업을 벼랑 끝으로 몰아갔다 할지라도, 그에 대한 농민, 농촌의 지지에는 단지 '논두렁에 앉아

433. 권태준(2006: 352).
434. 황병주(2000).
435. 권태준(2006)

농사꾼과 막걸리 마시기를 즐겼던’ 박 대통령에 대한 미화된 기억이나 이미지 이상의 것이 있었다.

한국사회의 전통적 사회동학을 구성하는 엘리트와 인민대중의 유사하면서도 서로 다르기도 한 집단주의적 결합을 잠정적으로나마 이론적 명제로 요약할 필요가 있는데, 이는 다음과 같다. 대중 차원의 집단주의 면모는 엘리트가 갖는 집행력, 관철력의 ‘사회적 배태성’의 토대가 되며, 이 토대는 단지 엘리트의 연고적 집단주의에 한정되는 것이 아닌 그보다 더 큰 맥락과 범위를 가진 집단주의의 사회적 차원에 해당한다. 그렇기 때문에 그것은 엘리트들이 그들의 자의식, 집단적 응집성, 정체성에 의거하여 지향하는 바에 동조·모방·협력할 때도 많지만 동시에 때때로 그에 저항하기도 하는 것이다. 그럼 이제부터 다음 절에서 산업화 과정을 통해 만개하고 정립한 그러한 대중적 주체성의 주요 구성성분을 식별하고 이 시기의 한국적 ‘우리’의 유형에 내포된 열망과 동경, 그리고 권위의 모습을 살펴보기로 한다.

3. '근대화'로서의 산업화: 다차원적인 '우리'의 열망과 추구

박정희 정부의 개발독재체제가 집권하는 동안 경제성장률은 연평균 9% 이상이었다. 그 결과 1인당 국민소득은 1960년 79달러에서 출발해 1979년에는 20배가 넘는 1,693달러가 되었다. 그리고 1960년대 초 인구의 3분의 2가량은 1차산업인 농업, 임업, 수산업에 종사했는데, 1980년에는 63%가 제조업 생산직, 전문직, 사무직 그리고 기타 서비스와 판매직 등 도시형 생업에 종사하였으며 이 중 제조업 생산직에 종사하는 이들이 28%로 가장 큰 비율을 차지하였다.[436] 상징적으로 1960년대 초의 아프리카 가나와 한국은 1인당 국민총생산(GNP), 농업의존도 등 거의 모든 지표에서 경제상황이 아주 유사했는데 그로부터 30년 후 한국은 1인당 GNP가 가나의 15배에 달하는 산업강국이 되었다.[437] 한국의 경제성장과 산업화는 이후에도 계속 진전되어 2013년도에 1인당 국민소득이 2만 6,205달러, 2017년에는 GDP 기준 세계 11위의 경제규모를 달성하였다.

이러한 수치는 매우 인상적이지만 우리가 정작 궁금한 것은 단순한 통계분석으로 알 수 없는 '이것이 대체 어떻게 가능했는가' 하는 것이다. 이는 그 시대의 개인이 구체적으로 무엇을 얻기 위해 그토록 노력했고 또 무엇에 의지하여 고통과 희생을 감내했는가 하는 질문에 해당한다. 우리가 초등학교 때부터 받은 교육과 수많은 관제선전으로 익숙해진 전체 민족을 향한 총화단결이나 '잘살아보세'의 의기투합 같은 것은 이에 대한 답이 되기에는 한참 부족하다.

과연 그들은 무엇을 바라보고 매일매일을 살아갔으며 어떤 희망을 품

436. 권태준(2006: 149).
437. 경향신문특별취재팀(2006: 155).

으며 힘들던 하루를 접고 또 다른 내일을 기약했을까? 어떻게 한국인 개개인은 자신의 삶을 바꾸고 향상시키려는 군중과 대중의 모습으로 수렴·결집하였고, 자신의 생계와 관련된 일을 민족적, 국가적인 과제의 성취와 관련하여 상상하는 '거족적 긴장' 속에 들어갈 수 있었을까? 아마도 그것은 굶주림과 빈곤에서 벗어나려는 열망에서 시작하여 이후에는 성장해가는 경제와 국가 속에서 자신도 많은 것을 성취하여 남부끄럽지 않고 남에게 대접받는 삶을 일굴 수 있다는 희망과 야심이 전면에 나오는 과정이 아니었을까?

(1) '보편적/첨단의 우리'와 상승 열망의 보편화, 그리고 벌열의 추구

구한말 이래 지속된 '신교육' 열풍은 해방 후 점차 확대된 보통교육제도와 학교의 설립으로 전 국민에게 대중화되었다. 그것은 새로운 것, 세계시간대에 맞는 것, 보편적인 것을 하루빨리 습득하여 자신의 처지를 바꾸고 가족, 가문의 영화를 달성하겠다는 개개인의 야심에 불을 지폈다. 박정희 대통령은 서구적인 것, 지식인적인 것에 여과 없이 경멸을 표출하였는데, 특히 이것을 '여성적인 것'으로 치부했던 것으로 잘 알려져 있다. 하지만 이런 그의 언설(言說)과 공식적 이념의 이면에는 서구문명의 습득과 거의 동일시된 교육을 통해 계층적 상향이동을 꾀하고 신봉한 일반 인민이 있었다. 이제 세계시간대의 감각, 선진문물의 습득과 파급, 그리고 그에의 노출은 단지 엘리트에 한정되고 억제되며 조절되는 것이 아니라 모든 사람에게 열린 것이었다. 실제 기회가 주어졌는지는 얘기가 다를 수 있지만, 그 어느 신생사회보다 진전된 매스커뮤니케이션의 확산에 힘입어 최소한 관심과 열망은 말 그대로 보편적이 되었다.

이것이 바로 1960년대에 본격적으로 진행되는 국가적, 거시적 차원의 발전주의적 노력 뒤에 존재했던 그 미시적 대응물이다. 그것은 차라리 그에 선행하는(인과적으로나 시간적으로나), 이미 존재했고 그 저류에 흐르던 거시적 노력들의 사회문화적 토대이다. 고래(古來)의 '사(士)의식'[438]에 내포된 한국인의 평등주의, 상향이동 지향성은 일제강점, 해방, 내전 등으로 더욱 평평해진 운동장으로 평등한 출발선에 대한 감각 속에서 더욱 제약 없이 분출되었다. 대부분의 사람이 빈곤한 상황에서 계층 유동성의 신기루를 바라보며 남부럽지 않은 삶을 꿈꾸고,[439] 이로써 '시민사회'적 차원에서 국민 개개인의 '발전(發展)'을 향한 대중적 결집은 더욱 확대된 양상으로 전개되었다.

한국의 공교육제도는 3.1운동 후 일제의 대중교육 확대를 바탕으로 해방과 6.25전쟁 후 국가에 의한 적극적인 의무교육제도 시행으로 이어졌는데 1954년 초등학교 취학률이 82.5%이던 것이 1959년에는 96.4%로 상승했다.[440] 고등교육의 확대도 가속화하여 1960년에 중학교 1,053개, 고등학교 640개, 전문대 11개, 4년제 대학 52개이던 것이 1980년에 이르러 중학교 2,103개, 고등학교 1,353개, 전문대 128개, 4년제 대학 85개로 비약적으로 증대하였다.[441] 특기할 만한 것은 중고등학교가 2배를 좀 넘게 증가한 데 비해 전문대는 11배가 넘게 증가하였다는 점이다. 4년제 대학은 대학 개수보다 각 대학의 평균정원과 학부 분과가 급속히 증대, 팽창했다는 점에서 이 또한 그에 상응하는 높은 증가라고 할 수 있다.

교육은 이제 보편화되고 대중화된 목표가 되었고, 논과 소를 팔아서 자식을 대학에 보낸다는 '우골탑(牛骨塔)'의 신화는 더이상 만석꾼 지주

438. 조경달(2002).
439. 권태준(2006).
440. 강인철(1999: 206-207).
441. 한국교육개발원, 『교육통계연보』, 각 연도, 임현진(2003: 204)에서 재인용.

집안에서만 볼 수 있는 것이 아니었다. 그리고 이런 교육은 더 이상 입신양명(立身揚名) 같은 추상적이며, 거창하지만 실속 없는 목표보다는 세상에서 더 많은 물질적 성취와 향유라는 좀 더 세속화되고 '민주화한' 목표를 위한 도구로 더 이해되었다. 여기서 주목해야 할 측면은 이런 교육열에서 문제되는 것이 표면적으로는 단지 더 높은 학력과 그에 상응하는 '능력'처럼 보이지만 정작 그 경쟁을 격화시키고 사람들을 열광하게 한 것은 교육과 지식 그 자체, 즉 단지 학력(學歷)이라기보다는 명문(名門)대학에 입학해 획득하는 학벌(學閥)이었다는 점이다. 이는 그 자체로 새로운 귀족, 새로운 상층신분의 획득에 상응하는 것으로 굴지의 대기업, 국가기관의 고위관료, 고급전문직으로 나아가는 가장 확실한 길로 인식되었다. 당연히 대학 이하의 교육기관은 그를 위한 준비단계로 정렬하였고 명문고등학교, 명문중학교도 그에 따라 독자적인 또 다른 학벌로 자리를 잡아갔다. 바로 이런 일차원적이고 양적인 서열화와 그 속에 위치한 유사신분적 결정화(crystallization)가 바로 한국 집단주의의 가장 전형적인 현현 중 하나인 '학벌주의'라는 한국적 현상의 핵심이다.[442]

사실 1960년대 근대화가 시작될 시기에 대부분의 공무원은 전문적 능력을 갖추지 못한 '면서기(書記)' 수준에 머물러,[443] 결코 고급 전문지식을 갖춘 근대적 기술관료, 기획자로 즉각적 활용이 기대되는 수준은 아니었다. 하지만 대학졸업자가 점차 대량 배출되고 이들을 사기업과 국

442. 김상봉(2004). 이 책은 한국사회의 과잉교육열과 관련된 분석적 논쟁지점들을 명쾌하게 정리하여, 이 현상의 핵심이 왜 단지 '학력(學歷)'(주의)이나 '학연(學緣)'(주의)이 아닌 '학벌'(주의)이라는 용어로 개념화되어야 하는지를 명석하게 논증하고 있다. 통찰력 있는 독자라면 이 세 개념화의 차이와 각각의 이론적 함의의 인식이 곧바로 한국사회의 작동원리, 한국적 현대화의 고유성을 조명하는 열쇠가 될 수 있음을 볼 수 있을 것이다.

443. 권태준(2006).

가공무원제도(특히 4대 고시제도)를 통해서 충원하면서 점차 '테크노크라트(technocrat)'라고 불릴 만한 계층과 고급 조직인 관리인층이 자리 잡게 된다. 이 과정에서 다시 발견되는 흥미로운 점은 이들 공무원 충원의 취지로 시행한 고시(考試)제도가 그 운용 면에서 보면 지나치게 높은 경쟁률을 유발하는 한정된 정원을 선발했다는 점이다.[444] 이러한 면모는 사실 한국 교육제도의 전체적인 양상에서도 관찰되는 것인데, 그것은 위의 공식적 선발제도가 그것이 테스트하려는 전문지식을 습득한 인적 자본의 '적정한' 조달이라는 취지보다는 높은 경쟁률을 뚫고 올라온 선발집단의 형성과 그 자부심에 기여하는 데 제도의 본질이 있음을 보여준다.

우리는 여기서 일종의 '국가계급'으로 진입하는 것과 직접 결부된 교육과 시험의 전통, 즉 조선시대 과거제와 급제, 이른바 '어사화(御史花)'의 영예를 추구하는 것이 재생산되는 것을 보게 된다. 일극적 위계화 체계 속에서 과두적 엘리트의 일원이 되기 위한, 상대적으로 경쟁적이고 비신분제적이며 평등주의적인 충원이라는 고래의 전통은 여기서 근대적으로 살짝 겉모습만 바꾸었을 뿐이다. 여전히 그 본질은 경쟁적 기제를 거쳐 산출되는 '탁월한 우리, 선발된 우리'를 향한 집단주의적 추구이며, 그 중심에 있는 것은 학벌과 같은 현상으로 자기 모습을 드러내는 '벌열' 형성의 메커니즘이다.

예전에도 그랬듯 여전히 그에는 평등주의적 경쟁의 결과가 준(準)신분적으로 고착된다는 모순, 그리고 실제 성과(performance)보다는 소속(membership)이 자동으로 '능력'과 탁월함의 외관을 부여한다는 모순이 내재해 있다. 따라서 그것은 점차 외관만 평등주의적일 뿐, 그 충

444. 같은 책.

원과 선택에서 무슨 요인이든 '능력'으로 합산되는 허위적인 능력주의(meritocracy)의 모습을 띠게 되는데, 한국적 현상으로서의 학벌이 갖는 사회계층(론)적 의미가 여기에 있다.[445]

한편 설령 그것이 명문고, 명문대 진학이나 대단한 출세가 아닐지라도 농촌의 청년과 처녀는 도시로, 서울로 '무작정 상경'을 감행하였다. 그것은 고향마을 바깥에서는 꽃을 피울 수 있을지 모르는 '나'를 찾아, 낯설고 비정한 도시에서 식모살이를 하거나 선반공, 여공이 되어 검정고시도 보면서 자기 세계를 건설하려는 모습이었다. 특히 도시로 떠난 많은 누이, 여동생이 자신의 형제와 부모에게 송금하는 처지인데도 '후남(後男)이'로서가 아닌 자기만의 삶을 건설하고자 공장과 하급사무직, 접대업에서 장시간 학대적 노동에 시달리면서도 자기발전과 교육의 기회를 확보하려고 노력하였다.

이러한 모습은 불가피하게 자식세대가 원래 고향인 시골에서 도시로 대량 이주하는 과정으로, 도시에 먼저 이주하여 자리 잡은 연고에 의탁하여 아무것도 약속되지 않는 구직과 날품팔이의 나날을 견뎌내는 생활이 일반화됨을 의미하였다. 이 과정에서 농촌에 있는 원(原)가족과의 긴밀한 연계와 상호부조는 이들의 성공, 최소한 번듯한 정규직 노동자계급의 일원이 되는 데 필수적이었다. 이처럼 도시의 삶은 농촌에 남은 가족에 의존하면서 진행되었고, 설령 물질적 의존이 아닌 금전적 원조를 하는 입장일지라도 원가족과 연결되는 이러한 끈은 중심적 위치를 차지하였다. 앞서 보았듯 한국인의 가족은 가구를 중심으로 고찰할 때에는 조선시대나 이때나 늘 핵가족이 수적으로 우세했지만, 이렇듯 상호지원과 공동체적 감정이라는 '의미체적' 측면의 가족에 주목한다면 그것은

445. 이러한 '능력'주의의 정의는 2017년 국정농단사태의 주역인 최순실의 딸, 정유라의 "부모 재산도 능력이다"라는 말과 정확히 들어맞는다.

늘 핵가족보다 더 큰 단위를 의미했다. "가족농이란 산업화 과정의 국외자가 아니고 핵심 주체의 하나"라는 주장[446]은 바로 이런 맥락에 있으며, 그에는 위의 양상을 단지 압축적 현대화 과정에서 나온 변이로 치부할 수만은 없게 하는 심원한 진실이 있다.

1960, 70년대의 산업화가 농촌의 철저한 희생 위에 이루어진 것이었을지라도, 이런 이농향도(離農向都)의 물결 속에서 1950년대를 특징지은 농촌과 도시의 극적인 분리와 단절은 아이러니하게 해소되기 시작했다. 라디오, TV, 신문 등의 근대적 대중매체의 확산, 그리고 증가하는 학교 설립과 높은 취학률 등으로 진학열 또한 이미 보편화 일로에 있던 상태에서 양자의 문화적 대립은 1950년대만큼 격심한 것이 아니었다. 그리고 이렇게 일반화되는 '보편적/첨단의 우리'로 진입하기 위한 경쟁에서 가장 보편적인 단위는 바로 가족, 즉 핵가족 가구이기도 하지만 의미체적인 확대가족, 즉 '가문(家門)'이기도 한 집합적 행위자였다.[447]

(2) 성별화된(gendered) 우리: 가족적 기능주의와 여성의 오이코스적 역할, 그리고 '공적 존재인 우리'

1960년대부터 한국인에게 사회적 상승을 향한 교육, 즉 학벌의 획득은 가문의 영광, 집안의 부흥을 위해 가장 중시되는 과제였으며 이는 가족 내의 한정된 자원을 몰아주는 전략을 결정적인 것으로 만들었다. 이에 따라 아들, 특히 장남의 출세를 위해 차남이나 딸이 그 보조 역할에

446. 장경섭(1993: 221-22).

447. 경험적인 가족연구들에 따르면, 이렇듯 '가(家)'의 발전을 중심목표로 한 한국의 가족은, 가족이 인간적 제도로서 가진 주요한 측면 중 정서적 가족주의가 약하고 '유기적 행위자(corporate actor)'로서의 특징이 두드러진다(장경섭, 1995). 한국 가족에서 두드러지는 도구적 가족주의에 대해서는 조혜정(1986) 참조.

배치되고, 그에 대한 불만은 가문의 평화와 번성을 위해 억제된다. 이러한 상황에서 남동생, 큰오빠의 대학진학이나 고시합격을 위해 여공, 하녀가 된 누나와 여동생의 이야기가 등장하는데, 여기서 보듯 이러한 배치는 바로 하나의 총체로서의 가족을 위해서라는, 성별화된(즉, 남녀차별적인) 기능주의로 정당화되었다.

이러한 기능주의적 배치 속에서 여성의 또 다른 역할이 나타나게 된다. 도시화와 자본주의 경제의 확대, 국가 관료제의 확충, 정비 과정은 근대적 계급의 속성을 가진 '봉급생활자'라는 계층을 대량으로 만들어 낸 것이었다. 물론 여기에는 확대일로에 있는 노동계급도 포함하지만, 눈여겨볼 것은 이들 새로운 중산층(도시 화이트칼라, 공무원)의 등장과 맞물리는 (도시)전업주부의 등장이다. '전업주부'라는 새로운 사회적 범주는 1950년대에도 있던 현상이지만, 1960년대 들어 도시 일자리가 본격적으로 증가하고 많은 인구가 '월급 받는' 피고용인으로 전환되면서 등장한 상대적으로 새로운 '역할'이었다. 가사와 농사일이 중첩되던 농촌의 삶은 남자가 읍내에 나가 장을 보는 일도 드물지 않았고, 오히려 도시에 출입하면서 무언가를 사오는 일은 여자의 몫이 아니었다. 그러한 농촌의 삶과 그 연계에서 벗어나 도시라는 이식(移植)되고 상대적으로 격리된 환경에서 오로지 자녀 양육, 소비와 가계관리, 즉 가정경제(household economy)에 전념하는 전업주부라는 새로운 인구층이, 그것도 고급전문직이나 자본가계급만이 아닌 도시 피고용인인 화이트칼라, 공무원의 배우자인 거대한 사회집단이 등장한 것이다.

전업주부의 등장은 사회적 상승을 위한 전력투구가 가문보다는 핵가족 단위로 이동했다는 점에서 새로운 국면을 보여준다. 이와 더불어 피고용인 남편과 전업주부로 구성된 핵가족과 핵가족주의가 기본모델로 확산되었으며 친족관계는 친족 범위의 축소, 친족 유대의 약화라는 경향을 보였다.[448] 이러한 변화 속에서 여성이 가계의 재산관리(근검절약, 알뜰한 가계부 살림)와 자식교육을 담당하며 자기실현을 꾀하는 것이 새로운, 그리고 지속적인 양식으로 착근되기 시작한다.

물론 조선시대에도 시집간 여성에게 '현모(賢母)'의 역할은 '양처(良妻)'의 역할보다 중시되었다는 점에서 이는 새롭다고 할 만한 것이 아닐지 모른다. 이 시대에 훌륭하고 충실한 배우자가 되는 가장 결정적인 요건, 그 성패가 여성의 운명에 후대보다 훨씬 더 끔찍한 영향을 미치는 요건이 집안의 '통(統)'을 계승할 남아를 출산하는 것이었다는 점 또한 이와 관련된 것이다.[449] 하지만 전업주부라는 역할이 등장하면서 이 '통'의 계승, 가문의 영광은 어느 정도 물러나 앉고, 전면에 나온 것은 바로 핵가족 단위의 사회적 상승 경쟁이다. 이는 여전히 집단주의적이지만 내적 스펙트럼 속에서 개별화가 더 진행된 형태라고 말할 수 있다.

중산층에 진입하면서 이 전업주부의 모델을 구현하게 된 여성은 여전히 종속적이고 성차별적인 역할을 통해서이긴 하지만 자기의 권리와 권력공간을 부분적으로나마 실현, 확대했다고 볼 수 있다. 그럼에도 이러한 중산층 전업주부의 역할은 공동노동이 기본이던 농촌가구의 여성 역할이나, 여성도 돈벌이에 나서야 했던 도시빈민과 노동자 가구의 여성 역할에 비해 훨씬 수동적이고 주도적이지 못한 측면이 있다(노동 강도와 시간은 더 낮을 것으로 기대되지만). 물론 후자의 이런 좀 더 능동적인 역할

448. 함인희(1995: 59). 이러한 변화는 한국 가족에 대한 장기적 양적 지표에도 반영되어, 가족 규모, 즉 가구원 수는 평균 5.5명(1966)에서 3.8명(1990)으로, 총출산율은 평균 4.8명(1966)에서 1.6명(1990)으로, 그리고 가족세대 중 확대가족의 비율은 28.5%(1960)에서 14.8%(1985)로 변화하게 된다(같은 곳).

449. 한국적 사회조직에서 '가' 개념이 '통'이라는 역사적이고 통시적인 연속체의 이념과 관련되는 방식은 최봉영의 원래 논의(1994a: 26-40)나 그에 대한 이 책의 3장 2절에서의 짧은 요약을 참조할 것.

조차도 여성의 노력은 여전히 훨씬 더 기능적이고 '즉물(卽物)적인' 기여에 한정된 양상이었다는 것이 공통적이며 문제의 본질이다.

이를테면 가족 자원을 지원받고 집중 혜택을 보는 남성이 주로 장기적 목표, 즉 학교성적과 명문대 입학, 고시합격, 대기업 입사를 포함한 성공과 출세를 통해 가족과 집안의 위세를 드날리길 기대하는 반면, 한정된 자원 속에서 교육의 기회가 드물었던 여성은 남성의 목표에 기여하거나 생계 자체에 기여해야 가족의 일원이자 모범적 성원으로 인정받게 된다.[450] 그나마도 그러한 인정을 받으려면 남성에 비해 훨씬 열악하고 보상이 적은 노동조건, 비천한 노동, 사회적 위신과 체면(social respectability) 손상을 감수해야 했다.[451] 특히 마지막의 경우는 사회적으로 늘 지탄받는 '치맛바람', '촌지학부형', '일수아줌마', '복부인' 등의 현상에서 볼 수 있는데, 이는 역설적으로 기혼여성이 가족 내에서 가장 '기능적'으로 역할하는 모습인 동시에 사회가 이들에게 기대하고 할당한 역할이다. 사실 남녀의 이런 강제적인 역할 분담 혹은 차별은 시공간적으로 다소 일반적이지만 한국의 전통에서 그 대비가 더욱 극적이고 날카로운 것이었다. 그것은 오이코스(Oikos)적인 역할, 즉 기본 욕구충족, 생계, 재생산이라는 과제를 한국 여성에게 배정하는 한국의 전통을 보여준다.[452]

450. 김준(2002)이 분석한 1970년대 여성 모범노동자의 수기에는, 고향에 계신 부모님에게 집이나 농토를 사드린 경험이 자신의 자립과 학교 교육의 재개만큼이나 뿌듯한 성취로 기록되고 있다.

451. 여성노동자는 남성보다 훨씬 더 비숙련노동에 배치되고 승진할 전망도 없으며 그마저도 매우 젊은 여성에게만 열려 있었다. 그 외의 여성은 대부분 청소나 하녀, 파출부 등 '살림' 서비스 노동에 종사하거나 접대, 윤락업에의 종사만이 남아 있었다. 놀랍게도 1980년대 통계로 전체 여성 노동의 1/3이 바로 이 접대, 윤락업에 종사하였다(Elaine Kim, 1998).

452. 한국적 전통에 특유한 이러한 성별화된 성/속, 공/사 모델이 한국 현대사의 정치

위의 '현상'으로 수행되는 '기능성'이 있는데도 그러한 경멸적인 명명(命名)법과 비판의 시각이 여전히 긴 시간과 단절적인 사회변동을 가로질러 계속 유지되고 반복되었다는 사실은 매우 흥미롭다. 이는 문명화 이후 인류의 사회질서와 윤리의 제도화가 아무리 다양한 사회체제, 경제적 토대 위에서 구축되어도 그 저변에는 대부분 '여성혐오(misogyny)'라는 구조적 원리가 존재한다는 것을 보여준다.[453] 중산층 전업주부가 주로 담당한, 그리고 여성혐오적 명명에 처하도록 노정된 역할은 바로 교육열과 '내 새끼 제일주의'를 담당하는 성별화된 역할이었다.[454]

이처럼 여성혐오의 일반적 저변 위에서 할당된 여성의 성별화된 위상과 역할은 당연히 그에 대응하는 남성 역할과 남성성의 체계화된 고양(高揚), 성화(聖化)와 대면하게 마련이다. 증대하는 도시 중산층을 중심으로 점점 명확하게 등장한 또 다른 성별화된 모델이 바로 '공적 존재인 우리'라는 남성성, 남성적 결집의 양상이었다. 사실 '돈 벌어오는 데 전념하는 사람'인 남성의 모습과 그런 의미에서 '공적 영역'에 속하는 것으로 의미화되는 이런 성별화된 '공적 우리'는 여전히 농민이 다수를 차지했던 1950년대 인민에게는 완전한 것이 아니었다. 농사는 기본적으로 집 안과 바깥의 구분 없이 그리고 가족의 모든 구성원이 동원되는 '가족노동'의 성격을 갖기 때문이다. 따라서 아무리 집안과 자기 자식, 본처

주체성 모델과 어떤 관련성이 있는지, 그리고 2000년대 이후 그 모델에 일어난 변용에 관해서는 졸고(2014)를 참조할 것.

453. 여성 정치사상가 진 엘쉬테인이 편집한 연구논총(Elshtain, 1982:ed)은, 정치라는 인위적이고 성화된 영역과, 가족과 여성이라는 자연적 단위를 어떻게 이론적으로 관련짓는지가 플라톤 이래 서구정치사상의 대가들의 이론에서 얼마나 중심적이고 기본적이었는지를 보여주는 훌륭하고 계몽적인 연구들을 담고 있다.

454. 물론 그럼에도 이 '내 새끼 제일주의'라는 특유하게 과도한 한국적 양상은, 어느 문화에서나 보편적으로 기대되는 여성의 역할과는 별개로 그 결정조건, 기제에 대한 비교사회적 고찰이 추가적으로 요청되는 현상이다.

를 나 몰라라 하는 '난봉'과 축첩(蓄妾)이 성행했다 할지라도(혹은 반대로 바로 이 점에 비추어볼 때),[455] '공적 존재인 우리'라는 남성성, 남성상은 산업화의 일정한 진전에서 출현하는 '고용(雇傭)사회'의 도래로 비로소 '대중화'한 것으로 생각된다. 한국 남성의 남성성 탄생을 자전적으로 구성하는 책에서 발췌한 다음의 일화는 이 공적 존재인 성별화된 우리에 대해 많은 것을 보여준다.

> 1966년, 그러니까 내가 초등학교 3학년 때의 일이다. 김기수 선수가 이탈리아의 벤베누티를 꺾고 대한민국 역사상 최초로 프로복싱 세계챔피언에 오른 일이 있었다. 당시 그것은 2002년의 월드컵 4강처럼 국가의 위상을 높인 역사적 사건이었다. 그날은 아버지 친구인 유승근 아저씨도 우리 집에 오셨다. 15라운드 사투 끝에 김기수 선수가 '이겼다'라는 판정이 내려지자, 아저씨는 약간 울먹이면서 "여보게, 드디어 우리나라에도 세계챔피언이 탄생했어!" 하고 말했다. 그러자 아버지 역시 감격한 듯 "정말 기분 좋은 일이군. 우리 나가서 한잔 하세!" 하고 말하며 아저씨와 함께 집 밖으로 사라졌다. '아버지 공간'은 그처럼 멋지고 의미심장한 일이 벌어지는 곳이었다. 아니, 똑같은 일도 '아버지 공간'에서 벌어지면 색다른 의미를 띠었다. 그런 의미에서 '아버지 공간'은 외부의 소식을 전해주는 라디오처럼 중요한 물건이 놓일 수 있는, 우리 집의 유일한 공간이었다.[456]

여기서 눈에 띄는 점은 아버지, 즉 성인 남성은 그들끼리만 이해하는 공간에 있으며 그 공간은 민족과 국가와 같은 거창한 것을 논하는 '성화된' 자리라는 것이다. 이 '공적 자아'의 장소가 갖는 격과 권위는 집단의 단위가 커질수록 더 높아진다고 사고하는 경향이 있다. 다시 말해 직장,

455. 축첩은 1960년대까지도 드문 일이 아니었다.
456. 전인권(2007: 31-32).

결사체에서 정치, 국가, 민족으로 나아가면서 공공성의 아우라와 도덕적 권위는 높아지고 이는 다시 직장과 결사체에서 일어나는 일들에 대한 정당화와 성화(聖化), 그리고 성별화된 영역 방어의 수사(修辭)로 작동한다.

여기서 핵심은 이러한 공간이 세속화된 것, 가족적인 것, 부분집단적인 것, 가내적·가정적인 것(the domestic)과 대립하는 장소이고, 남성은 그런 공간 속에서만 존재하고 존재해야만 하는 공적 존재라는 것이다. 남성만이 이처럼 '성화된 전체성'의 장소(반드시 민족, 국민이 직접 문제되지 않더라도)에서 서로 뭉칠 수 있는 존재라는 것이 '바깥양반'이라는 남성의 집단적 정체성과 이들만의 친교(親交)에 몰두하는 것을 정당화한다. 처자식은 그것을 나눌 '깜냥'이 안 된다는 의식은 전통의식이 강할수록, 하지만 현대화 과정에서도 대단히 기능적인 역할을 하며 여전히 강고하게 지속되었다.

일반 남성에게 군대와 회사는 바로 이런 공적 존재로서 가장 보편적이고 중심적인 친교 공간이며 그에 합당한 '사회적' 규칙을 습득하고 실천하는 곳이다. 거대한 규모의 징병제에서 거의 모든 남성이 현역으로 복무해야 하고, 특히나 1950년대에 장년층에 도달한 세대가 많은 경우 6.25전쟁에 참전하여 실제 전투를 겪어보았다는 점에서 군대는 한국 남성에게 대단히 결정적인 사회화의 장소이다. 이러한 체험과 그에 고유한 규칙의 체화 여부는 한 남성이 같은 '우리' 내에 있는 존재로 간주되고 '사회생활'에서 성공하는 데 매우 결정적이다.[457] 이를 보여주듯 직장 내의 관계는 자주 '군사용어'로 정의되고 조율되는데, 조직생활, 단체생활

457. 이를테면 정치인 손학규의 경우, 그의 정치적 캐릭터에 대해 가해지는 잦은 부정적 평가 중 하나는 "팔부 능선을 같이 넘는 전우의 의리와 맛이 느껴지지 않는다"는 동료 정치인들의 평가였다.

에서 ‘내무반’, ‘짬밥’, ‘고참’, ‘신참’ 등의 용어는 빈번하게 활용된다.

한국 남성을 ‘일중독자’로 만드는 요인은 이런 배경과 밀접한 관련이 있다. 이 ‘우리’의 장소인 회사, 직장, 일터가 제공하는 자기승인감(self-validation), 돈 버는 ‘능력자’인 남성이라는 남성성의 이상, 그리고 그것을 실현할 때 성취하고 유지하는 자부심과 그것을 추구하는 존재가 겪는 애환과 ‘외로움’을 나누면서 생겨나는 집단의식, 정체성 등이 그것이다. 이 점이 바로 한국에서 유별나게 강하다는 가족주의가 ‘집 밖으로만 나도는 남편과 아버지’를 그 구성요소로 갖는 이유이다.

이러한 양상에서 육체 노동자 또한 예외는 아닌데, 특히 자동차, 조선, 철강, 금속, 화학 등 중공업에 종사하는 노동자는 이와 유사한 남성주의적 의식을 통해 ‘말랑말랑한’ 제품과 노동과정으로 특징지어지는 섬유, 의류산업, 유통, 서비스업계의 여성 노동자, 그리고 ‘여성적’ 노동자와 자신을 구별하였다. 이들은 스스로를 단단하고 강한 철강 노동자, ‘숙련 노동자인 우리’, 외부인의 눈에 ‘초인’으로 보이는 집단, 강한 남성으로 표상했다.[458] 이들은 이러한 자부심에 의거하여 수출과 산업화라는 민족적 과업, 국가적 과제의 선봉에 서서 국가의 국민적 동원에 화답했고 노동조합운동에 미온적이었다.[459]

‘성별화된 우리’인 남성 중공업 노동자들의 이러한 자의식과 정체성은 그 사회적 결과에 있어 대단히 양면적이고 양가적이었다. 먼저 그것은 사용자나 동료 남성 노동자들이 단순조립, 경공업, 비숙련노동에 종사하는 여성들의 일자리를 결혼이나 다른 직종으로 가는 도정에서 잠시 ‘머물다 가는’ 것으로 치부하거나, 해당 여성 스스로 그렇게 사고하도록 ‘유도’하는 것이었다. 그것은 당연히 성별을 가로질러 노동자의 정체성

458. 정희진(2006: 415), 김준(2006: 279, 282).
459. 김준(2006), 김보현,(2006), 이상록(2006).

을 보편화하는 것을 저해하는 결과를 초래했다. 위의 여성 노동자를 탄압하기 위해 모인 남성 관리자들, 남성 구사대(救社隊) 또한 남성주의적 담론에 기반한 그러한 인식에 근거하여 그들의 불법적 탄압과 집단이기주의적인 배제를 정당화하고 강화했다.[460] 아이러니하게도 뒤에서 보는 바처럼 남성 노동자들의 이러한 성별화된 '우리'는 1987년 노동자대투쟁에서 주력이던 중공업, 대기업 사업장에서 그 투쟁의 응집성을 낳은 원천이기도 했다.[461] 하지만 그것이 간직한 이빨은, 그렇듯 성(性)을 그 주요 표지판으로 구축된 한국 노동시장의 성층화(成層化) 속에서, 이후 비정규직을 노동/자본 간의 집단협상에서 배제하려는 의식으로 다시금 등장하기도 하였다.

하지만 남성성은 남성만이 아니라, 공적이고 직업적인 생활 경로가 근본적으로 차단되어 있거나 본질적인 유보하에서만 사회적으로 허용되던 여성 또한 소비하는 것이었다. 집 안에서 살림만 하는 전업주부는 근검절약으로 국가경제에 기여한다는 의식을 내면화하고 반상회나 부녀회에서 국가시책을 전달하는 최말단 단위로서 자부심을 품곤 하였다. 접대산업에 종사하는 여성들조차 '국민경제'를 이끌어가는 남자들의 업무스트레스를 풀어줌으로써 사회적 기여를 하는 떳떳한 국민으로 스스로를 인식하고 위안하는 경우도 있었다.[462]

1970년대의 새마을운동이 농촌 여성의 삶에 끼친 영향 중 주목할 만한 것은, 이 운동에 참여함으로써 공적 공간에서 타인을 만나 교류하고

460. 정희진(2006: 417-18), 김원(2004). 당시 사측은 "남자가 어떻게 여자(위원장) 밑에 있을 수 있냐"는 식으로 남성 노동자들을 부추겨 어용노조와 구사대를 만든 반면, 여성 노동자들은 "우리끼리 이러면 안 된다"며 남성 노동자들을 감싸안았다(정희진, 위의 글, 417-18).

461. 김보현(2006).

462. Elain Kim(1998).

공적인 일에 참여하고 실행하는 기쁨을 그들에게 제공했고 이 점이 이들을 운동의 선두에 나서게 하였다는 사실이다.[463] 여기서 중요한 것은 문제의 핵심이 이 여성들이 자신의 참여를 합리화했던 민족주의적, 국가주의적 수사에 있지 않다는 것이다. 오히려 그것은 이러한 참여와 담론을 통해 그들이 얻게 되는 자신의 삶의 정체감과 효능감(efficacy)에 있다. 요컨대 새마을운동이라는 공간은 이들이 개인적인 동시에 집합적인, 혹은 '사회적인(societal)' 효능감을 획득하는 장소로 작용한 측면이 있으며, 거기에 참여했을 때 이들이 얻는 주체성, 주체됨의 기쁨이 이들의 열정적 참여를 이해할 수 있게 한다.

산업화시대 한국인의 이런 모습은 개개인의 욕망 추구, 세속화와 개별화로만 묘사되던 이들이 사실 그 이면에는 얼마나 '우리', 즉 단지 부분적인 우리가 아닌 보편적인 우리로서의 국민, 민족에의 참여를 고대(苦待)하고 있었는지를 보여준다. 민족, 국가라는 최상위의 '전체'와 일체화되고 있다는 감정은 의리와 절개가 사라진 사회적 삶 속에서 도덕적 정체성의 공백과 공허함을 채워주었다. 이제부터 보게 될 한국인의 안식처, '향토적/연고적 우리'는 한국적 현대화가 낳은 이런 공허함과 박탈감에 대한 또 다른 한국적 대응이자 현대화를 향한 도구였다.

(3) '향토적/연고적 우리': 가상화된 소속과 체면, 그리고 이익추구/승인을 위한 닫힌 우리

대한제국 시기 이래 한국적 현대화는 공간적, 사회적으로 극심한 이동과 변화, 그리고 그에 따른 적응, 정착, 이식의 삶을 한국인에게 부과하

463. 황병주(2004: 500-502), 정희진(2006: 416). 그리고 이러한 '보상'은 공장새마을운동에서 표창을 받은 여성 노동자들에게도 동일한 것이었다(김준, 2002: 588).

였다. 그것은 개별적 이익추구와 경쟁, 그로 인한 갈등이 낳는 불신과 자기격리, 공리주의적인 계산의 세계에서 벗어나 쉴 수 있고 신뢰할 수 있으며 의지할 수 있는 '신뢰네트워크(trust networks)'[464]를 필요로 한다. 한국인의 '향토적 우리'의 세계는 그런 신뢰네트워크이자 일종의 '이식된 고향'으로, "자신의 출신 지역 간판을 건 술집에서 마음껏 사투리를 쓰며 밤새 술을 마실 수 있는"[465] 고향 친구들과 함께하는 공간이다. 앞서 보았듯이 일제강점기 이래 '향토소설'의 서정성이 대변하는 것은 바로 이 '향토적 우리'로서의 한국인의 모습이다.

향토적 우리는 동시에 '연고(緣故)적 우리'를 포함한다. 이러한 우리 의식은 자연의 '우리화' 그리고 고향의 '가상화'라고 할 수 있는데, 한 개인이 자신을, 그가 가진 어떤 귀속적 특성으로 인해 속한 전체의 일부로서 자주, 그리고 지배적으로 지각하는 태도이다. 이 공유된 태도 속에서 특정한 귀속적 속성을 공유하는 사람들의 집합은 그 자체로 정감 있는 공동체로 작용하여, 그들과 밀접한 교류를 유지하고 집합적 행위의 '망(網)' 내에 '뭉쳐 있어야' 한다는 강박, 습속으로 이어진다.

이러한 연고적 우리는 대면적인 것 이상을 넘어서서 '가상화(virtualization)'되는 경우가 비일비재하다. 다시 말해 면식(面識)적 세계를 넘어 확장되어, 이렇다 할 교류나 친분이 전혀 결여된 타인도 위의 귀속적 공통점만 있으면 그의 성공이 나의 성공이고, 어떻게 해서든 그에 기여하거나, 더 흔하게는 그로부터 이득을 얻을 통로를 모색하게 된다. 이처럼 연고에 기반한 사회적 이합집산을 자연스럽게 생각하는 한국인의 모습은 앞서 조선후기에 '사회문제'화된, 관직에 오른 한 개인에 의탁하여 살아가는 수많은 인척, 식객 등 기생인구의 모습으로 볼 수 있

464. Tilly(2005, 2007).
465. 박헌호(2001: 107).

듯이 그 전통이 꽤나 길다. 일제 총독부가 이런 조선인의 모습을 '빌붙어 사는 버릇이 있는' 민족성으로 강조했음을 또한 앞에서 보았다.

우리는 '한 집안', '동향', '동창', '동기', '동포', '한 민족'과 같은 말들이 이런 의식을 여러 수준에서 대변하는 것임을 잘 알고 있고, 이처럼 공유하는 테두리 내에 속하는 다른 이의 성공에 열광하는 많은 모습도 알고 있다. 이를테면 '집안의 큰 경사(慶事)다', '우리 지역의 자랑'이라는 표현이 그러하다. 특히 박찬호 선수 이래 한국인 '선진 리거(leager)'에 대한 열광은 스포츠뿐 아니라 다른 영역에서도 문외한들조차 해당 종목, 분야의 전문가로 만드는 열풍을 불러일으켰다. 2005년에 일어난 '황우석 사태'의 큰 파장과 후유증도 애당초 이런 한국인의 열풍에서 기인한다. 요컨대 그가 누구이든 무엇을 하는 사람이든 성공을, 특히 세계적/국제적 성공을 거둔 사람은 바로 내가 속한 집단의 '대표선수'로 맹목적인 열광과 지지의 대상이 되는 것이다.

동일한 논리 속에서 향토적/연고적 우리는 자신과 동일 연고, 공통성이 있는 사람이 받는 오명과 비난을 자신의 것으로 번민하고 자신에게도 동일한 공격이 가해질까 봐 전전긍긍하는 모습으로 드러나기도 한다. 이는 향토적/연고적 우리가, 한국 집단주의에 지배적인 도덕적 공방(攻防)과 예민한 도덕적 감수성을 대변하는 '체면과 얼굴이 귀속되는 우리'를 내포하며 그 단위로 작동하고 있음을 보여준다. 이처럼 오명을 뒤집어쓸지도 모를 '우리'와 관련된 '나'의 모습을 상당히 극적으로 보여주는 사례가 하나 있다. 1970, 80년대 한국이 아닌 외국에 거주하는 한인에게 일어난 사건이다.

2007년 4월 미국 버지니아주 버지니아텍대학교(Virginia Tech University)에서 한국계 미국인 조승희라는 학생이 총기를 난사하여 수많은 사상자가 발생하였다. 당시 미국 언론과 여론은 이 문제를 조승희 개인의 정신질환에 초점을 맞춤으로써 그것을 인종문제로 여기지 않았다. 그런데 이 사건을 처음 접한 당시 미국에 머무르고 있던 대부분의 한국인은 (주류)미국인이 자신을 어떻게 볼까 하는 극도의 불안과 공포에 휩싸였다. 당시 전국네트워크를 통해 방송된 뉴스에서 조승희의 부모가 살던 버지니아주 근교에 있는 한인교회에 수많은 한인이 출석하여 밤새 울면서 그 사건의 희생자에 대해 기도하는 모습이 방영되었다. 필자는 이 장면을 보고 이들이 희생자에게 가졌을지도 모를 '진정한 공감'보다는 자신들도 이토록 책임을 느끼고 있으니 우리를 '적'으로 여기지 말아 달라고 필사적인 호소를 하는 듯한 느낌을 받았다. 설령 이들의 감정이 단순한 '미안함'에 불과할지라도 그 '넓은 책임범위 설정'은 그 자체로 상당히 특이한 것이라고밖에 할 수 없다. 아이러니하게도 정작 주류 백인계 시민이나 미국에 오래 머물렀고 동포 한인과의 접촉도 적어 거의 문화적으로 동화된 한인은 아예 그쪽으로는 생각도 미치지 않는 것으로 보였다. 오히려 '집단'으로서의 '한인(韓人)'이 어떤 면에서는 '지레 겁을 먹고' 자기 가족의 죽음보다도 더 울부짖고 슬퍼하는 과장된 몸짓을 '연출'한 것이 아니었나 생각한다.[466]

물론 이런 장면에는 특정 범주의 인종, 문화집단(ethnic groups)으로 서로를 일차적으로 인지하는 다인종사회로서의 미국이라는 배경도 작용하고 있고, 소수인종 중에서도 특히나 소수인 한국인이 가진 위축감과 미국 주류사회에 대한 '눈치 보기'도 작용했을 것이다. 하지만 과연 그뿐이었을까? 한국인은 타국이 아닌 자기 나라에서도 이와 유사한 의식 속에 살고 있는 것은 아닐까? 필자는 당시 버지니아주 내 다른 학교에

466. 이 점은 미나미 히로시(1983: 50)가 제2차 세계대전 패전 후 일본인 전체가 공유하는 '동죄의식(同罪意識)'으로 일본적 자아의 한 측면을 명명한 것과 외견상으로는 유사하다.

서 공부하던 유학생들도 이 사건 때문에 심각한 불안과 침통함에 빠진 것으로 기억한다. 그것은 단지 총기 폭력이 낳은 비극에 대한 인간적 슬픔과 공감에서 기원하는 것으로 보이지 않았다. 여기서 볼 수 있는 것이 바로 '체면'이라는 한국인의 '대외(對外)적인 얼굴'의 단위로 작용하는 향토적/연고적 우리의 존재이다.

현대 한국 사회에서 이렇듯 강한 수치심의 귀속체인 '우리'에 대한 의식은 가족 밖 집단에서 '집단화된 체면'을 구축하고 유지하려는 다양한 노력으로 등장한다. 이러한 체면을 구축하려는 개개인은 물론 앞서 일제강점기 당시 출세의 목표에서 보듯 명망(名望) 높은 집단에 소속하는 것이 가장 일차적인 과제이다. 하지만 일단 소속되거나 본래부터 '귀속적인' 집단 속에서 내가 소속한 집단을 도덕적으로, 남보다 우월까지는 아니라도 흠결이 없는 하나의 전체로, 일종의 '윤리적 권위체'로 사고하고 선전하려는 일은 그와 마찬가지로 중요하다. 이러한 노력은 일상적으로 다양한 종류의 '기관'이나 '단체'라 할 만한 조직에서 자주 관찰할 수 있는데, 그것이 드러나는 주요 양상 중 하나가 바로 내부 구성원끼리 비밀을 철저히 공유하는 양상, 그리고 내부 구성원이 집단 외부에 대해 구축하는 신경증적 수준의 방어적(defensive) 태도이다.

이런 모든 면모는 특정한 집단 구성원 개인의 비리나 추행에 대한 폭로, 고발이 일어났을 때 집약적으로 드러난다. 이러한 사건은 비리 당사자가 설령 해당 집단을 대표하는 최상급자가 아닌 평범한 일개 구성원일지라도 개개 구성원들에게는 '나'를 포함한 모든 '우리'의 체면과 권위가 침해된 것으로 인식된다. 특히 이런 일이 내부 고발자로 인해 일어난 것이라면 수많은 '선후배'가 이를 진화(鎭火)하기 위해 동원되며, 고발자가 특정 직역공동체에서 영구 추방될 수 있다는 식의 노골적인 환기와 위협이 가해지는 것이 전형적이다. 이때 문제되는 비리나 추행의 심각함, 그에 대한 개선의 사회적 의의에 대한 고려는 이들 '내부인'에게는 전혀 고려 대상이 아닌데, 이는 심지어 자신들 또한 그 문제의 직접 피해자일 경우에도 자주 그러하다.

한편 한국인의 사교생활이 향토적/연고적 우리의 틀 속에서 주로 행해졌고 현재에도 그러함은 잘 알려진 바이다. 특히 연고공유 집단인 동창회나 재경(在京)향우회 모임 등이 전형적인 예이다. 하지만 한국인은 이처럼 일차적인 사교 공간으로 등장하는 향토적/연고적 우리 속의 교류를 통해 단지 멀리 있는 고향에 잠시나마 돌아가거나 자신의 내면적 욕구를 충족하려고만 하는 것은 아니다. '고향'과 신뢰할 수 있는 '남'을 찾는 이 연고적 우리는 각자의 물질적 이익을 확보하기 위한 수단, 네트워크로서 '닫힌 우리'를 구성하는 경우가 많다.

초기 산업화 과정은 늘어나는 국가기관과 민간기업에 필요한 인력이 절대적으로 부족한 상황이었고 이를 보편적이고 근대적인 기준으로 충원할 기제 또한 마련되지 않았다. 당시의 인력채용은 기본적으로 확대된 친족 범위에서 시행되거나 연고적 알음알이에 따른 것이었다. 1962년에 최초로 공채를 시작하면서[467] 보편적인 능력주의 기준에 따른 공개 채용이 점차 확대되었지만 사회 곳곳에 뿌리내린 연고주의적, 정실(情實)주의적 관행은 생명력을 유지하였다. 특히 그것은 1970년대 대기업이 재벌로 전환하는 과정에서 거대 조직의 각급 간부의 승진과 충원에서 관행으로 정착하였다. 그리고 교육을 향한 열망이 낳은 명문고, 명문대의 출현은 독점 열망을 가진 파벌들로 사람들을 분할하여 연고주의적이고 학벌주의적인 무리지음을 단지 경제계, 취업뿐 아니라 학문, 정치, 예술 등의 다른 사회 영역으로도 확산시켰다.

467. 권태준(2006).

설령 그처럼 도구적이고 이익추구적인 '카르텔(cartel)화'의 수준은 아닐지라도 향토적/연고적 우리는 단순히 '사무치게 그리워하는' 어떤 것으로만 낭만화할 수 없는 모습을 함유하고 있다. 앞서 우리는 고향과 가족을 떠나 도시로 몰려든 수많은 사람의 모습을 보았다. 향토세계, 떠나온 고향, 가족에 대해 이들이 갖는 절절한 마음, 그리움이 허구는 아니겠지만 우리는 이들에게 이런 질문을 던질 수 있다.

"그렇게 그리울 거면 애초에 왜 떠났나?"

고향은 그리운 곳이지만 그렇다고 다시 돌아가서 살 생각은 없는 곳이다(최소한 은퇴하기 전까지는). 그곳은 다만 도시로 가서 살고 있는 사람, 서울에서 살고 있는 사람의 자격으로 가끔 돌아가서 옛 추억에 잠기고 자신이 잘 나가고 있음을(최소한 번듯하게 살아가고 있음을) 원(原)가족과 옛 이웃, 옛 친구, 친족, 마을사람 들에게 과시하는 공간이다. 이런 맥락에서 고향은 '연고가 있는 시골'로 더 정확히 정의할 수 있으며, 동일한 이유로 서울 출신은 고향이 없는 것이다. 김우창은 이러한 문제 상황을 다음과 같이 표현하였다.

> 그가 시골로 돌아갈 수 있으려면 그것은 시골의 삶으로부터 삶의 에너지를 앗아가 버린 세계를 극복함으로써만 가능하다. 힘의 중심부에 진출한 다음이거나 아니면 현실적으로든 이념의 세계에서든 더 큰 세계를 얻은 사람만이 다시 자신의 시골로 되돌아갈 수 있다. 이러한 귀향의 손쉬운 예는 도시에 나가서 돈을 벌고 출세한 사람의 경우에서 볼 수 있다. 그는 바깥세상을 자기의 것으로 하였기 때문에 자신을 가지고 옛 고향으로 돌아올 수 있다. 물론 그가 진정으로 완전히 돌아온 것은 아니다. …자신의 집을… 자기의 고장을 새로이 치장하고 재건하지만 그것을 가능케 하는 힘은 전적으로 보다 넓은 세계에서 온다. 그의 명성도 물론 상당 부분 밖의 세계에서 빌려오는 것이다.[468]

1970년대 사람들은 자동차도로 상황이 아무리 열악해도 차례를 지내기 위해 '자가용'을 10시간 이상 끌고 귀향하였다.[469] 고향집, 부모집 앞에 세워놓은 이 자가용은 도시, 서울로 떠난 자신의 성공을 '옛 우리' 앞에 과시하는 상징이었던 것이다(말 그대로 '금의환향(錦衣還鄕)'의 순간).

이처럼 우리는 한국 가족주의와 그 확장인 향토적/연고적 우리의 외관 뒤에 단지 가족을 위해서 희생하고 그들과 끊어진 연계를 그리워하는 것 이상의 다른 것도 있음을 알 수 있다. 그것은 가족, 그리고 그와 유사하게 강한 애착을 갖는 집단으로부터 한 개인이 얻고자 하는 인정과 승인이다. 이렇듯 '나'와 '자기'를 수립하고 주장하려는 열망에서 유래하는 지향은 여러 가족 외 모임과 집단에서 유사하게 발견된다. 한국인의 사교모임이나 친척 모임, 경조사(慶弔事) 등의 참석률은 흔히 돈을 많이 벌고 어느 정도 성공했다 싶으면 활발해지고, 사정이 나빠지거나 노년에 이르러 자식의 대학진학이 신통치 않으면 뜸해지는 경향이 있다.[470] 즉, 사회에서 위치한 자리가 안정되지 않은 사람은 이런 자리를 꺼리게 되는데, 혹여 어쩌다 가게 되면 대부분 자신의 성공을 뻐기는 친인

468. 김우창(1992: 382-3).

469. 1980년대 이후 출생한 한국인에게 이 '자가용(自家用)'이라는 말은 매우 생소하거나 '차'라는 말이 있는데 굳이 왜 이 말이 있어야 하는지 이해하기 힘들 것이다. 하나의 언어표현은 생활의 필요에 따라 출현한다. 우리는 이 말을 통해 1960, 70년대 당시 자동차의 주류는 개인용 차량(personal, private automobile)이 아니라 영업용 차량인 택시나 화물트럭이었음을 추측할 수 있다. 그렇기 때문에 당시에는 '자가용', '승용차(乘用車)'의 소유 자체가 고위직이나 부유함의 상징일 수 있었다. 이 두 단어는 자동차 총 등록대수가 2,280만 대(2018년 6월 현재)이고, 그마저도 레저용, 통근용 등으로 세분화된 현대 한국사회에서는 거의 쓸모를 상실했다.

470. 한국인의 생활기록물 녹취 프로젝트의 일환으로 출간된 『아포일기』(이정덕 외, 2014)에서 일기의 저자인 1930년생 정미소 주인의 일생을 보면, 중장년 시기에 사교생활의 활발함을 결정하는 것이 자신이나 배우자의 출세, 성취 정도라면 노년에서 사교생활의 활발함을 결정하는 것은 바로 자녀의 사회적 성취의 정도라는 것을 알 수 있다. 자녀가 대학을 못 가자 저자는 모든 모임에의 발을 끊었다.

척, 동창, 고향친구의 모습에 진저리를 치거나 실제 이상으로 자괴감에 빠져 집에 돌아오게 된다.

이렇듯 사심 없어 보이는 모임 참석에도 그 속에는 자신을 인정할 '우리', '우리'에게 인정받는 '나'를 획득하려는 노력이 깃들어 있는 경우가 많다. 일본인의 관찰에 따르면 한국인은 출세하여 자기를 푸대접하던 사람들이 자신 앞에서 쩔쩔매는 꿈을 품고 산다.[471] 이는 '전통주의적(traditionalist)'이라고 부르기는 어렵지만 한국적인 고유성 속에서 대단히 전통적(traditional)이라고 할 수 있는 욕구인데 이때의 '우리'는 '나'도 '남'부럽지 않게 살고 있음을 과시하는 데 필요한 청중이자 무대이다. 요컨대 이 향토적/연고적 우리 속에는 돈과 출세라는 두 목표를 향해 달려가면서 잠시 휴식하는 곳, 그리고 그 목표를 위한 도구의 양상이 있으며, 나아가 이미 부와 출세를 이루었다면 그것을 인정해주고 그에 따라 '나'를 '대접'하는 '우리'에 대한 필요 때문에 '호출'되기도 한다는 복합적인 측면이 존재한다.

지금까지 본 우리 의식의 유형은 국가 주도의 현대화, 개발지향적인 박정희 정부의 산업화 프로젝트하에서 착실히 발전하여 일종의 발전주의적 사회문화 '패키지(package)'의 미시적, 중위적 요소로 자리 잡게 된다. 각각의 '우리 의식'이 터한 집단은 차별과 서러움, 열등감, 수치, 박탈 등의 감정이 문제되는 단위이자 그로부터 벗어나려는 노력이 결집되는 집합적 행위자라고 할 수 있다. 개개인은 이 집단과 자신을 동일시하고, 나아가 그러한 동일화(identification) 의식의 관성 속에서 자신을 회사, 동기동창, 동향인, 직업집단, 민족, 국가(최소한 공식적인 발화 속에서는)의 운명과 일체화할 수 있었다. 이들은 '위로부터의 프로젝트'와 함께 한국 산

471. 가세 히데아키(1988).

업화 시대의 '유기적 연대'를 구성한 본질적 요소였다. 이들은 거창하고 거대한 정치경제적 현실의 틈바구니에서 언뜻언뜻 모습을 드러내는 비루한 일상의 삽화만은 아니다. 그것은 개개인의 인생의 '의미'를 이루는 것인 동시에 인생의 단단한 '밑천'으로 어떤 불편함도 감수하면서 개개인이 지키고 유지하고자 하는 것이었으며 지금도 그러하다. 이제까지의 다양한 '우리' 의식들은 산업화 시대 한국인이 살아갔던 일종의 사회구성체(social formation)로 한데 묶을 수 있지만, 이들의 상호관계는 마냥 조화롭고 기능적이기만 한 것은 아니었다. 이들은 서로 갈등을 일으키고, 궁극적으로 박정희주의적 유기적 연대의 내적인 모순, 균열의 원천이 된 동시에 그에 대한 저항운동, '역운동(counter-movement)'의 원천으로도 작용하였다.

4. '근대화'의 불만-민주화: 저항과 참여로 되돌아선 '우리'의 속내

앞서 본 장의 2절에서 엘리트와 대중의 이원적 구조에 유념해야 할 필요성, 그리고 한국 산업화를 설명하는 기존 논의가 전자에만 사회적 의의와 인과적 결정력을 부여했음을 비판적으로 논의했다. 사실 이러한 논점은 한국 민주화에 대한 기존 설명에 대해서도 시사하는 바가 있다. 여기에서도 강조되는 것은 공평무사하고 헌신적인 지도자, 선도 집단의 역할이며 이는 산업화에 대한 앞의 주장과 공유되는 흥미로운 공통점이다. 이들 논의에서 민주화는 아무리 수사적으로 '위대한 민중, 국민'을 찬양할지라도 기본적으로는 사회운동, '재야(在野)', 그리고 비판적 지식인의 작품으로 간주된다. 그에 따라 민주화에 수반된 부정적인 양상들, 특히 지역주의와 지역감정에 지배되었던 1990년대 대중정치의 주요 양상 같은 것은 지역주의적 정치지도자와 무책임한 정치사회가 저지른 민주화의 왜곡으로 묘사되는 것이 일반적이다. 하지만 실상을 살펴보면 산업화와 유사한 엘리트-인민대중의 이원적 구조와 후자의 자율적 논리는 민주화 과정에서도 식별할 수 있으며, 산업화의 진전에서 작동했던 집단주의적 행동유형의 복합적 역할 또한 여기서도 발견할 수 있다. 요컨대 산업화로서의 '근대화'를 향한 일체화에 동조하고 열광하는 듯하면서도 이내 되돌아서서 저항하고 정치적/공적 참여로 태도를 바꾼 한국적 '우리'의 자기논리와 과정이 바로 민주화 과정을 낳은 다양한 사회적 힘과 결을 구성하였다.

(1) 기업과 노동의 세계: '함께 잘살기'의 모순과 대항 집단화

국가 엘리트와 민간 자본가가 전체 사회에 부과하고자 한 집단주의는 군대식 상명하복(上命下服) 체계를 활용하여 생산의 효율성과 비용 절감을 극대화하고, 이를 위한 노동력 착취와 자원의 전용(轉用), 불평등/불균형 배분을 가족주의적 문화와 민족주의적 명분으로 포장하고 애써 정당화하는 '함께 잘살기'의 기치에 의거한 것이었다. 이렇듯 산업화 시대 상층부는 민족, 국가와 일체화라는 수사에 의해 스스로 권위를 구성하려 했고 자신의 또 다른 각자도생의 면모를 합리화하며 그렇게 외관을 꾸미는 데 능란해진 것이다. 앞서 본 장의 2절 (2)에서 살펴본 한국 산업화에 관한 이론은 의도적이든 비의도적이든 이런 수사와 이데올로기를 뒷받침하는 역할을 수행하였고, 이들 일체화의 주장과 요구, 진단은 조만간 균열과 위선, 허위의 모습을 드러낼 수밖에 없었다.

무엇보다 한국의 초기 자본가가 성장해온 모습이 그러한 주장과 요구의 위선성과 허위성을 예증하고 있다. 조선말기 차별과 푸대접을 받는 신세에서 출발한 이들 중 많은 사람이 돈을 벌기 위해 무슨 일이든 닥치는 대로 하며 편법과 탈법을 서슴없이 저지르면서 기업을 성장시켜왔다. 설령 명문가 출신에다 대단한 재력을 갖고 출발했을지라도 이들은 기업을 보존하기 위해 일제 총독부와 같이 정당성 없는 정치권력에 반드시 협조해야 했다(사실 민주화 이전의 한국의 정치권력은 대부분 정당성을 충족한 경우가 드물었다). 그것은 태생적으로 그리고 한 번도 정치권력의 비호와 지원으로부터 자율적인 자신의 영역을 구축한 적이 없었다.

물론 이러한 정황은 한국 자본가, 부르주아의 잘못으로만 돌릴 수 있는 것은 아니다. 하지만 그것이 불가피한 역사적 맥락 때문이라 할지라도 여전히 변치 않는 것은 이들의 국가의존성, 비자주성 그리고 허약함이다. 한국의 상인계급, 자본가계급은 현대사를 통틀어 한 번도 자신의 정당성을 스스로 논리에 근거하여 확보한 적이 없고, '헤게모니(hegemony)'를 행사하는 지배계급으로서 지도력을 발휘한 적도 없다.[472] 다른 식으로 말하면, 한국의 자본가계급은 기실 권위가 아닌 권력, 그것도 정치/국가 권력에 깊이 의존하는 경제적 권력에 근거하여 지배했고, 이러한 권력을 가진 것을 그 권위의 근거로 삼았다. 아무리 무능하다 하더라도 권위의 구축에 집중하던 조선의 양반에 비하면 개항기 이후 한국 부르주아는 지배계급으로서 매우 허약하고 권위 없는 존재였다.[473]

이러한 진단은 정주영, 이병철, 김우중 등 재벌총수들의 창업신화와 행적이 갖는 대중적 매력과 호소력을 생각할 때 꽤나 빗나간 것처럼 보일 수 있다. 이러한 신화나 그들의 지도력, '말'이 가졌던 설득력이나 대중적 영향력은 부인할 수 없을 만큼 큰 것이기는 하다. 하지만 이를 곧바로 자본가계급의 이데올로기적 헤게모니라고 볼 수는 없다. 최소한 그것은 시장에 대한 지지, 그 정당성과 관련된 서구 자본가계급의 이데올로기적 지배력, 헤게모니와는 다른 방식으로 작동하고 사회적으로 정립된 또 다른 사회적 실체와 힘을 가리킨다고 할 수 있다. 위의 '영웅적 기업가'들이 상찬(賞讚)되는 이유는 이들이 산업화와 국민경제의 전선(戰線)에서 '투사(鬪士)'이자 '지휘관'으로서, 즉 국민경제의 '대표선수'라는 이미지 속에서 일종의 '민족영웅'으로 추앙된 것이었다고 봄이 더 진실에 가깝다.

물론 아무리 그렇다고 해도 미군정과 1950년대 이승만의 지대추구 국가하에서 편법과 담합, 부당한 결탁, 물자 빼돌리기를 통해 성장하고, 1960년대 국가의 거의 무제한적인 지원과 시장 할당으로 '쉬운 장사'를

472. 권태준(2006: 426). 이 책 전체를 통해 자주 쓰이고 있는 헤게모니의 개념에 관해서는 그 기원인 마르크스주의자 안토니오 그람시의 원래 정식화(Gramsci, 1978[1971]), 그리고 그의 용법에 대한 두 권위 있는 해석(Bobbio. 1979[1967], Mouffe, 1979)을 참조할 것.

473. 전상인(1998).

하며 재벌로 발전한 이들의 치부가 사라지는 것은 아니다. 이들의 허약한 권위는 여전히 국가의 지원에 의존하고 있는 그 취약한(더 정확히는 안이하고 뻔뻔한) 재정적 바탕에만 기인하지 않는다. 그보다는 부동산투기와 문어발 투자, 유통업계 장악 등으로 드러나는 이들의 발 빠르고 영민한 이윤추구와 재산축적의 염치없는 민낯을 서구 부르주아처럼 '시장의 원리'로 합리화하기에는 너무 민망한 데서 기인한다. 이들의 체질은 정치권력의 핵심부와 물밑 결탁, 배후거래로 차지한 황금알 공기업, 중소기업 인수와 거대 국가사업 참여를 통해 '땅 짚고 헤엄치기' 같은 장사를 하는 수준에 머무르는 것이었다. 이들이 가진 힘은 권위가 아닌 권력에서 오는 것이고, 이때 권력은 그저 국민경제를 '볼모'로 삼을 수 있는 그들의 능력과 대기업에 소속되어 있다는 신분적 위광이 주는 매력(일례로 '삼성맨'이라는 상징)일 뿐 실체적인 권위와는 거리가 먼 것이었다.

1970년대부터 심화되는 국가와 기업의 정경유착이라는 연고주의적 양상이 연이어 자신의 내부에 그 상응물, 즉 기업 내부를 가족주의적, 연고주의적으로 구축하는 양상을 수반하는 것은 자연스러운 일이었다. 이들은 자신의 기업을 소유권에 의거한 절대적 지배의 장소로 생각했고 지금도 그러하다. 그렇기 때문에 기업은 가족주의적 외관 속에서 사실상 가부장적 폭군인 사장, 총수의 전제적 지배, 그리고 그에 의거한 내부 공간의 봉건 영토화로 나아갔던 것이다. 이들에게 '내' 회사 안에서 '나'는 법이고 생사여탈권을 가진 아버지이며 노동자는 자식, 아니, '열심히 일하고 주는 대로 받는' 머슴 같은 존재이다.

1997년 IMF 구제금융사태의 촉발제로 지목되는 '한보사태'의 주역인 한보그룹의 전 총회장 정태수가 부하직원을 서슴없이 '머슴'으로 부른 데에는 조금도 비유(metaphor)적 의미가 없었고 이는 특별히 그에게 고유한 것도 아니었다.[474] 근래 들어 비로소 사회문제화되어 이름을 부여받은 '갑질' 논란의 주요 양상에서 보듯, 기업과 공장은 가솔(家率) 혹은 노비와 주인양반의 관계에 유추되어 이해되는 공간이었고 예전에는 더욱 그러했다. 정태수의 발언에서 좀 더 기막힌, 혹은 반대로 조금 위안이 되는 점은 '머슴'으로 불린 사람이 '일개 노동자'도 아닌 휘하의 사장급 임원이었다는 정도이다.

이러한 '봉건적' 공간에서 한 가족이 되는 상상은 끊임없이 환기되지만 기업주는 노동자를 단지 소모품이자 착취의 대상으로 간주하면서 작업공간뿐 아니라 사적인 시간과 공간마저도 지배하여 생산과 이윤의 원천으로 활용하고자 한다. 그것은 가족주의의 허위적인, 말 그대로 '이데올로기적인' 확장일 뿐이었다. 그런 가족주의가 조금이라도 실체적으로 작동하는 양상이 존재하기라도 했다면 그것은 중간관리자나 조장의 수준에서인데, 이들의 가족주의적 리더십이 사실상 산업화 당시 일선 노동자들의 피 말리는 잔업근무, 철야근무 등을 이끌어냈다.

또 대자본가의 이윤을 위해서는 노동기본법도 기본적인 법률의 규제도 언제든지 유보할 수 있어서 개발독재국가는 국가가 가진 무력을 아낌없이 지원하여 이들의 지배를 보장해주었다. 이를테면 1970, 80년대 현대조선소에서는 그 시설이 국가안보에 직결되는 사업이라는 이유로 정문 경비원도 총을 차고 있었으며, 파업하려는 노동자를 물에 빠뜨려 죽이려는 구사대의 위협도 일상화되어 있었다. 그것은 경찰이 조사차 방문하는 것도 얼마든지 거절할 수 있는 치외법권(治外法權)의 왕국이었

474. 1997년 4월 7일 서울구치소에서 진행된 한보청문회는 정태수 당시 한보그룹 총회장의 비자금 조성, 공금횡령과 정부의 한보철강 부도처리 과정에 대한 질의가 이루어졌으며 이는 TV로도 중계되었다. 당시 정회장의 증언과 일치하지 않는 다른 한보 임원의 증언이 질의하던 국회의원에 의해 제시되자 정 회장은 "자금 흐름은 주인인 내가 알지 머슴이 어떻게 압니까?"라고 말해 좌중과 시청자들을 아연하게 했다.

다.[475] 그렇다면 당시 일반 국민이나 노동자는 구체적으로 어떻게 '무슨 생각으로' 이러한 전제(專制)적 지배와 가속화하는 경쟁을 감내할 수 있었을까?

피고용인의 처지라는 점에서 사무직과 육체노동자는 공히 '단체적 우리'('공적 존재로서의 우리'와 겹치기도 하는)의 자장(磁場)에 놓여 그 기능적 부속품인 한 성원으로서 각자의 사적인 삶 또한 언제든 희생할 것을 요구받는다. 출근하는 것은 조직에 자신을 맞추는 것이고, 시늉만이라도 회사의 성장을 자신의 성장처럼 생각하고 열심히 일해야 함을 의미했다. 하지만 각자가 놓인 처지와 사회적 맥락에 따라 이 단체적 우리의 압박은 다른 대응을 야기하였다.

한국사회의 이른바 '직장 가족주의' 성향은 일본사회의 그것보다 훨씬 약한 것으로 운위된다. 이직률(移職率)을 비교해도 일본보다 상당히 높은 편이며, 일본인은 직장이 이사 가면 '단신부임(單身赴任)'을 해서라도 조직에 헌신하는 편이지만 한국인은 늘 회사보다 가족이 앞서는 것으로 보고된다.[476] 따라서 산업화 시대 한국 회사원과 노동자의 회사에 대한 태도는 '일본적 헌신'에 비한다면 상대적으로 도구주의적인 측면이 강했다고 할 수 있다. 하지만 그럼에도 이 집단, 즉 회사를 통해서 자신이 물질적 성취, 성공, 출세를 달성할 수 있으므로 내면적 충성까지는 아닐지라도 회사에 헌신하려는 노력은 일어나기 마련이다. 이러한 헌신은 단지 개인주의적 적응 혹은 저항으로 단순화하기에는 좀 더 복잡한 결이 있고 또 당사자가 사무직인가 육체노동자인가에 따라 상황이 다르다.

사무직, 즉 화이트칼라는 승진과 자기계발의 여지가 상대적으로 더 크게 열려 있기 때문에 경력의 최정점인 '이사(理事)'를 목표로 열심히

475. 김준(2006).
476. 하마구치(1982: 22-23), 이시재(1997).

일하고 회사에 헌신하는 모습을 보이는 경향이 있다. 또 퇴근 후 잦은 회식(會食)이라는, 회사에 대한 이들의 집단적 고착을 유지시키는 기제 또한 존재하는데, 앞서 언급한 '공적 존재로서 성별화된 우리' 의식은 이러한 회식문화 속에서 공고화되는 측면도 크다. 이런 배경은 모두 남성 '회사원'의 회사 '올인(all-in)'이라는 양상을 낳는 것이었다.[477]

여기에 덧붙일 것은 사무직과 육체 노동자 간의 임금 격차가 1987년 노동자대투쟁 이전까지는 다른 선진 산업사회에 비해 꽤나 컸다는 점이다.[478] 또 학력에 따른 차별과 구별짓기는 사무직으로 하여금 자신을 노동자라기보다는 마치 법률적 의미의 '사원(社員)'(이는 주주(株主)를 말한다)과 같은 것으로 생각하게 하여 회사의 성장과 자신의 그것을 동일시하는 의식을 조장하였다. 이때 노동조합은 '공돌이'들이나 하는 것으로 치부되었다.

한편 1987년 이전까지 노동조합의 기본적 자기조직화도 여의치 않던 육체 노동자들은 위와 같이 '지원되는', 다시 말해 회식비가 지급되는 집합적 향유의 공간이 없었다. 다만 퇴근 후 자발적인 술자리나 동호회 모임만 있을 뿐이고 그마저도 매우 낮게 책정된 시간당 임금을 보상하기 위해 잔업과 특근으로 잠잘 시간마저 부족하여 쉽지 않은 형편이었다.[479] 노동자에 대한 사회적 차별과 낮은 임금 때문에 일반적으로 이들은 '평생직장'이라는 정체성을 발전시킬 수 없었고 대부분 빨리 돈을 모으고 기술을 익혀서 자영업으로 독립하려는 꿈이 지배적이었다.[480]

한국의 초기 노동계급은 농촌 출신의 청소년이 주력이었는데, 이들은

477. 김은희(1993).
478. 김동춘(1995).
479. 김동춘(1995), 김준(2006).
480. 김동춘(1995).

지긋지긋한 가난을 상징했던 농촌과 고향에서 벗어나기 위해 어떤 가혹한 노동조건과 경쟁도 수용하고 적응할 태세를 갖추고 있었다. 사회적으로 상승하려는 강렬한 열망과 희망을 간직한 이들은, 공장의 삶을 더 나은 삶을 위한 하나의 과도기로 받아들이면서 힘든 현실을 감내했고, 생존과 출세를 위해 금전적 보상에 집착하였다.[481] 이 때문에 이들은 가혹한 노동조건을 바꾸고 다른 노동자들과 연대하기보다는 돈을 벌어서 못 배우고 못살았던 한을 풀어보려는 열망을 품고 개별적인 축적과 기술자영업으로 이동하는 데 더 주력하였다. 한국의 열악한 노동조건을 상징하는 '세계 최장의 노동시간'은 노동자들의 이러한 상승 열망이 역설적으로 뒷받침하기도 한, 다시 말해 그들이 처한 제한된 구조적 선택지 속에서 자발적으로 이루어진 측면 또한 적지 않았다.[482]

이처럼 겉으로 드러나는 태도를 보면 한국 노동자들은 높은 상승 열망을 가진, 그리고 경력이나 일 자체의 만족 등 다른 형태의 보상보다는 금전적 보상을 추구하는 것으로 집약된다. 이는 이들이 가혹하고 전제적인 노동조건과 노동시간에도 불구하고 잔업과 특근을 마다하지 않고 조합 참여에도 미온적인 매우 '이기적인' 모습(즉, 회사와는 구별되고 그에 대립하는 또 다른 '전체'를 대변하는 열성 조합원의 시각에서 본다면)을 보인 이유이다. 하지만 관료적, 기술적인 지배 이전에 적나라한 인격적, 전제적인 지배를 가하는 한국의 기업과 노동과정 속에서 금전 획득을 통한 출세를 일차적 과제로 꼽는 노동자들이 가진 꿈과 기대는 여전히 서구의 개인주의적 양상과는 거리가 멀었다.

1983년에 시행된 노동자의식조사에서 '일반적으로 사람은 왜 일을 한다고 생각하느냐' 하는 질문에 비록 '돈을 벌기 위해'라는 응답이 가

481. 김동춘(1995: 229-30).
482. 김동춘(1995: 231).

장 많았지만(39.8%) '자기실현'(36.7%), '사회성원으로서의 의무'(18.4%)라는 응답도 상당히 높은 비중을 차지했다는 점은 특기할 만하다. 이러한 결과는 유럽의 노동자들이 대체로 70% 이상이 돈을 위해서 일한다고 답하였고 10% 정도가 자기실현을 위해 일한다고 답한 것과 비교해 보면 상당히 특징적인 것임을 알 수 있다.[483] 또 '무엇을 이상적인 직장으로 생각하냐'는 질문에 한국 노동자의 40%가 '인정과 휴머니즘이 감도는 공간', 38%는 '자유로이 각자의 일을 성취하는 곳'이라 답변하였는데, 이러한 답변은 한국 노동자의 높은 집단지향성과 정(情)적 인간관계에 대한 강조를 보여주는 것으로 해석된다.[484] 한국 육체 노동자들의 답변과 서구 노동자들의 '순종 개인주의적인' 답변이 이렇듯 극적인 대비를 보이는 이유는 어디에서 연원하는 것일까?

일 자체, 즉 일이 갖는 목적적 가치를 높이 두고 사회적 기여를 정당화의 기제로 채택하는 이런 모습은 조선의 유교이념에서 특히 두드러진 '현세적 참여주의', '사회적 권위주의'라고 앞서 이 책의 3장(Ⅲ) 1절에서 명명한 태도에 조응하는 것이다. 이러한 태도에서 개인의 도덕적 정체성의 요체는 자기실현의 현세적 삶, 그리고 사회의 참여라는 가치에 있다. 다시 말해 '좋은 삶'은 사회와 현세 속에서, 특히 세상의 번듯한 직업 속에서 실현된다는 사고로, 이는 앞서 요약했듯 유교적 문명, 사회질서가 착근시킨 문화적 문법의 심층적이고도 대중적인 부분이다.

다시 환기해야 할 점은 이러한 '참여'가 서구 정치사상의 세례를 받은 한국의 지적 공중이 이상화하는 평등한 폴리스(polis)에의 '정치참여(political participation)'나 공동체 활동에의 참여와는 다른 것이라는 점

483. 김동춘(1995: 231-2).

484. 한국생산성본부. 1989, 『한국의 산업사회와 노동문화』, 52쪽, 김동춘(1995: 234)에서 재인용.

이다. 그것은 무엇보다 직업을 통한 사회참여를 의미하는 것으로, 돈을 버는, 무언가 손에 잡히는 일(정신노동이라면 최소한 번듯한 지위와 권력, 영향력이 실제로 발휘되고 행사되고 느껴지는)을 함으로써 자신의 삶, 즉 자기(self)를 수립하고 실현할 수 있다는 사고이다. 이로부터 나오는 것이 유교적 금욕주의 인간의 변형된 재현(再現), 즉 근면과 검약이 그 자체로 가치 있는 인간 삶의 모습이다. 그것은 무언가 '생산적인' 것을 하고 '이득이 되는' '무언가 유용한 것을, 값이 나가는 것을 벌어들임'으로써 세상 속에서 번듯하고 남부끄럽지 않은 삶과 그를 위한 자기 자리를 확보할 수 있다는 믿음이다. 이러한 사고 속에서 금전의 추구는 아무리 노골적이고 맹목적이라 할지라도 논리적으로 이에 종속된 것이다.

이런 사고방식이 현대사회를 살아가는 모든 이에게 당연한 것이지는 않은가 하고 반문할 수도 있겠지만 꼭 그렇지만은 않다. 한국인은 자기 삶의 정수(精髓)가 퇴근 후 가족과의 삶, 혹은 울타리 쳐진 나만의 사적 공간에서 추구하는 삶에 있다고 생각하지 않는다. 또 그러한 개인적 삶, 핵가족 내의 삶의 수단인 금전만이 직장에서 얻을 수 있는 것이라고 생각하지도 않는다. 만약 그러하다면 직장동료나 상사는 돈만 벌 수 있다면 그리 열심히 상대할 필요가 없는 대상에 불과할 것이다.

나아가 위에서 본 생산직 노동자들이 벌이는 매우 개인주의적이고 이기주의적인 추구로 생각되는 금전에 대한 집착 또한 생존과 향후 출세를 위한 것이지 그 자체를 중요하게 여기지는 않았다는 점도 주목할 만하다. 왜냐하면 금전적인 것 또한 직장이 인간적인 곳, 즉 미래의 경력이나 일 자체의 만족을 어느 정도 제공한다면 언제든 하위 순위로 내려놓을 태세가 되어 있음이 위의 설문조사에서 드러나기 때문이다(현실적으로 그런 전망이 없음이 명백하기 때문에 이들은 금전을 추구하는 것이다).

이 점은 1970년대 여성 노동자들에게 야학(夜學)과 (직장)부설(附設)학교가 가졌던 의미를 통해서도 알 수 있다. 이들 여성노동자가 사적인 공간이 사라지는데도 기숙사나 부설학교, 야학을 선호한 이유는 빠듯한 생활비를 절감할 수 있다는 사실뿐 아니라 그 속에서 개인적인 발전과 공동생활의 정(情)을 누릴 수 있었기 때문이다.[485] 특히 야학과 부설학교는 노동자들의 이직과 전직을 낮추기 위해, 그것이 노동 강제와 관련하여 많은 역기능이 있는데도 활발히 사업장에 도입되었다. 다시 말해 이들 시설은 상향 열망에 찬 노동자들을 계속 붙들 수 있는 집합적 공간으로 활용된 것이다.

1987년 노동자대투쟁으로 귀결된 1970, 80년대 노동자의 불만에는 물론 임금인상 요구도 있었지만, 자신들의 일터와 노동조건, 그리고 사회적 시선이 자신들을 떳떳한 인간으로 대접하지 않고 무시하며 차별하고 착취한다는 분노가 주요했다. 이들은 학력중심, 차별적 사회 속에서 자신들의 인간됨을 인정받고 '사람대접'을 받으며 무시당하지 않고 살아야 한다는 생각으로 결집하였다. 일터를 그런 곳으로 만들 수단이 바로 노동조합, 즉 어용노조가 아닌 민주노조였으며 이 운동을 위협적으로 만든 것은 바로 앞서 언급한 숙련 노동자들의 '초인', '진정한 남성성'을 실현한 '우리'의 의식이 만들어낸 결집력이었다.[486] 여기서 보듯 이들은 유사신분적 차별과 착취를 낳는 학력, 학벌 사회의 한국사회가 부과한 집단주의적 낙인과 열등감에 대해 자신들의 집단주의로 맞섰던 것이다. 차별적일 수 있고 보수적이던 이러한 정체성이 이번에는 저항적 집합행동을 낳는 계급적 정체성의 원천이 되었다는 것은 꽤나 아이러니하지만 이는 드물다기보다는 오히려 일반적인 양상이다.

하지만 이후 민주노조운동의 주력이 된 이들 대기업 노동자는 여전히

485. 김준(2002).
486. 김보현(2006), 정희진(2006).

직장 바깥의 정치에 대한 관심은 크지 않았다. 이들의 '노동정치'는 '생산관계(relations of production)'를 바꾸는 것보다는 노조라는 집합적 수단으로 '생산에서의 관계(relations in production)', 즉 일터를 민주화, 인간화하는 것에 더 관심을 가지는 것으로 다분히 직장 '내' 노동정치에 한정되는 경향이 있었다.[487] 따라서 이들의 운동은 민주화운동을 주도하기보다는 민주화운동의 압박으로 변동하는 국가의 탄압 증감 사이클에 연동되고 이를 이용하는 경향이 있었다.[488] 이들의 운동이 민주화를 향한 사회적 동력의 저류를 구성한 것은 분명하지만 그것이 직접 정치를 지향한 것은 아니었기 때문에 민주화운동의 향배에 직접적인 역할을 수행하지는 않았다.

오히려 더 적극적인 역할은 승진이 열려 있고 회사와 자기 동일시가 더 큰 신중산층, 사무직 노동자들이 발휘하였다. 이들은 노조에 미온적이고 생산관계의 개선에조차 노력을 기울이지 않았지만, 직장 밖 정치에 대한 예민한 감수성을 발전시켰다. 이들이 가진 한국사회에 대한 불만, 즉 계층상승 경로를 폐쇄회로화한 데 대한 불만은 국민적, 시민적 정치에 대한 이들의 관심 증대로 연결되었다.

(2) '서민으로서 우리'의 반격: 신중산층, 지역주의, 그리고 민주화 지도집단

1968년 그레고리 헨더슨은 한국인의 특성에 주목하면서 한국사회의 정치적 전망, 혹은 한국 정치문화의 잠재성에 대해 다음과 같이 말하였다.

487. 이정택(1991: 207-208).

488. 신광영(2004), 『한국의 계급과 불평등』, 을유문화사, 권태준(2006: 408)에서 재인용.

> 한국인들은 신속하게 배우고 적응해야 하며 관심의 폭이 넓어야 한다. 한국인은 열정적이고 재빠를 뿐 아니라 자기 주위의 모든 일과 다른 모든 사람의 일에 지칠 줄 모르고 관심을 표한다. 이로 인해 동료와 경쟁하고 대립하며 또 지방과 공공의 문제에 관심을 갖는다. 그런 문제에 대한 관심은 공동의 복지를 개선하려는 것이기보다는 주로 새롭거나 좀 더 높은 역할을 위한 자신의 개인적인 기회와 관련이 있는 것이다. 그럼에도 불구하고 한국인의 적응력은 개발을 위해 이용될 수 있으며 관심 분야가 넓은 것은 민주시민으로서 기초가 될 수 있을 것으로 생각된다.[489]

한국의 민주화는 그 최종 폭발 국면에서 화이트칼라/사무직노동자/회사원 등의 '넥타이부대'가 학생과 재야라는 다소 분리되고 자율적인 사회운동 세력에 가세하며 제5공화국 정부에 저항함으로써 '국민적인' 외관을 획득하였고 결국 권력 장악세력의 양보를 얻어내는 결과를 거두었다. 이에 내포된 아이러니 중 하나는 위의 넥타이부대가 상대적으로 덜 박탈되고 오히려 다른 사회계층에 비해 사회적 상승의 전망이 높으며 또 산업화로 인해 상당히 풍요롭고 안정된 생활기반을 마련한 사람들이었다는 점이다. 회사와 일체성을 더 크게 가지며 직장 '내' '노동자' 정치를 삼가는 이들이 역설적으로 회사 '밖'의 '시민'정치에 더 적극적이 된 것이다. 이처럼 1987년 6월항쟁의 대중적 주역이던 한국의 신중산층은 변화한 투표제도인 국민직선제를 통해 '노동자'가 아닌 '시민'으로서 자기역능화(self-empowerment)를 꾀했고, 위에서 헨더슨이 묘사한 한국인의 모습은 바로 이들이 민주화 추동의 동력이 된 바탕을 잘 요약하고 있다.

489. Henderson(1968: 369-70).

하지만 민주화를 낳은 사회적 결들은 상당히 다원적이었다. 1960년대 산업화가 낳은 가장 휘발성 높은 사회문제는 아마도 도시빈민문제일 것이다. 특히나 서울로 많이 이주(移住)하고, 그것도 '이미 살 만한 사람들이 더 상층으로 이동하기 위한 이주'라기보다는 도저히 못살겠어서 이주했을 공산이 높은 호남지역민의 이주는 이들이 인구밀도가 높은 서울의 주변부와 경기도 인접지역에 거주하면서('위성도시'의 탄생!) 불안정한 삶을 영위함에 따라 조만간 직면할 수밖에 없는 문제였다. '광주(廣州)대단지사건(1971)'은 바로 도시빈민과 현대화의 국가폭력이 충돌한 사건이다. 이들이 비록 민주화를 주도하지는 않았지만 1979년 부마항쟁에서 보듯 도시의 날품팔이 노동자나 접객업소 종업원, 시장의 소상인으로 살아가는 이들은 갈수록 규모가 커져가는 학생과 재야의 시위로 점화될 때 저항의 최전선에서 끝까지 싸우는 주역으로 전환되었다.[490]

한편 산업화, 즉 박정희 정부의 '근대화'에 대한 주요 불만은 간략하게 축약할 수 있다. 그것이 낳은 가장 큰 불만의 원천은 단적으로 앞서 보았듯 '함께 잘살기에 참여하는 집단적 평등주의'의 훼손이었다.[491] 초기 경공업 위주의 산업화 전략이 가지는 '약발'은 1960년대 말에 이미 명확히 떨어져가고 있었고 이는 정부의 중화학공업 육성전략의 입안으로 이어졌다. 이에 따라 새로운 산업입지에서 밀려난 부산, 마산 지역은 1960년대 동안 내내 상승하던 발전의 열망이 실망으로 바뀌었고 이는 부마항쟁의 사회경제적인 배경이 되었다.

한편 정치권력의 핵심부와 재벌의 정경유착이 더욱 확고하게 자리잡고 사회세계가 더욱더 '고용인 사회', '조직사회'로 체계화됨에 따라 각급 기관, 기업의 연고주의와 지역 편중적인 양상은 더욱 두드러졌다.

490. 김원(2006).
491. 권태준(2006: 355).

이제 문제는 일자리만 주면 무슨 일이든 하겠다는 것이 아니라 유사한 수준의 능력에서 어디 출신, 어디 소속이냐에 따라 상승과 하강이 결정되었다. 신중산층의 불만은 유신체제의 연고주의, 정실(情實)주의적 관행이 사회적 상승을 '폐쇄회로화'하였고, 이 체제하에서 계속 터져 나오는 정경유착의 수많은 권력형 비리가 이를 상징하고 있다는 인식에서 기원하였다.[492] 이들에게 남산 중앙정보부의 무시무시한 감시정치나 그로 인한 민주화 인사의 탄압, 자유의 상실 등이 일상에서 절절하게 다가왔을 것 같지는 않다. 이들은 생업에 몰두하는 다른 사회계층과 마찬가지로 '서민으로서의 우리'에 충실했던 것이다.

하지만 '함께 잘살기'의 희망이 가장 큰 실망감으로 돌아온 것은 역시 전라도, 호남의 주민이었다. 공업입지와 수출 극대화 전략의 합리성에'만' 의거하여 추진한 전형적인 불균형 발전전략인 경제개발계획은 호남지역을 6.25전쟁 후 상태 그대로 놓아둔 채 진행되었다. 게다가 풍요로운 농업생산이 가능한 곡창지대라는 호남의 특성은 농업의 철저한 희생하에 진행된 현대화 전략으로 더욱 심각한 타격을 입었고, 이는 앞서 보았듯 다른 지역보다 훨씬 더 높은 정도의 상경, 이촌향도의 물결로 이어졌다. 이들은 이주한 새 지역에서 도시빈민, 떠돌이, 부랑아의 삶과 이들을 향한 '토박이'들의 따가운 시선과 조우해야 했다.

1970년대에 그 모습이 드러나 민주화 이후의 정치에서 전면화된 지역주의, 지역감정을 민주화의 단순한 일환이나 더 심하게는 그 진행과정에서 잘못 태어난 사생아처럼 보는 것은 민주화를 추진한 동력이 무엇인지에 대한 착오일 수 있다. 우리가 그 동력을 '함께 잘살기'의 믿음이 붕괴되거나 배신당한 후 그 믿음을 재정위하려는, 혹은 전체에서 각자

492. 권태준(2006: 414).

의 몫을 더 늘리려는 배분의 열망에서 찾는다면 지역주의는 민주화의 내재된 추동력이고 민주화가 오히려 그 믿음의 일환이자 결과인 것이다.[493] 한국적 민주화 과정의 '유별남'은 1980~90년대 민주화 엘리트들과 상대적으로 박탈된 지역주민이 다 같이 시민적 권리 가운데 개인적 자유보다 사회적 수익권의 확대를 그리고 다른 편은 지역 간 균형발전을 민주화의 척도로 삼은 사실에 있다.[494] 이런 맥락 속에서만 민주화 이후 정치에서 "'지역연고'와 과거 '기득권' 여부 논쟁이 가장 효과적인 정치적 분화 응집의 쟁점"[495]이었다는 사실이 비로소 이론적으로 일관되게 이해될 수 있다.

그 위상을 어떻게 잡건 간에 '지역주의'라는 한국적 산물에서 가장 특징적인 것으로 기억해야 할 점은 그것이 '분리주의(secessionism)'나 지방분권화의 요구가 아니라는 것이다. 다시 말해 그것은 서구의 국민국가들이 안착한 후에도 중앙정부를 골치 아프게 만드는 지역분리운동에서 보는 것처럼, 우리가 우리 문화를 보존하고 경제적으로도 분리된 자율적 단위로 살 테니 우리를 국민의 테두리에 넣지 말고 독립시켜 달라는 요구가 아니었다. 한국의 지역주의는 "우리끼리 잘살아보겠다" 혹은 "우리가 살던 대로 살고 싶으니 내버려두고 간섭하지 말라"는 주장으로 특징지어지는 것이 아니다. 오히려 그에는 국민의 테두리에서 빠져나갈 생각이 없는 경쟁적, 때로는 적대적으로 집단화된 인구와 지역이 과도하게 강력하고 집중화된 중앙의 권력, 자원배분 권한을 누가 차지하는가 하는 문제로 격돌하는 양상이 주요하다.[496]

493. 지역주의와 민주화의 상호관계에 대한 이러한 정식화 또한 권태준의 논의(2006: 제5장)에 많은 부분 빚지고 있다.

494. 권태준(2006: 446-447).

495. 권태준(2006: 446).

496. 강준만(1994b), 송복(1992: 14-16).

다시 말해 여기서의 본질은 사회, 민족, 국가의 공동자원을 놓고 벌이는 경쟁의 집단화이며, 그것은 사회의 일극을 향한 벌열 형성, 추구라는 한국 집단주의의 핵심을 기본논리와 동학으로 하고 있다. 이러한 전장(戰場)은 이른바 '삼김(三金)'이 정치구도의 조형자로 있는 동안 담론이나 실천에서 확대일로에 있었고, 이는 단지 국가예산을 어느 지역이 많이 따내는가 하는 문제에 한정되지 않았으며, 또 거창한 정치적 충돌, 정책적 마찰에서만 드러나는 것도 아니었다. 그것은 일상적인 적대와 집단화의 매우 강력한 감정적 원천, 즉 '지역감정'으로 뒷받침되고 재생산되어 1990년대 대중정치의 가장 결정적인 요소로 부상하였고, 현재에도 무시할 수 없는 요소로 작용하고 있다.[497]

이 지역주의와 민주화의 밀접한 관련은 1971년 대통령선거에서 당시 민주당 후보인 김대중 후보와 박정희 대통령의 대결이 영호남의 대결로 '프레이밍(framing)'되면서 시작되었다. 산업화 과정에서 가장 박탈되고 발전하지 못한 지역인지는 완전히 분명치 않지만, 어찌됐건 호남은 현 체제에 대한 도전자로 나선 목포 출신인 김대중 후보와 자신들을 동일시했고, 그로 인해 이곳은 체제 대안세력의 정치적 의지를 상징하는 지역이 되어버렸다. 주지하다시피 이러한 구도는 광주민주화운동이 TK(대구·경북) 출신이 주축인 신(新)군부가 진압하고 광주시민이 학살되면서 극적으로 응결되어 버린다.

'광주(光州)'라는 상징이 1980년대와 그 후 사회운동에 대해 의미하는 바는 단지 민주화나 지역주의 등 좁게 이해된 정치의 경계를 벗어나는

497. 지역주의의 일상적 표현인 이 지역감정은 흑백(黑白)차별만큼이나 심각한, 하지만 인종적 차이가 거의 없는 사회에서 일어나는 상당히 희한한 현상이다(강준만, 1993, 1994b). 강준만의 이 연작에는 일상적 지역감정, 특히 전라도 사람, 전라도 출신에게 가해지는 수많은 차별과 은밀한 적대의 사례가 기록되어 있다.

것이었다. 이를테면 이 '사건'이 준 충격은 1980년대 이래 지식인과 엘리트의 지적 패러다임, 당시 대학생이던 세대의 하위문화적 독자성 등을 포함한 광범한 전환적 효과를 한국사회에 미쳤는데, 이들이 갖는 집단주의의 양상은 이후에 다른 지면에서 따로 살펴볼 문제이다. 지금 먼저 눈여겨보아야 할 것은 광주민주화운동과 전체 민주화운동의 기원을 지역주의에서 주요하게 찾는 시도이다.[498] 이는 위의 양자의 저류(底流)에 흐르는 집단주의, 집단적 동학을 적시한다는 점에서 이론적 의의가 있지만 그것이 수반하는 문제 또한 만만치 않다.

진보적, 비판적 사회과학의 주류는 그간 이런 방향의 문제설정을 도외시하거나 '터부(taboo)시'한 것처럼 보이는데 그 이유는 짐작하기 어렵지 않고 또한 정당하다. 광주항쟁과 민주화운동의 추동력을 지역주의적인 어떤 것에서 찾으려는 시도는 그 자체만으로도 운동의 정당성을 훼손하려는 것으로 경계되었으며 이는 전혀 기우(杞憂)가 아니었다. 그러한 이론적 문제설정은 원래 의도가 무엇이든 그 자체로 역시 고도로 지역주의적인 프리즘, 즉 호남 차별과 고립화라는 주요 정치담론과 정치공세의 이론적 근거로 빈번하게 활용되었다. 김영삼 정부(1993~1997)를 탄생시킨 삼당합당(1990)에서 극적으로 표현된 '호남의 정치적 고립화', '호남배제'라는 포맷은 현재에도 진행형인 매우 효과적인 정치전략이다. 이런 전략에서 결정적인 것이 바로 '민주화운동'으로서의 '광주'를 지역주의적 '불만', '떼쓰기', '야심'과 동일한 것으로 치환하는 담론적 조작이다.

물론 단지 정치적 공방뿐 아니라 일반 시민의 의식에서도 '광주'는 민주화의 상징이기도 하지만 지역주의라는 문제의 온상이라는 또 다른 이미지도 갖고 있는 것이 현실이다. 이에 대항하는 민주화 엘리트, 지적 좌

498. 유석춘(2002)에 수록된 일련의 연구들이 그러하다.

파의 대응은 그 자체가 흥미로운 집단주의의 이중전선 투쟁 구조를 보인다. 진보적인 입장에서 볼 때 민주화와 사회운동은 지역주의와는 전혀 관련이 '없어야만 하는' 것인데, 왜냐하면 그렇지 않을 경우 전자는 전체가 아닌 부분의 이익, 전체 사회의 보편적 합리성이 아닌 파벌적 이익, 구체적으로 표현하면 가장 경멸적인 명명인 '밥그릇 싸움'에 의해 추동되는 것이 되어버리기 때문이다.

이와 정확히 동일하게 전통적 여당, 기득권 정치사회세력이 광주를 지역주의와 연계하는 것은 자신들의 지역기반에서 강한 적대감을 부추겨 투표의 응집화 효과(voter cohesion effect)를 일으키려는 것도 있지만, 지적 차원에서는 민주화운동, 진보적 사회운동이라는 것이 광주'만'의 것, 지역적 편파성과 부분성에 기초한 것이라는 '집단이기주의'적 낙인화를 효과적으로 수행하기 위함이었다. 이런 담론 전략은 꽤나 효과적이었는데, 진보적 의제와 진보적 정치세력의 부상을 '전라도 사람들이 모든 것을 차지'하는 것과 동일시하게 하여 후자에 대한 공포심을 환기해 전자를 효과적으로 차단할 수 있었다. 그리고 이는 단지 대구·경북 지역뿐 아니라 서울과 수도권 등 다른 지역의 '토박이' 주민에게도 깊이 뿌리내린 감정으로 승자독식이 주조인 한국정치와 사회적 삶의 작동양상을 감안한다면 이러한 '선전'이 완전히 가공된 공포에만 머문 것인지 또한 확증해야 할 여지가 있다.

이처럼 양 적대진영이 강박적으로 추구하는 전체를 통한 정당화와 그에 입각한 담론전략과 선전활동은 이 책이 보여주려는 한국 집단주의의 전형적인 모습이다. 이 '전체'에 강박된 사고는 박정희 정부의 근대화에 대한 불만을 민주화로 수렴되게 한 응고제(凝固劑)이기도 하다. 민주화의 저변에 있던 대중적 불만은 자유에 대한 요구이기 이전에 무엇보다도 분배에 대한 요구였다는 것이 더 진실에 가깝다. 그것은 국가가 그

때까지 해온 것처럼 공식화된 '대표선수'(즉, 재벌기업과 특정 지역)를 위해 편파적으로 지원하고 그들끼리 결탁하면서 나머지 다수의 다양하고 일반적인 요구를 억압하는 것을 중단하고, 더 큰 다수의 전체적 요구와 복리, 안전의 기본을 충족시킬 것을 요구하는 논리와 정서에 터하고 있었다. 그것은 단일한 대오의 국민, 즉 국가가 아닌 인민과 시민의 이름으로, 또 다른 전체의 명분으로 자신을 주장하는 '서민으로서의 우리'였다. 이렇게 등장하는 한국정치의 대중은 자주 반정치적 이념과 가치를 주창하지만 정치와 권력을 통해 다소 무제한의 사회개조와 통제로 나아가는 것 또한 그리 망설이지 않는다는 점에서 총화적 정치화(드물지 않게 '전체주의적'이기도 한)로의 강력한 추동을 간직하고 있다.

한편 '보편을 대변하는 우리/첨단을 실행하는 우리'의 면모를 강하게 갖는 대학생, 지식엘리트로 구성된 민주화 주도층은 산업화와 물질적 풍요를 어느 정도 이루었음에도 공포정치와 시민적 자유의 억압, 동포와 시민의 학살과 구금이라는 세계시간대와는 동떨어진 군부독재의 실상에 대한 분노로 추동되었다. 이는 일반 인민의 정서가 간접적으로나마 공명할 수 있는 것이지만 상당히 다른 맥락과 흐름이라고 할 수 있다. 해방과 6.25전쟁 이후 국가 정통성과 왜곡된 기원을 둘러싼 문제제기는 이들의 정치담론에서 매우 지배적인 축을 이룬다. 이들에게는 전체 인민을 더 정통성 있게 대변하는 인민공화국이 아닌 미군정이 지원한 이승만, 친일파 정권, 그리고 이후 친미적이며 반민중적인 군사독재가 대한민국의 정통성을 구성한 계보 자체가 문제인 것이다.[499]

따라서 이들의 군사독재에 대한 저항은 일제강점기 이래 지식인과 운동가들이 가진 것과 유사한 가정법, 즉 '우리가 군부독재가 아닌, 국가,

499. 권태준(2006: 494).

친일, 친미의 인적, 제도적 구성을 제거한 정상적 국가를 가질 수 있다면 우리의 민족공동체, 생활공동체는 더 나아질 수 있을 것'이라는 염원에 터한 것이다. 그리고 이 염원은 '민족-민주-민중'의 이념적 패러다임으로 응축·수렴되었다. 민주화 추진세력에서 매우 중요한 부분인 기독교 선교세력은 1950년대의 여러 공동체운동에서 1960, 70년대 도시빈민, 노동자 지원운동을 통해 위의 광범한 운동에 일종의 '선민(選民)적 우리' 의식의 색채까지도 부여하였다.[500]

조선사회의 특징적 정치문화의 전회를 다룬 앞의 4장 1절 (2)에서 우리는 이른바 덕망가적 영웅이 '서민이라는 우리'와 함께 민본주의의 핵심적 구성요소로 작용하며, 그러한 우리 의식의 음화(陰畵)를 구성한다는 것을 보았다. 인치(人治)주의적인 동시에 인민주의적인 조선의 정치문화(최소한 일본의 그것에 비한다면)에서 '입신양명'은 단지 몰도덕적인 사회적 위계의 체계 내에서의 상승이라기보다는 정치적인 동시에 윤리적인 '명사(名士)'가 되는 것을 의미하였다. 이 '명사'는 단지 현대적 의미의 엘리트(elite) 이상의 의미가 있는 것으로 인민/대중의 도덕적, 윤리적 지도자로서 자질과 위상을 갖추는 것을 의미한다. 이러한 인간형을 추앙하고 대접하는 조선의 정치문화와 정치체제는 이상에 그쳤을 때가 많았을지라도 이들에게 정치적 리더십과 대중의 지도를 위임하고 의존한다는 것이 골자다. 앞서 일제강점기에 등장한 것으로 살펴본 '비판과 저항의 집단주의'가 터하고 권장하는 문화와 인간형 또한 이런 전통적 선비 모형을 계승하고 있는데, 여기서 발견되는 논리 또한 이전의' 사' 의식의 일종의 현대적인, 그리고 더 대중화된(최소한 조선시대보다는) 버전이다.

요약하면 1970, 80년대를 걸쳐 뚜렷이 대두하기 시작한 지역 간 불균

500. 김보현(2005).

등·불평등, 도시빈민문제, 계층 간 상대적 박탈 감정은 광주와 호남이라는 상징을 통해 민주/반민주의 대립구도 속에 묶일 수 있었고, 그 결과 이후 학생운동과 재야, 그리고 지역주의적 리더십(삼김)은 함께 묶여서 민주화를 대변하는 정치적 대안세력을 구성할 수 있었다. 이렇게 요약된 민주화 진행은 그럼에도 역사적으로 매우 행운(?)이던 우연한 결합과 수렴의 결과였고, 나아가 그 구성요소들 어느 것에서도 시민적 자유와 자율성, 개인 공간을 비중 있게 요구하지 않았다는 점은 여전히 문제다.

1970년대에 자리 잡기 시작한 '재야'라는 공간에서 자율화되고 재생산이 가능해진 학생운동과 민주화 엘리트들[501]이 국민, 시민이 누려야 할 정치적 기본권과 국가폭력으로부터 보호받아야 할 '인권'을 기치로 반독재투쟁을 전개했음은 잘 알려져 있다. 하지만 이들에게 '자유'와 '개인'(person으로든 individual로든)의 문제는 그 자체로 심각한 고민거리가 아니었던 것으로 보이며, 이를 보여주듯 두 주제와 관련된 어떤 심오한 이론화도 이들에게서 발견되지 않는다. 차라리 이 둘은 정당하고 현대화된 '진정한' 국가/사회를 수립한다면, 그 자체 집단주의적, 집합주의적 이념인 '민족-민주-민중'이라는 '삼위일체적' 이념이 실현된다면 자연스럽게 해소될 문제로 간주되어오지 않았나 생각된다. 그리고 자유와 개인의 문제가 이처럼 이념적으로 종속되고 부차적 문제로 간주되는 상황은 아직까지도 별반 달라지지 않은 것 같다.[502] 이런 상황에서 자유와

501. 권태준(2006).

502. 한편 재야의 이러한 패러다임을 계승한(물론 스스로는 선배들의 제한된 이념을 극복하고 폐기했다고 주장하지만) 1980년대의 학생운동, 학술운동의 혁명주의적 지향은 마르크스-레닌주의(Marx-Leninism)라는 마르크스주의에서 가장 경직되고 교조적인 지류를 '정통적 관점'으로 채택하여, 개인과 자유의 문제를 부르주아의 환상이나 자본가계급의 음모, 이데올로기로 치부하는 과정을 더욱 가속화시켰다. 1980년대 말의 현실 사회주의 붕괴라는 사태에 직면하여 1990년대 사회(과)학의 비판적 주류는 레닌, 스탈린 등에 대한 직접적인 인용과 참조를 벗어나면서도, 프

개인의 문제는 좁은 의미의 정치적 기본권과 인권의 문제로서가 아니라면 사실상 민족-민주-민중 패러다임의 응집성과 순결성, 헌신성을 저해하는 것으로 간주될 때가 많았다. 그 적대적 상대방이던 개발독재, 보수 과두체제에서 그랬던 것처럼 위의 두 문제는 개인주의, 이기주의, 방종, 속물성(추가적으로 자본가, 부르주아의 이데올로기) 등의 대의(大義)와 전체에 반하고 역행하는 문제설정으로 취급되었다.[503]

조선의 사대부가 정치-문예-윤리를 삼위일체화한 단단한 이념을 갖고 있었던 것처럼 민주화 엘리트들은 이 민족-민주-민중의 패러다임으로 정치활동을 바라보고 실천하였다. 이들의 근본(주의)적 문제제기는 보통 사람의 상대적 박탈감과 일상적 부정의의 감정에 공명하는 바가 있었기에 대중적 지지를 얻었고, 마침내 한국적 대중정치 전통에 내재한 사건적이고 청산(淸算)주의적인 동학, 즉 '물러가라', '갈아보자' 하는 감정이 주조(主調)인 거족적 궐기 또한 이끌어내는 데 성공했다. 하지만 제도화된 정치, 일상화된 정치는 아무리 잦아도 일이십 년에 한 번꼴로 등장하는 그런 거국적이고 전 국민적인 사건의 격발에만 의존할 수는 없었다. 민주화 이후 정치에서 민주화 엘리트, 운동가, 그리고 변혁 지향적인 지적 공중이 보인 시행착오와 우여곡절, 그리고 많은 '동떨어짐'은 바로 한

랑스 철학자 알튀세르(L. Althuiser) 등의 구조주의적 마르크스주의 이론을 집단적으로 학습하며 이런 이념주의적 정통주의 사고를 계속해서 이어갔다. 1980, 90년대 비판사회과학의 이런 이념주의-정통주의적 고착화 양상에 대해서는 김동춘(1993) 참조.

503. 2000년대 이래 인터넷 기반 서비스의 발전을 통해 활성화된 '새로운 시민정치'의 참여와 이념에는, 1970년대 산업화주의와 1980년대 혁명주의(민족-민주-민중 패러다임의 일환인), 이 양자의 집단주의적 '이념 패키지'와는 이질적인, 그 둘에 의해 억눌려 왔던 개인성과 가내성(domesticity)에의 지향을 발견할 수 있다. 이런 경과로 최근의 한국의 정치적 현대성의 변모를 해석한 연구로는 두 졸고(2013, 2014)를 참조.

국 대중정치를 구성하는 이 두 가지 상이한 차원을 식별하지 못하고, 위 패러다임이 일반 인민, 대중에 대해 가진 호소력을 과대평가한 데서 온 것으로 생각된다.

'정치 없는 근대화'에 대한 불만이 응축되어 도달한 중간지점이자 또 다른 현대화의 시작이기도 한 1987년 6월 항쟁은 그 많던 '민주시민'이 다시 자신의 집과 직장으로 돌아가 사사화된 추구에 몰두하면서 빛이 바래져갔다. 사실 돌이켜보면 박정희식 근대화가 '정치를 배제했다'는 것이 이들 불만의 초점이었는지조차도 의심스럽다. 한국인이 정치적 대중으로 모습을 드러내는 주요 유형인 인민주의, '서민으로서의 우리'는 '자유'나 '정치(참여)' 자체보다는 '평등'과 '전체'를 대부분 더 강조한다. 여기서 드러나는 현대 한국인의 주요한 면모는, 이들에게 대단히 근대적이고 자본주의적인 심성과 유사한 태도가 주요함에도, 동시에 자본주의적 시장의 결정에 복종하지 않고 그것을 '전체의 도덕'으로 규제하려는 모습이 저변에 있다는 점이다.

이를테면 국민경제를 대표하는 대기업과 재벌을 공공연히 우대하는 경제정책에도 불구하고, 국가의 정책관료들은 사회정책 면에서, 특히 국민건강보험 등과 같은 사회적 서비스 영역에서 평등주의적 '외관'과 장치를 갖추어야 한다는 압박에 시달렸고 또 그 방향으로 노력하였으며 이는 박정희 정권하에서도 역시 두드러졌다. 그것은 아무리 개별적이고 일상적인 상황에서 학대받고 착취될지언정 공중에게 노출된 사회적 엘리트, 지도층, 명사 들의 행동이 평등주의적 심성에 '거슬리는' 것일 때 분출되는 강한 국민적 저항, 규탄의 감정으로 나타나기도 한다.[504]

504. 대중, 공중으로서의 한국인의 이런 모습은 여러 한국인론에서도 주목받아왔다. 송호근(2003)과 정수복(2007)은 이를 일종의 '의사(擬似)사회주의'적 심성과 정조로 개념화하였다.

한국 집단주의의 정치적 차원에 주요한 이 인민주의적 정서가 '서민으로서의 우리'가 가진 그러한 수동성에서 잠시 벗어나 거족적 궐기로 다시 모습을 드러낸 것은 6월 항쟁 이후 반복되던 '투표에 의한 복수'[505]와 두 번의 정권교체가 그리 쓸 만한 결과를 낳지 않고 똑같은 폐해를 다시 목도한 후의 일이었다. 그리고 반복되는 폐해와 실망조차도 그 등장에 그리 결정적이지는 않았다. 그러한 궐기는 어이없을 정도로 자기중심적인 권력엘리트의 깜짝 놀랄 만한 언행과 치부가 폭로되는 것을 또한 필요로 했다. 한국정치는 민주화 이후에도 여전히 엘리트들의 몰염치함과 우월의식, '동떨어짐', 그리고 이를 규탄하는 일반 국민대중의 의분(義憤)에 찬 궐기의 주기적이고도 파국적인 분출, 이 양자 사이에서 진동(oscillate)하는 악순환에서 좀처럼 벗어나지 못하고 있다.

505. 김헌태(2009).

VI. 결론:
한국 현대성과 '나'와 '우리'의 변증법, 그리고 새로운 의리를 향한 동경

지금까지 우리는 한국인의 '우리'가 어떻게 형성되고 어떤 주요 논리를 갖추었는지를 추적하기 위해 유교적 조선사회의 사회적, 문화적 유산에 대한 검토에서 시작하여 이 사회의 후기적 진화와 붕괴, 일제강점기로 인한 그 변용과 단절, 새로운 사회문화적 요소의 이식, 그리고 해방 후 혼돈과 내전, 이승만 정권의 전쟁정치와 박정희 정권의 산업화에 이르기까지 변화와 진화 과정을 살펴보았다. 여기서는 비록 1980년대 한국사회를 본격적으로 다루지는 않았지만, 현대로 질주하는 산업화시대의 '우리', 즉 한국적 집단주의의 주요 유형이 어떻게 민주화의 동력으로 작용하여 1987년 6월 항쟁을 예감하였는지도 살펴보았다. 이로써 이 책은 한국인에게 그렇듯 고유하게 강한 것으로 운위되는 개별적 경쟁과 사회적 상승, 기회와 결과의 평등을 향한 대중적 지향의 틀이자 배경인 한국인과 한국사회의 집단화, 집단주의적 사회문화 양식을 이론적, 역사적으로 개관하였다. 이처럼 무모할 정도로 넓은 역사적 범위에서 다양한 이론적 조정과 유형화를 시도해 윤곽을 그리고자 했던 한국적 '나'와 '우리' 간의 변화하는 역학과 전개에 대한 조감이 만족스럽고 설득력이 있는지에 대한 판단은 독자에게 맡긴다.

앞서 2장의 말미에서 예고한 바처럼 사실 본 연구는 한국 집단주의라는 현상 자체에 대한 완결된 연구, 다시 말해 만족스러울 만큼 포괄적인 조사와 분석이라고 자임할 수는 없는데, 특히 경험적 의미에서 그러하다. 하지만 이 작업의 장점은 꼼꼼하고 건전한 횡단적 경험연구(cross-sectional empirical studies)에서는 직접 도출하기 힘든 일종의 역사적 전망을 제공한다는 데 있다. 본 연구의 특징은 현대화, 집단화와 관련된 정치사, 사회사, 관념사, 문화사적인 역사적 단면을 색출·요약하고, 그러한 거시적 상황과 제도, 이념의 상호작용을 부각시켰다는 점에 있다. 이 상호작용은 한국 현대화의 양태와 경과에 결정적 작용을 가했던 우연적 정황(contingencies)과 한국 전통사회의 사회사상·사회조직에 내재한 이념과 습속이 조우하는 와중에 일어난 것으로, 이 책은 이 상호작용의 결과로 등장한, 한국인, 한국사회가 현대화에 적응하는 주요 양식의 하나로서 집단주의를 조명하였다. 그러한 상호작용의 양상으로부터 한국인 개개인에게 집단의 강박이 작용하는 구조와 그것을 구조화하고 작동시키는 개별심리적·대중적 메커니즘을 포착하고 그 논리를 추출하였으며, 이로써 한국인의 집단화와 그 주요 형식이 출현하고 진화하는 일종의 정신적 핵(核)을 명시하고 재구성하고자 시도하였다. 이러한 재구성은 집단주의라는 주제에 대한 충분한 정도로 사회학적인 분석은 아닐 수 있지만 그럼에도 한국사회가 어떻게 현재의 상태에 도달했고 앞으로 어떤 방향으로 나아갈지를 어느 정도 예측할 수 있는 이론적 도구로 활용될 더 큰 여지가 있다고 하겠다.

한편 본 연구는 이른바 전통, 전통성을 바라보는 어떤 고질적인 문제적 시각에서 벗어나기 위한 하나의 대안으로 기획되었는데, 이는 이 책 2장의 기존 연구 고찰 부분에서 어느 정도 예고되었다. 특히 여기서 문제되는 것은, 한국의 사회발전 역사 속에서 진화해왔고 또 현재에도 작동하는 한국적 집단주의, 즉 한국인의 '나'와 '우리'의 논리를 전형적인 서구적 개인주의, 집합행위의 틀에 '아직 적응하지 못하고 남아 있는' 후진성, 지체(遲滯)로 간주하는 시각이다. 한국인의 '나'와 '우리'를 불변하는 말 그대로의 '문화적 유전자'[506], 즉 변화하는 현실로부터 격리되어 정태적이고 고정된 성격으로 전수된 '전통'으로 사고해서는 안 된다. 오히려 그것은 한국인이 체험한 현대화의 특정한 방식에서 정립되고 진화한, 외래(外來) 현대성과의 특유한 관계에서 출현한 '근대적' 전통, 다시

506. 한편 이 개념을 중심으로 고찰한 한국인의 특징적 면모에 관한 다양한 논의들은 한국국학진흥원 편(2012)을 참조할 것.

말해 현대화와 더불어 정립된 '새로운' 나름의 방식으로 '현대화한' 전통성, 전통으로 간주해야 마땅하다.

지금까지 보았듯 한국인은 한 세기가 넘는 기간에 수많은 격변과 참화, 빈곤과 학대, 생명과 생계의 위협을 감내하면서 다양한 '우리'에 의존하여 '나'의 생존을 도모하고 유지하며 세우고 때로는 과시하며, 동시에 압축적 현대화 과정이 야기한 불안과 소외, 두려움, 낯섦, 상처로부터 위안을 받으려 하였다. 한국적인 '우리'는 이처럼 한국 현대화 과정의 중심에서 나와 남, 나와 집단, 나와 전체의 모순을 승화, 해소, 지양, 무화시키고자 하는 보통사람들의 노력이 축적되고 응고된 것이다. 그에 특유한 양상은 이 책 3, 4, 5장에서 살펴본 바처럼 한국사회의 보통사람들이 현대화라는 외래적인 목표, 그러한 부과물에 연동된 가파른 사회변동과 집단적 고초에 직면하여 자신이 본래 가진 많은 것을 동원하고 변형시키면서 정립한 것이다.

한국적 현대화와 그 역동성, 그리고 한국인과 한국사회의 집단주의의 관련을 추적하는 본 연구가 그런 상호연관의 중심이자 기동논리(起動論理)의 위치에 바로 그러한 '우리'의 논리를 놓은 것은 한국적 현대화, 한국적 현대성에 대한 평가와 기획에 각별한 의의를 갖는다. 그것은 우리가 아무리 현대화와 현대성을 서유럽의 원형과 모범에 접근하는 것으로 열렬히 사고하고 추구할지라도 우리 한국인에게 내재한 성향과 팽배한 모습은 바로 '우리'의 논리에서 자유로울 수 없다는 단순한 이유 때문이다. 이를테면 가족, 집단, 민족 등은 우리가 그것을 좋아하든 싫어하든 한국적인 사회적 삶에서 떨칠 수 없는 핵심어이며, 이들은 서구인의 삶 속에서도 우리가 상상하는 것보다도 훨씬 더 큰 정도로 그러할지 모른다. 우리가 명시적으로 인정하든 않든 간에 그것은 우리의 현대성, 현대화가 어떻게 이루어졌고 앞으로 어느 방향으로 갈 것인지에 대해 중심적 역할을 해왔으며 앞으로도 하게 될 것이다. 어떤 방식으로든 이 실상에서 출발할 때만이 우리의 인간다움을 현실 속에서 성취할 수 있다.

따라서 이상적이지만 비현실적이고 현란한 언변으로 이를 에두르거나 그로부터 눈을 돌리지 않고 그것을 정면으로 직시하면서 대응하는 것이 무엇보다 필요하다. 이는 현대화와 현대성을 통해 성취하려는 개인적 삶의 자유와 존엄, 물질적 풍요와 안전, 그리고 사회적 정의와 형평 달성에 대단히 결정적인 문제라고 생각한다. 요컨대 우리의 '인간다움'을 성취하는 일은 결코 우리의 '우리다움'의 문제와 분리할 수 없다. 본 연구는 바로 이러한 문제 상황의 개선에 기여하고자 한 시도였다.

이 책의 3장부터 5장까지 구체적으로 살펴본 '한국적 우리'의 양상을 낳은 많은 역사적 요인, 그리고 그와 관련한 객관적이고 정치경제적인 조건과 구조는 이제 상당한 정도로 이완되고 상대화되지 않았나 생각한다. 하지만 한국적 '우리'의 의식과 양태는 담론(談論)적으로나 문화적으로 무엇보다 '마음의 습속(習俗, habits of heart)'[507]으로 한국적 사회생활의 곳곳에서 자율적이고 자기 생산적으로 작동하고 유지되면서 여전히 영향을 미치고 있는 것 같다.

앞서 3장에서 보았듯 조선사회는 중앙집권적 국가로 문인의 경쟁적 관료충원, 왕권과 신권의 상호 견제에 기반한 지배체제, 그리고 정치적·경제적 지배계급인 양반사대부와 소농경제가 지배적인 농민대중이라는 사회경제적 체제가 하나의 총체적인 이념체계와 결합한 사회였다. 이러한 유교적 사회질서 원리는 한 개인이 속한 집단이 부과하는 공동체적 의무와 그것이 갖는 윤리적 권위가 그 핵심이었다. 이는 민족과 국가 정체성의 실제적 토대가 흔들리는 역사적 국면 속에서 이들 집합체

507. Bellah et al.(1996[1985]).

(collective entities)의 역사적·문화적 연속성에 대한 강조, 그리고 사적인 수준에서는 가족과 가문의 연속성에 대한 강조가 '나'를 지배하게 하였다. 그 와중에 다분히 억압적이고 이데올로기적인 유교적 사회질서의 측면, 즉 '안정적 위계질서의 우리'는 인간 본연의 모습으로 강조되고, 다른 한편 개인의 생애주기 중에 소속된 집단은 유사 혈연가족, 즉 '향토적/연고적 우리'로 강고한 정서적 울타리를 구축한다. 이는 위의 '안정적 위계질서의 우리'를 담는 주요한 사회적 '그릇'으로 정착하는데, 우리는 앞의 5장 3절에서 이러한 '우리'가, 정치권력을 정점이자 중추로 갖는 일극적 체계로 구조화된 세계 내에서 경쟁을 수행하기 위한 주요 단위로서뿐 아니라 그러한 경쟁과 '집단(주의)적 전투'인 한국적 현대화에 지친 사람들이 모여 위로받는 단위로도 역시 역할을 하였음을 보았다.

한편 유교적 가족주의의 중심 주체를 규정하는 남성가부장-혈통-적자 체계는 새로이 태동하는 개인과 '나'의 의미를 남성 가부장이 상속받고 취득한 재산에 더더욱 고착시키는 결과를 낳았다. 이는 급속히 진행된 자본주의화, 상업화와 더불어 사적인 공간과 권리를 일종의 봉건적 영지(領地), '봉토(fiefdom)'로 이해하는 '나'의 전횡과 권력, 소유권 추구로의 정향을 가속화했다.[508] 한편 남성 가부장의 '영지적' 지배 공간으로 이해된 이 '나'의 운동은 유교적 구별짓기와 선진문명에 대한 동경

508. 비록 '봉건성', '봉토' 등의 용어가 한국 전근대사의 실제에 정확히 부합하는 개념은 아니지만, '나의 영역 안에서 나는 법이다'라는 전제주의(despotism)적 사고방식은 우리의 가정, 학교, 직장, 각종 기관들의 일상에서 그리 낯선 것은 아니다. 초기 부르주아 시대 이후 근대사회의 진화를 '봉건화(Feudalizierung)' 개념으로 포착하는 하버마스(Habermas, 1989[1962])에게서 보듯, 기실 이 용어는 반드시 전통적인 태도, 양상에만 적용되는 것이라고 할 수는 없다. 이를테면, 자본주의적 산업화 속에서 기업가가 그 자신의 사적 지배영역을 이렇듯 봉건화하고 봉토화하는 경향이 있음은 일찍이 버거와 켈너(Berger, Berger, & Kellner, 1973)가 그 현대적 사회의식의 측면을 세밀히 검토하였다(졸고, 2018: 147).

과 결합하여 '첨단의 우리', 그리고 '사내대장부'끼리의 초월적이고 초연한 결합인 성별화한 '공적 존재인 우리' 의식의 심화·진화로 이어져 학생과 엘리트 집단을 포함하는 남성(주의)적 연대의 심원한 정서적 토대로 작용하였다. 그 의식의 첨단지향성과 표면적 선진성에도 불구하고 이들 구성원 간의 관계가 안정적 위계질서의 우리, 즉 윤리적 인치주의(人治主義)와 연령주의에 지배되는 경우가 많은 것은 이런 맥락에서 자연스러운 것이었다.

이 중 특히 첨단과 보편, 일류를 추구하는 의식은 개발독재체제의 '수출입국', '교육입국'이라는 국민적 슬로건이 상징하듯, 보통교육제도의 착근과 더불어 상당한 대중적 기반과 동력을 가지고 '우리'로의 추동을 이끌어 내었다. 이 '보편/첨단의 우리' 의식을 한국적 고유성으로 만든 것은 먼저 한국 전통사회의 구조가 남긴 유산, 그리고 그러한 유산의 내적 변용으로 발생한, 의문시되지 않는 집합적 목표로서 현대화, 현대성을 설정한 한국적 현대화의 지배적 정조라고 할 수 있다. 보편적인 것으로 간주되는 문명을 향한 이 '따라잡기' 경쟁의 성향은 이전에 지배·정치엘리트 집단, 사대부, 그리고 이후에는 소수 지식인, 전문직, 도시 중산층 집단에 한정되었으나 그것이 돌진적 현대화의 현대적 역동성과 결합하면서 한국인 대다수의 자연스러운 모습으로 자리 잡았다. 이로써 본래 전통적으로 그 '단치(單置)적 사고'[509], 순정화(純正化)를 향한 열정과 추진력이 두드러졌던 '보편/첨단의 우리'의 한국인의 모습은 이제 산업화 시기의 현대화에 접어들어 대중적으로 확산되는 급물살을 타게 된 것이다.

이처럼 우리의 모습은 조선왕조가 패망한 지 100년이 넘게 지난 지금도 우리의 기대만큼 많이 변하지 않았을지도 모른다. 이러한 의구심은

509. 이규태(1983b: 67).

우리에게 우리 자신을 돌아보고 도야(陶冶)할 새로운 시각과 입장을 안출할 것을 요구한다. 지금 우리에게 주어진 선택은 우리의 과거를, 들러붙어서 좀처럼 떨어지지 않는 고질적인 오점이나 치명적 실수로 부인하고 경멸하여 결국에는 자기혐오와 도덕적 허무주의에 빠질 것인가, 아니면 그것을 우리의 존재로 인정하고 소중히 하며, 나아가 새로운 시대상황에서 더 인간적이고 효율적이며 해방적이고 기능적인 사회를 창출할 자산과 토대로 생각할 것인가 하는 것이다. 물론 이런 스타일의 '민족적 과제의 선언'은 그리 낯설지는 않다. 우리는 그런 목표와 열망하에 100년 넘게 그러한 과제에 또한 진력해왔다.

하지만 우리가 이런 과제에 정말로 정면으로, 그리고 무엇보다 정직하게 대응하고 노력했는가는 생각해볼 여지가 있다. 우리는 지금까지 삶에 대한 형식적이고 편의적인 이분화 발상, 이를테면 정신/기술(물질), 도덕/성공, 윤리/힘 등에 근거하여 삶과 인간관계의 원리로는 전통, 그리고 제도의 공식적 목표와 형식적 규칙은 근대라는 '이중생활'에 머물러온 것은 아닌가? 혹은 힘, 군사력, 물질적 풍요 같은 근대적 목표를 위해 전통적 충성과 정감의 원리를 중앙집중적으로 활용하는 식으로 전자를 국가주의적, 전체주의적 기획에 이용하거나 자신의 내면성을 낭만주의적으로 옹호하면서 '나'의 전횡과 나르시시즘을 '본래 한국적으로(토착적으로) 인간적인 것'에 근거하여 합리화하지는 않았는가? 특히 후자는 한국적 권위주의의 또 하나의 얼굴, 그것이 순수한 듯 자부하는 '내면'으로, 그에 내재한 유아론(唯我論)적인 감상주의가 가진 자의성과 폭력성을 대변한다.[510]

우리의 현대화 과정을 특징짓는 변화의 급박함과 엄중함, 그 타율적

510. 한국인의 자기정체성과 행위선택에는 그렇듯 나의 '기분', 나의 '꿈', 나의 오랜 '숙원', '한' 등이 유난히 감상적 어조를 띠며 그 합리화에 동원되는 경우가 잦다.

출발점, 그리고 가파른 개인적 삶과 엄혹한 '사회생활'은 가장 원초적이고 자연적인 단위로의 고착만을 낳지는 않았다. 그것은 기존 전통이 지배권력과 세계적 대세에 따라 경멸되고 배제되었다는 바로 그 이유 때문에 오히려 보존되고 건드리지 않은 채로 남아 마침내 도덕적이고 윤리적인, 그리고 자기정체성의 가장 지속적이고 뿌리 깊은 '마음에 와 닿는' 부분으로 남게 하였다. 서양의 현대와 조우하면서 등장한 '동도서기(東道西器)' 슬로건은 그러한 현대화의 모습을 희비극적으로 대변한다. 그때 이래 전통과 현대화 각각에 대한 우리의 태도는 적극적이고 능동적 종합과는 거리가 먼, 동도와 서기 어느 쪽도 심각하게 생각하지 않는 매우 편의적인 것이었다.

다시 말해 동도와 서기를 각각에 내재한 원리에 깊이 천착하여 추구하기보다는 돈이 되고 성취를 과시하며 자신의 도덕적 우위, 떳떳한 지위와 정체성을 외면적으로 확보하는 차원에서, 그리고 민족이든 소집단이든 자신의 대접받음을 결정하는 소속체의 위광을 높이는 수단으로서 주로 사고하고 동원하는 경우가 대부분이었다. 여기에는 근대적 합리주의, 경험주의, 자유주의도, 반대로 전통적 도덕과 윤리에 대한 내면적이고 참구된 헌신, 그 어느 것도 존재하지 않았다. 요컨대 그 실상은 '동기서기(東器西器)'에 가까운 모습으로, 여기서 그나마 실질적으로 도(道)라 할 만한 것으로 작용한 것은 집단적인 '우리'였으며, 이조차도 이 '우리'에의 참여를 통해 향유될 수 있는 '나'의 이득과 만족에 지배되는 경우가 대부분이었다. 현대화의 출발 이래 지속되어온 이런 경향은 국권을 회복한 이후에도 한국 현대화의 고질적인 구조적 양상으로 지속되었고, 이를 통해 거둔 산업화라는 성공은 오히려 그것을 매우 긍정적으로 보게 하였다. 1997년 외환위기를 맞이하고 나서야 그 문제점, 즉 단지 경제적 체제, 국가정책의 문제에 한정하지 않는 한국사회의 광범하고 근저에 놓인 그 정신적, 도덕적, 윤리적 바탕이 비로소 여론과 본질적인 성찰의 도마 위에 오를 수 있었다.[511]

한국의 현대화가 타율적이고 외래적인 것으로서 그 내면화와 자율적 육성의 시간적 여유 없이 단지 운명으로 받아들여야만 하는 필연으로 등장하고 출발했다는 것은 바로 현대성, 현대화에 대한 이중적인 태도의 자연스러운 맥락이자 원천이었다. 한국의 현대화 과정은 현대성을 일찍 수용하는 데서 실패했으며 더불어 자긍심과 승인을 향한 욕망이 좌절되고 뼈아픈 굴욕을 겪었을 뿐 아니라 개인과 민족을 빈곤과 무질서, 골육상쟁, 생사의 기로에 놓이게 했다는 깊은 허탈감과 후회, 한탄, 자기 분노에 휩싸인 상태에서 진행되었다. 이런 배경에서 한국인은 운명적으로 그리고 집단적 숙명으로 서구화/현대화의 과제, 더 정확히는 '선진화'라는 이름으로 추구되는 부국강병, 그 궁극적 목표에서는 민족의 '얼굴' 세우기라는 '체면의 우리'의 향상에 대한 진력 혹은 체념적인 수용을 보였다. 하지만 그러면서도 한국인은 내면으로는 이를 받아들이지 않는 오기(傲氣), 다시 말해 그에 도덕적 질을 부여할 의도도 없고 당연히 언제든지 그 도덕적 저열함을 문제 삼으며 총체적으로 거부할 준비가 되어 있는, 이중적이자 매우 역동적이고 가변적인 태도를 발전시켰다.

이런 맥락에서 제도적 현대성을 절대적 당위이자 목표로 승인하고, 이를 정착, 추진하기 위해 익숙한 것을 활용해 새로운 것을 받아들이는 과정을 가능한 한 최대로 효율화하려 하며, 그 속에서 개별적인 상승과 이득의 극대화, 안위, 복리를 추구하는 모습이 한국 현대화 과정에서 주요했던 것은 자연스러운 일이다. 이렇듯 익숙한 것과 보편/첨단의 추구가 결합하여 출현한 기묘한 사회적 합성물이 바로 한국사회의 '벌열주의'

511. 김우창(1998: 27).

다. 그것은 사대(事大), 보편 추종주의적인 지향에 개인적 영달과 집단적 공모(共謀)라는 집합적 역동성을 부여하였다. 현대 한국사회의 집단, 모임, 사회세력이 그 구성원리가 매우 귀속적이고 벌열 지향적이며 폐쇄적이고 분파적인 모습을 띠고 있는 것은 이들이 바로 그와 같은 방식으로 교착된 전통과 초현대(화)주의를 결합했기 때문이다.

서두에서 제시한 바처럼 본 연구는 집단/전체의 이름으로 당파화되는 다양한 수준과 방향, 그리고 이를 향한 격렬함과 역동성에 한국 집단주의의 핵심이 있는 것으로 가정하고 출발하였다. 이 책은 역사적 분석을 통해 한국인이 그토록 고도로 정치화되고 당파화된 집단주의를 어떻게 갖게 되었고, 그것이 구체적으로 어떤 패턴으로 한국 근현대사에 등장했으며, 이 패턴, 행위양식, 사회적 양상이 한국사회의 현대화와 한국인이 근대적 인간으로 전환하는 과정과 어떤 관련이 있는지 확인하고자 했다. 이로써 우리는 집단/전체를 통해 자기를 도덕적, 윤리적, 존재론적으로 보편화하고 이를 도덕적 정체성의 핵심으로 삼기 좋아하며, 그것을 대단히 정치적인 방식으로, 즉 집단을 구성하여 그 힘과 위세를 통해 주장하려 하는 것이 한국인이 보여주는 집단주의의 주요한 모습임을 알 수 있었다. 그것은 동시에 이 집단주의의 이면인 한국적 '개인', '근대적' 한국인을 낳은 모순된 정황과 논리이기도 했다.

유교를 특징짓는 정치와 권력에 대한 강력한 비판의식과 도덕적 감수성은, 그것이 터하고 출발할 수 있는 권위 그리고 그 권위를 떠받치는 이념체계의 실효성이 퇴조할 때 물질주의적으로 결합한 지도자와 추종자 관계로 전환되는 과정이 가속화한다는 동학 또한 보유하였다. 그것은 어떤 헌신도 없이 이해관계와 권력의 향배에 따라 이합집산하는, 명분은 그저 상대를 비판하기 위한 도구일 뿐 실상은 시세와 이해 상황에 따른 무리짓기의 양상으로 전환시키는 힘이었다. 이 점이 바로 앞의 3장

2절에서 '관념/이익 단일체'라는 말로 요약한 한국 집단주의의 원심적 면모이다. 그렇듯 편재(遍在)하고 과열된 정치화가 한국인의 그토록 공고한 반정치적 태도를 동반한다는 한국 정치문화의 최대 역설은 아마도 이 점에 기인한 바가 큰 것 같다.

이 책의 역사적 분석 부분에서 일제강점기가 한국 현대화와 한국인의 '나'와 '우리'의 작동에 미친 특별한 영향을 부각했다. 만약 일제의 강점이 없이 조선사회가 그대로 자신의 길을 갔다면 과연 조선의 전통적 사회적 교직과 문화적 이상은 전통적인 가문이나 연고 대신 사회적 이동과 개인적 이익 실현의 다른 단위, 혹은 더 개인화되고 근대적 가치에 더 충실한 단위를 발전시킬 수 있었을까? 또 한국 근현대사의 특징인 정당성 없는 참여를 배제한 억압적 정치권력과 국가가 아닌, 많은 지식인과 사회운동가에게 저항의 주요 테마인 '진정한' 국가, 나라다운 나라, 국가다운 국가가 있었다면 그에의 참여와 피드백 속에서 한민족과 한국인은 다른 정체성을 발전시킬 수 있었을까?

우리는 이러한 질문에 답할 수 없다. 전통과 권위, 그리고 그 각각의 작용에 개입하는 외재적 권력 간에 어떤 관계 양상이 나올 수 있는지를 인간과 사회에서 진행 중인 삶을 가지고 실험할 방법은 없기 때문이다. 역사는 이미 흘러갔고 그 속에서 형성된, 우리의 삶과 절실한 이해관계를 운용하고 규정하는 사회적 규칙과 구조는 꿈쩍도 안 하고 우리의 삶을 아직까지 지배하고 있으며 앞으로도 오랫동안 그러할 것이다.

상상적 가정으로 바꿀 수 없는 주어진 사실은, 한민족의 현대성으로의 진입이 자율성과 자기창조의 여지와 공간이 별로 없는 상태에서 개시되었기 때문에 현대화가 '나'와 '우리'의 모습을 설득력 있게 규율할 권위도, 생계와 안전을 확보할 수 있게 이끌어줄 권력과 사회체계도 미비한 상태에서 이루어졌다는 사실이다. 이는 조선의 비극이자 현대화를 추진한 한국사회가 내내 짊어져야 하는 무거운 짐이었다. 특히나 주도이념으로서의 '의리(義理)'가 구체적이지 않은 상태에서, 그리고 위에서 언급한 사회적 삶의 요구가 공적으로 논의·수용·동의되는 방식으로 처리(processing)되기보다는 동시다발적으로 급박하게 제기되는 와중에 우리의 모습이 서둘러 정의되고 조형되면서 현대화를 개시하였다는 것은 한국인이 겪어온 전통의 단절과 도덕적 정체성의 방황에서 각별한 의미가 있다.

안정된 권위와 사회적 삶의 질서정연함에 대한 감각을 결여한 사회적 상황은 단지 원자화된 개인주의만을 조장하는 것이 아니다. 그것은 동시에 특유의 집단주의 또한 활성화시키는데, 이때 한 개인은 어떤 범위든 주어진 집단/전체에 지배적인 도덕경제와 여론의 향배, 권력과 시장의 추이에 촉각을 곤두세운다. 이는 개개인이 스스로 발달시키는 순응과 적응 기술에서 핵심인데, 이를 통해 개인은 그러한 향배와 추이에 맞춰 자신의 행위를 조절하고 그에 걸맞은 생각과 말을 하는 자기 통제와 규율의 모습을 갖추려고 노력한다. 하지만 그러한 노력의 결과물은 단지 도구적인 유용성에 휘둘리는 유동적 대중만은 아니었다.

한국사회에서 집단, 한국인의 '우리'는 한국적 개인의 내밀함과 허물없는 자연적 상태에 대한 열망이 귀의하는 고향이기도 하고, 무엇보다 일제강점기를 거치면서 '민족'이라는 이름으로 등장한 잃어버린 낙원이자 동경의 대상이었다. 그것은 모든 것을 해결해주고, 모든 것을 정상적이며 바람직한 것으로 바꾸어줄 '상상 속의 완성된 민족'의 모습이었다. 그것은 민족의 이름을 빌리지 않고 작은 단위의 집단이라는 몸을 경유할 때조차도 그러한 역할을 수행했다. 요컨대 한국인의 다차원적인 '우리'는 바로 민족이 개개의 '나'에게 했던 것과 상동적인(homological) 구조적 작용, 즉 그와 동일한 역할과 상상적 기대, 이상화된 도덕의 압력을 부과했고 현재도 그러하다.

바로 그러한 구조의 압력 이면에서, 아니 바로 그 때문에 한국의 집단주의는 일제강점기를 거치고 그 유산의 압도적 영향력을 곳곳에서 드러내면서도, 집단과 전체의 충실한 부속품이라는 자족성(自足性)과 안착성(安着性)이 약한 '나'를 그 구성요소로 존치시켰다(그런 성향이 강한 '나'는 일본적 집단주의에 더 특유하다). 앞서 보았듯이 한국 (시민)사회는 일본 근대국가의 전횡에 희생되고 농락되고 동원되었음에도 그것이 생경한 것이었기 때문에 내면적으로는 결코 그것을 완전히 받아들이지 않았다. 한반도의 인민과 사회는 그렇듯 압도적인 것처럼 보이는 일본국가 식민지배의 영향, 그 가혹하고 강압적인 권력에 힘입은 동원에도 불구하고 일본의 근대를 특징짓는 규율과 관리의 국가/사회에 결코 근접한 적이 없으며, 더불어 공권력에 대한 문제제기를 폭력과 압도적 권력 앞에서 숨죽일지라도 완전히 단념한 적이 없었다.

이는 역으로 개인화된 역동성과 도덕적 도전, 파벌적 결집의 습속이 현대화를 향한 기동의 결정적인 순간에 국가주의적으로 결집하는 데 장애로 작용했다는 이야기도 된다. 주지하다시피 이 점이 현대와 조우한 조선사회의 최대 딜레마였으며, 메이지유신의 일본과는 달리 현대화를 수월하게 개시할 수 없었던 이유이다. 이 딜레마는 우리에게 아직도 숙명이자 축복으로 남아 있는데, 최초의 근대적 정치, 국가권력, 권위가 외래적이고 일본제국주의의 식민지배로 처음 등장했다는 이유로 그에 대한 저항의 정치는 더더욱 정당화의 땔감을 공급받았다. 여기서 정치적 삶과 공방(攻防)은 국민적 사회체계 내 특화된 책임을 떠맡은 기관으로서 국가가 가진 제도적 권위가 아닌 '민족'이나 여타 추상적이고 도덕적인 권위에 더 터하게 된다.

구한말 대원군의 통치방식은, 전통적인 행위 양식과 사회적 얼개를 불변으로 가정한 상황에서, 한민족이 외면적이고 기계적으로라도 사회적 통합을 달성하고 국가 기능을 회복하는 한 가지 경로를 일반적으로 시사한다. 한민족은 현대화의 압력에 직면하여 사회변동과 사회적 안정을 동시에 달성하는 자신에게 고유한 모델, 즉 참여와 질서, 자유와 사회통합 양자 간의 균형추를 수립하고 제도화하는 것이 계속 무산되었고, 이는 다시 내전과 분단으로 이어져 더 난망한 과제가 되어버렸으며 이후 남한의 현대사에서 내내 고질적인 난제가 되었다. 이런 상황을 겪은 한국인에게 대원군의 정치모형이 사회적 혼란과 정치적 낭비의 병목상태 상황에 직면할 때마다 의존할 모델로 강력히 떠오르는 것은 어쩌면 자연스러운 일인지도 모른다. 그리고 이러한 연상(聯想)은 앞서 보았듯 일제의 총동원체제가 그와 유사한 체험을 다시 한번 강력하게 부가함으로써 더욱 강화되었다.

이상과 같은 측면을 우리 역사와 한민족에 대한 최종 결론으로 삼을 필요는 없지만 위의 '시사'가 단지 시사에 그치지 않았다는 점은 기억해야 한다. 앞서 대원군의 통치스타일로 요약한 항목의 많은 부분에서 이승만 정부와 박정희 정부, 특히 유신 이후의 양상이 떠오르는 것은 결코 우연이 아니다. 전자는 한마디로 해방 이후 정치권력의 행동과 정치과정에서 두드러진 많은 양상을 모범적으로 선보였다. 해방 후 전통의 잔해 위에서 상처와 울분이 축적되고 공격성과 조급함이 한껏 풀려난 한민족에게 그것은 현대적 정치의 원형틀이 되어 유령처럼 재귀(再歸)하는 모델로 작용해온 것이다.

그런데도, 아니 어쩌면 바로 그러한 이유 때문에 한반도의 인민을 통치하려는 국가는 오직 한국사회의 전통적 맥락과 동력, 열망의 접점을 마련했을 때에야 비로소 이들의 자발적 참여와 열망을 끌어낼 수 있었다. 그것은 박정희 정권의 대중국가가 불안정하게 달성한 일일 뿐 아니라 해방 후 한국정치사를 채색했던 공론장과 참여의 짧은 만개와 긴 침묵, 그리고 뒤이은 주기적인 폭발의 원천이기도 했다. 해방 후 국민국가의 강대를 달성하기 위해, 특히 군사독재의 기간에 일본식 국가의 통치양식을 모듈로 '애용'하였음에도 그러한 국민적 저항의 사건이 분출되는 것은 결코 완전히 저지될 수 없었다.

여기서 볼 수 있는 것은, 일본식 국가와 민족주의 모듈의 격렬한 침투, 그리고 국가주의적 정치폭력의 조직화와 세력화에도 불구하고 이를 다른 식으로 이해하고 전유하며 확대하려는 참여, 공론, 그리고 민주주의의 충동을 가진 전통의 존재이다. 그것은 적대자의 흔적을 간직하면서도 계속해서 그것을 상쇄하는 힘으로 분출해왔다. 이 분출은 동포공동체의 꿈, '서민의 나라'의 꿈, 그리고 사회를 각 개인의 고향, '집'으로 만들려는 꿈이 일어나는 순간을 대변한다. 이 꿈은 단지 개인의 합인 대중이 꾸는 꿈이 아닌 개개인이 자신을 순간 잊고 꾸는 집합적 꿈, 바로 '우리'를 만들고자 하는 '우리'가 꾸는 꿈이며, 이 꿈의 달콤함과 성스러움을 만끽하고자 했던 거족적 궐기의 순간이 한국 근현대사의 자랑스러워할 만한 족적(足跡)을 이루었다.

우리의 삶을 구성하는 요소는 그것을 심각히 추구하지 않아도 그 자체로 역할을 하게 마련이다. 다만 삶이 더 높고 우수한 것으로 쇄신되고 질적으로 고양되려면 그저 내버려두는 것 이상의 집합적인 노력, 사회적 차원의 개입이 필요할 뿐이다. 이 책에서 진행된 고찰을 통해 독자 또한 우리의 '우리' 의식, 그리고 그 배면에서 작동하는 '나'의 열망과 발호가 그렇듯 모순적이지만 미래를 위한 긍정적인 잠재성을 현실에서 발휘해왔고 앞으로도 한국인의 집합적, 사회적 노력의 지속적인 원천과 영감이 될 것임을 확인했기를 희망한다. 그리고 보다 나은 사회를, 더 의미 있고 충만한 삶을 꾸리고 구축하려는 우리의 노력에 본 연구가 지적으로나마 기여할 수 있기를 소망한다.

우리는 서유럽사회나 미국이 보여주는 자유와 다양성의 견실한 정착, 공정함을 위한 안정된 법질서 혹은 사회적 평등을 위한 사회적 합의와 제도적 틀을 실현할 수 없을지도 모른다. 또 일본사회에서 볼 수 있는 잘 관리된 사회질서의 깔끔함과 세련됨(?), 사생활과 문화의 다채로운 만개에 도달하지 못할지 모른다. 하지만 우리에게는 우리의 잘못된 모습을 힐난하고 부끄러워하는 강한 목소리, 이것이 우리의 원래 모습이 아니라는 강한 자각이 있고, 잘못된 것을 비판하고 더 나은 사회, 더 평등한 사회를 꿈꾸는 에너지가 충만하며 이는 '이미 안정된' 선진 서구사회, 특히 일본사회에는 다소 결여된 것이다.[512] 이처럼 이상적인 것이 전면에 나와 준거점이 되는 마음과 자아의 습속이 한국적 유교화의 중요한 특성이며, 이는 전통의 외면적인 소멸에도 불구하고 여전히 남아 있다.

바로 이로부터 의리(義理)가 없어서 삶이 불행하고 피상적이라고 느끼는, 그래서 살맛이 안 나고 신이 안 난다는[513] 이상주의적이고 도덕주의적인 숨겨진 한국인의 또 다른 자아가 전면에 등장한다. 성리학적 가치의 핵심을 대변하는 것으로 본문에 자주 등장한 이 의리가 조선의 유교질서 속에서 가졌던 본래 의미는 단지 개인의 고집과 나르시시즘의 유사 낭만주의적 표출·표현·주장과는 거리가 있었다. 그것은 개인적 자아와 사회규범의 연결지점에 놓인 도덕적 정체성인 동시에 전체적, 전(全)사회적 합리성을 대변하는 것이었다. 그것은 기본적으로 인간적이고 자연적인 욕구충족, 개인적 이득, 편안·편리의 추구와 원칙 없는 패거리주의에 대항해 올곧이 사람됨과 올바른 사회의 상을 개인의 모습으로 지

512. 김창현(2002: 6-7).
513. 이성무(1997: 159-161).

키고 버텨내는 것을 의미하였다. 그것이 종종 소신, 원칙이라는 말로 등장하는 이유는 바로 이러한 맥락에서다.

물론 현대성의 진행과 더불어 전통이 전면적으로 대체되고 근대적 윤리가 궁극적으로 관철되는 것을 당연시하는 '사회학주의'적 사고에서 볼 때는 한국인에 대한 이런 묘사가 주변적이거나 포인트가 빗나간 것으로 비칠 수도 있다. 하지만 내가 누구인가, 나는 왜 가치 있는 존재이고 이 세상에 존재해야만 하는가 하는 의문에 대한 답에 목마른, 그리고 세계/전체와의 합일이 주는 열광을 선망하는 한국인에게 (자기)정체성의 문제는 그저 기본생필품을 완비한 후 찾게 되는 사치품만은 아니다. 그것이 한국인에게 주는 강박과 추동은 유교적인 '이상적 완성주의'(이 책의 3장 1절)에서 그 연원을 추적할 수 있다.

옳기 때문에 힘이 없었고, 힘이 없기 때문에 현대화의 격류에 그대로 끌려들어가서 각자도생과 도구적 집단주의에 몸을 맡긴 조선인/한국인에게 이 의리의 상실은 뼈아픈 것이었다. 나의 정체성과 삶의 의미, 자신과 세계, 자신과 타인의 관계의 본질이 무엇인지를 알려주는,[514] '우리'의 도덕적 정체성과 자긍심을 공급하는 이 의리는 타율적이고 돌진적인 현대화 과정에서 가다듬어지고 조정되기도 전에 그 제도적 권력을 상실하였다. 그것은 외세에 따른 운명의 널뛰기가 시작된 개항과 일제강점기 이래 해체되고 축소되었으며 그와 함께 한국인도 열등감과 자괴감에 빠지며 방황하게 되었다. 역사의 부침 속에서 이 의리가 일본 야쿠자의 충성코드 같은 것으로 전락함으로써 한국인은 도덕적, 윤리적 중심점

514. 찰스 테일러의 도덕철학(Taylor, 1989, 1991)은 기존 도덕철학이 근거했던 자연주의적, 공리주의적 도덕이론에 대항하여, 바로 도덕성(morality), 도덕감각(moral sense)이 자기정체성, 개인정체성의 형성에 있어 얼마나 본질적이며 중심적인지를 규명하는 매우 통찰력 있는 명제를 제시하였다.

을 상실한 것이다. 이 과정에서 도덕적 총체로서 한국인의 '우리' 의식과 자부심에 가해진 돌이킬 수 없는 상처는, 일본의 지배를 쉽게 받아들이지 못했던 당시 조선인과 여전히 일본과 필사적으로 경쟁하려 들고 '감히' 일본을 무시하려 드는 현대 한국인의 모습에서 드러난다.[515]

하지만 그것은 비록 전면에 내세울 수 없지만 물러나 앉아 있는 사회적 힘으로 고이고 정체되어 있으면서 돈과 힘의 전횡으로 점철된 타율적 현대화에 지친 한국인에게 다시 귀의하라고 손짓하고 있었다. 각자도생과 빙공사행으로 가득 찬 세상을 반세기 이상 살고 난 후에도 한국인은 여전히 의리의 세계를 기억하고 '무리(pack)'의 윤리를 넘어선 진정한 의리의 세계를 그리워하며 살고 있었다. 그와 동시에 도덕적 준거의 상실이라는 감정은 그 대상을 찾지 못하고 일종의 동맥경화적인 압력에 놓여서 일체화와 융합을 향한 폭발적 분출의 계기를 줄곧 기다리는 에너지가 내면에 축적되었다.

한국의 산업화가 이 의리의 국가주의적, 내셔널리즘적 버전에 빚진 바는 결코 적지 않다. 짧게는 1953년부터 1998년까지 숨 쉴 틈 없는 한국의 현대화 과정은 정치적, 경제적으로나 개인적, 집합적으로나 긴장의 연속이었고 그 속에서 행위 방향을 찾는 절박하고 피 말리는 선택이었다. 그러한 긴장과 선택의 불확실함을 감내하며 현대화를 수행한 한국인을 지탱하고 추동한 것은 함께 잘살기에 대한 믿음, 즉 국가공동체 수

515. 사실 많은 외국인들, 특히 서양인들은 "일본이 별것 아니라고 무시하는 민족은 한국인밖에 없을 것이다"라고 말하며, 일본을 이기려고 늘 벼르는 한국인의 모습에 놀란다고 한다. 앞서 커밍스의 논의에서 볼 수 있었듯이, 19세기 말 이래 일본은 서구의 학계와 여론에서 대체로 긍정적인 평가('찬탄'도 드물지 않은)를 받아왔다. 그렇기 때문에 1998년 한국의 금융위기 때 영국의 한 신문은, "서양은 기술을 만들어냈고, 서구에 온 일본 기업은 조직을 가져왔다. 그런데 한국이 서구에 가져온 것은 무엇인가, 싸구려 자본, 부정과 부패의 소득물인 싸구려 자본 이외에 무엇을 가져왔는가"라는 논평을 냈다(김우창, 1998: 35).

준이 아니더라도 집단과 무리, 그리고 가족 속에서 많은 '나'가 함께 행복하고 성장하는 '우리'가 될 수 있으리라는 믿음이었다. 또 설령 그것이 일차적으로 자기 가족만을 위한 것이라 할지라도 개별적인 노력, 그리고 자기 일에의 직접적인 충실함이 동시에 국민공동체의 발전과 성장을 낳을 것이라는 믿음이었다.

가장 잘 알려진 한국인론의 주창자인 이규태는 이러한 한국인의 집단주의가 '우리 경영의 천혜의 특권, 자원'이라고 말한다. 남과 하나가 되기를 기다리며 계속 유예되는 '한국적 집단의 핵에너지'[516]는 그에 걸맞은, 그에 값하는 목표와 대상을 늘 기다려왔고 기다리고 있다. 바로 이 집단주의 속에서 한국인은 전체 사회, 국가, 나라, 국민과 관련된 권위의 호출을 갈망하며, 주저하고 유보된 상태로 '총화'를 향한 사회적 응집과 도덕적 승화를 향한 에너지를 간직했던 것이다. 한국의 본격적 산업화 양상을 제대로 요약하는 말로 앞서 소개한 '거족적 긴장'은 바로 그러한 에너지로부터 등장했고 이를 통해 몇몇 성공이 가능했다(물론 산업화와 경제성장은 '몇몇'이라고 말하기에는 매우 큰 성취이긴 하다). 그뿐 아니라 그것은 그러한 성공에 대한 역작용으로서, 그 역시 동일한 '거족적 긴장'의 원천에서 기원하는 또 다른 갈래의 성공, 즉 민주화라는 정치발전의 성취도 낳았다.

한국인이 그토록 가혹했던 고난과 격변, 세계의 낯섦에 직면하여 이런 엄청난 일을 달성하기 위해서는 강렬하고 전면적인 참여, 복종, 헌신을 동기화하는 사회적 실체의 존재가 필수적이었고, 5장 전체에 걸쳐 살펴본 상이한 유형의 집단과 집단의식이 바로 그것이었다. 하지만 이들은 단지 기계적인 집단의식의 부과 같은 어떤 것이 아니라 나와 집단/전체

516. 이규태(1983b: 127).

를 합일시키고 그 속에서 나의 존재를 확인하고 개선하고자 하는 거대한 저류(底流)의 개별적 현현(顯現)이었다.

2장에서 제시한 바처럼 한국인의 '우리' 의식의 가장 특징적인 지향은 이들이 '우리'라는 테두리에 '속'하고 우리라는 테두리를 '긋'고 그 속에서 편안히 지내며 그 소속을 과시하고 더 앞선 테두리 속에 놓이기를, 자신의 테두리가 더 우월한 것이 되기를 원한다는 것이다. 한국인의 개인적 역동성을 집단적, 사회적, 국민적 결과로 연결하는 것이 바로 이 원초적 결합, 허물없음, 무리에 속함, '끼리'에 소속이라는 한국인의 열망이었다. 한국인은 소외되지 않아야 한다는 집요한 열망 속에서 자기 자신을 전인(全人)적으로 투여할 대상을 끈기 있게 기다리며 타자를 향한 열망을 억누르고 있었다. 이는 그를 통해 '나'의 상승 열망을 함께 충족시킬, 상상적으로 확대된 자기로서의 사회적 '그릇', 그 담지체로서의 조직과 집단에 대한 강한 기대와 기다림을 간직한 것이다.

한국적 현대화의 역동성과 한국적 '개인'은 이렇듯 한국적 '우리'가 '나'의 열망과 추구를 '화학적으로' 전환하고 전유함으로써, 즉 나와 집단/전체의 긴장, 갈등을 시너지적으로 해소하고 채널링함으로써 비로소 태동할 수 있었다. 현대화 속에서 한국인은 집단을 향한 가치에 준거해서, 그리고 자신이 살아가는 환경에 대한 현실주의적인 판단 속에서 자신의 역량과 이득을 최대화하고 삶의 소외를 최소화할 집단화의 형식을 수립하고 찾아서 참여하였던 것이다.

개인과 사회의 모순을 해결하는 더 나은, 더 높은 이상을 추구하는 이러한 강렬한 에너지 속에서 필자는 한국 현대성에 깊이 뿌리내리고 내재한 어떤 '동경(憧憬)'의 모습을 발견한다.[517] 물론 이 동경이 우리의 삶

517. '동경(Sehnsucht)'은 낭만주의(romanticism) 철학과 미학적 현대성(aesthetic modernity)에서 핵심적인 개념으로 알려져 있다. 이 동경에서 중심적인 부분은, 공

을 더 나은, 더 높은 어떤 것으로 만드는 데 기여하려면 먼저 그것이 사고하는 개인과 자유, 그리고 그에 수반되는 '사회'의 문제를 좁은 의미의 경쟁적이고 물질적인 평등이나 유아론(唯我論)적이고 편협한 정치·사회적 역능화(empowerment)에만 편중(偏重)시켜 사고하는 데서 벗어나는 것이 필수적이다. 그리고 이 두 가지는 그것이 아무리 개인(주의)적인 것으로 보일지라도 100년 이상 우리를 포로로 삼아왔던 한국적인 집단주의의 압도적인 장악력과 전통적 초점의 산물이다.[518]

필자는 이렇듯 유보와 우려의 지점이 적지 않지만 우리의 마음속에 한국사회의 사회적 교직(交織)의 저지대에 깊이 자리 잡은 이런 동경이야말로 우리의 현대성, 우리의 사회를 더 나은 것으로 변모시켜나갈 힘이라고 믿는다. 한국인의 동경이 이제까지의 전통적인 초점에서 벗어나 '다른 삶'을 꿈꾸고 구상하는 열린 상상력에 그 막대한 에너지와 열정을 투여하고 채널링할 때 우리의 삶과 사회는 비로소 타인, 타국 사람들에게 (자신이 '가진 것'에 의지해서) 우쭐대는 것이 아니라 그 누구보다도 우리 자신에게 의미 있고 당당하며 자신 있는 어떤 것이 될 수 있을 것이다. 한국인이 가진 동경의 힘과 그것이 열고자 하는 전망은 우리의 커다란 자원, 특히 집합적으로 하나의 정치공동체, 사회로서 의미 있는 것을 달성할 수 있는 중요한 자원이 분명하다. 한국인과 한국이 인류사회에 자신의 기여를 각인시킬 수 있는 길은 단지 대중음악, 대중문화뿐 아니

리주의적 개인주의와 전체화하는 권력의 정치이성, 이 양자로부터 우리 자신의 거리를 확보하고 자기다운 삶을 걸어나가게 할 용기와 전망이 되어줄 것으로 기대되는 '미적 주관성(주체성)'의 개념이다. 낭만주의 이념의 이런 특징적 면모와 중심 논리에 대한 간명하고 통찰력 있는 해설로 김진수(2001)를 참조할 것.

518. 그렇듯 집단을 통해 '나'를 실현하려는 한국적 꿈꾸기에 수반되는 문제적인 사회적 결과들, 특히 그 역설적인 집단적 포박의 구조에 대한 정리는 졸고(2018: 제4장 3절)를 참조할 것.

라 그러한 동경을 구체화하는 데에서도 생각해볼 만하다. 그리고 이는 필자 혼자만의 생각은 아니다. 그것은 민족주의자 김구가 꿈꾼 문화국가의 이상이며, 1980년대 이후 한국적 '우리'가 변용되고 진화하여 다시금 분기하면서 완전하지는 않으나마 보여주어왔고 또 현재에도 보여주고 있는 모습이기도 하다.

참고 문헌

<국내 저자 문헌>

강돈구. 1997.「"종교문화에서의 '이상주의'와 '열광주의'"에 대한 논평」. 73-80쪽.『형성과 창조 4: 한국문화에 있어서 이상주의와 열광주의』. 한국정신문화연구원 편. 한국정신문화연구원.

강인철. 1999.「한국전쟁과 사회의식 및 문화의 변화」. 한국정신문화연구원 편.『한국전쟁과 사회구조의 변화』. 백산서당.

강정숙. 1998.「매매춘 공화국」. 한국역사연구회.『우리는 지난 100년 동안 어떻게 살았을까 2』. 역사비평사.

강준만. 1993.『김대중 죽이기』. 개마고원.

______. 1994a.『김영삼 이데올로기』. 개마고원.

______. 1994b.『전라도 죽이기』. 개마고원.

경향신문특별취재팀. 2006.『우리도 몰랐던 한국의 힘』. 한스미디어.

구자혁. 2013.「새로운 호명(呼名)과 변화된 공동체: 정치혁명에의 '낮꿈'과 '표층' 정치의 과제」.『새로운 정치와 시민사회의 역할』(비판사회학회 2013년 동계워크숍 자료집, 2013년 1월 18일 성공회대학교).

______. 2014.「한국 정치적 현대성의 젠더화된 구조와 가내성(家內性)의 정치적 부상: 새로운 '시민정치'의 발생적 구조와 본성에 관한 시론(試論)」.『한국사회학』48(4): 127-178.

______. 2018.「한국적 꿈꾸기의 역설」. 박명규·김홍중 외.『꿈의 사회학』. 다산출판사. 125-178쪽.

구자혁·김은영. 2016.「'진격의 거인'이 꾼 꿈과 그 발달 서사의 현대적 함의: '바깥세계'를 향한 꿈과 현대성의 젠더화된 추동, 그리고 가내성」.『미디어, 젠더 & 문화』31(3): 5-52.

권명아. 2000.『가족이야기는 어떻게 만들어지는가』. 책세상.

______. 2001.「수난사 이야기로 다시 만들어진 민족 이야기」. 김철·신형기 외.『문학 속의 파시즘』. 삼인.

______. 2004. 「전시동원체제하의 젠더정치」. 방기중 편. 『일제 파시즘 지배정책과 민중생활』. 혜안.

권보드래. 2005. 「'동포'의 역사적 경험과 정치성: 『독립신문』의 기사분석을 중심으로」. 이화여대 한국문화연구원. 『근대계몽기 지식개념의 수용과 그 변용』, 소명출판. 97-126쪽.

권보드래. 2015. 「만세의 유토피아: 3.1운동에 있어 복국과 신세계」. 『한국학연구』 38. 인하대학교 한국학연구소.

권용혁. 2012. 『한국가족, 철학으로 바라보다』. 이학사.

권태준. 2006. 『한국의 세기 뛰어넘기: 산업화·민주화·시민사회』. 나남출판사.

김동춘. 1993. 「80년대 후반 이후 한국 맑스주의 이론의 성격변화와 한국 사회과학」. 『한국사회과학의 새로운 모색』. 창작과비평사. 1997.

______. 1995. 『한국사회노동자 연구: 1987년 이후를 중심으로』. 역사비평사.

______. 1996. 「사상의 전개를 통해 본 한국의 '근대' 모습: 자유주의, 사회주의, 민족주의」. 역사문제연구소 편. 1997. 『한국의 '근대'와 '근대성' 비판』. 역사비평사.

______. 1998a. 「한국 '근대'의 초상: 50년대 한국 농촌사회에서의 가족과 국가」. 『근대의 그늘: 한국의 근대성과 민족주의』. 당대. 2000.

______. 1998b. 「한국의 근대성과 과잉교육열」. 『근대의 그늘: 한국의 근대성과 민족주의』. 당대. 2000.

______. 2000. 『전쟁과 사회: 우리에게 한국전쟁은 무엇이었나?』. 돌베개.

______. 2013. 『전쟁정치: 한국정치의 메커니즘과 국가폭력』. 길.

김동춘 외(근간). 『역동적 한국인의 탄생』. 도서출판 피어나.

김보현. 2005. 「박정희 정권기 저항엘리트들의 이중성과 역설」. 윤해동 외. 2006. 『근대를 다시 읽는다 1』. 역사비평사.

______. 2006. 「대중독재론의 균열과 역설 그리고 딜레마: 특히 박정희 정권기 연구와 관련하여(토론문)」. 장문석·이상록 엮음. 『근대의 경계에서 독재를 읽다: 대중독재와 박정희 체제』. 비교역사문화연구소 기획. 그린비.

김상봉. 2004. 『학벌사회: 사회적 주체성에 대한 철학적 탐구』. 한길사.

김상태. 1998. 「지역감정은 언제부터」. 한국역사연구회. 『우리는 지난 100년 동안 어떻게 살았을까 2』. 역사비평사.

김석근. 2000. 「 '민본'과 '민주' 사이의 거리와 함의」. 김형효 외.『민본주의를 넘어서: 동양의 민본사상과 새로운 공동체 모색』. 청계. 247-300쪽.

김영미. 2000. 「해방 직후 정회(町會)를 통해 본 도시기층사회의 변화」. 윤해동·천정환·허수·황병주·이용기·윤대석 엮음. 『근대를 다시 읽는다 1: 한국근대인식의 새로운 패러다임을 위하여』. 역사비평사. 2006. 315-348쪽.

김용운. 1985.『일본인과 한국인의 의식구조: 역사적 체험과 민족성의 논리』. 한길사.
김우창. 1992.「지방의 활성화를 위하여: 오늘을 생각하기 위한 노트」. 심미적 이성의 탐구. 솔. 1992. 372-338쪽.
김우창. 1998.「투명성: 경제위기와 도덕」.『정치와 삶의 세계』. 삼인. 2000. 23-39쪽.
김원. 2004.「1970년대 여공과 민주노조운동」. 윤해동·천정환·허수·황병주·이용기·윤대석 엮음.『근대를 다시 읽는다 2: 한국근대인식의 새로운 패러다임을 위하여』. 역사비평사. 2006. 525-562쪽.
____. 2006.「박정희 시기 도시하층민: 부마항쟁을 중심으로」. 장문석·이상록 엮음.『근대의 경계에서 독재를 읽다: 대중독재와 박정희 체제』. 비교역사문화연구소 기획. 그린비.
김은영·구자혁·최윤영. 2014.『차별과 연대: 집단, 열광, 미디어의 사회심리학』. 나경.
김은희. 1993.「일-가족, 그리고 성역할의 의미: 한국의 산업화와 신중산층의 가족이념」. 한국사회사연구회 편.『한국근현대가족의 재조명』. 문학과지성사.
______. 1995.「문화적 관념체로서의 가족」. 한국문화인류학회 편.『한국문화인류학』 제27집. 1995. 08.
김인호. 2003.「백의민족 이야기」. 김기승·김인호·이정주 외.『21세기에도 우리 문화가 살아남을 수 있을까』. 지영사.
김일철. 2003.「한국사회, 알기 힘든 사회」. 김성국·석현호·임현진·유석춘 공편.『우리에게 연고는 무엇인가: 한국의 집단주의와 네트워크』(전통과현대: 통권 23호). 10-20쪽.
김종욱·김종욱·김헌태·안병진·이희철·정한울. 2010.『박근혜 현상: 진보논객, 대중 속의 박근혜를 해명하다』. 위즈덤하우스.
김종준. 2010.『일진회의 문명화론과 친일활동』. 신구문화사.
김준. 2002.「1970년대 여성노동자의 일상생활과 의식」. 윤해동·천정환·허수·황병주·이용기·윤대석 엮음.『근대를 다시 읽는다 2: 한국근대인식의 새로운 패러다임을 위하여』. 역사비평사. 2006. 563-612쪽.
____. 2006.「박정희 시대의 노동: 울산 현대조선 노동자를 중심으로」. 장문석·이상록 엮음.『근대의 경계에서 독재를 읽다: 대중독재와 박정희 체제』. 비교역사문화연구소 기획. 그린비.
김진균·정근식 편저. 2003.『근대주체와 식민지 규율권력』. 문화과학사.
김진수. 2001.『우리는 왜 지금 낭만주의를 이야기하는가』. 책세상.
김찬호. 2014.『모멸감: 굴욕과 존엄의 감정사회학』. 문학과지성사.
김창현. 2002.『한일소설형성사: 자본이 이상을 몰아내다』. 책세상.
김철·신형기 외. 2001.『문학 속의 파시즘』. 삼인.
김필동. 1999.『차별과 연대: 조선사회의 신분과 조직』. 문학과지성사.

김행선. 2009. 『6.25 전쟁과 한국사회 문화변동』. 선인.
김헌태. 2009. 『분노한 대중의 사회: 대중여론으로 읽는 한국정치』. 후마니타스.
김현주. 2000. 「이광수의 문학적 파시즘」 한국문학연구학회. 『한국문학, 파시즘과 인민주의』. 국학자료원. 11-45쪽.
______. 2013. 『사회의 발견: 식민지기 '사회'에 대한 이론과 상상, 그리고 실천(1910~1925)』. 소명출판.
김형효. 1997. 「열광주의와 '추상의 정신'」. 한국정신문화연구원 편. 『형성과 창조 4: 한국문화에 있어서 이상주의와 열광주의』. 한국정신문화연구원. 109-131쪽.
______. 2000. 「세상을 읽는 두 가지 사상과 새로운 길의 모색」. 김형효 외. 『민본주의를 넘어서: 동양의 민본사상과 새로운 공동체 모색』. 청계. 2000.
김흥수. 1999. 『한국전쟁과 기복신앙 확산 연구』. 한국기독교역사연구소.
노관범. 2013. 「한국 근대 유교의 일독법: 세속화와 공동체」. 한형조 외. 『500년 공동체를 움직인 유교의 힘』. 글항아리. 149-182쪽.
류시현. 2011. 「광주학생운동과 전국적 공감의 감성」. 『한국근현대와 문화감성』. 전남대학교 출판부. 2014. 226-255쪽.
박주원. 2005. 「『독립신문』과 근대적 '개인', '사회' 개념의 탄생」. 이화여대 한국문화연구원. 『근대계몽기 지식개념의 수용과 그 변용』. 소명출판. 127-166쪽.
박천홍. 2008. 『악령이 출몰하던 조선의 바다』. 현실문화연구.
박헌호. 2001. 『한국인의 애독작품: 향토적 서정소설의 미학』. 책세상.
서신혜. 2010. 『조선인의 유토피아: 우리 할아버지의 할아버지가 꿈꾼 세계』. 문학동네.
성영신. 2013. 「건강한 자아, 행복한 소비」. 김문조 외. 『한국인은 누구인가: 38가지 코드로 읽는 우리의 정체성』. 21세기북스. 73-83쪽.
송재룡. 2013. 「한국인은 새로운 것에 개방적인가」. 김문조 외. 『한국인은 누구인가: 38가지 코드로 읽는 우리의 정체성』. 21세기북스.
송복. 1992. 「지역갈등의 역사적 설명」. 한국사회학회 편. 『한국의 지역주의와 지역갈등』. 성원사. 13-26쪽.
송호근. 2003. 『한국, 무슨 일이 일어나고 있나: 세대, 그 갈등과 조화의 미학』. 삼성경제연구소.
______. 2006. 『한국의 평등주의 그 마음의 습관』. 삼성경제연구소.
______. 2011. 『인민의 탄생: 공론장의 구조변동』. 민음사.
______. 2013. 『시민의 탄생. 조선의 근대와 공론장의 지각변동』. 민음사.
신복룡. 2002. 『(신복룡 교수의)이방인이 본 조선 다시 읽기』. 풀빛.
오성철. 2006. 「조회의 내력」. 윤해동·천정환·허수·황병주·이용기·윤대석 엮음. 『근대를 다시 읽는다 1: 한국근대인식의 새로운 패러다임을 위하여』. 역사비평사. 85-124쪽.

유석춘 편저. 2002.『한국의 사회발전: 변혁운동과 지역주의』. 전통과현대.
유석춘·김진혁. 1995.「지역감정의 사회심리학」. 유석춘 편저. 2002.『한국의 사회발전: 변혁운동과 지역주의』. 전통과현대. 134-146쪽.
유석춘·서원석. 1989.「유동표에 대한 판별분석: 87년 대통령선거」. 유석춘 편저. 2002.『한국의 사회발전: 변혁운동과 지역주의』. 전통과현대. 147-183쪽.
유석춘·심재범. 1990.「한국사회 변혁운동의 두 가지 기반: 계급의식과 지역차별주의」. 유석춘 편저. 2002.『한국의 사회발전: 변혁운동과 지역주의』. 전통과현대. 236-273쪽.
유석춘·이우영·장덕진. 1990.「한국전쟁과 남한사회의 구조화」. 유석춘 편저. 2002.『한국의 사회발전: 변혁운동과 지역주의』. 전통과현대. 104-133쪽.
유선영. 2004.「초기 영화의 문화적 수용과 관객성」. 윤해동·천정환·허수·황병주·이용기·윤대석 엮음.『근대를 다시 읽는다 2: 한국근대인식의 새로운 패러다임을 위하여』. 역사비평사. 2006. 133-178쪽.
윤병철. 2006.『조선, 말이 통하다: 민중과 사대부, 그들의 이데올로기와 커뮤니케이션 전략』. 커뮤니케이션북스.
윤해동. 2003.「식민지 인식의 '회색지대'」. 윤해동·천정환·허수·황병주·이용기·윤대석 엮음. 2006.『근대를 다시 읽는다 1: 한국근대인식의 새로운 패러다임을 위하여』. 역사비평사. 37-62쪽.
이광규. 1986.「동아시아사회의 가족-동아시아의 산업화와 가족」.『현대사회와 가족』. 아산재단.
이규태. 1983a.『한국인의 의식구조 : 한국인은 누구인가』. 신원문화사.
______. 1983b.『한국인의 의식구조 : 한국인의 동질성이란?』. 신원문화사.
이기훈. 2014.『청년아 청년아 우리 청년아: 근대, 청년을 호명하다』. 돌베개.
이부영. 1997.「종교문화에서의 '이상주의'와 '열광주의'」. 한국정신문화연구원 편.『형성과 창조 4: 한국문화에 있어서 이상주의와 열광주의』. 한국정신문화연구원. 57-72쪽.
이상록. 2006.「박정희 체제의 '사회정화' 담론과 청년문화」. 장문석·이상록 엮음.『근대의 경계에서 독재를 읽다: 대중독재와 박정희 체제』. 비교역사문화연구소 기획. 그린비.
이성무. 1997.「"열광주의와 '추상의 정신'"에 대한 토론」. 한국정신문화연구원 편.『형성과 창조 4: 한국문화에 있어서 이상주의와 열광주의』. 한국정신문화연구원. 153-82쪽.
이승엽. 2001.「조선인 내선일체론자의 전향과 동화의 논리」. 윤해동·천정환·허수·황병주·이용기·윤대석 엮음. 2006.『근대를 다시 읽는다 1: 한국근대인식의 새로운 패러다임을 위하여』. 역사비평사. 217-244쪽.
이시재. 1997.「한국과 일본의 시민사회의 비교연구」.『일본연구논총』. 현대일본학회.
이정덕·소순열·남춘호·문만용·안승택. 2014.『아포일기1: 농민 권순덕의 삶과 기록(개인기록

연구총서 5』. 전북대학교출판문화연구원.
이정택. 1991.「노동쟁의의 계급적 성격」서울대학교사회학연구회 편.『사회계층: 이론과 실제』. 다산출판사.
이창걸. 1995.「전통사회의 구조와 변동: 지배체제」. 신용하·박명규·김필동 엮음.『한국 사회사의 이해』. 문학과지성사. 41-74쪽.
이태동. 1995.「자연과의 친화」. 이문열·권영민·김남호 편.『한국문학이란 무엇인가』. 민음사. 51-76쪽.
임지현. 1999.「운동으로서의 민족주의」.『민족주의는 반역이다: 신화와 허무의 민족주의 담론을 넘어서』. 소나무.
임지현 외. 2000.『우리 안의 파시즘』. 삼인.
임지현·김용우 엮음. 2004.『대중독재 1: 강제와 동의 사이에서』. 책세상.
________. 2007. 비교역사문화연구소 기획.『대중독재 3: 일상의 욕망과 미망』. 책세상.
임현진. 2003.「한국의 사회발전과 삶의 안전: 위험사회에서 건전사회를 향하여」. 임현진 외 편.『한국사회의 위험과 안전』. 서울대학교출판부. 193-240쪽.
장경섭. 1993.「가족·국가·계급 정치」. 한국사회사연구회 편.『한국근현대가족의 재조명』. 한국사회사연구회 논문집 제39집. 문학과지성사.
______. 1995.「가족과 정치생활」. 여성한국사회연구회 편.『가족과 한국사회』. 경문사.
장문석·이상록 엮음. 2006.『근대의 경계에서 독재를 읽다: 대중독재와 박정희체제』. 비교역사문화연구소 기획. 그린비.
장윤식. 2001.「인격윤리와 한국사회」. 석현호 외.『현대 한국사회 성격논쟁: 식민지, 계급, 인격윤리』. 전통과현대. 136-160쪽.
장현섭. 1993.「한국사회는 핵가족화되고 있는가」. 한국사회사연구회 편.『한국근현대가족의 재조명』. 한국사회사연구회 논문집 제39집. 문학과지성사.
전상인. 1997.「1946년경 남한주민의 사회의식」.『고개 숙인 수정주의: 한국현대사의 역사사회학』. 전통과현대. 2001. 10-78쪽.
______. 1998.「양반과 부르조아」.『고개숙인 수정주의: 한국현대사의 역사사회학』. 전통과현대. 2001. 252-300쪽.
전인권. 2007.『남자의 탄생: 한 아이의 유년기를 통해 보는 한국 남자의 정체성 형성과정』. 푸른숲.
정민. 2004.『미쳐야 미친다: 조선 지식인의 내면읽기』. 푸른역사.
정수복. 1996.「한국인의 모임」. 일상문화연구회 편.『한국인의 일상문화: 자기성찰의 사회학』. 한울. 47-76쪽.

______. 2007. 『한국인의 문화적 문법: 당연의 세계 낯설게 보기』. 생각의나무.

정영태. 2015. 「동아시아 사회의 집단주의 연구에 대한 비판적 고찰: 관계중심 집단주의론의 관점에서」. 『동아시아 3국의 사회변동과 갈등관리: 한국, 일본, 중국』. 소명출판. 265-331쪽.

정태헌. 1997. 「한국의 식민지적 근대화의 모순과 그 실체」. 역사문제연구소 편. 『한국의 '근대'와 '근대성' 비판』. 역사비평사.

정희진. 2006. 「한국사회의 지식생산방법과 대중독재론」. 장문석·이상록 엮음. 『근대의 경계에서 독재를 읽다: 대중독재와 박정희체제』. 비교역사문화연구소 기획. 그린비. 403-419쪽.

조긍호. 2007. 『동아시아 집단주의의 유학사상적 배경: 심리학적 접근』. 지식산업사.

조동일. 1993. 『우리 학문의 길』. 지식산업사.

조은. 1993. 「한말 서울의 가족구조」. 한국사회사연구회 편. 『한국근현대가족의 재조명』. 한국사회사연구회 논문집 제39집. 문학과지성사.

조혜인. 1995. 「전통사회의 구조와 변동: 종교와 사회사상의 흐름」. 신용하·박명규·김필동 엮음. 『한국 사회사의 이해』. 문학과지성사. 235-272쪽.

조혜정. 1986. 「가족윤리: 공리적 가족집단주의와 도덕적 개인주의」. 『현대사회와 가족』. 아산재단.

진덕규. 1992. 「미군정시대 정치사회의 시민사회적 함의성에 대하여」. 한국사회학회-한국정치학회 편. 『한국의 국가와 시민사회』. 한울. 117-148쪽.

최봉영. 1994a. 『한국인의 사회적 성격 I: 일반이론의 구성』. 느티나무.

______. 1994b. 『한국인의 사회적 성격 II: 일반이론의 적용』. 느티나무.

______. 2012. 『한국인에게 나는 누구인가』. 지식산업사.

최상진. 2011. 『한국인의 심리학』. 학지사.

최상진·윤호균·한덕웅·조긍호·이수원. 1999. 『동양심리학: 서구심리학에 대한 대안모색』. 지식산업사.

최재석. 1976[1965]. 『한국인의 사회적 성격』. 개문사.

최정운. 2013. 『한국인의 탄생: 시대와 대결한 근대 한국인의 진화』. 미지북스.

최진덕. 1997. 「'권위에 대한 한국인의 태도: 권위없는 권위주의'에 대한 논평 3」. 한국정신문화연구원 편. 『형성과 창조 2-2: 권위와 문화』. 한국정신문화연구원. 46-55쪽.

______. 2000. 「유학의 민본사상, 그 이상과 현실」. 김형효 외. 『민본주의를 넘어서: 동양의 민본사상과 새로운 공동체 모색』. 청계. 125-195쪽.

탁석산. 2008. 『한국인은 무엇으로 사는가: 위기의 시대를 돌파해온 한국인의 역동적 생활철학』. 창비.

한국국학진흥원 편. 2012.『한국인의 문화 유전자』. 한국문화유전자총서 1. 아모르문디.
한국사회학회·한국정치학회 편. 1992.『한국의 국가와 시민사회』. 한울.
한국정신문화연구원 편. 1997a.『형성과 창조 2: 권위와 문화』. 한국정신문화연구원.
________________. 1997b.『형성과 창조 4: 한국문화에 있어서 이상주의와 열광주의』. 한국정신문화연구원.
함인희. 1995.「한국사회의 변화와 가족」. 여성한국사회연구회 편.『가족과 한국사회』. 경문사.
황병주. 2000.「박정희 시대의 국가와 '민중'」.『당대비평』. 2000년 가을호.
_____. 2004.「박정희체제의 지배담론과 대중의 국민화」. 임지현· 김용우 엮음.『대중독재: 강제와 동의 사이에서』. 비교역사문화연구소 기획. 475-516쪽.

<외국저자 문헌>

가세 히데아키(加瀨英明). 1988.『恨の韓國人 畏まる日本人』. 講談社(한국브리태니커 회사편집실 옮김.『한의 한국인 황공해하는 일본인』. 한국브리태니커회사. 1989).
나카네 지에(中根千技). 1978.『縱社會の力學』. 講談社(김난영 옮김.『일본사회의 역학』. 소화. 1997).
마루야마 마사오(丸山眞男). 1995[1952]).『現代政治の思想と行動』. 未來社 (김석근 옮김.『현대정치의 사상과 행동』. 한길사. 1997).
미나미 히로시(南博). 1983.『日本的自我』. 岩波書店(서정완 옮김.『일본적 自我』. 소화. 2002).
박태혁. 1993.『추한 한국인』. 보람.
야스다 고이치(安田浩一). 2012.『ネットと愛國 : 在特會の 闇 を追いかけて』. 講談社(김현욱 옮김.『거리로 나온 넷우익: 그들은 어떻게 행동하는 보수가 되었는가』. 후마니타스. 2013).
이노우에 타다시(井上忠司). 1982.「일본어에서 보는 집단의 개념」. 37-54쪽. 하마구치 에슌·쿠몬 슌페이(濱口惠俊·公文俊平) 편저.『日本的 集團主義』. 有斐閣(황달기 옮김.『일본인과 집단주의』. 형설출판사. 1992).
이타가키 류타(板垣竜太). 2004.「식민지의 우울」. 윤해동·천정환·허수·황병주·이용기·윤대석 엮음. 2006.『근대를 다시 읽는다 1: 한국근대인식의 새로운 패러다임을 위하여』. 역사비평사. 125-155쪽.
장훙지에(張宏杰). 2004.『中國人比韓國人少』, 中國文史出版社.(정광훈 옮김.『중국인은 한

국인보다 무엇이 부족한가?』. 북폴리오. 2005).

조경달(趙景達). 1998.『異端の民衆反亂(東學と甲午農民戰爭)』. 岩波書店(박맹수 옮김.『이단의 민중반란: 동학농민전쟁과 갑오전쟁, 그리고 조선민중의 내셔널리즘』. 역사비평사. 2008).

____________. 2002.『朝鮮民衆運動の展開』. 岩波書店(허영란 옮김.『민중과 유토피아』. 역사비평사. 2009).

____________. 2008.『植民地期朝鮮の知識人と民衆 植民地近代性論批判』. 有志舍(정다운 옮김.『식민지기 조선의 지식인과 민중』 선인. 2012).

____________. 2012.『近代朝鮮と日本』. 巖波新書(최덕수 옮김.『근대조선과 일본』. 열린책들. 2015).

____________. 2013.『植民地朝鮮と日本』. 岩波新書(최혜주 옮김.『식민지 조선과 일본』. 한양대학교출판부 2015).

쿠몬 슌페이(公文俊平). 1982.「일본사회의 조직원리」. 87-111쪽. 하마구치 에슌·쿠몬 슌페이(濱口惠俊·公文俊平) 편저.『日本的 集團主義』. 有斐閣(황달기 옮김.『일본인과 집단주의』. 형설출판사. 1992).

하마구치 에슌(濱口惠俊). 1982.「일본적 집단주의란?」 11-35쪽. 하마구치 에슌·쿠몬 슌페이(濱口惠俊·公文俊平) 편저.『日本的 集團主義』. 有斐閣(황달기 옮김.『일본인과 집단주의』. 형설출판사. 1992).

하마구치 에슌·구몬 슌페이(濱口惠俊·公文俊平) 편저. 1982.『日本的 集團主義』. 有斐閣(황달기 옮김.『일본인과 집단주의』. 형설출판사. 1992).

Aguirre, Benigno. 2007. "The Sociology of Collective Behavior." pp. 528-539 in *21st Century Sociology: A Reference Handbook*. Vol. 1. edited by Clifton D. Bryant and Dennis L. Peck. Sage Publications.

Alford, C. Fred. 1999. *Think No Evil: Korean Values in the Age of Globalization*. Ithaca, NY: The Cornell University Press.(남경태 옮김.『한국인의 심리에 관한 보고서』. C. 프레드 앨퍼드 지음. 그린비. 2000).

Anderson, Benedict. 1983. *Imagined Communities: Reflections on the Origin and Spread of Nationalism*. revised ed. London and New York: Verso.(윤형숙 옮김.『민족주의의 기원과 전파』. 베네딕트 앤더슨 지음. 나남. 1991).

Arendt, Hannah. 1958a. *The Human Condition*. Chicago, IL: The University of Chicago Press (이진우·태정호 옮김.『인간의 조건』. 한나 아렌트 지음. 한길사. 1996).

______________. 1958b. "What is Authority?". *Between Past and Future: Eight Exercises in Political Thought*. Viking Press. 1968.(서유경 옮김. 『과거와 미래 사이: 정치사상에 관한 여덟 가지 철학연습』. 한나 아렌트 지음. 푸른숲. 2005).

Bellah, Robert N. 1975. *The Broken Covenant: American Civil Religion in Time of Trial*. The Seabury Press.

Bellah, Robert N., Richard Madsen, William M. Sullivan, Ann Swidler, and Steven M. Tipton. 1996[1985]. *Habits of Heart: Individualism and Committment in American Life*, 2nd extended edition. Berkeley, CA: University of Berkeley Press. (김명숙·김정숙·이재협 공역. 『미국인의 사고와 관습: 개인주의와 책임감』. R. 벨라·R. 매드슨·W. 설리반·A. 스위들러·S. 팁튼 지음. 나남. 2001).

Berger, Peter, Brigitte Berger, and Hansfried Kellner. 1973. *The Homeless Mind: Modernization and Consciousness*. New York, NY: Random House.(이종수 옮김. 『고향을 잃은 사람들: 근대화의 의식구조』. 한벗. 1981).

Berlin, Isaiah. 1976. *Vico and Herder: Two Studies in the History of Ideas*, London, UK: Hogarth Press.(이종흡·강성호 옮김. 『비코와 헤르더』. 이사야 벌린 지음. 민음사. 1997).

__________. 1999[1965]. *The Roots of Romanticism*, edited by Henry Hardy, Princeton, NJ: Princeton University Press.(강유원·나현영 옮김. 『낭만주의의 뿌리: 서구세계를 바꾼 사상혁명』. 이사야 벌린 지음. 이제이북스. 2005).

Bobbio, Noberto. (1979[1967]). "Gramsci and the Conception of Civil Society". *Gramsci and Marxist Theory*. edited by Chantal Mouffe, London: NLB, 1979.(장상철·이기웅 옮김. 「그람시와 시민사회의 개념」. 『 그람시와 맑스주의이론』. 녹두. 1994).

Bourdieu, Pierre. 1979. *La Distincion: Critique soicale de jugement*.(최종철 옮김. 『구별짓기: 문화와 취향의 사회학』. 삐에르 부르디외 지음. 새물결. 1995).

Brandt, Vincent. 1987. "Korea", pp. 207-240 in *Ideology and National Competitiveness: An Analysis of Nine Countries*, edited by George C. Lodge and Ezra F. Vogel, Boston, MS: Harvard Business School Press.

Burgeson, J. Scott. 2002. J. 스콧 버거슨 지음. 『발칙한 한국학』. 주윤정·최세희 옮김. 이끌리오.

Calhoun, Craig. 1992. "The Infrastructure of Modernity: Indirect Social Relationships, Information Technology, and Social Integration." in *Social Change and Modernity*, edited by Hans Haferkamp and Neil J. Smelser. University of California Press.

Canetti, Elias. 1978[1960]. *Masse und Macht*. Classen Verlag.(반성완 옮김. 『군중과 권력』.

엘리아스 카네티 지음. 한길사. 1982).

Cohen, Jean and Andrew Arato. 1992. *Civil Society and Political Theory*, Cambridge, MA: The MIT Press.(박형신·이혜경 옮김. 『시민사회와 정치이론』. 진 L. 코헨·앤드루 아라토 지음. 한길사. 2013).

Coser, Lewis A. 1965. *Men of Ideas: A Sociologists View*. New York, NY: Free Press. (정철기 옮김 [부분국역]. 『지식인, 그는 누구인가: 현대사회학적 관점에서 본 지식인』. 루이스 A. 코저 지음. 금문당출판사).

Cumings, Bruce. 1997. *Korea's Place in the Sun: A Modern History*, updated edition, New York and London: W. W. Norton & Company.(김동노·이교선·이진준·한기욱 옮김. 『브루스 커밍스의 한국현대사』. 브루스 커밍스 지음. 창작과비평사. 2001).

Elias, Nobert. 1983. "Üeber den Rückzug der Soziologen auf die Gegenwart". *Koelner Zeitschrift fuer Soziologie*, Jd. 35. 1983. ss29~40.(최재현 외 편역. 「현대로 후퇴하는 사회학자들」. 『현대독일사회학의 흐름』. 형성사. 1991).

Elshtain, Jean Bethke. 1981. "Preface: On Thinking and Nastiness." pp. xi-xvi in *Public Man, Private Woman: Women in Social and Political Thought*. Princeton, NJ: Princeton University Press.

Elshtain, Jean Bethke. ed. 1982. *Family in Political Thought*. Amhest: University of Massachusetts Press.

Freud, Sigmund. 1921. *Group Psychology and the Analysis of the Ego*. Vol. V. London, UK: IPL/Hogarth.

Geertz, Clifford. 1973. *The Interpretation of Cultures*, New York, NY: Basic Books.(문옥표 옮김. 『문화의 해석』. 까치. 1998).

Gella, Aleksander. ed. 1976. *The Intelligentsia and the Intellectuals: Theory, Method and Case Study*. Beverly Hills, CA: Sage Publications.(김영범·지승종 옮김. 『인텔리겐챠와 지식인』. A. 겔라 엮음. 학민사. 1983).

Giddens, Anthony. 1990. *The Consequences of Modernity*. Stanford, CA: Stanford University Press.(이윤희 ·이현희 공역. 『포스트모더니티』. 안토니 기든스 지음. 민영사. 1991).

Goffman, Erving. 1959. *The Presentation of Self in Everyday Life*. New York, NY.: Anchor/Doubleday.(김병서 옮김. 『자아표현과 인상관리: 연극적 사회분석론』. 경문사. 1987).

Gramsci, Antonio. 1978[1971]. *Selections from Prison Notebooks, edited and translated by Quintin Hoare and Geoffrey Nowell Smith*, New York: International Publishers.

(이상훈 옮김. 『옥중수고 I : 정치편』. 1986 ;『옥중수고 II: 철학-역사-문화 편』. 1993. 안토니오 그람시 지음. 거름).

Greenfeld, Liah. 1992. *Nationalism: Five Roads to Modernity*. Cambridge, MA: Harvard University Press.

Habermas, Jürgen. 1962. *Strukturwandel der Öffentlickeit: Untersuchungen zu einer Kategorie der bürgerlichen Gesellschaft*. Samlung, Luchterland.(한승완 옮김. 『공론장의 구조변동: 부르주아 사회의 한 범주에 관한 연구』. 위르겐 하버마스 지음. 나남. 2001).

Henderson, Gregory. 1968. Korea, *the Politics of Vortex*. Cambridge, MA: Harvard University Press.(박행웅·이종삼 옮김. 『소용돌이의 한국정치』. 그레고리 헨더슨 지음. 한울. 2000).

Hirschman, Albert O. 1977. *The Passions and the Interests: Political Arguments for Capitalism before Its Triumph*. Princeton, NJ: Princeton University Press.(김승현 옮김. 『열정과 이해관계』. 앨버트 허쉬먼 지음. 나남. 1994).

Hoffer, Eric. 1951. *The True Believer: Thoughts on the Nature of Mass Movements*. N.Y.: Harper & Bross.(장연호 옮김. 『대중운동』. 태학당. 1982).

Hofstede, G. 1980. *Culture's Consequences: International Differences in Work-related Values*. Beverly Hills: Sage.

___________ 1983. "Dimensions of National Cultures in Fifty Countries and Three Regions", in *Expiscations in Cross-cultural Psychology*. pp.33-355. edited by J. B. Deregowski, S. Dziurawiec & R. C. Annis. Lisse, Netherlands: Swets & Zeitlinger.

Huntington, Samuel. 1968. "Foreword", pp. vii-ix. *Korea, the Politics of Vortex*. by Gregory Henderson. 1968. Harvard University Press.(박행웅·이종삼 옮김. 『소용돌이의 한국정치』. 그레고리 헨더슨 지음. 한울. 2000).

Inkeles, Alex and David Horton Smith. 1974. *Becoming Modern: Individual Change in Six Developing Countries*. Cambridge, MS: Harvard University Press.

Jansen, Marius B. 1980. *Japan and Its World: Two Centuries of Change*. Princeton, N.J.: Princeton University Press.(장화경 옮김. 『일본과 세계의 만남: 격동의 200년』. 마리우스 B. 잰슨 지음. 소화. 1999).

Johnson, Charlmers A. 1982. *MITI and the Japanese Miracle: the Growth of Industrial Policy, 1925-1975*. Stanford, Calif. : Stanford University Press.

Julien, Philippe. 1991. *Le Manteu de Noé: Essai sur la Paternité* Editions Desclée de Brouwer, Paris.(홍준기 옮김. 『노아의 외투: 아버지에 관한 라캉의 세 가지 견해』. 필

리프 쥘리앵 지음. 한길사. 2000).

Kagitcibasi, C. 1997. "Individualism and Collectivism". In J. W. Berry, M. H. Segall & C. Kagitcibasi(eds.). *Handbook of Cross-Cultural Psychology*, 2nd edition, vol. 3. pp. 1-49. Boston, MA: Allyn & Bacon.

Kim, Elaine. 1998. 「남성들의 이야기」. Elaine Kim and Chungmoo Choi(eds.). *Dangerous Women: Gender and Korean Nationalism*, Taylor & Francis, Inc.(박은미 옮김. 『위험한 여성: 젠더와 한국의 민족주의』. 일레인 김· 최정무 편저. 삼인. 2001).

Koo, Ja Hyouk. 2005. "The Political Formation of Cultural Bases for the South Korean Development: A Criticism on Theories of Developmental State". A Paper Presented at *the 100th Annual Meeting of the American Sociological Association*. August 13~16. 2005(Philadelphia, PA, U.S.A.).

__________ 2011. "A Facilitator of Civic Engagement in Online Group Contexts: The Role of Group Dimensions of Efficacy in Online Political Communities in the Presidential Elections of the United States and South Korea (2007-2008)". Ph D. Dissertation in Sociology, University of Virginia.

Lerner, Daniel. 1966[1958]. *The Passing of Traditional Society: Modernizing the Middle East*, paperback edition. Free Press.

London, Jack. 1995[1882]. 『잭 런던의 조선사람 엿보기: 1904년 러일전쟁 종군기』. 윤미기 옮김. 한울. 2011.

Lukes, Steven. 1973. *Individualism*. Oxford, UK: Basil Blackwell.

McPhail, Clark. 1991. *The Myth of the Madding Crowd*. New York, NY: Aldine de Gruyter.

Moore Jr., Barrington. 1993[1966]. *The Social Origins of Dictatorship and Democracy: Lord and Peasant in the Making of the Modern World*. Boston, MA: Beacon Press.(진덕규 옮김. 『독재와 민주주의의 사회적 기원』. 배링턴 무어 지음. 까치. 1985).

Moscovici, Serge. 1985. *The Age of Crowd. Cambridge*. UK: Cambridge University Press. (이상률 옮김. 『군중의 시대: 대중심리학에 대한 역사적 고찰』. 세르주 모스코비치 지음. 문예출판사. 1996).

Mouffe, Chantal. 1979. "Hegemony and Ideology in Gramsci." *Gramsci and Marxist Theory*, edited by Chantal Mouffe, London: NLB(장상철 ·이기웅 옮김. 「그람시에 있어서 헤게모니와 이데올로기」. 『그람시와 맑스주의이론』. 녹두. 1994).

Ortega y Gasset, Jose. 1982[1930]. *La Rebelion de Las Masas, Obras Completas*, vol. 4.

Madrid: Alianza.(황보영조 옮김. 『대중의 반역』. 오르테가 이 가세트 지음. 역사비평사. 2005).

Park, Robert Ezra. 1972[1904]. *The Crowd and the Public, and Other Essays*, edited and with an introduction by Henry Elsner, Jr. Chicago, IL: The University of Chicago Press.

Pastreich, Emanuel(임마누엘 페스트라이쉬). 2013. 『한국인만 모르는 다른 대한민국』. 21세기북스.

Poggi, Gianfranco. 1978. *The Development of the Modern State: A Sociological Introduction*. Stanford: Stanford University Press.(박상섭 옮김. 『근대국가의 발전』. 잔프랑코 폿지 지음. 민음사. 1995).

Reischauer, Edwin. O. 1965. *Nihon Kindai no Starashi Mikata*. 講談社.(이광섭 옮김. 『일본근대화론』. 에드윈 라이샤워 지음. 소화. 1997).

Riesman, David. 1964[1954]. *Individualism Reconsidered*. unabridged edition. New York, NY: Free Press.

Riesman, David with Nathan Glazaer and Ruel Denney. 1989[1950]. *The Lonely Crowd: A Study of the Changing American Character*. Yale University Press.(이상률 옮김. 『고독한 군중』. 데이비드 리스먼·네이선 글레이저·루일 데니 지음. 문예출판사. 2008).

Robinson, Michael. 1999. "방송, 문화적 헤게모니, 식민지 근대성, 1924~1945." Shin, Gi-Wook and Michael Robinson(eds.). *Colonial Modernity in Korea*. Harvard University Press.(도면회 옮김. 『한국의 식민지 근대성: 내재적 발전론과 식민지 근대화론을 넘어서』. 신기욱·마이클 로빈슨 지음. 삼인. 2006).

Sabine, George H. 1973[1937]. *A History of Political Theory*, 4th edition. Thomas L. Thorson(eds.). New York, N.Y.: Holt, Rinehart and Winston.(성유보·차남희 옮김. 『정치사상사 1, 2』. 조지 세이빈-토마스 솔슨 지음. 한길사. 1993).

Scitovsky, Tibor. 1992[1976]. *The Joyless Economy: The Psychology of Human Satisfaction*, revised edition. Oxford University Press.(김종수 옮김. 『기쁨 없는 경제: 유례없이 풍족한 사회, 행복은 왜 작아지는가』. 티보르 스키토프스키 지음. 중앙BOOKS).

Shin and Han(신기욱, 한도현). 1999. 「식민지 조합주의: 1932~1940년의 농촌진흥운동」. Shin, Gi-Wook and Michael Robinson(eds.). *Colonial Modernity in Korea*. Harvard University Press.(도면회 옮김. 『한국의 식민지 근대성: 내재적 발전론과 식민지 근대화론을 넘어서』. 신기욱· 마이클 로빈슨 지음. 삼인. 2006).

Sorenson, Clark. 1999. 「식민지 한국의 '농민' 범주 형성과 민족 정체성」. Shin, Gi-Wook and Michael Robinson(eds.). *Colonial Modernity in Korea*. Harvard University Press.(도면회 옮김. 『한국의 식민지 근대성: 내재적 발전론과 식민지 근대화론을 넘어서』. 신기욱· 마이클 로빈슨 지음. 삼인. 2006).

Swidler, Ann. 1986. "Culture in Action: Symbols and Strategies." *American Sociological Review* 51: 273-286.

Tarde, Gabriel de. 1989[1901]. *L'Opinion et la Foule*, Press Universitaires de France.(이상률 옮김. 『여론과 군중: SNS는 군중의 세계인가 공중의 세계인가』. 가브리엘 타르드 지음. 지도리. 2012).

Tarrow, Sidney. 1994. *Power in Social Movements*. Cambridge University Press.

Taylor, Charles. 1989. *Sources of the Self: The Making of the Modern Identity*. Harvard University Press.(권기돈·하주영 옮김. 『자아의 원천들』. 새물결. 2015).

____________ 1991. *Malaise of Modernity*, Toronto, Canada: Stoddart Publishing.(송영배 옮김. 『불안한 현대사회: 자기중심적인 현대 문화의 곤경과 이상』. 이학사. 2001).

Thompson, John B. 1995. *Media and Modernity: A Social Theory of the Media*. Polity Press(강재호·이원태·이규정 옮김. 『미디어와 현대성: 미디어의 사회이론』. 존 B. 톰슨 지음. 이음. 2010).

Tilly, Charles. 2005. *Trust and Rule*. Cambridge, MA: Cambridge University Press.

____________ 2007. *Democracy*. Cambridge, MA: Cambridge University Press.(이승협, 이주영 옮김. 『위기의 민주주의』. 찰스 틸리 지음. 전략과문화. 2010).

Trianadis, H. C. 1989. "The Self and Social Behavior in Differing Cultural Contexts". *Psychological Review*. 96: 506-520.

____________ 1995. *Individualism and Collectivism*. Westview Press.

Vogel, Ezra F. 1979. *Japan as Number One-Lessons for America*. Cambridge, MA: Harvard University Press.(이주영 옮김. 『우리가 일본에서 배울 것은』. 조선일보사. 1991).

Walzer, Michael. 1984. "Liberalism and the Art of Separation." chap. 4 in *Thinking Politically: Essays in Political Theory*. Yale University Press, 2008.(최홍주 옮김. 『마이클 왈저, 정치철학에세이』. 마이클 왈저 지음. 모티브북. 2009).

Weintraub, Jeff. 1997. "The Theory and Politics of the Public/Private Distinction." pp. 1-42 in *Public and Private in Thought and Practice: Perspectives on a Grand Dichotomy*. edited by Jeff Weintraub and Krishan Kumar. Chicago, IL: The University of Chicago Press.

Weintraub, Jeff and Krishan Kumar(eds.). 1997. *Public and Private in Thought and Practice: Perspectives on a Grand Dichotomy*, Chicago, IL: The University of Chicago Press.

Williams, Rosalind. 2004. "Afterword: An Historian's View on the Network Society." pp. 432-448 in *The Network Society: A Cross-cultural Perspective*, edited by Manuel Castells. UK: Edward Elgar.(「네트워크사회에 대한 역사가의 견해」. 박행웅 옮김. 『네트워크사회: 비교문화관점』. 마누엘 카스텔 엮음. 한울아카데미. 2009).

찾아보기

ㄱ

ㅇ

ㅈ

ㅊ

ㅍ

ㅎ

이 도서의 국립중앙도서관 출판예정도서목록(CIP)은 서지정보유통지원시스템 홈페이지(http://seoji.nl.go.kr)와 국가자료종합목록 구축시스템(http://kolis-net.nl.go.kr)에서 이용하실 수 있습니다. (CIP제어번호 : CIP2020012215)

역동적 한국인 총서 4 (민주주의연구소 총서 22)

한국인의 에너지, 집단주의

현대화를 이끈 '나'와 '우리'의 변증법

초판 1쇄 발행 2020년 3월 31일
초판 2쇄 발행 2020년 8월 05일

지은이 구자혁
펴낸이 김명진
기획 성공회대학교 민주주의연구소 · 이건범
편집 임인기, 김명진 / 디자인 김정환 / 인쇄·제작 재원프린팅

펴낸곳 도서출판 피어나
출판등록 2012년 11월 1일 제2012-000357호
주소 121-731 서울시 마포구 토정로 37길 46, 303호(도화동, 정우빌딩)
전화 02-702-5084 / 전송 02-6082-8855

ISBN 978-89-98408-28-2 93330
책값은 뒤표지에 있습니다.

** 이 저서는 2014년 대한민국 교육부와 한국학중앙연구원(한국학진흥사업단)의 한국학 총서 사업 지원을 받아 수행된 연구입니다(AKS-2014-KSS-1230002).